고종과 대한제국

- 왕국과 민국 사이 -

고종과 대한제국
- 왕국과 민국 사이 -

초판 1쇄 인쇄 2022년 10월 12일
초판 1쇄 발행 2022년 10월 20일

지은이 | 이민원

펴낸이 | 윤관백
펴낸곳 | 선인

디자인 | 박애리
편　집 | 이경남 · 박애리 · 임현지 · 김민정 · 주상미
영　업 | 김현주

등　록 | 제5-77호(1998. 11. 4)
주　소 | 서울시 양천구 남부순환로 48길 1(신월동 163-1) 1층
전　화 | 02)718-6252/6257
팩　스 | 02)718-6253
E-mail | sunin72@chol.com

정가 35,000원
ISBN 979-11-6068-619-7 93910

· 잘못된 책은 바꿔 드립니다.

이 저서는 2014년도 대한민국 교육부와 한국학중앙연구원(한국학진흥사업단)을 통해 한국학
총서(왕실문화총서)사업의 지원을 받아 수행된 연구임.(AKS-2014-KSS-1130002)

고종과 대한제국

- 왕국과 민국 사이 -

이민원 지음

선인

고종 어진 (1884년 사진으로 추정)

중국 사신을 맞이하던 영은문

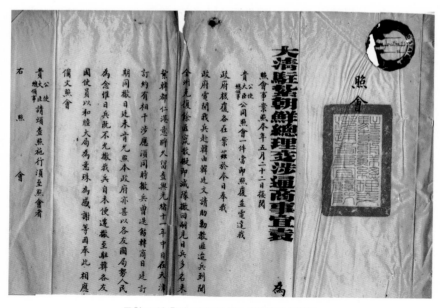

주찰 조선 총리교섭통상사의 원세개의 조회문

주미한국공사관

영국군의 거문도점령 당시 주민들 모습

시모노세키 조약 (1895)

청일전쟁 당시의 해전 화보 (London News)

을미사변의 현장 (곤녕합과 옥호루)

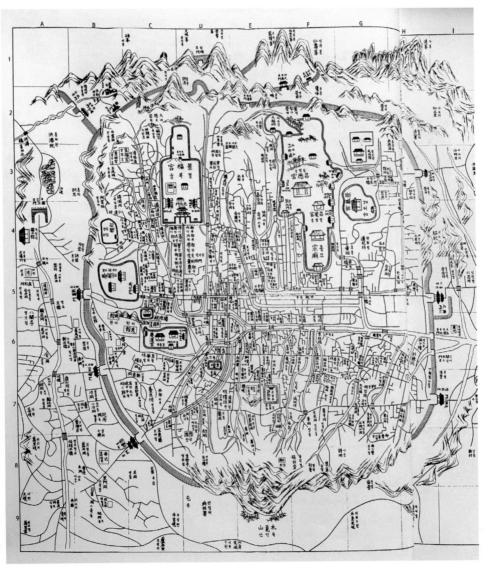

근대의 한양도성과 경운궁

정동의 러시아공사관

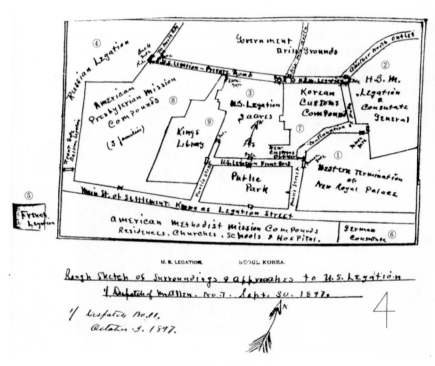

경운궁과 각국 공사관 (1897)

伊顏不過一壟農也仰為將星仍功課忝名器
家椿運敬用清朝理百工

조선특사 민영환 (1896)

민영환 특사 일행

일본특사 야마가타 아리토모 (1896)

청국특사 이홍장 (1896)

독립문

서재필
(독립신문과 독립협회의 운영의 주요 인물)

윤치호
(서재필과 함께 독립신문·독립협회를 이끈 주요 인물)

대안문 앞의 황제즉위식 행렬 (1897)

환구단과 황궁우

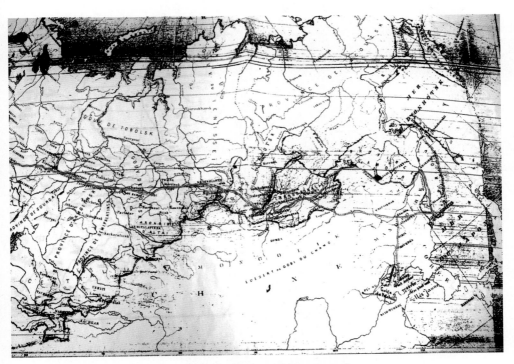

시베리아횡단철도 노선도 (NARA, 1900)

서울의 전차

미국공사관의 각국 공(영)사

대화재 이전의 경운궁

황궁의 대화재 화보 (1904)

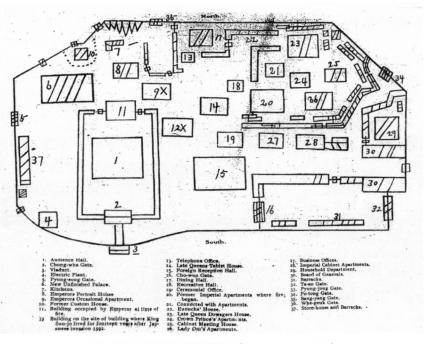

대화재 당시 경운궁의 전각 배치도 (Korea Review 1904)

대화재 이후 경운궁

러일전쟁 발발 무렵의 인천항 (1904.2.10)

러시아 해군 전함들

러시아 전함 (짜레비치호, 1만 3천 톤)

일본 전함 (야시마호, 1만 2,517톤)

출정하는 일본군 전송장면 (1904)

승선하는 각국 기자들

만주 전선에서 동사한 일본군

포츠머스 강화조약 (1905)

1905년 자결한 주영공사 이한응

이토 히로부미와 스티븐스 (1905)

이토 히로부미

말년의 고종

고종의 장례식 행렬 (1919)

충정공 민영환

헐버트 박사

이승만

안중근

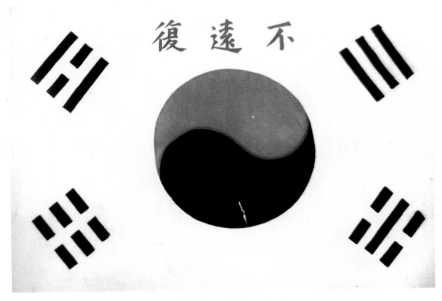

고광순 의병장의 불원복기

안창호

헤이그특사 (이상설·이준·이위종)

한국의 역대 왕조는 대부분 5백년 이상 유지되었다. 신라는 천년 왕국
이라고 하고 고구려, 백제 모두 6백년 이상 지속되었다. 그런가 하면 고
려와 조선 모두 500년 내외 유지되었다. 이웃 중국의 왕조에 비하면 평균
2배 내지 3배에 가깝다. 왕조 교체가 잦았던 유럽이나 서남아시아 여러
나라에 비하여도 장기 지속된 것이 분명하다. 그러나 한국사상에는 매우
단기간 존재한 나라도 있다. 대한제국(大韓帝國)이 그것이다.

1897년 고종의 황제즉위와 대한의 선포로 출범한 대한제국은 러일전
쟁의 격동 속에 시련을 거듭하다 1910년 일본에게 국권을 잃었다. 그래
서인지 흔히 '그런 나라가 있었나'라거나 '대한제국이 무슨 나라냐', '일
본이 만들어 준 것이 아니냐'는 등의 질문을 접하였다. 오랜 동안 한국의
중·고등학교 역사부도에서 누락되어 있었고, 박물관에 표시된 역대 왕조
계보도에서도 마찬가지였다.

다른 한편 한국근대사의 서술에서 대한제국은 독립협회를 서술하는 가
운데 부속 항목처럼 들어가 있기도 하였다. 가령 〈독립협회와 대한제국〉
과 같은 소제목이 그것이다. 역사 속의 한 나라가 사회단체의 부속 항목
처럼 비쳐지고 있었다. 독립협회가 선각적 사회단체로서 한국근대사에 기
여한 점은 많지만, 그렇다고 나라와 대등하게 편제된 것은 분명 균형이 안
맞는 일이다. 이처럼 대한제국이 소홀히 취급된 데에는 사정이 있었다.

첫째, 대한제국이 몇백 년 지속된 것도 아니고, 조선왕국이 존재했던 그 땅에 그 군주·관료·백성이 구성원이었으니 언뜻 조선왕국과 경계가 모호하고 게다가 수난으로 점철된 역사에 불과 13년 만에 국권까지 잃었으니 이해보다는 비난의 정서가 컸을 것이다.

사정이 이렇다 보니 그 시기를 이조말(李朝末), 조선말(朝鮮末), 혹은 한말(韓末), 구한말(舊韓末), 구한국(舊韓國) 등으로 칭하거나 '조선말의 대한제국'이라고도 하였다. 심지어는 한국의 역사부도·역사연표 등에서는 사라진 경우가 많았다. 가령 '고조선 → 삼국 → 통일신라·발해 → 고려 → 조선 → 일제하 → (미군정) → 대한민국' 혹은 '고조선 → 삼국 → 통일신라·발해 → 고려 → 조선 → 일제하 → (대한민국임시정부) → 대한민국'의 형태를 취한 것이 그것이다. 미군정은 국가가 아니고, 대한민국임시정부는 국제사회로부터 승인받지 못했으나 역사부도에 포함되어 있다. 그러나 정작 한국사 속에 존재했고, 세계 각국의 승인과 함께 공식 외교관계가 이어졌던 2천만 인구의 나라를 누락시킨 것은 이해하기 어렵다.

둘째, 한국근대사가 혼란기이고 보니 위정척사, 개화, 동학, 의병, 독립 등 주로 사회운동 중심으로 역사를 바라본 결과이다. 이 모두 중요한 역사 연구의 대상이지만, 운동사에 치중하다보니 국정 운영 주체인 정부의 입장은 도외시 되거나 비난 일변도로 흘러간 면이 있다. 그 결과 동서양 각국을 상대하던 정부의 정책이나 구상, 나아가 국가 기간 조직의 순기능이나 역할 등을 제대로 살펴볼 여유가 없었다.

셋째, 일본의 책략에도 기인한다. 일본은 대한제국의 주권을 탈취하면서 대한의 국호를 지우고 조선이란 지명을 사용하게 하였다. 이를 위해 일본외무성과 서울 현지의 통감부 사이에 오고간 전문만 수백 통에 달한다. 그래서 일제하에는 제국의 식민지로서 조선이란 이름이 유행하였고, 대한이란 이름은 주로 해외의 독립운동 단체에서나 등장하는 낯선 이름이 되었다. 거기에 북한은 '조선'을 국호로 선택했고, 일본에서는 그 시대를 흔히 조선으로 통칭하고 있는 점도 부지불식간에 '대한'을 소외시킨 한 요인이다.

그렇다면 이렇게 대한제국을 배제할 경우 어떠한 문제가 발생하는가. 대한제국은 동서양 각국이 인정하고 승인한 나라였고, 공식 외교관계도 대한제국 황제의 이름으로 행해졌다. 독도에 관해 발효한 황제의 칙령, 간도관리사의 파견 등은 어떻게 볼 것이며, 대한제국과 각국의 외교관계와 만국우편연합, 만국적십자사 등 국제기구 가입은 어떻게 처리되는가. 그리고 일본의 대한제국 병탄이나 식민통치에 대한 역사적 책임 등은 대한제국을 배제하면서 무슨 승계 자격이 있어 이를 추궁한다는 것인가.

국력이 빈약했고 군주와 관료의 역할이 무능했더라도 그것과는 별개로 대한제국이라는 나라 자체의 존재와 역할이 부인되는 것은 역사의 진실을 외면하는 격이 된다. 나아가 거기에 뒤따르는 문제도 생각을 거듭할수록 너무도 많음을 알게 된다.

가까운 중국의 예로 왕망(王莽)이 세운 신(新, 8~23) 나라는 16년, 양견(楊堅)이 세운 수(隋, 589-618) 나라는 30년 지속되었다. 심지어 5대 10국 분열시대의 후량(後梁), 후당(後唐), 후진(後晉), 후한(後漢), 후주(後周) 등은 불과 10년 내외 존재하였다. 그러나 이들 중 어느 나라도 중국 왕조의 계도(系圖)에 누락되지 않고 정확히 기록되어 있다.

필자가 대한제국에 관심을 가진 배경에는 이상의 이유도 있다. 그동안 관련 논문을 쓰면서 나라도 아닌 나라에 관심을 갖는다거나 고종을 변호하는 것 아니냐는 등 비난도 많았다. 그러나 자학적 역사관은 벗어던질 필요가 있다. 돌이켜 보면, 지난 1세기 여의 혹독한 시련이 없었다면 한국인들이 이렇게 분발하여 기적을 이룰 수 있었을까 하는 생각도 든다. 개인이나 국가 모두 극단적 곤경에 처하면 자포자기하기도 하고, 용기백배하여 우뚝 일어서기도 한다. 한국의 경우는 후자의 대표적 사례이다. 19세기 말로부터 현재까지 명멸한 시대의 선각자, 국가 리더는 물론 모든 성실한 한국인들이 이런 기적의 주인공이다.

대한제국 관련 소재와 자료는 매우 많고, 연구도 그동안 많이 축적되었다. 그러나 독립협회 등 각종 단체의 근대화 운동이나 의병의 활동 등이 주요한 소재임에도 지면관계상 여기서 깊이 다루지 못하고 특정 몇가지 소재에 국한하여 각론 형식으로 다루었다. 그 외 대한제국기의 의정부, 원수부, 궁내부와 내장원, 군부, 법부, 학부, 농상공부, 외부 등 각종 정부 부서의 역할과 기능은 물론 신교육, 과학기술, 문화예술, 상공업 그리고 1906년 등장한 통감부 조직과 기능 등도 여기서 제외하였다.

이 책은 한국학중앙연구원 한국학진흥사업단의 지원이 없었으면 출간되기 어려웠다. 필자의 게으름과 여타 사정으로 늦어진 출간을 기다려준 관계자 여러분께 감사드린다.

이 책은 필자가 앞서 출간한 『고종평전 – 문명전환의 길목에서』(선인, 2021)와 함께 총론과 각론 격의 저서로 이해하면 좋을 것이다. 『고종 평전』은 고종 재위 시기 전체를 다룬 것이고, 이 책은 주로 대한제국기에 국한하여 몇몇 소재를 깊이 다루었으나 논의 전개상 일부 소재와 내용이 어쩔 수 없이 겹친 부분이 있음을 밝혀 둔다.

지면 관계상 필자에게 도움을 준 수많은 논저를 모두 밝히지 못하였다. 선행 연구자 분들께 송구스러움과 함께 감사함을 전한다.

필자의 원고를 정독해 준 방용식·최승원 박사와 이 책의 출판을 위해 애써준 도서출판 선인의 윤관백 사장님과 편집진 모든 분께도 감사한 마음을 전한다.

오래전 대한제국에 대한 관심을 일깨워 주신 송병기 선생님, 국제관계에 대한 이해를 강조해주신 최문형 선생님, 독립운동사의 중요성을 환기해 주신 윤병석 선생님께 감사드리며 삼가 명복을 빌어 드린다. 청년 시절을 돌이켜 보니 필자가 학업을 지속할 수 있었던 것은 큰 복이었다. 형님 내외분과 누님, 매형께 감사드린다.

엄혹한 제국주의 시대에 고난의 삶을 살다 간 대한제국의 관민과 군인들, 멀리 이민을 떠나 고난 속에 개척적인 삶을 일구어 온 해외 교민들 그리고 청일전쟁, 러일전쟁 당시 바다와 육지에서 전사한 청국, 일본, 러시아 병사들 이상 모든 이들의 안식을 기원하며 이 작고 소루한 책을 바친다.

　　　　　　　　　　　　　　　　　　　　　2022년 10월 12일
　　　　　　　　　　　　　　　　　　　　　수락산 아래에서 이민원

제2장 | 대한제국의 탄생과 황제시대의 정책

제3장 | 러일전쟁과 대한제국의 비극

제4장 | 대한제국의 운명과 부활하는 한국의 혼

일러두기

1. 본문의 일자는 양력을 원칙으로 하였고, 필요할 경우 음력과 양력을 병기하였다.

2. 본문은 한글쓰기를 원칙으로 하였으며, 필요한 경우 괄호 속에 한문이나 외국어 표기를 하였다.

3. 청국, 러시아, 일본 등 외국의 인명, 지명, 관서의 경우 가급적 일반 대중에게 익숙한 표기를 따랐다. 특히 러시아 인명과 지명의 경우가 그렇고, 청국 인명의 경우는 한국식 한문 발음을, 일본 인명의 경우는 일본식 발음을 따랐으나 일부 예외도 있다.

4. 시기에 따라 변화한 나라 이름(조선, 대한제국), 왕(황)실의 호칭(왕, 대군주, 황제 혹은 왕비, 왕후, 황후 등), 관부(외무대신, 외부대신 등)의 명칭 등을 하나로 통일하기 어려워 시대 상황에 맞게 표현하고자 하였으나 일부 예외도 있다.

5. 각주의 원전과 논저 등도 일반 독자의 이해를 돕기 위해 한글로 표기한 경우가 적지 않다.

6. 19세기의 자료, 특히 『고종실록』 등의 경우 연대파악이 용이하도록 권수와 왕의 재위연도 등을 생략하고 서기연도로 간략히 대체하였다.
   ex) 『고종실록』 37권, 고종35년 2월 1일 → 『고종실록』 1898년 2월 1일

7. 인용문의 경우 독자 이해를 돕고자 고투 용어를 현대식으로 대체하기도 하였다.

8. 다양한 명칭으로 불리는 각종 조약이나 역사용어 등은 사료나 연구자의 표기를 그대로 두어 독자의 이해를 돕고자 하였다.
   ex) 동학농민봉기, 을미사변, 을사조약, 한청통상조약 등.

머리말

고종(高宗, 1852~1919)은 조선의 26대 마지막 국왕이자 대한제국의 초대 황제였다. 국왕과 황제를 동시에 지낸 인물은 한국사상 그가 유일하다. 그의 재위 당시 조선왕국은 대한제국으로 변화했고, 이후 '식민지 조선'을 지나 대한민국이 탄생하였다.[1]

고종은 국왕으로 34년(1863~1897), 황제로서 10년(1897~1907), 통산 44년간 군주를 지냈다. 조선의 500년 역사에서 영조, 숙종 다음으로 장기간 재위한 군주이다. 그는 철종을 이어 12세에 국왕으로 등극했으나 근 10년 가까이 조대비의 수렴청정과 흥선대원군의 '대원위분부'가 국정을 주도하였다. 그러다 20대에 접어든 고종이 국정 운영의 전면에 나서면서 명실상부하게 국왕 역할을 하였다. 이후 1907년 황제 자리에서 퇴위할 때까지 고종은 외세의 압력과 국내 각 집단의 요구를 조율해 나간 국가 정책의 최고 책임자였다.

그의 재위 시기는 동서 문명의 교체기였고, 대외적으로는 중국 중심의 사대교린체제(혹은 책봉체제, 혹은 화이체제)에서 유럽 중심의 만국공법체제로 변

---

1 퇴위 이후로도 고종은 당대 한국인들에게 황제로 기억되고 있었다. 그런 그가 1919년 갑자기 운명하게 되자, 그의 최후를 둘러싼 의혹이 확산되는 가운데, 전국적으로 3·1만세운동이 펼쳐졌다. 그 결과 해외에 독립운동의 구심체로서 대한민국임시정부가 탄생하여, 오늘날의 대한민국에 이르는 과정에 중요한 획을 긋게 되었다.

화하였다. 말하자면 베스트팔렌 조약 이래 평등하게 된 유럽사회의 '수평적 국제질서'가 진시황 이래 19세기까지도 불평등했던 동아시아의 '수직적 국제질서'를 대체해 가게 되었던 것이다.

당시 동아시아 각국은 문명사의 대전환이 초래한 시대의 쓰나미에 휩쓸리면서 생존을 모색하기에 급급하였다. 일본은 서구의 도전에 신속히 국가체제를 정비한 뒤 조선과 대륙으로 눈길을 돌렸고, 청국은 내우외환의 혼란 속에도 한반도의 정세에 민감히 반응하였다. 바로 이런 환경에서 조선에는 과거와 다른 문화와 문명, 제도와 질서가 정치·군사·외교 방면은 물론, 종교·교육·산업·예술·건축·과학 등 각 방면에 폭발적으로 밀려들고 있었다.

이같은 격동기에 고종은 안으로는 관료, 종실, 외척, 유림, 신지식인으로부터 농민, 상인 등 일반 백성에 이르기까지 각 집단의 분출되는 요구에 직면했고, 밖으로는 청국은 물론, 일본·미국·영국·독일·러시아·프랑스·이탈리아·벨기에·덴마크 등 역사상 처음으로 조약을 맺은 동서양 각국의 사절과 대면하면서 직접 국가의 활로를 찾아가야 했다.

이점에서 '군림하나 통치하지 않았던' 명치(明治) 일본의 천황이나 황제의 자리에서 실권을 행사하지 못한 청국의 광서제나 선통제 등 말대 황제와도 다르다. 황제의 자리에서 국가 정책을 주도할 수 있었던 점에서는 프랑스의 나폴레옹 3세나 러시아의 마지막 황제 니콜라이 2세와 유사하게 볼 수 있다. 그러나 국력의 차이가 너무나 현격하여 직접 비교하기에도 무리가 있다.

그의 권좌가 지닌 군주로서의 역할은 참으로 막중하였지만, 고종은 가난한 유가적 농업국가의 군주였고 재위 기간 내내 그의 생애는 파란만장하였다. 그런 가운데서 그가 전래의 유산과 새로운 문명의 조합을 통해 표현해 보려한 것이 대한제국이고 그 시대의 정책이었다.

이 책에서 필자가 주요 관심을 부여한 대상은 대한제국이다. 국내외가 격동하던 당시 고종과 주요 관료들이 고종의 황제 즉위를 추진하고 대한제국을 출범시킨 이유는 무엇인가. 이후 대한제국 정부가 추진한 정책과 방향은 어떠한 것이고, 러일전쟁과 이후의 국제 역학 구도는 대한제국에 어떠한 타격을 주었나, 나아가 대한제국의 역사가 한국사에서 지니는 역할과 의미는 무엇인가 등이 주요 화두이다.

종래 대한제국을 선포한 것은 '부화허식'의 허례이며, 대한제국 정부의 정책도 황제권 강화에만 치중한 수구적 정책이며 고식적인 대책이라는 주장도 유력했다. 이런 주장에도 타당한 일면이 있지만, 그것만으로 설명하기에는 부족한 것이 너무도 많다.

모든 역사에는 명암이 존재한다. 황제 국가에 나타난 형식적 변화 외에 고종의 통치 스타일과 내외 정책의 범위, 나아가 각 분야에도 다양한 변화가 있었다. 새로 도입된 서구의 문물과 제도, 산업, 국가 의례와 체제의 정비 등은 분명 이전과 다르면서 오늘날까지도 영향을 미치는 부분이 적지 않다. 대한제국은 입헌군주제도 아니었고, 오늘날의 민주공화제는 더욱 아니다. 그렇다고 전근대 왕국도 아니었다. 대한제국은 한국 역사에서 매우 독특한 형태의 국가였다. 그렇다면 그것은 과연 무엇인가.

적어도 조선의 국왕과 대한제국의 황제, 조선왕국과 대한제국의 차이점은 구분할 필요가 있다. 또한 이후에 등장한 대한민국임시정부, 대한민국과는 어떠한 관계에 있는가도 분명하게 해 줄 필요가 있다. 그것은 대한제국의 각종 사업과 제도 변화, 대외 관계의 의미를 이해하면서 한국의 근현대사를 거시사적으로 조망하기 위해서도 필요한 작업이다.

필자는 청일전쟁에서 러일전쟁 사이 국제관계 흐름을 유념하면서, 국가의 정책 결정권자였던 고종의 입장에서 그 시대의 수많은 변화 중 일부를 살펴보고자 한다. 논의 전개는 19세기 말의 국제환경과 조선의 마지막 모습, 고종의 황제즉위와 대한제국 선포의 배경과 그 과정, 대한제국의 체제정비와 그 방향, 대한제국의 주요 사업과 그 성격, 러일전쟁과 대한제국의 운명, 고종과 순종의 운명 순으로 설정하였다.

대한제국에 관해서는 1970년 중반 주목되는 연구들이 있었다. 고종시대의 정책을 '광무개혁'으로 지칭하며 긍정적으로 평가한 송병기의 연구가 그것이다.[2] 이 연구는 그 당시 대한제국 정부의 정책과 독립협회의 개혁운동에 대한 학계의 논쟁을 불러 모았다. 학술 논쟁은 김용섭, 강만길, 신용하 등에 의해 확산되면서 '광무개혁 논쟁'으로 불려지게 되었다. 비록 국제환경에 대한 고려가 아쉽고, 정부와 독립협회 관계를 대립적으로만 평가하고, 정부와 독립협회의 단점을 경쟁적으로 부각시킨 아쉬움은 있었지만, 한국사 분야에서는 근대사를 둘러싼 학술 논쟁의 선구를 이루었다.[3]

이후 독립운동사 전공자인 윤병석을 이어 교육학 전공인 김기석, 조선후기 전공자인 이태진 등이 고종 당시의 정책과 헤이그특사 외교 등을 조명하면서 대한제국과 고종에 대한 대중적 관심을 환기하였다.[4] 그중 이태진은 대한제국기의 도로 정비를 서울의 도시개조사업으로 평가하면서 고종을 근대국가의 개명군주로 높이 평가했다.[5]

한편 이구용과 필자는 고종의 황제즉위와 대한제국 선포를 다루면서 대한제국 등장의 역사적 의미 등을 조망했다. 그 과정에서 필자는 정부와 독립협회의 관계를 대립 보다는 협력의 관계로 파악하였고, 덕수궁, 대한제국의 장충사업, 증보문헌비고 편찬 등에 관한 연구를 통해 대한제국 체

2　宋炳基, 「光武改革研究-그 性格을 中心으로」, 『史學志』 10, 1976.
3　宋炳基, 「소위 三端에 대하여-근대 韓淸關係史의 한 연구-」, 『史學志』 6, 1972; 愼鏞廈, 『獨立協會研究』, 一潮閣, 1993; 강만길, 「대한제국의 성격」, 『창작과 비평』, 1978; 金容燮, 「愼鏞廈 著, 『獨立協會研究』 書評」, 『韓國史研究』 13, 1976.
4　尹炳奭, 『增補 李相卨傳』, 一潮閣, 1998; 윤병석, 『대한과 조선의 위상』, 선인, 2011; 김기석, 「光武帝의 주권수호 외교, 1905~1907: 乙巳勒約 무효 선언을 중심으로」, 『日本의 大韓帝國 强占』, 까치, 1995; 李泰鎭, 『高宗時代의 再照明』, 태학사, 2000.
5　金光宇, 「大韓帝國時代의 都市計劃; 漢城府 都市改造事業」, 『鄕土서울』 50, 서울시사편찬위원회, 1991, 93~122쪽; 李泰鎭, 「1896~1904년 서울 도시개조사업의 주체와 지향성」, 『韓國史論』 37, 1997, 181~206쪽.

제정비의 한 측면을 다루었다.[6] 아울러 강상규는 조선의 정치적 유산과 고종대의 정책을 국내외 사건과 관련지어 고종과 관료들의 구상을 심도 있게 다루었다. 그의 연구는 청일전쟁 이전에 국한한 아쉬움은 있지만, 고종의 정책에 중요한 영향을 미친 요소로서 유가적 전통과 당대의 제약된 내외 환경을 균형감 있게 다루었다.[7]

최근에는 황제의 전제권과 황제 재위 당시 고종의 내외 정책이 갖는 개혁성 여부에 대해 최덕수, 이윤상, 도면회, 주진오, 김태웅, 서영희, 서진교, 조재곤, 장영숙, 오연숙, 은정태, 현광호, 김윤희, 이방원, 하지연 등이 다양한 연구결과를 내 놓고 있다. 주요 대상은 대한국국제, 의정부와 중추원, 궁내부와 내장원, 군사제도, 원수부와 경위원 등등의 정부 기구와 각종 사업에 관한 것들이다.[8] 그 외 최기영, 한철호, 허동현, 김신재 등에 의해 독립협회, 독립신문, 황성신문 등과 각종 사회, 교육 단체의 근대화 및 애국운동에 관한 연구가 진전되었고, 김상기, 홍영기, 박민영, 오영섭 등의 의병 활동과 해외독립운동 단체 연구, 그리고 김현숙 등에 의한 알렌

---

6 李玟源, 「稱帝論議의 展開와 大韓帝國의 成立」, 『清溪史學』 5, 1988; 이민원, 「大韓帝國의 成立過程과 列强과의 關係」, 『韓國史研究』 64, 1989; 「대한제국의 성립과 광무개혁, 독립협회에 대한 연구성과와 과제」, 『한국사론』 25, 국사편찬위원회, 1995; 「대한제국의 역사적 위치-선포와 존재의 의미를 중심으로」, 『忠北史學』 11·12, 2000; 「대한제국의 장충사업과 그 이념」, 『동북아 문화연구』 33, 2012; 「근대 학설사 속의 '단군민족주의'」, 『韓國思想과 文化』 72, 2014.

7 姜相圭, 「高宗의 對外認識과 外交政策」, 『韓國史 市民講座』, 1996; 강상규, 『조선 정치사의 발견』, 창비, 2013.

8 그의 일부로 徐榮姬, 「1894~1904년의 政治體制 變動과 宮內府」, 『한국사론』 23, 1990, 327~396쪽; 서영희, 『대한제국 정치사 연구』, 서울대학교출판부, 2003; 金允嬉, 「대한제국기 皇室財政運營과 그 성격: 度支部 豫算外 支出과 內藏院 재정 운영을 중심으로」, 『韓國史研究』 90, 1995; 徐珍敎, 「대한제국기 高宗의 황제권 강화책과 警衛院」, 『한국근현대사연구』 9, 1998, 79~103쪽; 서인한, 『대한제국의 군사제도』, 혜안, 2000; 한영우, 『명성황후와 대한제국』, 효형출판사, 2001; 한영우·이윤상·전봉희 외, 『대한제국은 근대 국가인가』, 푸른역사, 2006; 왕현종, 「대한제국기 입헌논의와 근대국가론 -황제권과 권력구조의 변화를 중심으로」, 『韓國文化』 29, 2002, 253~294쪽; 吳蓮淑, 「大韓帝國期 高宗의 人事政策과 官僚層의 형성 -議政府 勅任官及官僚를 중심으로」, 『國史館論叢』 100, 2002, 95~122쪽; 장영숙, 『고종의 정치사상과 정치개혁론』, 선인, 2010; 하지연, 『기쿠치 겐조, 한국사를 유린하다』, 서해문집, 2015 등이 있다.

과 외국인 고문관, 세관, 광산 등에 관한 연구가 주목되고, 최문형의 국제
관계 연구와 함께 김원수, 석화정, 최덕규, 김영수 등에 의해 청일전쟁, 러
일전쟁, 연해주, 간도, 독도 등으로 시야와 연구가 확산되고 있다. 그외 한
영우, 김문식, 이욱, 임민혁, 신명호, 이왕무 등 조선시대 전공자들의 대한
제국기 의례와 황실에 대한 연구도 주목을 끈다.[9]

다만, 연구의 심화 과정에서 미시사가 주류를 이루다 보니, 분야에 따
라서는 정부와 대외 관계를 고려한 입체적 해석이 절실하게 느껴진다.[10]
이미 1960~80년대 사이에 서구 각국과의 수교 100주년을 맞으면서 한
국사연구회나 역사학회 주관으로 여러 공동연구가 축적된 바 있고,[11]
1990~2000년대 이후로는 해외 유학자들이 합류하여 더욱 풍부한 자료와
깊이를 더한 양질의 연구가 많이 쌓이고 있다. 이제 이선근, 이광린 등의
선구적 업적을 이어 더욱 발전한 한국근현대의 통사들이 등장할 것을 기대
한다. 이 책에서 국제관계의 흐름에 많은 비중을 둔 이유이기도 하다.

---

9 2000년대 들어서면서는 연구기관의 지원에 의한 공동연구서와 개인의 저서가 많이 등장
하고 있다. 이에 대해서는 국사편찬위원회의 사이트의 '한국사연구휘보'를 참조 바람.

10 具次列, 「大韓帝國時代의 國際關係」, 『大韓帝國研究』 3, 梨花女子大學校 韓國文化研
究院, 1985; 崔文衡, 『제국주의 시대의 列强과 韓國』, 民音社, 1990; 최문형, 『러시아
의 남하와 일본의 한국 침략』, 지식산업사, 2007; 최덕규, 『제정러시아의 한반도정책,
1891~1907』, 경인문화사, 2008; 김원수, 『헤이그 만국평화회의 특사외교와 국제관
계』, 독립기념관, 2016; 석화정, 『풍자화로 보는 러일전쟁』, 지식산업사, 2007; 김영수,
『고종과 아관파천』, 역사공간, 2020 등을 참조.

11 한국사연구협의회에서 편찬해 낸 『한미수교100년사』(1982), 『한영수교100년사』(1984),
『한독수교100년사』(1984), 『한불수교100년사』(1986), 『한러관계100년사』(1984) 등이
그것으로 당대 한국근대사 연구 수준을 보여주는 노작들이다. 이후 1990~2000년대에
국내외에서 러일전쟁, 을사늑약, 헤이그특사, 경술국치 등과 관련한 학술회의와 공동연
구서를 발표한 바 있다. 윤병석 외, 『헤이그특사와 한국독립운동』, 독립기념관 한국독립
운동사연구, 2007; 이헌창 외, 『국치 100년, 국권상실의 정치외교사적 재조명』, 한국정
치외교사학회·사단법인 아셈연구원 공동 주최, 2010 등을 참조.

제1장
청일전쟁과 조선왕국의 종언

1
19세기 말의 조선과 청일전쟁

청일전쟁의 기원과 거문도사건

청일전쟁은 19세기 말의 조선 왕국에 가장 충격적이고도 심각한 결과를 몰고 와 500년 지속된 왕조의 붕괴에 결정적인 작용을 하였다. 그런데 전쟁은 외교가 막다른 상황에 이르러 택하는 '무력 외교'이다. 그만큼 당사국의 이해가 첨예하게 걸려 있기 때문이다. 그렇다면, 조선을 붕괴시키고 대한제국의 등장을 가져온 청일전쟁, 그것은 왜 일어나게 되었나.

고종이 즉위한 지 30년이 된 1894년, 그해 여름 조선 서해의 풍도 앞바다에서는 일본군의 선제 공격으로 청국과 일본 사이에 전쟁이 시작되었다. 풍도의 해전은 일본군의 일방적 승리였다. 갑신정변 당시 서울의 창덕궁에서 원세개 휘하 청군이 정변에 가담한 일본군을 압도적 공세로 축출한 지 10년 만에 처음으로 맞는 역전이었다.

이후 전장은 성환을 거쳐 평양, 압록강, 요동반도, 산동반도로 이어졌다. 이때의 전쟁을 중국에서는 갑오전쟁, 일본에서는 일청전쟁, 한국에서는 청일전쟁으로 부른다. 청일전쟁의 승리로 일본은 동북아의 패자로 떠올랐고, 청국과 조선은 심대한 타격을 받아 국가가 몰락해 갔다. 이 전쟁의 배경에는 청국과 일본의 조선을 둘러싼 이해가 얽혀 있었고, 넓게는 동아시아와 세계를 놓고 벌인 영국과 러시아의 대립이 10년 뒤 러일전쟁으로 이어졌다.

청일전쟁의 원인과 근인, 이에 대한 조선 국왕과 관료의 시국 판단과 대응은 국제 역학 관계 속에 어떻게 반영되어 나타났는가? 나아가 그것은 이후에 등장하는 대한제국의 등장과 어떠한 관계가 있는가?[1]

청일전쟁은 '러일전쟁의 서전'(緖戰)이라고도 한다. 장래 러일전쟁이 예상된 가운데 그에 앞서 치러진 '오프닝 게임'이라는 주장이다. 청일전쟁의 강화로 시모노세키 조약이 체결되자마자 러시아는 삼국간섭을 주도하여 일본의 요동반도 할양에 제동을 걸었다. 이후 러시아와 일본 사이에 만주와 한반도를 놓고 갈등이 확산되어 러일전쟁까지 지속된 것을 감안하면, 이런 해석에 공감이 간다.

잘 알려진 바와 같이 일본이 러시아를 심각하게 경계하게 된 것은 시베리아횡단철도 건설이 논의될 당시부터였고, 러시아가 철도 건설을 서두르게 된 동기는 영국의 거문도점령 사건이다.[2]

1885년 3월 1일(음력) 영국의 동양함대 사령관 도웰(William M. Dowell)이 이끄는 3척의 군함이 한반도 남해상의 거문도를 전격 점령하였다. 갑신정

---

1 청일전쟁과 조선에 관해서는 다음을 참조. 朴宗根, 『日淸戰爭と朝鮮』, 靑木書店, 1982; 朴宗根 저, 朴英宰 역, 『淸日戰爭과 朝鮮－外侵과 抵抗－』, 一潮閣, 1989; 韓國精神文化硏究院 편, 『淸日戰爭을 前後한 韓國과 列强』, 一潮閣, 1984; 崔文衡, 『제국주의 시대의 列强과 韓國』, 민음사, 1990; 柳永益, 『東學農民蜂起와 甲午更張』, 一潮閣, 1998 등. 청일전쟁과 러일전쟁에 관해 대중적으로 국내 독자에게 널리 알려진 소설로는 陳舜臣 저, 조양옥 역, 『청일전쟁』, 우석, 1995; 시바 료타로 저, 박재희 역, 『대망(大望): 언덕위의 구름』 34-36, 동서문화사, 2009년판 등이 있다.

2 이용희, 「巨文島占領外交綜考」, 『李相佰博士回甲紀念論叢』, 을유문화사, 1964; Kim Young Chung(김영정), 「Anglo-Russian Crisis and Port Hamilton, 1885-1887」, 『韓國文化硏究論叢』 18, 이화여자대학교, 1971; 최문형, 『제국주의 시대의 列强과 韓國』, 민음사, 1990, 143~171쪽.

변이 발발한 지 반 년이 채 안된 시점이었다. 그로부터 열흘이 지나 북경의 영국 공사 오코너(Nicholas R. O'conor)가 러시아의 불법 점령에 대비한 조치로서 잠시 거문도에 정박한다는 것을 조선정부에 통고해 왔다. 영국의 조선 영토 불법 점령에 대한 변호였다. 이후 영국, 러시아, 중국, 조선 사이에 이 문제를 두고 외교적 갈등이 지속되었다.

거문도는 제주도의 북동쪽 36리 해상에 위치하여 여수와 제주도를 잇는 수로의 중간이니, 대한해협 및 대마도 해협을 항해하는 선박의 동태를 관찰할 적절한 위치이다. 군항의 조건을 잘 갖추고 있는 셈이다. 그래서 러시아의 태평양 출구에 위치하여 동양의 지브롤터라고도 불리었다. 영로 대결 무대가 유럽에서 동아시아로 이동해 온 시점에 한반도 남해의 이 섬이 열국 각축의 무대가 된 것이다.

영국이 거문도를 점령한 이유에 대해서는 조러밀약설에 원인이 있다는 주장과 중앙아시아에서 영로 간에 전개된 아프가니스탄 분쟁이 주요 원인이었다는 주장이 교차된다.

이 중 조러밀약설의 골자는 독일인 묄렌도르프의 중재로 조선이 러시아로부터 군사와 재정의 지원을 받고, 러시아는 한반도의 한 항구, 즉 영흥만을 조차한다는 내용이다. 이에 러시아의 남하에 촉각을 곤두세우던 영국이 방어적 조치로서 거문도를 점령하였다는 것이다.

다음으로 아프가니스탄 분쟁이란 무엇인가. 1885년 2월 러시아는 아프가니스탄 국경의 요지인 메르브(Merv)를 점령한 뒤, 계속 남하하여 3월 말 경에는 또 하나의 요지인 펜제(Pendjdeh)를 점령하여, 영국과 긴장이 고조되었다. 이렇게 남하해 간다면 러시아는 인도양으로 진출할 길을 뚫게 되는 것이다.

영국의 해군부에는 비상이 걸렸고, 글래드스턴(Gladstone) 내각은 하원에 추가예산을 요구하였다. 이때 영국은 러시아의 힘을 분산시키기 위해 취약한 곳을 공격하기로 결정하였다. 표적은 극동의 블라디보스토크 군항, 그

런데 이를 공격하기 위해서는 중간 기착지가 필요하였다. 그 결과 조선 남
해안의 거문도가 러시아 함대를 위한 전초기지로 설정되었다는 해석이다.[3]

조선 조정은 이미 두 차례나 서양 세력과의 충돌(병인양요와 신미양요)을 경
험한데다가, 임오군란과 갑신정변으로 거듭 홍역을 치른 상태에서 다시 긴
장이 고조되었다. 독판교섭통상사무 김윤식은 '공법에 투철한 나라가 어
찌 남의 나라 영토를 점령할 수 있느냐'[4]고 서울 주재 영국 영사 애스턴
(Aston)과 북경 주재 영국 공사에게 항의하였다. 이어 독일 총영사 젬브쉬
(Zembsch), 미국 대리공사 푸트(Foote, Lucius Harwood) 등에게 협력을 요청하
였다.

애스턴은 '잠시 머무는 것뿐'이라는 궁색한 답변이었고, 젬브쉬는 '다른
나라가 조선 땅을 점령한다면 독일은 도의상 가만히 보고만 있지 않을 것',
'영국이 거문도를 잠시 지키려는 것은 다른 나라와 분쟁 우려 때문으로 본
다.' 하였고, 푸트는 '영국이 해밀턴 섬을 영원히 점령하려는 것이 아니며
영국을 방어하는 데 이용하려는 것', '곧 영국과 러시아 간에 사변이 생길
것이며, 우리 정부도 이 문제에 우의를 다할 것'이라고 회답하였다.[5]

영국 측은 조선 정부에 거문도를 조차하고 싶다는 의향을 전해왔으나,
조선 정부는 단호히 거절하였다. 이때 러시아가 거문도 점령에 이의를 제
기하였고, 청국도 이의 처리를 놓고 골몰하였다. 러시아는 자국함대의 동
아해역 활동이 영국의 함대에게 견제당하는 것을 묵과할 수 없었고, 청국
은 자국 울타리인 조선에서 국제적 분규가 야기되는 것은 원치 않았다.

---

3 최문형, 『제국주의 시대의 列强과 韓國』, 민음사, 1990, 143~171쪽.
4 『高宗實錄』 1885년 4월 7일.
5 『高宗實錄』 1885년 4월 8~10일.

이홍장의 중재와 감국대신 원세개

거문도사건으로 조선, 영국, 러시아가 설왕설래할 때 이를 해결하고자 나선 것은 청국의 이홍장이다.

이홍장은 북경주재 러시아 대리공사 라디겐스키(Ladygenskii)에게 러시아가 앞으로 거문도를 점령하지 않겠다고 보증한다면 영국 측에 거문도 철퇴를 요구하겠다고 하였다. 이때 러시아 측은 거문도는 물론 조선의 어떤 지역도 점령할 의사가 없음을 보증한다 하였다. 영국의 압박에 직면한 러시아 측의 고육지책이었다. 영국은 청국이 러시아의 약속을 보증할 것을 조건으로 철수하겠다고 했다. 마침내 1886년 10월 합의에 이르렀다. 영국군이 철수한 것은 이듬해 2월 27일, 근 2년만이었다.[6]

영국은 이로써 러시아의 남하를 한반도 북방에서 차단하게 되어 외교적 성과가 컸다. 반면 러시아는 영국군의 철수로 한반도 남해를 부담 없이 통항할 수는 있었지만, 언제든 영국이 견제하면 한반도 남해의 통항이 차단될 수 있다는 취약점을 깨닫게 되었다. 그러나 이때 러시아가 이홍장을 통해 영국 측에 전한 언질, 즉 '영국군이 거문도에서 철수한다면 러시아는 장래 조선의 어떠한 지역도 확보할 의사가 없을 것'이라고 한 것은 조선에서 부동항을 확보할 가능성을 차단한 것으로서 러시아가 두고두고 후회하는 악수(惡手)가 되었다.[7]

실제의 사례가 있다. 러시아는 1897년 말~1898년 초 대한제국 정부

---

6 위와 같음.
7 대한제국 선포 직후 러시아가 부산의 절영도를 조차하려했을 때 영국은 거문도사건 당시 러시아가 청국을 통해 했던 약속을 제기하여 러시아 측을 압박하였다. 러시아가 누차 조선과 대한제국 정부를 압박하거나 교섭했음에도 부동항 혹은 석탄고 기지 조차에 실패한 가장 중요한 이유였다. 일부 자료로는 다음을 참조. "Question asked in the House of Commons, Mar.1, 1897." "Answer." Nos.37,38, Mar.1, 1897, *F.O. 405-IX*; Allen to Sherman, No.48, Seoul, Dec.20, 1897, *Despatches from U.S.Ministers to Korea*(이하 *DUSMK*).

를 압박하여 러시아의 군사고문과 재정 고문을 고용하게 하고, 부산의 절
영도에 석탄고 기지를 설치하려 하였다. 국내에서는 독립협회가 이를 반대
하였고, 동북아 각 항구에서는 일본·영국의 함대가 시위하는 가운데 긴장
이 감돌았다. 그때 영국은 '거문도사건 당시의 약속을 유념하라.'고 러시아
측에 환기하며 거듭 외교적 압박을 가하였고, 결국 러시아는 서울에 파견
한 군사와 알렉시에프 재정고문 등을 철수시키고 절영도 조차 기도도 철회
하였다.

　청국 역시 성과가 컸다. 청국은 서세동점의 상황에서 마지막으로 남은
주변의 울타리, 즉 번속국 조선이 다른 나라의 세력권으로 떨어질 경우 북
경의 안전이 위협받게 될 것을 크게 우려하였다. 조선이 무너지면, 청국도
위험하다는 '순망치한'(脣亡齒寒)의 입장이었다. 이제 영·러 두 세력을 한반
도에서 밀어내게 된 상황에서 청국은 종주국으로서 조선에서 이전 보다 더
강고한 영향력과 권위를 유지하게 되었다. 이후 원세개가 조선에서 군림하
며 고종의 대미 관계 접근과 서구화 시도를 지속적으로 방해할 수 있었던
배경이다.[8]

　거문도사건이 조선에 미친 영향은 종래의 주장처럼 언뜻 보기에는 크
지 않았다. 영국과 조선 사이에 무력 충돌이 발생한 것도 아니고, 영국은
2년 만에 철수하였기 때문이다.[9] 그러나 한걸음 더 접근해 들어다보면, 거
문도사건은 임오군란, 갑신정변과 마찬가지로 조선의 자주권에 심각한 손
상을 초래하였고, 조선의 근대화에 막대한 타격을 준 사건이었다. 그 이유
는 이 사건의 결과로 청국이 조선에 대한 영향력을 더욱 강화할 수 있었기
때문이다. 이때 청국은 조선에 대해 근대적 의미의 식민지화까지도 고려했
던 것으로 주장된다.

8　그 점은 박정양 공사가 대미 외교를 수행할 당시 청국의 간섭에서 잘 엿볼 수 있다.(문일
　　평, 『한미오십년사』, 탐구당, 2016, 제9장 참조)
9　최문형, 『제국주의 시대의 列强과 韓國』, 민음사, 1990, 143~171쪽.

임오군란 이후 조선에 파견된 청국의 최고위 책임자는 '감국대신'(監國大臣) 원세개(袁世凱)였다. 갑신정변과 거문도사건의 영향으로 조선에서 우월한 입지를 확보하게 된 그는 '총독'처럼 군림하며 조선의 내정과 외교를 흔들어 놓았다.[10] 세계의 문명이 뒤바뀌는 시점에 청국의 간섭과 종주국적 관념은 청일전쟁이 발발할 때까지 지속되었다. 조선 국왕 고종의 권위와 국가의 체통에 심각한 손상을 주었음은 물론, 현실적으로는 조선의 장기적 발전과 근대화 사업에 막대한 타격을 주었다.

그 결과 조선의 개화파 지식인은 물론, 고종과 신진 관료들 사이에 가장 많이 대두한 화두가 '청국으로부터 조선의 자주독립'이었다. 조선 국왕 고종도 1876년 강화도 조약을 체결하고 서양 각국과 수교하는 가운데 세계의 흐름을 어느 정도는 파악하고 있었다. 그는 '영토에 야심이 없는 나라 미국'을 최고의 우호국가로 여겨 초대 미국공사 푸트가 부임하자 춤을 출 정도로 기뻐했다.[11] 그는 조선의 자주독립과 근대화를 목표로 그에 필요한 자금 조달을 위해 미국의 차관을 모색하고 군사교관과 외교고문 초빙을 꾀하였다.

그러나 아더 대통령의 연설에서 보듯 '정직한 교역'만을 바라던 미국에게 조선 시장은 왜소했다.[12] 미국은 조선의 희망과 달리 선교, 교육, 의료 외에는 적극적 관심이 없었다. 그렇다고 고종은 일본에 다시 접근할 수도 없었다. 임오군란·갑신정변에서 보듯이 일본을 신뢰하기에는 위험이 너무도 컸다. 이에 고종은 러시아를 차선책으로 고려하게 되었다.

---

10 宋炳基, 「'三端'에 대하여-근대 韓淸關係史의 한 연구」, 『史學志』 6, 1972, 93~116쪽; 金正起, 「朝鮮 政府의 淸 借款導入」, 『한국사론』 3, 1976; 李陽子, 「淸의 對朝鮮 政策과 袁世凱-海關 借款 電線, 輪船 問題를 中心으로」, 『東義史學』 3, 1987 및 「청의 간섭」, 『한국사 39-제국주의의 침투와 동학농민봉기』, 국사편찬위원회, 2013, 13~53쪽.

11 Yur-bok, Lee, *Diplomatic Relations between the United States and Korea 1886-1887*, New York, 1970, p.59; 최문형, 「수교 직후의 한미관계와 사절 교환」, 『한미수교 100년사』, 국제역사학회의 한국위원회, 1982, 77쪽.

12 이보형, 「한미수호조약 체결」 및 최문형, 「수교 직후의 한미관계와 사절 교환」, 『한미수교 100년사』, 국제역사학회의 한국위원회, 1982, 42~81쪽.

러시아는 1860년 북경조약 체결로 연해주를 확보하면서 동북아시아에서 부동항을 확보하는 일이 시급하였다. 블라디보스토크 항구가 있었지만, 연중 상당기간 결빙이 되어 비상시에 문제가 많았다. 자연히 러시아는 태평양 연안에 위치한 한반도에서 부동항을 확보하고자 하는 열망으로 조선에 적극적, 호의적 자세로 접근하였다.

그러나 거문도사건에서 보듯 영국의 견제로 조선과 러시아의 접근은 좌절되고, 조선의 희망과는 반대로 청국의 위세만 강화되었다. 이상에서 보듯이 고종 치세의 전반기, 즉 청일전쟁 이전까지 조선이 대외적 자주권의 확립과 사회 각 분야의 서구화, 근대화를 추구하는데 가장 큰 장애 요인은 조선 스스로의 활로모색을 구속하던 청국의 존재와 역할이었다.

시베리아횡단철도와 일본의 군비 강화

영국의 견제로 해로를 이용한 동아시아진출이 장애에 직면한 러시아는 육로 이용을 적극 재고하게 되었다. 그 결과 시베리아횡단철도가 착공되었다.[13]

러시아가 시베리아횡단철도를 착공한 것은 1891년 5월이다. 이 철도는 러시아에게 장래의 사활이 걸린 대동맥이기도 하였다. 제정러시아는 광활한 땅을 가지고 있었지만, 유럽의 영국, 독일, 프랑스에 비해 산업이 뒤떨어진 나라였다. 철도가 완공되면, 러시아는 시베리아의 광산물과 농산물을 유럽으로 공급하고, 유럽의 공산품을 아시아로 신속히 운송하여 경쟁할 만했다. 유사시에는 작전 수행을 위해 병력과 무기도 신속히 이송할 수 있었다.[14]

---

13 "The Great Siberian Railway" in Charlemagne to Tower, No.227, St., Petersburg, May 26, 1900, *Despatches from U.S. Ministers to Russia*; 이민원, 『한국을 둘러싼 러·일 갈등—명성황후시해와 아관파천』, 국학자료원, 2002, 27~40쪽을 참조.

14 "The Great Siberian Rai;way" in Charlemagne to Tower, No.227, St.,

그러나 철도가 완공되기 위해서는 조건이 있었다. 철도가 통과하는 지역, 그중 청국과 국경을 맞대고 있는 아무르강(흑룡강) 연안과 연해주에 연접한 만주 지역이 안정되고, 다시 만주와 연접한 한반도가 현상이 유지되는 것이었다. 즉 '만주의 안정과 한반도의 현상 유지'가 러시아 당국의 기본 방침이었다. 만일 이 지역을 다른 강대국이 선점한다면 러시아의 철도 건설 계획은 무력화되고 러시아의 활로가 막히는 셈이기 때문이었다.

한편 일본은 명치유신 이래 조선의 지배를 대외침략 정책의 제1목표로 삼고 있었다.[15] 그러한 목표는 서세동점의 위기를 타개하고 자국의 활로를 모색하기 위한 것이었다.

명치유신 직후 서구 각국에 각종 견문사절단과 유학생을 파견하여 관찰해 온 일본은 세계가 영국의 산업혁명 이후 문명사의 대전환을 맞은 사실을 깨달았다. 이에 대륙 진출을 기획하던 일본은 1870년대부터 군비확충에 매진하며 조선과 만주, 나아가 유럽에 밀정과 첩보장교를 파견하여 해외의 정보 수집에 열중해 오고 있었다.[16]

1870년대 초반에는 당장 조선을 정벌하자는 사이고 다카모리 등의 정한론과 아직 이르다는 신중론이 대립되면서 서남전쟁이 발생하기도 하였다. 야마가타 아리토모(山縣有朋) 등에 의해 1878년 창설된 육군참모본부 초급장교(酒勾景信)가 만주에서 광개토왕능비문의 탁본을 입수해 간 것은 1883년이었다. 이점은 일본의 만주 진출 의도를 잘 입증해 준다.[17]

Petersburg, May 26, 1900, *Despatches from U.S. Ministers to Russia*; 이민원, 『명성황후시해와 아관파천』, 민음사, 2003, 30~36쪽.

15 이런 논지의 글로 강창일, 「三浦梧樓 公使와 閔妃弑害事件」, 『明成皇后弑害事件』, 민음사, 1992을 참조.

16 이런 내용은 당시 일본에 주재하던 영국공사 Ernest Satow의 일기, 영국 주재 일본공사를 지내고 러일전쟁 무렵 일본외무대신을 지낸 하야시 다다스(林董)의 회고록, 역시 청일전쟁 당시 일본 외무대신이었던 무쓰 무네미쓰(陸奧宗光)의 『蹇蹇錄』 등에서 두루 보인다.(陸奧宗光 저, 金泰昱 편역, 『蹇蹇錄』, 명륜당, 1988; A. M. Pooley 엮음, 申福龍·羅洪柱 역, 『林董秘密回顧錄: 1900~1910年의 日本外交의 內幕』, 건국대 출판부, 1989)

17 李基東, 「硏究의 現況과 問題點」, 『韓國史 市民講座 3-廣開土王陵碑』, 一潮閣, 1988, 9쪽.

그러나 일본의 목표 추구에 가장 큰 걸림돌은 청국과 러시아였다. 청국은 북경의 안전을 가장 중시하여 청국의 울타리격인 조선을 결코 다른 나라가 차지해서는 안 된다는 입장이었다.[18] 한편 러시아가 시베리아횡단철도를 기획하게 되자 일본에 비상이 걸렸다. 철도가 완공되면 러시아가 동북아에서 위력을 발휘하게 되고 일본은 대륙으로 나아갈 길이 차단되기 때문이다. 일본으로서는 먼저 한반도와 만주로 나아가 러시아의 남하를 저지해야 했다. 일본이 장래의 주적을 러시아로 예상하고 먼저 청일전쟁 준비에 매진하게 된 이유였다.

　　1890년 3월 일본의 총리 야마가타 아리토모는 국방비를 대폭 증액하기 위해 '이익선과 주권선'의 확보를 전제로 의견서를 의회에 제출하였다. 요지는 '일본의 이익선의 초점은 실로 조선에 있으며(중략) 조선의 독립은 시베리아철도가 완공되는 날 살얼음을 딛는 운명에 처한다.'는 것이었다.[19] 그러므로 일본은 시베리아횡단철도 완공 이전에 조선을 확보해야 할 것이고 그러기 위해서는 장래의 전쟁에 대비해 군비를 확대하자는 뜻이었다.

　　조선에서 임오군란, 갑신정변을 거치면서 일본은 단기적으로는 청국, 장기적으로는 러시아를 주적으로 겨냥하여 매년 국방비를 증액하여 무력을 증강해 갔다. 일본 군부는 영국, 독일, 프랑스 등에 군사 유학생을 파견하여 선진국의 군사 교범과 육전, 해전은 물론, 기병과 포병의 운용, 교량의 설치, 지뢰와 기뢰의 부설 등등 군사에 관한 전략, 전술 등을 익히게 하였다. 1890년대 초·중반에 접어들면서 일본은 조선을 놓고 청국과 전쟁을 치를 수준으로 돌입하였다. 이제 언제 어떻게 전쟁을 시작하는가가 관건이었다.

18　최문형, 『제국주의 시대의 列强과 韓國』, 민음사, 1990, 143~171쪽.
19　「山縣有朋意見書」, 日本國際政治學會 편, 『日本外交史研究: 明治時代』, 有信堂, 1957, 193~194쪽.

동학도의 봉기와 일본군 파병

1894년 초 조선의 전라도에서는 지방관의 악정에 분노하여 농민들이 들고 일어났다. 사태는 동학도가 가담하면서 조선의 전 지역으로 번졌다. 동학농민군이 전주성을 점령했다는 소식이 전해지는 가운데 조선 정부는 청국에 파병을 요청하였다. 이 무렵 일본은 조선 사태를 예의주시하였다.

서울 주재 일본 공사는 동학도 세력을 과장하며 조선 정부에 청군 차병 필요성을 언급하였다. 청국 주재 일본 공사도 조선 사태에 대해 청군 파병의 필요성을 공공연히 피력했다. 이런 내용은 서울과 북경, 동경에 주재하던 영국과 미국 공사관의 보고문 등에 나타나고 있었고, 일본 언론에도 시시로 등장했다.[20]

이때 흑룡회 등 일본의 우익 낭인집단이 동학농민군 진영에 나타났다. 이들은 부패한 조선 정부를 전복하는 일을 돕겠다면서 전봉준에게 협력을 제안하기도 하였다. 일본 언론에서는 동학도의 개혁 이념을 지지한다고도 하였고,[21] 오오쿠마 백작은 동학도 봉기가 일본이 1884년 청국에 입은 치욕을 씻을 절호의 기회라고도 하였다. 이들 사례는 일본의 목표와 전략이 조선 정부 전복과 청국에 대한 전쟁 도발의 방향으로 이동하고 있음을 잘 보여준다.

원세개로부터 조선의 급박한 상황을 보고 받은 청국 조정에서는 즉각 파병을 명하였다. 그에 따라 5월 초순 아산에 상륙한 청군은 육병 2,800명, 포가 8문이었다. 이때 청국은 1884년 갑신정변 직후 일본과 맺은 천진조약의 규정에 따라 조선에 파병한다는 사실을 일본에 통고하였다. 일본이 청군

---

20 Lensen, George Alexander. *Balance of Intrigue: International Rivalry in Korea and Manchuria 1884–1899*. vol.1, Tallahassee: Florida State University Presses, 1982, pp.118~140.

21 姜昌一, 「天佑俠と朝鮮問題-朝鮮浪人の東學農民戰爭への對応と關連して」, 『史學雜誌』 97-8, 1988.

파병을 구실로 조선에 파병하고 나아가 전쟁을 도발할 가능성을 예상한 이들도 없지 않았다. 그러나 대부분 일본의 목표와 능력을 낮게 평가했다.

청군의 파병 정보를 입수한 일본이 즉각 파병을 결정하는 과정에는 일본 군부의 주장이 크게 작용하였다. '동학난을 계기로 조선 정부의 개조를 단행하고, 갑신정변 이후 부진한 일본 세력을 회복하자.'는 것이었다.

전시의 군통수기관인 대본영이 설치되고 육해군에 동원령이 내려졌다. 5월 초순 해병대 420명이 대포 4문을 이끌고 서울에 들어섰다. 뒤이어 보병 1개 대대 1,050명이 서울에 들어왔고, 2,673명의 혼성 여단도 인천에 상륙하였다. 이때는 홍계훈이 이끄는 관군은 동학농민군을 효유하여 일본의 조선 내정 개입을 우려하여 대승적 입장에서 타협을 한 뒤였다.

일본의 파병 통고에 조선정부는 강력히 항의하였다. 동학도 봉기는 평정되고 있고, 서울이 평온한 상태인데 일본이 돌연 파병한 것은 평지풍파를 일으키는 행위라 하였다. 서울 주재 러시아 공사와 독일의 영사도 오토리 일본공사를 만나 일본군의 대거 동원을 항의하였다. 그러자 오토리는 공사관을 보호하기 위한 조치로 병란이 진압되면 철수한다 하였다.

사실 일본은 파병의 명분이 없었고, 조선이 요청한 것도 아니었다. 일본공사는 청국 측에 양국이 공동으로 조선의 병란을 진압하고 내정을 개혁하자는 제안을 하며 시일을 끌었다. 그러나 청국의 반응은 당연히 거부였다. '병란이 진압되었으니 공동으로 토벌할 필요가 없게 되었다. 내정개혁은 조선 스스로 할 일이며, 청국은 지금까지 조선 내정에 간섭한 바 없다. 일본은 처음부터 조선의 자주를 인정하였으니 더욱 조선 내정에 간섭할 권한이 없다.'고 하였다.

그러나 일본은 인천에서 2개 대대의 병력(약 2,000명)을 서울로 진입시켰고, 후속부대를 파견하였다. 서울과 인천에 주둔한 일본군은 약 6,000명. 청군 병력의 두 배였다. 시시각각 전운이 감돌았다.

결국 일본은 조선 정부에 내정 개혁을 거듭 촉구하며 시간을 끌었다. 개

혁이 실시되지 않는 한 일본군은 철수할 수 없다고 압박하였다.(6.15/7.17)
아울러 청국 측에는 청국 군대의 철퇴와 조선이 청국과 체결한 모든 조약을
폐기할 것을 요구하였다. 회담의 기한을 6월 20일(7.22)로 못 박았다. 일본
은 청국을 압박하는 동시에 조선을 협박하면서 개전을 향해 가고 있었다.

이상의 과정은 모두 일본 이토 내각의 지침과 외상 무츠 무네미쓰의 훈
령에 따른 것이었다. 그 과정에 원세개와 오토리 사이에 일시 양국 병력의
철수에 관한 협상과 합의도 있었지만, 어디까지나 일본 당국의 정략에 따른
사기극에 지나지 않았다. 일본의 목표는 청국에 도발하여 전쟁으로 유인하
는 것과 조선의 내정개혁을 표방하여 열강의 지지를 얻는 일이었다.[22]

이처럼 동학농민봉기는 농민군의 예상과 다르게, 그리고 조정이 우려
한 대로 새로운 국면을 초래하였고 결국은 일본의 목표에 따라 청일전쟁
으로 불꽃이 튀었다. 그 직전 일본은 청국과 조선의 협력을 차단하기 위해
먼저 고종의 신변을 확보해 두고자 하였다.

1894년 6월 21일(7.23) 새벽, 흥선대원군의 가마를 앞세운 일본군이 광
화문을 공격한 뒤 경복궁 안으로 쳐들어갔다. 조선의 정궁을 공격했으니
일본의 대조선 전쟁 도발이었다.[23] 그러나 일본은 조선 내의 쿠데타로 위장
하고자 흥선대원군을 앞세웠던 것이다. 광화문을 지키던 조선군이 죽음을
무릅쓰고 대응하였으나 병력과 장비의 열세로 순식간에 무너졌다.[24]

총소리와 함께 조선군이 처참하게 살육당하는 현장 상황을 보고 받은
고종은 조선군 경비병들에게 더 이상의 대응을 중지하라 하였다. 조선군은
즉시 무장해제가 되고, 고종도 대신들도 포로 같은 처지가 되었다. 전봉준

---

22 朴宗根 저, 朴英宰 역, 『淸日戰爭과 朝鮮』, 一潮閣, 1989, 27~47쪽을 참조.

23 이 부분은 中塚明, 『近代日本と朝鮮』, 東京: 三省堂, 1977; 朴宗根, 『日淸戰爭と朝鮮』,
   靑木書店, 1982 등을 참조.

24 이에 대해서는 朴宗根, 『日淸戰爭と朝鮮』, 東京: 靑木書店, 1982; 朴宗根 原著, 朴英宰
   譯者, 『淸日戰爭과 朝鮮』, 一潮閣, 1989, 48~90쪽; 中塚明, 『『日淸戰爭』から消えた朝鮮
   王宮占領事件』, 『みすず』 36:3(通卷399), 1994.6; 나카츠카 아키라 지음, 박맹수 옮김,
   『1894년, 경복궁을 점령하라』, 푸른역사, 2002 등을 참조.

과 농민군이 백산(전라도 고부)에서 봉기한 지 불과 3개월 뒤였다.

임진왜란 때 일본군에게 점령당한 경복궁이 270년 만에 다시 같은 상황을 맞은 것이다. 전봉준도 탄식했듯이 농민봉기의 결과는 예상치 못한 곳으로 번졌다. 그것은 동학농민군이 제기했던 포교의 자유나 탐관오리 숙청, 폐정개혁 차원의 문제가 아니었다.

이후 동학농민군이 관군과 처음 접전을 벌이게 된 곳은 세성산. 관군이라 했지만 일본군에게 발목이 잡혀 있었으니, 일본군과의 싸움이었다. 농민군의 숫자는 많았으나 신식 무기와 화승총과의 싸움이었다. 동학농민군 측은 수 백 명의 사상자를 내고 패주하였다.(10.21) 이후 일본군과 관군은 공주의 우금치를 사이에 두고 농민군과 치열한 공방전을 벌였다. 일본군의 신식 무기에 밀려 동학군은 많은 사상자를 내고 후퇴하였다. 1만 여 병력 중 남은 자는 500여 명, 이후 전주, 태인, 금구, 원평까지 밀려간 뒤 각기 해산하였다.

한편 김개남군은 청주에서 일본군과 관군의 공격을 받아 전주로 후퇴하였으나, 다시 공격을 받아 태인으로 패주하던 중 체포되었다. 손병희의 북접부대는 순창까지 몰렸다가 본거지인 충청도로 북상하였다. 도중에 일본군과 관군의 공격에 타격을 입고 충주에서 해산하였다. 전라도 지역 동학농민군은 순천에 집결하여 여수의 좌수영으로 진격했다가 패하여 해산하였다.[25]

순창에 은신하여 재기를 모색하던 전봉준은 관군에 체포되어, 이듬해 4월 23일(양) 손화중, 최경선 등과 함께 사형 선고를 받은 그날 처형되었다. 이 날은 러시아, 프랑스, 독일 3국의 공사가 일본 외무성에 '요동반도의 환부'를 요구한 날이기도 하다. 이로써 '왜놈을 몰아내자!', '권귀를 쫓아

---

25 이상은 강효숙·배항섭·신영우·왕현종 외, 『동학농민혁명사일지』, 동학농민혁명참여자명예회복심의위원회, 2006을 참조. 적용된 형률은 대전회통 형전의 '군복입고 말 타고 관아를 공격한 자는 즉시 참한다'(軍服騎馬作變官門者不待時斬)는 조항이었다.

내자!'는 구호로 봉기한 동학농민군도 종말을 고하였다. 농민군도, 조선도 내리막길을 가고 있었다.

일본의 경복궁 기습과 청일전쟁 도발

앞서 서울에 일본군을 출동시킨 일본 공사관 측은 먼저 조선의 내정개혁을 요구하며, 청국군 철퇴와 조선과 청국 사이의 모든 조약 폐기를 요구하였다. 회답 기한까지 못 박았으니 일종의 최후통첩이었다. 궁지에 몰린 '조선 총리' 원세개는 부하 당소의(唐紹儀)에게 뒷일을 맡기고, 천진으로 탈출하였다.(6.17/7.19) 임오군란 이래 조선에서 대인으로 군림해 온 원세개였지만, 일본의 무력 앞에서는 '소인'(小人)에 불과한 모습이었다.

그로부터 일본군이 서울의 경복궁을 기습하여 쳐들어 간 것은 4일 뒤인 7월 23일, 다시 그로부터 일본군이 청국군을 상대로 공격을 개시한 것은 다시 2틀 뒤인 7월 25일(음력 6월 23일)이었다. 일본군은 먼저 풍도 앞바다의 청국 군함 제원호(濟遠號), 광을호(廣乙號)를 기습하여 타격을 입히고, 청국 군사를 싣고 이동하던 영국 선적의 수송선 고승호(高陞號)를 격침시켰다. 바다에 뛰어 든 근 2천의 청국 병사에게는 일본군 함정으로부터 일제 사격이 가해졌다. 수천의 청국군이 황해에서 수중고혼(水中孤魂)이 되었다.

일본이 전쟁을 선포한 것은 그로부터 8일 뒤(7.1/8.1)였다. 후일 1904년 러일전쟁 때도, 1941년 진주만기습 때도 일본이 활용한 정략은 기습공격 후 전쟁선포였다. 황해의 해전은 일본군의 일방적 승리였다. 전투는 충남의 아산, 성환(成歡)을 거쳐 평양, 요동반도로 확대되었다. 후퇴하는 청군이 가는 길목에서 조선의 주민들은 막대한 피해를 입고 호소할 길이 없었다. 이홍장이 오랜 기간 노력하여 건설한 청국의 북양함대, 10년 동안 막대한 비용을 들여 구축한 여순의 요새가 속속 일본군에게 점령되었다.

그 사이 청국의 병사와 민간인 수 만 명이 여순 등지에서 무참하게 일본군에게 도륙을 당하였다.[26] 목전의 적을 회피하려는 쪽과 집요하게 달려들어 공세를 취하는 쪽의 '하늘과 땅 같은 격차'였다.

이렇게 진행된 청일전쟁은 1895년 4월 17일 전쟁의 강화로 이홍장과 이토 히로부미 등 양국 대표에 의해 체결된 시모노세키 조약(下關條約)에 의해 막을 내렸다. 1894년 7월 25일~1895년 4월 17일 사이, 약 9개월의 전쟁이었다. 일본이 전쟁을 개시하기 위해 대본영을 설치한 것이 1894년 6월 5일, 타이완에 대한 일본군의 공략이 종결된 것이 1896년 3월 31일임을 감안하면, 광의의 청일전쟁은 약 22개월에 걸친 것이었다.[27]

그중 한반도의 서해 바닷길과 인근 내륙에서 벌어진 최초 전투가 풍도해전(7.25), 성환전투(7.29)이며, 이어진 해상과 육지의 전투가 평양전투(9.16), 황해해전(9.17), 압록강전투(10.24), 요동반도 전투(11.6~11.21), 산동반도 위해위(威海衛) 점령(1895.2.17), 전장태(田庄台) 전투(1895년 3월) 등이다.

전체적으로 양국 군대의 싸움은 성환과 황해의 전투처럼 일본군의 일방적 승리였다. 이때 청국 내부에서 주전론과 주화론이 대립한 가운데 조선 현지에서는 청군이 제대로 싸움도 못해보고 패해갔다.[28] 그 사이 조선의 지방민들은 청군 패잔병들이 저지르는 횡포로 많은 고통을 당하였다. 이들의 피해 양상은 개인의 일기나 지방 관아 기록 등에 두루 발견된다. 반면 일본군은 질서정연했고 조선인에게 매우 친절하게 보였다. 전장은 9월 말부터 조선을 넘어서 만주와 요동반도, 산동반도로 확전되어 갔다.

청국은 이홍장의 북양함대에서 막대한 예산을 들여 해군을 건설했지

---

26 제임스 앨런 지음, 손나경·김대륜 옮김, 『미 외교관 부인이 만난 명성황후·영국 선원 앨런의 청일전쟁 비망록』, 살림, 2011, 107~234쪽.

27 박영재, 「청일전쟁」, 『한국사 40-청일전쟁과 갑오개혁』, 국사편찬위원회, 2000, 15~16쪽.

28 청일전쟁 당시 청군의 무질서와 사기 저하, 일방적 패주에 대해서는 제3국인과 기자들의 목격담에 잘 드러난다. 刘文明, 『西方人親歷和講述的 甲午戰爭』, 浙江大學出版社, 2015, pp.1-66; James Allen, *Under the Dragon Flag: My Experiences in the Chino-Japanese War*, London: William Heinemann, 1898 등을 참조.

만, 풍도해전, 황해해전, 위해위해전에서 보듯이 일본 해군에게 허망하게 패전하였다.[29] 청국은 전쟁을 지속할 여력을 상실하여 시모노세키 강화조약에 나섰고, 풍도 앞바다에서 시작된 청일전쟁도 막을 내리게 되었다. 이렇게 청국이 기울어 가는 가운데 조선에는 태풍이 일고 있었다.

정리해 보면, 지방관의 악정에서 비롯된 동학농민 봉기는 청군과 일본군의 파병에 이어 일본군의 경복궁 기습과 청일전쟁으로 이어졌고, 결과는 조선의 붕괴였다. 동학농민군은 일본군에게 초토화되고, 조선군은 일본군에 예속되었으며 고종과 왕후는 궁중에 연금되었다. 10년 전 김옥균 등이 나라의 자주독립과 부국강병을 목표로 일본의 지원에 의지하여 정변을 일으켰지만, 청국군의 개입으로 실패하고 조선 조정은 청국에 더욱 예속되어 조선의 자주독립과 근대화를 위한 정책이 큰 장애에 직면한 것과 유사한 반복이었다.

---

29 남은 북양함대 소속 함정들(진원·제원·평원(平遠)·광병(廣丙)·진동(鎭東)·진서(鎭西)·진남(鎭南)·진북(鎭北)·진중(鎭中)·진변(鎭邊)호 등)은 일본군에 나포되었다. 대파된 진원함은 여순에서 수리 후 일본으로 끌어갔다. 연습선 강제(康濟)호만이 정여창 제독의 시신을 운송하기 위해 남겨졌다.

2

러·일 갈등과 조선 궁정의 비극

시모노세키 조약과 삼국간섭의 파장

청일전쟁은 명치유신 이래 일본이 기획해왔던 목표, 요컨대 조선 정복의 달성 과정이었다. 청일전쟁을 일으킨 일본의 일차적 목표는 조선의 확보였다. 그런 목표는 1894년 4월 17일 청일 양국의 전권 대표 이토 히로부미와 이홍장이 시모노세키에서 체결한 시모노세키 조약(下關條約)에 잘 나타나 있다.

이 조약의 핵심은 "청국은 조선의 완전무결한 독립자주국임을 인정한다. 조선의 청국에 대한 공헌(貢獻), 전례(典禮) 등은 장래 완전히 폐지한다.(1조) 청국은 요동반도와 대만, 팽호열도를 일본에 할양한다.(2조) 청국은 일본에 배상금 2억 냥을 지불한다.(4조) 청국은 일본에 대해 사시(沙市), 중경(重慶), 소주(蘇州), 항주(杭州)를 개시·개항한다.(6조) 이 조약을 이행할 담보로 일시 위해위(威海衛) 점령을 승인할 것" 등이었다.

종래 이 조약에서 가장 중요한 의미를 부여했던 것은 제1조이다. 즉,

'중국이 조선의 자주독립을 인정하고, 조선이 중국에 대해 취해왔던 사대와 조공을 폐지한다.'고 한 것은 조선 5백년 역사에서 처음 있는 획기적 변화였고, 조선에게는 그만큼 중요한 의미가 있었다. 당시 일본 정부와 언론에서는 청일전쟁은 일본이 조선을 위해 치른 의로운 전쟁(義戰)이라고 선전하였고, 조선으로서도 이 부분은 크게 환영할만한 일이었다.

그러나 문제가 있었다. 시모노세키 조약에서 조선의 독립자주를 인정한다고 한 것은 청국뿐이었지, 일본은 아니었다. 더욱이 제2조에서 일본이 요동반도를 할양한다고 한 것은 일본이 늘 표방했던 조선의 자주독립 유지에 심각한 문제를 안고 있었다. 일본군이 군사적으로 점령한 요동반도가 공식적으로 일본 영토로 편입됨으로써 조선은 지리적으로나 군사전략 측면에서 일본 열도와 요동반도 사이에 갇힌 셈이었다. 게다가 이미 서울은 일본군이 점령하고 있고, 조선 조정은 일본공사가 좌지우지하고 있는 상태였다.

결국 시모노세키 조약이 조선에 대해 갖는 사실적 의미는 '일본의 조선 확보'였다. 이 점은 다음과 같은 몇 가지 사실로서도 입증된다. 1894년 말 조선에 부임한 일본공사 이노우에 가오루(井上馨)가 근 40명의 일본인 고문관을 조정에 배치하여 조선 각부의 업무를 장악했다. 이노우에 공사는 조선의 세관 수입을 담보로 일본 차관 도입을 강행하였다. 나아가 워싱턴의 조선공사관을 폐쇄하고 일본공사관으로 업무를 흡수하고자 기도하고 있었다.[30] 시모노세키 조약이 체결될 무렵 조선은 외교권까지 일본에게 넘어갈 상황이었던 것이다.

그러나 새로운 변수가 있었다. 일본의 요동반도 점유는 러시아 당국의 기본방침을 정면으로 거스른 것이었고, 이에 대한 러시아의 반격은 시모노

---

30 이에 관해서는 朴宗根, 『日淸戰爭と朝鮮』, 東京: 靑木書店, 1982의 제4장, 「井上馨公使の赴任と對朝鮮政策」 및 柳永益, 『甲午更張硏究』, 一潮閣, 1990의 제2장, 「淸日戰爭 中 日本의 朝鮮保護國化企圖와 甲午·乙未更張」을 참조.

세키 조약으로부터 1주일도 안되어 나타났다. 그것도 러시아 혼자가 아니라 프랑스, 독일까지 합세하였다. 1895년 4월 23일 3국의 공사는 일본 외무성에 '일본의 요동반도 점유는 동양의 영구적인 평화를 위해하는 것이므로 그의 반환을 일본에 정중히 권고한다.'는 내용의 각서를 제출하였다.

이후 한반도와 만주를 놓고 러시아와 일본의 밀고 당기기가 지속되었고, 1898년까지 3년 사이에 한반도와 만주에 관해 3차의 협상을 지속하였다. 그 결과 맺은 것이 〈웨베르–고무라 각서〉, 〈로바노프–야먀가타의정서〉, 〈로젠–니시협정〉이다. 그 내용은 양국이 고종의 인사권은 물론, 한국의 외교와 재정, 군사 등을 통제하는 것이었다.[31]

이렇게 볼 때 시모노세키 조약과 삼국간섭은 러일전쟁에 이르기까지 한반도와 만주를 둘러싼 러일 갈등의 시발점이자 한국의 내정과 외교가 러시아와 일본의 상호 견제 속에 파행을 시작한 전환점이다. 그동안의 변화라면 조선의 내정을 구속한 외부의 주체가 청·일로부터 러·일로 전환된 점이었다.[32] 일본은 제국주의 국가로 발전해 갔고, 청국은 반식민지로 전락했고, 조선은 청국의 간섭은 벗어난 대신 일본에 의한 '보호국'의 문턱에 이르렀다.

결국 청일전쟁(1894~1895)은 동북아 3국의 운명을 뒤바뀌게 한 동북아의 대전쟁이었던 것이다. 이때의 시모노세키 조약은 1870년대 일본 조야의 쟁점이었던 정한론(征韓論)의 이행 과정이자, 청일전쟁 당시 구체화된 일본의 조선 '보호국화'기도의 한 단계 매듭이었다. 이대로라면 이미 이때 일본의 통감부가 들어설 수 있었을 것이다.

그러나 급박했던 조선의 위기는 삼국간섭 이후의 상황 변화에 의해 가

---

31 최문형, 『열강의 동아시아정책』, 일조각, 1979; 이민원, 『명성황후시해와 아관파천–한국을 둘러싼 러·일 갈등』, 국학자료원, 2002, 128~148·233~248쪽 참조.

32 이후 조선의 구호는 자주독립, 자강개혁, 자유민권, 그 결과로 등장한 것이 독립신문, 독립협회, 독립문 그리고 대한제국 선포였다. 내외의 위기 속에 군주 고종과 관료, 지식인들과 일반이 자주독립의 열망 속에 이룩한 작품들이었다.(이하 제2장을 참조)

까스로 넘기게 되었다. 그 직전 일본은 영국·미국·이탈리아에게 구원을 청하였지만, 3국 모두 거절하였다. 이때 일본은 국제사회에서 동맹국의 존재가 얼마나 중요한 것인가를 절감하였다.

삼국간섭의 여파는 곧바로 조선의 궁정에도 미쳤다. 일본의 위세가 추락하자 조선 궁정 내외의 분위기가 바뀌며, 조선의 왕후를 중심으로 일본공사에게 저항하는 움직임이 나타났던 것이다. 『구한국외교문서』와 열국공사의 보고문 등에 그 점이 잘 나타나고 있다.

웨베르 러시아 공사 등은 이노우에 가오루(井上馨)에게 조선에서 독주하지 말라는 뜻으로 제동을 걸었고,[33] 그 직후 조선 왕후는 이노우에에게 조선의 내정 간여를 중지하라는 뜻으로 '일갈'(一喝)한 것으로 포착된다. 삼국간섭의 위력이 조선 궁정에 그대로 영향을 미치고 있었음을 알 수 있다. 왕후가 러시아 세력을 끌어들여 일본에 대항했다는 주장, 요컨대 '인아거일'(引俄拒日)의 실제 내막이 무엇인지도 잘 드러난다.

조선 조정을 좌지우지하던 이노우에의 행동이 위축된 원인은 고종이나 왕후의 존재 보다는 이들의 배후에서 힘을 실어 준 웨베르 등 열국공사의 견제였다. 그리고 그보다 더 중요했던 것은 삼국간섭에 반영된 러시아, 프랑스, 독일의 일본에 대한 압박이었다. 조선에서 보호국화 작업에 제동이 걸리자 이노우에는 휴가를 명목으로 일본으로 귀국했다. 삼국간섭 이후 비판 여론으로 난경에 처한 이토 내각은 조선 사태를 두고 즉각 대응책 마련에 부심하였다. 얼마 후 조선공사로 부임한 인물은 예비역 육군중장 미우라 고로(三浦梧樓)였다.[34]

---

33 伊藤博文 編, 『祕書類纂朝鮮交涉資料』 中, 東京: 祕書類纂刊行會, 1936, 634~637쪽.
34 미우라는 예비역 육군중장, 일본의 귀족학교인 학습원 원장을 지냈다. 1895년 9월 1일 서울에 도착하여 남산의 일본공사관에 칩거하였다가, 10월 8일 새벽 일본군과 영사경찰, 신문기자, 장사패들로 하여금 경복궁을 기습, 건청궁 내에서 조선의 왕후를 살해하게 하였다.

경회루의 마지막 연회와 건청궁의 비극

1895년 9월 4일(음력 7월 16일) 밤, 서울의 경복궁에서는 조선의 건국을 기념하는 성대한 연회가 열렸다. 연회장은 경회루, 이곳은 조선 초기로부터 외국 사절을 맞이하거나 환송할 때 혹은 국가적 경사 때 흔히 성대한 연회를 베풀었던 곳이다.

원래 경회루 기둥에는 용이 화려하게 장식되어 있었다. 밤중에 연회가 열릴 때면 휘황한 불빛 아래 연못에 어른거리는 용의 모습이 가히 장관이었다고 외국 사절들은 기록하고 있다. 그러나 그 용은 임진왜란 때 경복궁과 경회루가 소실되면서 사라졌다. 다만 경회루 자체는 근 270년이 지나서야 흥선대원군의 경복궁 중건과 함께 복원되었다.[35]

그날의 연회석상에는 고종과 왕후는 물론, 열국 외교관과 부인들 그리고 조정의 고위 관료와 부인들이 함께 있었다. 그 외에 연회를 보조하는 상궁과 나인, 하인들이 경회루 안팎으로 분주하였다.

이때의 경회루 연회는 여러 의미가 있었다. 1895년은 조선이 개국한지 503주년이자, 임진왜란 발발 303주년이 되는 해였다. 게다가 청일전쟁의 결과 조선이 청국으로부터 독립하게 되었다는 외면적 의미와 함께, 내면으로는 러시아 주도의 삼국간섭에 의해 일본의 '보호국화' 기도로부터 조선이 가까스로 벗어났다는 것을 자축하자는 속 뜻이 있었다. 이날의 행사를 『고종실록』에서는 이렇게 기록하고 있다.

> 경회루(慶會樓)에 나아가서 각 국 공사(公使)들과 여러 칙임관(勅任官)들에게 연회를 열어주는 동시에 칙어(勅語)와 축사(祝詞)를 내렸다. 왕태자(王太子)가 모시고 참가하였다 (중략)조령을 내리기를, "짐(朕)이 생각건대 하늘이 우리 종묘 사직(宗廟社稷)을 도운 결과 나라의 운수가 장구하여 경사스러운 개

---

35 이하의 본 절 내용은 이민원, 『고종 평전―문명 전환의 길목에서』, 선인, 2021, 161~168 쪽을 참조. 경복궁과 경회루 건축에 대해서는 이강근, 『경복궁』, 대원사, 1998을 참조.

국 기원 503년이 되는 명절을 맞이하였으니 짐의 기쁨과 축하하는 마음은 여느 해보다 특별하다. 이로써 연회를 열어 조정의 신하들과 외국 사절을 한 대청에 모아 놓고 축하하는 술잔을 함께 들어 널리 경축하는 뜻을 보이니 이것도 드물게 있는 성대한 일이다" 하였다.[36]

그날 연회에 참석하여 통역을 담당했던 윤치호는 그때의 정경을 일기에 자세하게 기록하고 있다.

> 지난 며칠 동안 내렸던 비가 다행히 왕조창건 기념행사에 맞춰 멈췄다. 일주일 동안 준비한 결과 하궁(夏宮, 경회루)은 온갖 등으로 장식된 매우 깔끔한 모습으로 바뀌었다. 오후 3시에 폐하가 외교단 일행을 접견했다. 5시에 왕후는 외국 공사의 부인들과 조선의 대신과 협판의 부인들을 접견했다. (중략) 오후 8시에 경회루에서 만찬이 베풀어졌는데, 일본·청·조선 그리고 서양풍의 등(燈)이 아름답게 어우러져 있었다. 그 큰 누각은 병풍을 이용해 두 칸으로 나뉘어 있었다. 큰 쪽은 조선과 외국의 신사들이 차지하고 있었고, 작은 쪽은 부인들이 몰려있었다. 예정된 시간에 폐하가 짧은 연설로 축하연을 시작했다. 그리고 나서 폐하는 자리를 물러나 하객들이 축하연을 편안히 즐기도록 했다. 여성이 모여 있는 방에서는 왕후도 그렇게 했다. 모두가 연회를 즐겼다. 연회의 무용·음악·노래 등은 모두 조선식이었다. (중략) 밤 12시에 축하연이 끝났다.[37]

경회루에서 연회가 열린지 한 달여 뒤 조선의 왕후는 더 이상 이 세상에 존재하지 않게 되었다. 그날 연회에 참석했던 여러 인사들 중 이경직(사건 당시 궁내부대신), 홍계훈(훈련대 연대장) 등도 모두 마찬가지였다.

1895년 10월 8일, 경복궁 건청궁에서는 역사상 유례없는 만행이 일본 측에 의해 자행되고 있었다. 일본공사 미우라(三浦梧樓)의 지휘하에 서울 주둔 일본 수비대, 공사관원, 영사경찰, 신문기자 기타 낭인배로 지칭되는 무리들이 경복궁을 기습, 조선의 왕후(1897년 명성황후로 추존)를 살해하고 시신을 불태워 버린 것이다.

---

36 『高宗實錄』 1895년 7월 16일.
37 국사편찬위원회 편, 『尹致昊日記』 4, 탐구당, 1975, 60~61쪽.

급보를 듣고 광화문 앞으로 달려온 훈련대 연대장 홍계훈, 광화문을 경비하던 조선군인들, 궁내부대신, 수 명의 궁녀들이 함께 희생되었다. 주한 영국영사 힐리어(Walter C. Hillier)는 건청궁의 사건 현장을 이렇게 북경주재 오코너 공사에게 보고하고 있다.

> 왕후의 처소는 민간인 복장의 일본인패들에 의해 습격당했고, 궁녀들은 이들에 의해 질질 끌려가 발로 채이고 구타를 당했으며, 마루로부터 7피트 아래 마당으로 내동댕이쳐졌다.(중략) 이런 잔혹행위는 일본인 장교와 경비병이 보는 앞에서 오로지 일본인들 만에 의해 자행되었다. 그리고 3~4명의 궁녀들이 살해된 것이 분명하다. 수십 명이 그 시신들을 보았으므로 그 사실은 반박의 여지가 없다.[38]

이어 다음날 힐리어는 현장 상황을 이렇게 추가하여 전하고 있다.

> 건청궁 앞뒷문을 통해 일본군 엄호 아래 침입한 민간인 복장의 일본인들을 한 무리의 (조선군 복장) 군인들과 일본인 장교·사병들이 경비를 서 주었다. 그들은 곧바로 왕과 왕후의 처소로 가서 몇몇은 왕과 왕태자의 측근들을 붙잡았고, 다른 자들은 왕후의 침실로 향하였다. 궁내에 있던 궁내부대신 이경직은 서둘러 왕후에게 급보를 알렸고, 왕후와 궁녀들은 잠자리에서 뛰쳐나와 은신하려던 순간이었다. 그때 자객들이 달려들자 궁내부 대신은 왕후를 보호하려고 두 팔을 벌려 앞을 막아섰다. 자객 중 하나가 왕후를 수색하기 위해 왕후의 사진을 갖고 있었던 데다가 그의 보호행위는 자객들에게 (왕후를 알아볼: 역자) 단서가 되었다. 궁내부대신은 그들의 칼날에 두 팔목을 잘리는 등 중상을 입고 쓰러져 유혈이 낭자한 채 죽었다. 왕후는 뜰 아래로 뛰어나갔지만 붙잡혀 넘어뜨려졌고, 자객들은 수차례 왕후의 가슴을 짓밟으며 거듭 찔렀다. 실수가 없도록 확실히 하기 위해 왕후와 용모가 비슷한 여러 궁녀들도 살해되었다. 이때 의녀(醫女)가 앞으로 나서 손수건으로 (얼굴을 하늘로 향한 상태로 절명한: 역자) 왕후의 얼굴을 덮어주었다. 한 둘의 시신이 숲에서 불태워졌지만, 나머지 시신은 궁궐 밖으로 옮겨졌다.[39]

---

38 이하의 흐름은 이민원, 『명성황후시해와 아관파천』, 국학자료원, 2002, 27~107쪽을 참조.

39 Hillier to O'Conor, Inclosure 1 in No.111, Seoul, Oct.11,1895, *F. O. 405 – Ⅵ*.

한편 미국공사관 측에서는 10월 10일 자로 이렇게 미국무장관에게 보고하고 있다.

> 옥호루에서 궁녀들과 함께 피신해 있던 왕후는 바로 앞에서 이경직(궁내부대신: 역자)이 칼을 맞고 쓰러지는 순간, 마루로 뛰쳐나갔다. 그러나 몇 걸음 못가 뒤쫓아 나온 자객들에게 잡혀 쓰러졌고, 곧이어 만행이 자행되었다. 그 패거리들은 다시 방에 들어가 왕후와 용모가 비슷한 궁녀들을 골라 살해하였다. 확인 살해였다. 이때 거의 절명 상태에 있던 왕후가 의식을 되찾아 실낱같은 목소리로 왕태자를 불렀다. 왕태자가 안전한가를 묻는 것이었다. 그러자 안에서 이 목소리를 들은 자객들이 달려 나와 다시 왕후를 짓밟고 거듭 칼로 찔렀다. 그리고 방안의 궁녀들을 하나하나 끌고 나와 왕후의 시신 여부를 확인하였다.[40]

이상의 영국, 미국 외교관 보고는 거의 일치되는 내용이다. 객관성을 잘 유지하고 있는 것으로 파악된다. 이에 비해 러시아 측 자료는 일본에 대한 적대적 감정이 간간이 배어 나오는 부분도 있으나, 대체의 흐름과 내용은 영국과 미국 측 보고와 일치하고 있다. 그중 제정러시아 대외정책문서 보관소 소장 운테르베르게르 장군의 메모를 발췌한 연구서(20세기 여명기 러시아와 일본)에서는 이보다 더 참혹한 내막을 기록하고 있다.

> 왕후는 자상(刺傷)을 입었으며, 죽은 사람처럼 넘겨졌다. 그리고 왕비를 나무판 위에 눕혔으며, 담요를 감싸서 궁궐에서 나갔다. 얼마 안 있어 바로 그것으로부터 가장 가까운 공원으로 운반한 후, 그것에서 왕비의 몸 위에 자잘한 불쏘시개를 던졌다. 그리고는 온 몸에 등유를 부어 태워버렸다. 비록 부상을 입었지만, 살아있던 왕비를 불살라버린 것이다. 왕비는 고통 속에서 머리와 팔을 땅속에 묻어 불을 피하려 하였다.[41]

일부 영국과 미국 측 기록에는 왕후를 화장할 당시 아직 완전히 숨이

40 Allen to Olney, No. 156, Seoul, Oct.10, 1895, "Tai Won Khun Revolution", *DUSMK*.
41 박 보리스 드미트리예비치 지음, 민경현 옮김, 『러시아와 한국』, 동북아역사재단, 2010, 422쪽.

끊어진 상태가 아니었다는 기록도 등장한다. 어디까지 사실인지 궁금하나 이를 전적으로 부정할 수도 없다.

아울러 이날의 사태에 대해 침묵을 지키던 왕태자도 아관파천 직후 다음과 같이 힐리어에게 증언하였다.

> 10월 8일 사건에서 왕태자는 간신히 죽음을 면한 것으로 보인다. 왕태자에 따르면 3명의 일본인이 자신에게 달려들었는데, 하나에게 잡혀 옷이 찢겨지고 또 하나가 상투를 잡아채는 사이, 다른 하나는 바로 귀 아래 목과 턱 사이를 칼로 강하게 내리쳤다고 한다. 실제로 칼자국이 나지는 않은 것으로 보아 아마도 서두르다가 칼등으로 잘못 내리친 것이 틀림없다. 그러나 일격을 당한 왕태자는 기절하여 넘어졌고, 현장의 사태가 다 끝날 때까지 의식을 잃고 바닥에 쓰러져 있었다.[42]

이상의 만행이 자행된 시간은 새벽 5시에서 5시 45분 사이였다. 사태가 일단락 되자 일본인들은 왕후의 침실까지 약탈한 뒤, 유유히 광화문을 빠져나갔다.

그렇다면 사건이 진행되던 그날 흥선대원군과 이재면(고종의 친형, 사건 당일 궁내부 대신으로 임명됨)은 어떠한 상황이었나. 이들은 그날 새벽에 일본인 군부 고문 오카모토 류노스케(崗本柳之助)의 지휘 아래 일본군과 경찰이 가마로 납치하여 경복궁으로 끌고 들어갔고, 이후 그들은 일본군의 감시 아래 궁중에 연금된 상태였다. 이들은 사건이 일단락 된 뒤에도 궁중에 남아 이 사건을 일으킨 주범 내지 종범으로 누명을 쓰게 된다.

그러나 영국, 미국, 러시아 등 각국 외교관의 보고문이 발굴되면서 지난 1백여 년간 이들에게 덧씌워진 누명이 벗어졌다. 사건 4일 뒤에 발송한 보고서의 한 장면은 이러하다. 평소 서로 잘 알고 지냈던 영국 영사 힐리어와 이재면의 대화 내용이다.

---

42 Hillier to Beauclerk, Inclosure 6 in No. 15, Seoul, Feb. 15, *F.O. 405–Ⅷ*.

힐리어: 사실을 들려달라.

이재면: 우리는 궁중에서 어떤 일이 일어나는지도 몰랐다. 우리가 이들(일본
　　　　인)과 손을 잡으리라고 보는가? 나의 아들(이준용)은 이들(일본 압제
　　　　하의 조선 내각)에 의해 고통을 당했다. 나의 아버님(흥선대원군)은
　　　　몸져 누워있다. 폐하의 신변이 위험하다. 폐하가 (어제 자신을 통해)
　　　　외국 대표들을 오지 말라고 한 것은 진심이 아니다. (일본인들에게)
　　　　강요된 것이다. 외국 대표들이 매일 방문해주기 바란다.

힐리어: 일본군이 귀하를 8일 궁궐로 옹위해 갔는가?

이재면: 삼척동자도 다 아는 얘기이다. 내 생명도 위험한 상태이다. (이때 한
　　　　일본인이 지켜보고 메모를 했고, 힐리어와 이재면의 대화는 여기서
　　　　중단된다)[43]

　　사건 당일 이재면은 궁내부대신으로 임명된 인물이었다. 그럼에도 궁
중에서 외국 공사와 대화조차 마음대로 할 수 없을 만큼 감시와 구속을 받
고 있음을 잘 보여주고 있다.

조선왕후시해 전말과 일본 내각의 동정

　　조선의 왕후가 궁중에서 일본 군대와 경찰에게 피살되는 사건은 조선
의 붕괴를 뜻하고도 남는 일이었다. 이것이 몰고 올 국제사회의 비판과 외
교적 부담이 만만치 않을 것임을 충분히 예상했을 터인데 그럼에도 불구하
고 일을 꾸민 일본 당국의 생각은 무엇이었을까.

　　청국을 굴복시켰다 해도 유럽 열강의 눈에 일본은 동맹국 하나 갖지 못
한 아시아의 작은 나라였다. 유럽 강대국들조차 동맹국을 찾아 이합, 집산
하는데, 이제 막 떠오르는 아시아의 신흥국 일본은 아직 미숙아였다.

　　뒤늦게 국제관계의 쓴 맛을 경험한 일본은 미국, 영국, 이탈리아에 외

---

43 Allen to Olney, No. 159, Seoul, Oct.14, 1895, "Tai Won Khun Revolution",
　　DUSMK.

교적 지원을 모색했지만 모두 실패하였다. 일본은 결국 3국의 요구에 굴복하였다.

일본에서는 이토 내각에 대한 비판 여론이 들끓었다. 일본의 젊은이들이 전쟁에서 뿌린 피의 댓가를 러시아의 일격에 빼앗겼다는 따가운 비난이었다. 위기에 몰린 이토는 '우리에겐 아직 조선이 남아있다.'는 점을 강조하였지만, 야당과 일본인 우익 인사들의 불만은 쉽게 가라앉지 않았다.

문제는 이후 조선에서도 사태가 일본에게 불리하게 돌아간 점이다. 1895년 4월 말과 5월 초순, 조선의 궁중에서 일본 측에 반발하는 움직임이 시작되었기 때문이다. 선봉은 민왕후였고, 배후에는 고종과 웨베르 등 열국 외교관이 있었다. 이것이 일본의 조선 '보호국화'가 좌절된 직접적인 이유로 거론되는 '왕후의 인아거일'의 내막이다.

그러자 일본에서는 요동반도 환부와 조선의 새로운 사태를 놓고 내각회의가 거듭되었다.(6.4) 이때 조선 공사 이노우에도 휴가를 명목으로 귀국하였다.(6.7 서울 출발, 6.20 요코하마 도착) 그가 조선을 떠나기 직전의 연회에서 김홍집(내각 총리)은 '귀로에 태풍이 없기를 바란다.'고 하였고, 이노우에는 '귀하들은 조정에서 태풍을 맞지 않기 바란다.'고 묘한 대꾸를 하였다.

그로부터 한 달도 안 되어 서울에서는 '박영효반역음모사건'이 돌발했고, 박영효는 다시 일본으로 탈출하였다. 현재까지도 내막이 모호한 사건이다. 필자는 이 사건을 궁중(고종과 명성황후)과 박영효 사이를 균열시키려 한 이노우에의 공작 결과로 보고 있다.

일본에 도착한 이노우에는 자신의 후임으로 예비역 육군중장이자 학습원(學習院) 원장을 지낸 미우라 고로(三浦梧樓)를 추천하였다. 이어 그는 조선에 대해 500만 엔(나중에 300만 엔으로 조정) 기증금 제공을 내각회의에서 건의하였다.(7.10~7.11) 설왕설래가 있었지만, 결국 미우라가 후임 공사로 결정되었다.[44]

---

44 이민원, 『명성황후시해와 아관파천』, 국학자료원, 2002, 57~65쪽 참조.

일본정부는 왜 미우라를 주한공사로 파견하였을까? 『이등박문전(伊藤博
文傳)』의 내용을 보면 내각 총리 이토 히로부미(伊藤博文)는 이노우에가 추천
하여 자신이 받아들인 것뿐이라 하였다.

> 이노우에는 각의에서 결정된 대조선 방침이야말로 현상에 가장 적합한 대책
> 이라 하여 찬성하고 자신만은 조만간 공사직을 자진 사임하기로 결정한 다음,
> 궁중고문관 미우라고로(三浦梧樓)를 후임에 추천하여 그로 하여금 이 방침을
> 실행시키도록 제안하였다.[45]

반면, 이노우에의 전기인 『세외정상공전(世外井上公傳)』에서는 이토가 결
정한 일이라고 하였고, 미우라의 전기인 『관수장군회고록(觀樹將軍回顧錄)』에
서는 이토와 이노우에가 재촉하여 자신을 주한 공사로 밀어내듯 쫓아 보냈
다고 하였다.

3인 각자 미우라의 조선 공사 파견과 자신과는 무관하다는 태도임을 알
수 있다. 이들 모두 '세기적 범죄의 주범'이라는 누명을 피하려는 몸부림으
로 보여진다.[46]

이상을 통해 분명한 것은 미우라의 조선공사에 임명 과정에서 이들 3인
모두가 관련되어 있음을 부인할 수 없다는 점이다. 그렇다면 조선의 시국
에 대한 이토의 생각은 어떠했을까. 그는 '종래처럼 조선의 개혁을 추진한
다면 러시아의 방해를 받을 것이고, 그렇다고 중단한다면 일청전쟁은 그
의의를 상실하는 동시에 러시아에게 조선을 엿볼 수 있는 기회까지 허용할
우려가 있어 난처하다.'고 하였다.

즉 청일전쟁의 결과 일본이 조선에서 확보한 이해가 러시아에게 제동
이 걸리면서 이토 내각이 난처한 상황이었음을 잘 보여주고 있다.

그렇다면 이후 일본은 왜 하필 조선 왕후를 제거 대상으로 설정했을까.

---

45 『伊藤博文傳』 下卷, 582쪽.
46 이민원, 앞의 『명성황후시해와 아관파천』, 57~65쪽 참조.

사건 당시 경복궁의 왕후시해 현장까지 출동하였던 일본인 기자들이 있었다. 기쿠치 겐조(菊池謙讓), 고바야카와 히데오(小早川秀雄)이다.[47] 고바야카와의 기록을 요약하면 다음과 같다.

> ① 청국에 대한 선전(宣戰)의 대의에 비추어 보나, 거액의 전비를 쓰고 수많은 일본 병력을 희생하고 거둔 전승의 결실을 잃을 수 없다는 점에 비추어 보나, 동양 장래의 평화와 일본제국의 영원한 안위를 생각할 때, 조선에서 러시아 세력의 확장을 방임할 수 없다.
> ② 그렇다면 이에 대처할 방도란 무엇인가. 오로지 비상한 수단으로 조선과 러시아의 관계를 끊어 버리는 것 외에 방법이 없다. 즉 러시아와 왕실이 굳게 악수하며 서로 호응하고 온갖 음모를 다 함에는 일도양단! … 환언하면 왕실의 중심이요, 대표적 인물인 왕후를 제거하여 러시아로 하여금 그 결탁할 당사자를 상실케 하는 것 외에 더 좋은 대책이 없다.
> ③ 만일 왕후를 조선 궁중에서 제거한다면 웨베르 같은 자가 누구를 통하여 조선의 상하를 조종할 수 있겠는가.…조선의 정치 활동가 중에 그 지략과 수완이 왕후의 위에 가는 자가 없으니 왕후는 실로 당대의 걸출한 인물이다.[48]

즉 일본이 직면한 내외 위기를 탈출하기 위해 조선에서 반일세력의 핵심이자 조선과 러시아의 연결고리인 왕후를 제거해야 한다는 주장이었다.

삼국간섭 이후 일본 정부의 목전 과제는 조선 사태의 처리였고, 그것은 러시아와 상대할 문제였다. 그러나 일본은 당시 러시아를 상대로 전쟁을 할 준비가 갖추어져 있지 않았다. 결국 해결책은 러시아를 직접 상대하지

---

47 전자는 『근대조선사』, 『조선잡기』, 『대원군전―부 명성황후의 일생』 등을 썼고, 일제하에 『고종실록』과 『순종실록』 편찬에도 간여한 인물이다. 후자는 한성신보사(서울에 있던 일본신문사)의 기자로서 후일 『민후조락사건』이란 책을 남겼다. 양인 모두 이 사건에 대한 일본의 개입을 호도하고 흥선대원군과 명성황후의 갈등 구도로 왜곡한 인물이다. 기쿠치에 대해서는 하지연, 『기쿠치 겐조, 한국사를 유린하다』, 서해문집, 2015를 참조.
48 小早川秀雄 著, 鄭龍根 編, 『閔后弑害事件의 眞相』, 民友社, 1946, 30~34쪽; 李瑄根, 『韓國史―現代篇』, 震檀學會, 1963, 587~590쪽.

않고 취약한 조선쪽을 상대로 일을 벌여 러시아의 연결고리를 끊는 것이었다. 일본 내각 인사와 주요 정객들의 사고를 엿볼 수 있는 대목이다.

이후 일본정부는 외교업무와는 거리가 있는 군인 출신의 미우라를 서울주재 공사로 파견하였다. 이 과정에서 주목되는 것은 일본 정계의 원로 7인 중 1인이자, 근대 일본의 핵심 거두 3인 중 한 사람인 이노우에의 행적이다.

내각회의에 참석한 뒤 서울로 돌아 온(7월 하순) 이노우에는 종래의 위압적 자세를 전환하여, 일본정부가 조선에 300만 엔을 기증하려 한다고 확언하며 고종과 왕후의 환심을 사려하였다. 후임자인 미우라가 부임(공식임명: 8. 17, 서울 도착: 9.1/양력)한 뒤로도 그는 모종의 업무인계(?)를 명목으로 17일 동안 일본공사관에 머물렀다.

조선에 부임한 미우라가 이노우에와 함께 건청궁에 와서 고종을 알현한 것은 2차례였다. 1차는 9월 3일(음력 7월 15일) 새로 부임한 공사 미우라가 전임공사 이노우에와 함께 신임장을 전하기 위해서였고, 2차는 (음력 7월 27일) 일본으로 귀국하는 이노우에가 이임 인사를 명목으로 미우라와 함께 고종을 알현하기 위해서였다.[49]

이노우에가 서울을 떠난 것은 9월 17일, 인천에서 4일간 더 머물다가 일본으로 향했으니(9.21) 왕후를 시해하기 불과 17일 전이다.

그가 서울을 떠난 직후 서울에서는 왕후제거설이 나돌기 시작하였다. 마침내 10월 3일에는 공사관 밀실에서 미우라, 스기무라(杉村濬: 공사관 서기관), 오카모토(岡本柳之助: 일본공사관부 무관 겸 조선군부의 고문), 구스노세(楠瀨幸彦: 포병 중좌) 등이 구체안을 확정하였다. 이들은 서울 주둔 일본군 수비대를 주력으로 조선정부의 일본인 고문, 한성신보사(서울에 있던 일본인 신문사)의 사장과 기자, 영사경찰, 낭인배 등을 두루 동원하였다. 사후 책임전가를 위해

---

49 『高宗實錄』 1895년 7월 15일, 27일.

왕후와 대립관계에 있다고 알려진 대원군과 조선군 훈련대(敎官은 日本軍)를 이용하기로 하였다.[50]

마침내 10월 8일 새벽 일단의 일본인패들과 일본군, 일본경찰 등이 대원군과 그의 장자 이재면을 납치하여 경복궁으로 향했다. 한편 일본인 교관은 야간훈련 명목으로 조선군 훈련대를 경복궁까지 유인해 왔다. 이것은 훈련대 연대장 홍계훈의 지휘를 벗어난 군사 이동이었다. 홍계훈은 수일 전 고종이 훈련대 연대장으로 전격적으로 임명한 인물이었다.

공격이 개시된 것은 새벽 5시 정각이었다. 일본 측의 기록은 적게는 40분, 길게는 1~2시간까지 크게 오차가 보이고 있다. 일본 측이 공식적인 기록까지 왜곡하며 사건을 은폐하려한 흔적으로 볼 수 있다. 이 점은 영국, 미국, 러시아 공사관 측의 보고문과 주요 인물의 일기 등에 첫 총성이 울린 시각이 모두 5시로 일치되어 더 이상 의심의 여지가 없다.

경복궁 담을 넘어간 일본인들이 일본군의 엄호하에 광화문을 열었고, 일본군에 이어 대원군의 가마와 훈련대가 밀려들어갔다. 그 과정에서 급보를 전해 받고 달려와 이들을 저지하려던 훈련대 연대장 홍계훈과 궁궐의 시위대 병사 8~10명이 현장에서 쓰러졌다.

경복궁에서는 숙위 중이던 시위대의 미국인 교관 다이 장군(William McEntyre Dye, 茶伊)과 연대장 현홍택의 지휘 하에 비상 소집된 300~400명의 조선군 시위대 병사가 저항하였으나 무기의 열세로 곧 무너졌다. 이후 왕후의 거처에서 만행이 자행되는 동안 일본군은 사방의 출입구를 봉쇄하였다. 사복차림의 일본인이 현장을 지휘하였고, 일본군 장교(2명)가 이를 보조하였다. 이때 왕후가 처참하게 최후를 맞았고, 궁내부 대신 이경직과 몇 명의 궁녀가 함께 피살되었다. 그 외 국왕은 물론, 왕태자, 왕태자비,

---

50 일본공사관과 일본군 등의 움직임에 대해서는 崔文衡 外, 『明成皇后弑害事件』, 民音社, 29~67쪽; 강창일, 「삼국간섭과 을미사변」, 『한국사41-열강의 이권침탈과 독립협회』, 국사편찬위원회, 1999, 탐구당, 17~43쪽을 참조.

상궁과 궁녀, 시위대 장교, 사바친, 다이 등이 핍박을 당하고, 피습되어 부상을 입거나 의식을 잃고 쓰러졌다.[51]

히로시마 재판소 판결과 북화첩보(北華捷報)의 보도

한편 사태를 지켜보던 미우라는 고종의 부름에 응하는 형식을 꾸며 입궐한 뒤, 즉시 사태 은폐공작에 들어갔다. 그는 고종을 핍박하여 당일 신내각을 조각하게 하였다. 왕후가 궁궐을 탈출한 것처럼 꾸며, 고종이 서명하지 아니한 폐서인(廢庶人) 조칙도 내리게 하였다. 이어서 사건을 조선군 훈련대와 조선 순검의 충돌에 의한 것으로 날조하였다.

다음날 일본공사는 이 사건의 '범죄자'들인 훈련대를 엄벌할 것과 일본인이 가담하였다는 '소문'의 사실 여부를 규명해달라는 위장된 공문을 조선의 외부에 보내었다. 그 결과 일본군의 가담설이 사실이 아님을 조선의 외부가 부정하는 내용으로 조작된 공문까지 확보해 두었다.

이같은 미우라의 은폐 공작에도 불구하고 사건의 진상은 당일 서양의 외교관들에게 폭로되었다. 총성이 울릴 무렵 이범진의 급한 요청으로 궁중으로 긴급히 향한 이들은 고종, 왕태자(후일의 순종), 다이(미국인 교관), 사바친(러시아인으로 다이의 보조역), 현흥택(시위대 연대장), 왕후의 의녀(醫女), 궁녀, 궁중 하인 등을 통해 상황을 파악하게 되었다.[52]

그날 아침 주한미국공사관 서기관 알렌(H. N. Allen)은 새벽 5시 정각에 총소리에 놀라 잠이 깼고, 곧이어 궁중을 탈출한 이범진으로부터 급히 궁중으로 와 달라는 고종의 긴급 전갈을 받았다. 그는 러시아공사관을 들러

51 Hillier to O'Conor, Inclosure 4 in No. 86, Seoul, Oct. 1895. *F. O. 405-Ⅵ*.
52 Hillier to O'Conor, Inclosure 4 in No. 86, Seoul, Oct. 1895. *F. O. 405-Ⅵ*; 이민원, 『명성황후시해와 아관파천』, 국학자료원, 2002, 66~100쪽.

웨베르와 서둘러 경복궁으로 향하였다. 궁궐에 이르자 어지러운 복장을 하고 칼을 찬 일본인들이 광화문에서 나오는 것이 목격되었다.

그러나 이들은 경복궁에 들어간 지 한 시간 반을 고종이 머물고 있는 방 앞에서 기다려야 했다. 고종이 용무가 있으니 기다리라는 것이었다. 그러나 한 시간 여가 지나도 응답이 없었다. 기다리다 지친 그들이 문을 밀고 들어가자 미우라, 고종, 흥선대원군이 거기에 함께 있었다. 거기서 무슨 일이 벌어지고 있었는지는 상상이 가고도 남는 일이었다.

미우라는 자신을 추궁하는 열국 외교관에게 "훈련대와 순검의 충돌을 막아달라는 군주의 청으로 일본군을 보내 궁에 도착해 보니 사태는 일단락 된 뒤였다."고 하였다.[53] 그러나 알렌 등이 직·간접으로 접한 현장의 상황은 그의 말과는 전혀 달랐다.

그날 오후 3시 웨베르 러시아공사 등 열국외교관들은 일본공사관으로 몰려가 미우라에게 일본군과 경찰의 현장 출현 이유에 대해 추궁하였다. 미우라는 일본인은 한 사람도 사건에 가담하지 않았으며, 일본인 옷을 입은 조선인들, 혹은 일본군의 심부름을 하는 조선인들 중에서 일본군 복장을 즐겨 입는 조선인들이 자행한 일이라는 등 횡설수설하였다. 미우라는 열국 외교관들에게 늘 믿을 수 없는 말을 하는 조선인들을 믿을 수 있느냐고 하였다.

열국공사들은 이 증언은 조선인들뿐만이 아니라 미국인 교관 다이와 러시아인 사바친이 했고, 우리가 경복궁에 들어설 때 칼 차고 산만한 차림으로 나오는 일본인들을 직접 목격했다고 반박했다. 궁지에 몰린 미우라는 더 조사해보아야 알 일이라면서 더 이상 언급을 피하였다.

결국 사건의 전말은 알렌(미국공사관 서기관 겸 공사대리), 힐리어, 웨베르 등 주한외교관들의 보고와 뉴욕 헤럴드(New York Herald)의 특파원 코커릴(John

---

53 Allen to Olney, No.156, Seoul, Oct. 10, 1895, *Despatches from U.S. Ministers to Korea.*(이하 *DUSMK*)

A. Cockerill) 등에 의해 국제사회에 널리 알려지게 되었다.

이때 일본 정부는 일본군민은 이 사건과 하등 관련이 없으며, 대원군과 조선 왕후의 중세적 정권 다툼에서 비롯된 사건이라고 선전하였다. 그러다 열국 여론의 비난이 거세지자, 미우라 공사가 이 사건에 연루되었음을 시인하기에 이르렀다. 일본 정부는 '일본의 불명예를 씻기 위해' 이 사건을 철저히 조사하여 관련자를 엄벌하겠다고 천명하였다.

이후 고무라(小村壽太郞)를 주한 변리공사로, 이노우에를 왕실문안사라는 명목으로 서울에 파견하여 사태 수습에 나섰다. 아울러 미우라와 스기무라 이하 약 50명에게 퇴한(退韓) 명령(10.18)을 내려 이들을 히로시마(廣島) 감옥에 수감하였다. 그러나 이후 일본 정부가 실제로 한 일은 일본군, 경찰의 사건 개입을 은폐하고, 조선 내분으로 조작하는 일이었다.

이 상황에서 얼마 후 돌발한 사건이 일본에게 역이용되었다. 춘생문사건(春生門事件:11.28)이 그것이다. 경복궁의 동북쪽 문인 춘생문을 통해 고종을 미국공사관으로 피신시키고자 한 일이었다. 여기에 웨베르, 씰, 알렌, 이범진, 이완용, 윤웅렬 등과 서양외교관, 선교사 등이 직접, 혹은 간접으로 관련된 사건이었다. 일본 정부와 언론은 이 사건에 서울의 각국 외교관들이 가담하였다고 선전하면서, 일본이나 서양 각국이나 조선 내정에 간섭하기는 마찬가지라는 논조를 폈다. 이처럼 일본은 왕후시해의 책임을 회피할 절호의 기회로 이 사건을 적절히 이용하였다.

그리고 얼마 후 히로시마 재판소에서는 수감된 범죄자들 모두를 '증거 불충분'을 이유로 무죄 판결하여 방면하였다. 이들 범죄자들은 감옥에서조차 일본의 관민으로부터 영웅적인 대접을 받았고, 미우라가 석방되어 동경에 도착하자 일본천황은 그의 '노고'에 대한 치하를 전하였다. 당시 일본의 군·관·민 모두가 사실은 '명성황후시해'의 공범으로 전락하고 있었다.

경복궁의 비극 이후 여러 해외 언론은 일본에 대해 매우 비판적이었다. 그러나 잠시뿐이었다. 각국 정부도 점차 정반대의 기류를 타고 있었다.

영·미·러 등 각국 정부는 일본과의 관계를 고려하여 서울에 주재한 자국 외교관들에게 반일적인 행동을 자제하도록 지시하였다.[54]

이때 일본의 만행을 낱낱이 보도하며 성토하던 해외언론이 있었다. 상해에서 선교사들에 의해 발간되던 북화첩보(北華捷報: The North China Herald)가 그것이다. 거기서는 '사건의 주모자는 이노우에이며, 미우라는 희생양이다. 사건은 미우라가 일본을 떠나기 전에 계획된 것이다. 일본정부는 사전에 음모를 알지 못한 것처럼 가장하면서도 희색이 만면하다. 사건과 일본정부의 관계는 독자가 알아서 판단하기 바란다.'고 보도하였다.[55]

사건 당시로부터 1년 뒤인 1896년 8월 25일 윤치호는 민영환 특사를 수행하여 러시아 황제 니콜라이 2세의 대관식에 참석한 뒤 잠시 파리에 홀로 머물고 있었다. 이때 윤치호는 경회루에서 있었던 마지막 연회 장면을 회상하며 이렇게 기록하고 있다.[56]

> 조선 달력을 보고 1년 전 어제 조선 국왕과 왕후가 경회루에서 외국 사절과 조선의 고위관료에게 큰 연회를 베풀어 준 것이 기억났다. 그로부터 단지 1년인데 왕후는 어디에 계신가? 그 정도 시간 사이에 어떠한 비극 아니 어떠한 일련의 비극이 일어났던가! 매우 고통스러우나 뚜렷한 기억 속에 여러 가지 장식과 등이 걸려있는 궁, 온갖 종류의 산해진미가 담겨있는 기다란 식탁, 온유한 모습을 띤 국왕, 만면에 미소를 짓고 있는 왕후, 다소곳한 모습의 궁녀들 그리고 훌륭한 품성의 귀빈들을 볼 수 있다. 그 날 밤 달은 밝았다. 그 날 밤 웨베르 부인은 국왕 부처가 더 이상 고난이 없기를 기원했다. 그 날 밤 술에 취한 일본 영사가 왕후와 궁녀들이 자리하고 있는 누각을 곧장 가로질러갔다. 그날 밤 나의 아내도 거기 있었다. 그날 밤-오! 모든 것이 너무 밝았고, 행복했다. 불과 한 달 뒤 더 이상 존재하지 않게 되었다. 인생은 일장춘몽이다: 흔히 그것은 악몽이다!

54 Salisbury to Beauclerk, NO.80,Foreign Office, Nov.18, 1895. *F.O.405-Ⅵ*; 이민원, 『명성황후시해와 아관파천-한국을 둘러싼 러·일 갈등』, 국학자료원, 2002, 104~107쪽.

55 *North China Herald*, Nov.21, 1895.

56 국사편찬위원회 편, 『尹致昊日記』 4, 탐구당, 1975, 280~282쪽.

왕궁을 침입한 일본 군대와 경찰에 의해 왕후가 처참히 살육을 당하고, 국왕 측근이 살해당하거나 부상을 당하는 일, 5백년 조선의 역사 속에서 가장 처참했다는 임진왜란과 병자호란 때도 없었던 만행이자 국권 유린이었다. 조선은 이렇게 무너지고 있었다. 특히 왕후시해 사건은 고종과 측근 대신은 물론 전국 유생들에게 일생일대의 상처이자 자긍심 손상이었다.

3

단발령과 떨어진 조선의 혼 - 상투와 사무라이

조선 정국의 혼란과 단발령

왕후시해 직후 조선 국왕은 다시 궁중에 연금된 처지가 되었다. 사건 당일 건청궁에서 피살된 이경직을 이어 새로 궁내부 대신에 임명된 사람은 흥선대원군의 아들 이재면이었다. 그 역시 흥선대원군과 마찬가지로 영문을 모른 채 궁으로 납치되어 왔고, 궁중에서 대화도 자유롭지 못하였다. 알렌과 힐리어 등 열국 외교관들이 이재면을 만나 본 결과 궁중 상황은 공포 그 자체였다.[57]

일본 측은 모종의 루트를 통해 사건 현장을 폭로한 다이와 사바친 등 미국과 러시아인에게 회유와 협박을 일삼았고, 시위대 연대장 현흥택과 궁녀들은 생명의 위협을 피해 미국공사관으로 피신하였다. 이런 공포는 그해 연말은 물론, 이듬해 초까지 지속되었다.

이 상황에서 조선 군주를 구출하려던 시도가 발각되어 일본에게 역풍

---

[57] Allen to Olney, No.159, Seoul, 14, 1895, "Tai Won Kun Revolution," *DUSMK*.

을 맞았다. 춘생문사건(春生門事件, 1895.11.28/양)이 그것이다. 시시각각 죽음
의 공포가 다가오던 고종을 경복궁 북동쪽의 춘생문을 통해 탈출시키려던
계획이었다.

국내외 인사가 관련된 이 사건에는 시종원경 이재순, 시종 임최수, 탁
지부 사계국장 김재풍, 참령 이도철, 정위 이민굉, 전의원 이충구, 중추원
의관 안경수 등이 가담하였고, 이범진·이윤용·이완용·윤웅렬, 윤치호·이
하영·민상호·현흥택 등이 호응하고, 친위대 소속 장교 남만리와 이규홍
이하 수십 명 장교가 가담한 것으로 알려져 있다.[58]

외국인으로서는 미국인 선교사 언더우드(Underwood, H. G.)·에비슨
(Avison, O. R.), 교사 헐버트(Hulbert, H. B.), 교관 다이(Dye, W. Mc), 그리고 미
국공사관 서기관 알렌(Allen, H. N.), 러시아공사 웨베르(Weber, K. I.) 등도 직
접, 간접의 관련자로 알려져 있다.

고종이 어디로 이동하려 했는지 선명히 밝혀져 있지는 않으나, 단편 자
료들을 종합해 보면, 목적지는 미국공사관 쪽으로 윤곽이 그려진다. 물론
미국 정부가 인지한 수준은 아니었고, 서기관 알렌이 고종에 대한 동정 차
원에서 소극적으로 호응한 것으로 파악된다. 자세한 내막은 알 수 없지만,
고종과 측근은 이때 미국 측의 도움을 기대했음을 알 수 있다.

그러나 당시 미국 당국은 서울의 자국 공사가 조선의 내정에 간여하는
것을 금지하고 있었다. 교육과 의료, 선교 등 비정치적 분야에서는 단연
미국이 압도적으로 많은 기여를 하였지만, 갑신정변 이후 조선의 정치 문
제에는 매우 소극적인 자세였다. 20세기 전반까지도 그러했다. 결국 19세
기 말 20세기 초에 고종과 측근 관료가 러시아에 군사와 재정의 지원을 모
색하게 된 것은 어디까지나 미국 대신의 차선책이었다.

---

58 洪景萬, 「春生門事件」, 『이재룡박사환력기념 한국사학논총』, 同 논총간행위원회, 1990;
    이창식 외, 『이도철과 춘생문의거』, 제천문화원, 2006; 오영섭, 「고종과 춘생문사건」,
    『鄕土서울』 68, 서울特別市史編纂委員會, 2006; 김영수, 「춘생문사건 주도세력 연구」,
    『사림』 25, 2006 등을 참조.

춘생문사건은 왕후시해(명성황후시해, 1895.10.8)와 고종의 아관파천 (1896.2.11) 사이에 위치한 사건이자, 아관파천의 전 단계 사건이었다. 국왕 과 나라에 대한 충정에서 비롯된 의병운동과 맥락이 같다.

그러나 사전에 기밀이 노출되자 일본은 자국을 비난하는 국제 여론에 역공 기회로 삼았다. 일본 측은 서양의 외교관과 선교사가 가담한 점을 과 장하여 '조선 내정에 간여하기는 일본이나 서구 열강이나 마찬가지!', '일본 인의 왕후시해 가담과 오십보 백보'라는 논리를 폈다.[59] 이같은 일본의 공 세에 열국공사와 선교사들이 주춤하는 사이 고종과 조선 조정은 다시 삼국 간섭 이전 최악의 위기 상황으로 돌아가고 있었다. 일본은 다시 조선의 '보 호국화'를 향해 가고 있었다.

춘생문 사태로부터 한 달 뒤 다시 조선을 파국으로 몰고 간 사건이 이 어졌다. 단발령(斷髮令)이 그것이다. 이번에는 일본 쪽이 배후의 주역이었 다. 1895년 11월 15일(음), 그러니까 양력 12월 30일 조정에 인사 이동이 있었다. 내부협판이 유길준(俞吉濬)은 내부대신에, 법부 협판 장박(張博)이 법 부대신에, 농상공부협판 정병하(鄭秉夏)가 농상공부대신에 임명되었다. 바 로 그날 내부(內部)에서 다음과 같은 내용으로 단발령을 고시(告示)하였다.

> 이제 단발(斷髮)은 양생(養生)에 유익하고 일하는 데에 편리하기 때문에 우 리 성상 폐하(聖上陛下)가 정치 개혁과 민국(民國)의 부강을 도모하며 솔선궁 행(率先躬行)하여 표준을 보인 것이다. 무릇 우리 대조선국(大朝鮮國) 민인(民 人)은 이러한 성상(聖上)의 뜻을 우러러 받들되 의관(衣冠) 제도는 아래와 같이 고시(告示)한다.
>
> 1. 나라의 상사(喪事)를 당하였으니 의관(衣冠)은 나라의 거상 기간에는 그전 대로 백색(白色)을 쓴다.

---

59 「朝鮮侍衛隊王城に亂入」(11.29, 東朝), 「侍衛隊暴動顚末」(11.30, 時事), 「京城侍衛隊暴 動の原因」(11.30, 時事)(이상 『新聞集成明治編年史』 9, pp.327~328; 『尹致昊日記』 4, 101, 102쪽, Mckenzie, *The Tragedy of Korea*, p.77.

1. 망건(網巾)은 폐지한다.
1. 의복 제도는 외국 제도를 채용하여도 무방하다.

같은 날 고종은 단발에 관한 조칙을 내렸다. "내가 먼저 머리카락을 자르니 백성들도 나를 따라 세계 각국과 나란히 하는 대업을 이루게 하라"는 것이었다.[60]

조선왕후시해와 함께 19세기 말의 조선 사회를 다시 큰 충격에 빠뜨린 단발령, 요컨대 상투를 자르라는 명이 바로 이것이다. 단발은 물론 시대의 추세와 부합한 것이었다. 유길준과 같은 조선 내각 인사들의 판단도 그러했다. 그러나 그들도 단발령으로 인한 전국 유생들의 저항과 그에 따른 사회의 혼란 정도는 충분히 예상했을 것이다. 문제는 조정에 자국의 고문관들을 배치하고 군사적 물리력을 보유한 상태에서 이를 강제하게 한 일본의 정략이었다.

상투의 유래와 조선인의 관념

단발령 선포 이전까지 조선인 남자들의 전통적인 머리 양식은 상투였다. 상투란 머리카락을 빗어 올려 틀어 맨 것으로 추계(推髻) 혹은 수계(豎髻)라고도 불렀다.[61] 『사기(史記)』에 위만(衛滿)이 조선에 들어올 때 '상투'를 했다고 했고, 『삼국지(三國志)』(「魏志-東夷傳」, 〈韓條〉)에 관모를 쓰지 않는 날상투[62]를 틀었다고 했다.

---

60 "朕 髮을 斷ᄒᆞ야 臣民에게 先ᄒᆞ노니 爾有衆은 朕의 意를 克體ᄒᆞ야 萬國으로 並立ᄒᆞ는大業을 成케 ᄒᆞ라."(『高宗實錄』1895년 11월 15일)
61 張志淵, 「我韓衣冠制度考」 1,2,3,4, 檀國大學校 東洋學硏究所 編, 『張志淵全書』 10, 檀國大學校出版部, 1989, 525~528쪽.
62 즉 '괴두노계(魁頭露髻)', 張志淵, 「我韓衣冠制度考」 1, 525~528쪽.

고구려 고분의 벽화와 신라의 고분에서 출토된 유물 중에도 상투 형태가 보인다. 고구려 고분에 보이는 상투는 크고 둥근 것, 작고 둥근 것, 쌍상투 등 몇 가지가 있다. 큰 상투는 맨머리의 장사도(壯士圖)나 역사상(力士像)에 많고, 작은 상투는 관모를 쓴 귀인 층에서 볼 수 있다. 머리숱의 많고 적음에 따라 모양을 약간씩 달리 했음을 알 수 있다. 신라의 경우는 경주의 금령총(金鈴塚)에서 출도된 유물에서 보인다. 즉 흙으로 제작한 인물 모습에 상투가 잘 드러나고 있다.[63]

『고려도경(高麗圖經)』에는 고려에서 "왕 이하 서민에 이르기까지 모두 관(冠), 건(巾), 복두(幞頭)를 썼다."는 기록과 '머리를 묶었다'(束髮)는 기록이 보인다. 관모(冠帽)는 상투 위에 쓰는데 적합한 모양이며, 머리를 묶어서 올려 매었다고 했다. 그러다가 몽고족의 원나라가 고려를 침입, 부마국으로 삼으면서 몽고 양식이 유행하게 되었다. 즉 충렬왕 4년(1278) 몽고식 개체변발(改剃弁髮), 즉 정수리 부분의 머리카락만 남기고 뒤통수에서 묶어 땋아 내렸다. 이후 공민왕 때 복고 정책으로 다시 상투를 틀었다.

상투는 조선으로 이어져 초상화나 풍속화에서 보듯이 계층을 막론하고 상투를 틀었다. 상투를 틀 때에는 '백호친다'[64]하여 정수리 부분 머리를 깎아내고, 나머지 머리를 빗어 올려 틀게 된다. 많은 머리가 정수리에 모이면 열 발산이 어렵기 때문이다. 하나만 트는 상투가 일반적이지만, 머리숱이 많은 사람은 두 개 즉, '쌍상투'를 틀기도 하였다.[65]

이상과 같은 내력을 지닌 상투는 조선인들에게 몇 가지 중요한 의미를 지니고 있었다.

첫째, 상투는 조상숭배 의식과 연관이 있었다. 신체와 머리칼은 부모에

---

63 張志淵, 「我韓衣冠制度考」 1, 525~528쪽; 柳喜卿, 『韓國服飾史研究』, 梨花女子大學校 出版部, 1975, 98~194쪽.

64 백호는 배코라고도 하며, 상투 밑 백회혈(百會穴: 숫구멍 등으로 불림) 부분의 머리털을 돌려 깎는 자리를 말한다.(김민수·홍웅선 편, 『종합국어사전』, 어문각, 1971)

65 앞의 「我韓衣冠制度考」 1; 金正子, 「상투」 등을 참조.

게서 물려받은 것이니 이를 훼상하지 않는 것이 효의 출발이라는 것이었다. 따라서 이를 훼상할 수밖에 없는 단발이란 보수적 유생들과 지방민들에게 불효막심한 행위로 인식되었다.

둘째, 상투는 결혼한 남자이거나 관례(冠禮)[66]를 마친 성인을 상징하였다. 조선사회에서는 성인과 어린이, 혹은 결혼한 사람과 결혼하지 않은 사람 사이에 엄격한 차별을 두었다. 어린이가 성장하여 관례를 마치거나 어린아이라도 장가를 가면 상투를 틀고 망건을 써서 마치 '유충(幼蟲)이 나방이가 되듯' 성인 대접을 받았고, 나이가 많아도 결혼하지 못한 사람은 늘 남에게서 하대를 받았다.[67] 그래서 나이든 총각들은 이러한 푸대접을 면하기 위하여 결혼한 것처럼 보이려고 상투를 트는 경우까지 있었다.[68] 상투는 성인 남성 혹은 장가든 어른을 나타내는 표징이었다.

셋째, 상투의 부속품은 신분과 지위를 상징하였다. 상투 꼭지의 정상에는 신분 등에 따라 금, 은, 동 등으로 만든 동곳을 꽂았고, 머리카락이 얼굴로 흘러내리지 않도록 이마 둘레에 망건(網巾)을 썼다. 그리고 그 위에 갓을 썼다. 갓이나 망건의 재료는 여러 종류가 있었다. 망건 앞 이마에는 갓을 고정하는 풍잠(風簪)을 달고, 그 위에 관모를 썼다. 값비싼 망건을 구하기 어려운 상민(常民)의 경우는 망건 대신 수건을 동이기도 하였다.[69]

이처럼 조선인의 상투는 유가적 관념, 가부장적 사회 관습, 신분 면에서 중요시 되어 왔다. 명치유신 이전까지 일본에서 유행했던 일본인의 상투나 신해혁명 이전까지 유행했던 청국의 변발과 비교해 전래의 관습이나 사회적 성격에서 더욱 강고한 성격을 띠었다.

---

66 고려 혹은 조선에서 15~20세 사이의 남자가 치르게 되는 일종의 성인식(成人式). 이에 대해서는 「冠禮」, 『增補文獻備考』 上, 東國文化社, 檀紀 4290, 916~920쪽; 李光圭, 「冠禮」(앞의 『한국민족문화대백과사전』 3 所收) 등을 참조.

67 X Y Z, "The Attack on the Top Knot", *The Korean Repository*, July, 1896.

68 결혼하지 않고 튼 상투를 건상투라고 하였다. 건상투를 틀면 외지에서는 어른 대우를 받았다.(앞의 「冠禮」 및 「상투」, 『한국민족문화대백과사전』 3 및 11所收).

69 앞의 "The Attack on Top Knot"를 참조.

일본인들의 상투[70]는 1872년 일본 정부에서 내린 단발령으로 조선처럼 심각한 마찰 없이 폐기되어 갔다. 일본 정부는 급격히 단발을 강제하거나 두발이나 복장에 관해 일일이 간섭하지 않고 잘 계도하였다. 군인과 경찰이 양복을 착용하게 되자 상투도 폐기되어 갔고, 대신들과 고위 관리들이 상투를 제거했고 하위 관리들도 이에 따랐다. 변화에 민감하고 빠른 일본인들이 상투의 불편함을 깨닫고 나자 상투란 유럽대륙식 가발이 미국에서 천대받은 것 처럼 한낱 '무지(無知)의 오용(誤用)'과 같은 골동품으로 전락하게 되었다.[71]

중국의 변발(辮髮)[72]은 청국이 중원을 차지하게 되면서 한족에게 강요한 것이었다. 이후 신해혁명으로 태양력 사용과 함께 변발이 폐기되기까지 청조에서는 약 250여 년의 역사를 갖고 있었다. 그 이전 명나라 사람들의 두발 양식은 조선인과 유사했다.

변발은 청국 왕조의 정복의 상징이자, 청 왕조에 대한 한족의 복종의 표시이기도 하였다. 청조가 한인들에게 변발을 강요할 때 내린 포고문은 '상투를 남기려면 목숨을 내놓고, 목숨이 아까우면 상투를 버리라.'(留髮不留頭 留頭不留髮)였다. 한족에게 변발은 충성의 표시이자 생명의 보존책이었다. 변발은 어린아이가 머리가 땋을 수 있을 정도로 자랐을 때부터 했으므로 조선의 상투처럼 성인(成人)이나 결혼한 남성을 상징하는 것은 아니었다.[73]

이처럼 조선인의 상투는 청국의 변발이나 일본의 사무라이식 상투와

---

70 丁髷(ちょんまげ). 현재 일본의 씨름(すも)선수에게서 그 형태를 볼 수 있다.

71 앞의 "The Attack on the Top Knot". 유럽의 가발(Wig)은 장식이나 복장의 일부로서 벗겨진 머리를 가리고자 쓴 천연 혹은 인조 머리이다. 영국 법정에서 재판관들이 전통 법복과 함께 착용해 왔다.

72 앞머리를 깎고 뒷머리를 땋아 내리는 머리형. 북방 수렵민족의 풍습이다. 머리를 기르는 한족 풍습과 달랐다. 17세기에 만주족이 明朝를 타도하고 淸朝를 세웠을 때 복종의 표시로 道士(結髮), 승려(削髮)를 제외한 모든 漢族의 남자에게 강요하였다(『中文大辭典』 7, 臺北:中國文化大學出版部, 1972, 620쪽).

73 『高宗實錄』 1895년 11월 16일; 앞의, "The Attack on the Top Knot".

차이가 있었다. 상투에는 조선인의 문화적 자긍심, 남성으로서의 긍지, 유가적 효 등 여러 의미가 드리워져 있었다. 사전 예고나 적절한 계도 없이 내려진 단발령, 그것도 강제적인 시행은 조선인 일반의 강한 저항을 충분히 예상할만한 일이었다.

단발령에 개입된 일본의 정략

단발의 명분은 '위생에 이롭고 일하기에 편리하다는 것'이었다. 정부의 고시내용도 '朕이 髮을 斷하여 臣民에게 先하노니 爾有衆은 朕의 意을 克體하여 萬國으로 竝立하는 大業을 成케 하라'하여 고종이 솔선하여 단발을 하고, 일반백성에게 권하는 형식을 취하고 있었다.[74] 그러나 실제의 상황은 강제시행이었다.

주한 영국 영사 힐리어(Walter C. Hillier)의 조선 상황 보고를 요약하면 이러하다.[75] (1) 단발령 선포 당시 대신들은 불안에 떨고 있었고, 조희연이 일본공사관과 연락을 지속하면서 총리와 대신들을 협박하여 자신의 복직을 요구하고 있다. (2) 각료들이 신경과민 상태이며, 현 정부는 군대를 지휘할 수 있는 자의 수중에 있다. (3) 훈련대 장교 3인이 칼을 빼들고 내각에 들어가 관리들의 단발시행을 강요했는데, 탁지부대신(어윤중)의 중재로 국상 후 시행키로 하였다. (4) 이들은 전 군부대신의 사주와 일본공사관의 승인 하에 행동하고 있다. (5) 을미사변 당시 일본인들의 만행을 폭로한 미국인 교관 다이(Dye)는 '내각의 명'으로 궁궐에서 떠났으며, 궁궐 내에 외국인은 이제 하나도 없다. (6) 러시아공사 웨베르의 가마와 선교사 언더우

---

74 內閣記錄局官報課, 『舊韓國官報』 3, 亞細亞文化社, 1973, 第214號, 建陽 元年 1月 4日 「告示」.

75 Hillier to Beauclerk, Inclosure 1 in No.32, Seoul, December 24, 1895, *F.O.405-Ⅵ*.

드는 궁궐 출입이 금지되었다.

여기서 훈련대(출신)장교란 우범선·이두황 등을 말한다. 이들은 조희연(을미사변 직후 군부대신에 임명됨)의 지시를 받고 행동하고 있고, 조희연은 일본공사의 지시를 따라 움직이고 있었다. 단발령 선포 당시 조선군의 무력을 장악한 계통은 '일본공사(小村壽太郞) → 조선군부대신(趙羲淵) → 조선군장교(禹範善, 李斗璜)'의 형태였다. 조선군, 조선조정 나아가 개화파 인사 모두 일본공사의 위압하에 있음을 상징적으로 보여준다.[76]

단발이 필요하다고 생각하던 서울 사람들도 정부의 조치를 의아하게 여겼다. 상투를 버리고 단발을 시행하고자 한다면, 서울에서 지방으로 확대하면서 자율에 맡겨도 좋을 일이었다. 프랑스 외교관은 '서울 사람들 중 3분의 2가량이 단발령 시행 1주일 만에 단발을 행하였으며 나머지 사람들도 수일 내에 이를 따를 것으로 보이지만, 지방에서는 사정이 달랐고, 지방으로 갈수록 강제적이었다.'고 하였다. 강제시행을 당하는 지방민들 입장에서 볼 때도 정부의 단발령은 매우 기괴하게만 보였던 것이다.[77]

그렇다면, 단발령 선포 과정에 개입했을 일본 측의 의도와 목적은 무엇일까.[78] 필자의 분석은 다음과 같다.

첫째, 정치군사적 정략이다. 명치유신 이래 일본의 침략정책 과정에서 주요한 한 가지 수단은 조선의 내분 유발이었다. 즉 조선의 사태를 파국으로 몰고 간 뒤 일본의 입지를 확대하려는 정략적 기도가 그것이다.

조선과 강화도조약을 체결하기 위해 운양호사건을 유발시킨 것, 조선

---

76 힐리어는 '이들은 전 군부대신의 사주와 일본공사관의 승인하에 행동하고 있다. 다음 달에 군인과 순검들이 단발을 행하기 위해 소집되리라는 소문이다. 군인들은 이를 기꺼이 원하나 순검들은 반대한다. 순검은 1,000명으로 중하류계급 출신들이다. 서울에서는 유력한 세를 가지고 있으므로, 강제될 경우 심각한 문제 거리가 될 것으로 보인다.'고 보고하고 있다(ibid.).

77 李玟源, 앞의 「日露의 對立과 高宗의 俄館播遷」을 참조.

78 앞의 "The Attack on the Top Knot".

의 젊은 개화파 인사들을 충동하여 갑신정변을 유발시킨 것,[79] 일본의 우익낭인들이 동학농민군에 접근하여 봉기를 부추긴 일, 정부 측과 동학농민군 사이의 갈등을 증폭시킨 것,[80] 왕실(宮中)과 조정(府中)을 분열시키고, 왕실 내부에서도 대원군 측과 왕후 측의 갈등을 과장하고 조장한 행위, 이노우에(井上馨) 공사가 김홍집과 박영효 등을 교차로 이용하고 상호 갈등을 조장하여 조선 내정이 파국을 치닫게 한 것[81] 등 사례가 다양하다.

하야시 다다스(林董: 영국주재 일본공사 및 외무대신 등 지냄)는 동학의 봉기에 대해 이렇게 주장한 바 있다.

> 일본 내 정한파의 음모와 일본으로부터 받은 재정 지원으로 동학도들은 조선 남부에서 1894년 5월 말 반정부 운동을 시작하였다. 소요 자체는 그리 심각한 것이 아니었으며 조선의 운명이나 그곳에 주재하고 있는 외국인들에게 실질적 위험으로 부각된 것도 아니었다.(중략) 조선의 사정은 동학혁명의 결과로 일본의 정책 수행에 유리하게 전개되었다. 조선이 일본에 바로 인접한 지역에 있다는 여건은, 비록 동학도 자체가 미약한 것이었고 일본 측에서 부추기고 있는 것은 의심의 여지가 없지만, 그것은 일본으로 하여금 간섭할 명목적 정당성을 제공해 주었다.[82]

그의 표현대로 동학농민군의 핵심부가 선동되었을지는 의문이다. 그러나 일본 측이 농민봉기를 틈타 전쟁을 도발한 뒤 조선 내정을 장악하고, 일본인 고문을 배치해 간 사실은 분명하다. 일본은 개전 당초부터 개혁을

---

79 申國柱, 「甲申政變에 대한 再評價 1-甲申政變은 他律的 事件이었다」, 『甲申政變研究』, 평민사, 1984, 175~192쪽; 崔文衡, 「甲申政變 前後의 情況과 開化派」, 『제국주의 시대의 列强과 韓國』, 民音社, 1990, 125~140쪽.

80 姜昌一, 「天佑俠と朝鮮問題:朝鮮浪人の東學農民戰爭への對應と關連して」, 『史學雜誌』 97-8, 1988.

81 李玟源, 「閔妃弑害의 背景과 構圖」, 『明成皇后弑害事件』, 民音社, 1992, 79쪽. 井上馨의 이러한 행태는 中塚 明, 『近代日本と朝鮮』, 三省堂, 1977, 63~66쪽에도 간명히 언급되어 있다.

82 A.M.Pooley 엮음, 申福龍·羅洪柱 譯註, 『林董(하야시 다다스)秘密回顧錄: The Secret Memoirs of Count Tadasu Hayashi』, 건국대학교출판부, 1989, 34~35쪽.

명분으로 조선 내정에 간섭할 범위까지 설정해두었던 것도 분명한 사실이다.[83] 이런 수순은 조선왕후시해와 단발령의 경우도 마찬가지였다.

왕후시해가 있기 4일 전(1895.10.4/양력) 이노우에(井上馨)는 주일 영국공사 어네스트 사토우에게 이렇게 언질을 주었다.

> '조선은 개혁이 불가하다. 조선에 조만간 '동학'과 같은 사태가 발생할 가능성이 있다. 따라서 곧 일본군을 동원할 필요성이 있다.'[84]

조만간 조선에서 불안정한 사태가 야기될 것이니 일본군 파병을 양해하여 달라는 뜻으로 해석된다. 조선에 일본군 수비대가 머물고 있는 상태에서 추가로 파병하겠다면 그 목적은 무엇이었을까.[85] 조선왕후시해는 모종의 수순을 목적으로 자행된 것으로 볼 수 있다.

그러나 결과는 일본의 의도대로 되지 않았다. 열국외교관이 일본의 개입 사실을 내외에 알리고 성토함에 따라 고종의 요청 형식으로 궁정 '합법적으로' 장악하려던 의도가 빗나갔다. 다만 이후 '춘생문사건'(春生門事件: 1895.11.28)의 악재로 일본은 다시 기회를 포착하여, 열국외교관의 입을 막아놓음으로써 다시 조선에서 정치력을 회복하였다. 그 시점에서 복합적 목표를 바탕에 깔고 취한 조치 중 하나가 다름 아닌 단발령이었다.[86]

---

83 앞의 책, 『日本外交文書』27-1, 106~110쪽.

84 Satow to Salisbury, No.69, Tokio, October 4, 1895, *F.O.405-Ⅵ*.

85 이러한 해석을 방증하는 자료는 적지 않다. 가령 『駐韓日本公使館記錄』7, 222, 228쪽; Hillier to Beauclerk, Inclosure 1 in No.109, Seoul, February 11, 1896, F.O.405-Ⅶ 등을 참조.

86 朴宗根 교수도 '조선에서 지방의 민심을 격동시켜 소요사태를 부추긴 또 하나의 원인은 단발령 시행의 조급함에 있다'고 주장한다(朴宗根, 『淸日戰爭과 朝鮮』, 324쪽). 당시 전국에는 일본군과 일본경찰이 파견되어 정탐을 하였고, 조선군 친위대 파견도 일본공사의 '권고'에 의한 것이었다(『駐韓日本公使館記錄』9, 241~245쪽 등을 참조.

사무라이의 상술과 조선인의 자존심

조선의 개항 이래 일본은 꾸준히 시장 확대를 모색해 왔다. 자연히 조선에서는 청국과 일본 상인 사이에 경쟁구도가 형성되어 갔다. 그러는 가운데 1890년대 초반 경제공황을 겪으면서 일본은 미가 폭등으로 많은 사회 문제가 야기되었다. 이후 일본은 자국의 공산품 판매처와 함께 부족한 미곡의 공급처 확보가 절실하였다.[87] 바로 그 대상으로서 가까이 위치한 적지가 조선이었다. 조선의 복제개정, 단발령은 넓게 보면 일본의 상품 시장 확대와 함께 미곡 공급처의 확보라는 목표와 관련이 있었다.

그에 관한 간접 자료는 각국의 통계자료나 구미외교관들의 보고문, 일본 언론의 보도, 개인일기 등에서 두루 발견된다.

1895년 봄 인천주재 영국부영사 윌킨슨(W.H.Wilkinson)은 북경주재 영국공사 오코너에게 다음과 같이 보고하고 있다. '일본의 제안으로 (조선의) 의례복이나 평상복을 검은 색깔로 할 예정인 바 흰색의 영국산 면제품 판매에 막대한 영향을 미칠 것이다. 영국 상품을 판매하는 인천의 청국상인들은 상해에 상품선적을 중지하도록 요청하고 있다'고 하였다.

오코너는 '작은 문제로 보이지만 이것은 일본의 조선에 대한 정책 방향을 말해준다. 조선시장에서 영국제품을 축출하려 한다면, 일본은 영국의 호의를 얻기 어려울 것이고, 조선 내에서 일본의 활동은 영국의 반대에 직면하게 될 것임을 주한공사에게 통보하라'고 지시하였다.[88]

단발령이 선포되기 직전(1895.12.26) 윤치호(尹致昊)와 이문규(李文奎) 사이

---

87 이에 대해서는 朴宗根, 『淸日戰爭과 朝鮮』, 338~392쪽. 기타 北川修, 田中康夫, 服部 之聰의 주장과 그에 대한 이견은 南とく子, 「日淸戰爭と朝鮮貿易」, 『歷史學硏究』 149, 1951을 참조.

88 O'Conor to Hillier, Peking, May 13, 1895, Confidential, Inclosure in No.69, *Further Correspondence relating to Corea and the War between China and Japan, July to September 1895, F.O.405-Part V.*

에 나눈 대화 내용도 그러한 현상을 보여준다.

윤치호가 "모두가 일본인들을 증오하는 이유가 무엇인가? 심지어 일본에 오랜 동안 머물렀던 사람조차도 일본인들을 독약처럼 미워하고 있다."고 하자, 이문규는 "그들은 얄팍하고 교활하기 때문이다. 그들의 상품을 보라. 어떤 일본 제품도 튼튼하거나 오래가지 못한다. 게다가 그들의 언행은 일치하지 않는다. 우리를 돕는다고 하지만, 해를 주고 있다. 우리에게 단발을 하도록 한 것은 그들의 모자판매상과 의류상에게 이익을 주기 위해서이다(!). 절대로 일본은 우리를 개혁할 수 없다. 우리가 전적으로 외부의 영향에 의해 개혁되어야만 한다면, 우리는 일본 보다 유럽을 원한다."고 하였다. 윤치호는 '李는 유식한 사람도 관리도 아니지만, 그 문제에 대한 일반인들의 감정을 잘 알려주고 있다.'고 하였다.[89]

한편, 일본의 『보지신문(報知新聞)』에서는 "斷髮令一下 …… 洋服, 時計, 帽子 朝鮮文明 一時躍進"(1896.2.2)이라는 제하에 '단발령의 시행으로 일시에 번창하게 된 것은 일본인 이발점과 양복점, 구두와 모자 기타 양복의 부속품 판매점이다. 검은 모자와 즈봉의 벨트, 셔츠, 칼라, 거즈, 소매장식, 멜빵 그리고 권련초와 시계 등에 대한 수요가 급증하고 있다. 서양의 모자와 구두 및 그의 부속품은 향후 상당히 수요가 있을 것이라 하였다.[90]

일본의 언론에서는 단발령을 일본 상인의 무역과 연관지어 보도하고 있음을 알 수 있다.[91] 주한영국영사의 보고는 이런 일본의 반응을 실감나게 한다. 그는 '단발령으로 인해 일본인들 상당수가 조선에 기성복(Slop)을 수출하게 되었고, 유럽의 의류가 조선에 들어오려면 상당한 시일이 요구된다. 일본인들이 조선 관인들의 의복을 들여오게 될 것이나 하층민에게는

---

89 국사편찬위원회 편, 『尹致昊日記』 4, 탐구당, 1975, 112쪽.

90 新聞集成明治編年史編纂會 編, 『新聞集成 明治編年史』 9, 東京: 財政經濟學會, 昭和11, 366~367쪽.

91 新聞集成 明治編年史編纂會 編, 위의 책, 昭和11, 366~367쪽.

보급되기 어려울 것이다. 단발과 변복 후 일본이 대량으로 의류를 조선에 수출하게 되었고, 일본에 의해 조선 관료들이 양복을 착용하는 일이 추진될 것'이라고 보고하였다.

청일전쟁 기간인 1894~1895년을 기점으로 일본의 조선 수출 품목은 다양해지고, 수량 면에서 크게 증가하고 있었다. 각종 생필품이나 기성복, 단화, 담배, 원면, 등유, 바늘, 성냥 등 이전에 일본으로부터 조선 측이 수입한 적이 없었거나 주로 청국, 영국, 미국, 러시아 등에서 유입되던 물품들이 그때부터 점차 일본으로부터 다량이 수입되는 현상을 보이고 있었다. 이 중 옥양목, 적색면직물, 방적 나사와 실 등 각종 면제품이나 담요, 기성복, 단화, 염료 기타 각종 생필품 등의 수입은 단발령 및 복제개정 등과 연관이 있었다.[92]

이상은 일본이 청일전쟁을 계기로 조선에서 무역 경쟁 상대인 청국을 축출하고 조선의 대외무역을 독점하여 갔고, 조선 내륙의 상업 활동도 확대하여 갔다는 사실과 부합한다. 그 과정에서 일본산 면포와 면사를 주요 수출품으로 발전시켜 갔고, 조선에서 쌀과 콩류를 공급하면서 일본의 공업화로 인한 농업 생산의 공백을 메꾸게 되었다는 주장이 그것이다.[93]

이같은 일본 측의 인식에 비해 조선인들에게 단발령은 '상투에 대한 공격'이자 '조선인의 자존심에 가한 일본의 공격'으로 인식되고 있었다.[94] 단발이 생활에 편리하고 산업화 시대에 부합한다는 점을 인식하고 있는 이들도 적지 않았지만, 국모시해에 이은 단발령이 조선에 대한 문화적 열등의식을 지우고, 조선인의 전통적인 대일 우월의식을 누르자는 취지하에 취해진 것으로도 인식하고 있었다.

---

92 韓國精神文化研究院 資料調査室 編, 『國譯 韓國誌-附錄.索引篇』, 133~140쪽의 「통계 4. 한국의 외국상품 수입(해로를 통한)」을 참조.
93 朴宗根, 앞의 『淸日戰爭과 朝鮮』, 351~392쪽 참조.
94 앞의 "The Attack on the Top Knot".

조선인들에게 단발은 조선 시대에 천대받은 까까머리 중의 머리 양식으로 인식되었고, 조선 사람을 일본인과 똑같이 보이게 하려는 수작이자, 일본식 머리 스타일에 맞추려는 것으로 보기도 했다. 당시 전국의 의병이 일본인 상인과 군인을 공격한 것은 왕후시해에 대한 복수심과 함께 단발령이 조선인의 전래 가치관을 파괴하여 혼을 뺏는 것이란 믿음 때문이기도 했다. 한국을 방문했던 영국 여행가의 기록 등도 그 점을 잘 입증한다.[95]

이처럼 단발령에 대한 조선과 일본의 반응은 대조적이었다. 사무라이의 상술과 조선 선비의 유가적 명분론이 교차하는 모습을 잘 함축해 보여준 사건이었다.

한편, 일본공사관 측은 전국에 의병이 번지자 단발령 공포의 책임을 조선 내각 인사들에게 전가하였다. 단발을 적극 권유했던 유길준이 주요 표적이 되었다.[96] 다른 한편 조선군을 지방으로 보내 의병과 대결시키는 방향으로 사태를 몰아갔다. 일본공사의 위압 하에 있던 조선내각은 '조속히 비도(匪徒)를 진압하기 위해' 1896년 1월 중순부터 서울의 친위대를 홍천, 춘천, 가평 등지로 파견하였다.

이 조치는 서울을 군사적으로 공동화하게 하였다.[97] 일본공사는 밀정을 파견하여 각 지역 정찰 활동을 하였고, 친위대의 파견을 '권고'하기도 하였다. 일본군 장교와 밀정이 친위대를 지휘, 감독하는 형국이었다.[98] 이 무렵

---

95 Isabella Bird Bishop, *Korea and Her Neighbors*, Reprinted by Yonsei University Press, Seoul, Korea, 1970, pp.359~370 등을 참조. *The Korean Repository*, *op.cit*; F. H. Harrington 著, 이광린 譯, 『開化期의 韓美關係-알렌博士의 活動을 중심으로-』, 一潮閣, 1973, 303~306쪽.

96 『尹致昊日記』 4, 133쪽. 金弘集·俞吉濬 등의 인물과 당시의 입장에 대해서는 李光麟, 「俞吉濬의 開化思想」, 『歷史學報』 75,76, 1977; 柳永益, 『甲午更張研究』, 一潮閣, 1990의 제3장, 제5장 및 250~254쪽; 俞東濬, 『俞吉濬傳』, 一潮閣, 1987, 189~211쪽 등을 참조.

97 앞의 『駐韓日本公使館記錄』 7의 1896년 1월~2월 초 사이의 왕복문서; 李瑄根, 『韓國史-現代篇』, 727~728쪽.

98 이런 사례는 小村―外務大臣, 「단발령으로 인한 原州,洪州,安東 暴徒의 情況 報告」 및 「단발령에 반대하는 暴徒의 情況 보고」, 『駐韓日本公使館記錄』 7, 241~242·244~245쪽 등

일본공사는 평양의 진남포와 목포의 항구를 일본상인들에게 특별히 개항하도록 조선 정부에 종용하고 있었다.[99] 조선의 단발령을 계기로 상업과 군사적 전략을 함께 펼치려던 일본의 모습을 잘 엿볼 수 있다.[100]

조선 조야의 반응과 의병의 봉기

일본의 공권력이 조선 왕후를 시해한 지 두 달여, 대군주폐하의 머리가 잘렸다는 소문은 백성들, 특히 '내 몸과 머리칼은 부모가 물려준 것이므로 훼손하지 않는 것이 효도의 시작이다'(身體髮膚는 受之父母, 不敢毀傷이 孝之始也)라고 여겼던 유생들에게 청천벽력이나 다름없었다. 왜(倭)의 칼날에 국모가 비극을 맞은 것이 '강상(綱常)이 끊기는 극변(極變)'이었다면, 단발령은 '천년문물(千年文物)이 끊겼다' 할 사건으로 비쳐졌다.[101]

'곡성이 하늘을 진동하고 사람들이 분노에 못 이겨 목숨을 끊으려' 하는가 하면, 남자들의 대부분은 당시의 내각을 '왜조정'으로 여겼다. 반발은 조정의 전 현직 관료들로부터 시작되었다. 이도재, 김병시 등 낙향하는 인사들이 속출하였고, 단발령을 통박하는 상소가 쇄도하였다. 이도재는 '진실로 나라에 이롭다면 어찌 머리카락을 아끼겠는가마는 지금의 단발령은 억조창생을 격분시켜 이로움은 없고 해로움만 보이는 조치'라고 하였다.[102]

을 참조.

99 Hillier to Beauclerk, Inclosure 1 in No.102, Inclosure 4 in No.103, Seoul, January 13,15,1896, *F.O.405–VII*; 小村 → 外務大臣, No.24,1895.12.28, No.38, 1896.1.23,「木浦와 鎭南浦 開港條約 체결건」,「4個大隊 增設과 借款要請 및 暴徒情況과 開港條款 체결건」(『駐韓日本公使館記錄』7, 237~238쪽).

100 일본공사는 이 시기에 진남포(평양)와 목포를 일본에게만 특별히 개항하도록 조선 측에 요구하였다. 朴宗根, 앞의 『淸日戰爭과 朝鮮』, 373~374쪽.

101 朴成壽교수註解, 『渚上日月』上, 서울신문社, 1993, 226~230쪽.

102 『高宗實錄』1895년 11월 16일; 黃玹, 「梅泉野錄」, 『黃玹全集』下, 亞細亞文化社影印本, 1978, 1107~1108쪽.

지방의 유생들도 크게 동요하였다. 최익현 등은 을미사변과 단발령이 일본의 침략야욕과 흉계에서 나온 것으로 파악하고, '내 목을 자를지언정 내 머리는 자를 수 없다'고 하였다. '저들의 제도와 문화가 우리의 도움을 받지 않은 것이 없는데, 국모의 원수가 되고, 우리 부모에게 받은 몸과 머리털을 풀 베듯 베니 그대로 있다가는 우리 고유의 이성을 보전할 길이 없다'는 유생들의 논리와 같았다. 이후 전국 각 지역에서는 단발을 시행하려던 지방 관리는 물론, 일본군과 상인을 공격, 살해하는 사태가 속출하였다.[103]

후일 러일전쟁이 마무리 되자 일본 측은 이때의 '비도'(匪徒)봉기로 인한 일본 측의 피해(피살자 29명 및 기타 부상자와 재산 등)에 대해 고종의 내탕금으로 18만 3천7백50원을 배상시켰다.[104] 이에 대해 영국 측은 조선왕후와 대신, 궁녀 등을 일본군이 살해한 것에 대해 아무 언급 없는 일본정부의 처사에 대해 '적반하장'(賊反荷杖)격이라 하였다. 일본은 조선의 의병을 도적으로 몬 셈이었다.

서울의 상황도 불안했다. 단발의 강제 시행으로 인해 도성을 출입하는 지방인의 활동이 여유롭지 못했다. 사람들의 발길이 끊어지자 목재, 토산물이 들어오지 못했고, 생필품의 가격이 치솟았다. 지방민과 농민들이 서울의 도성으로 들어오려 하지 않았기 때문이다.

그 외 상투가 잘려 자살을 하거나 어른의 노여움을 살까 두려워 집에 들어가지도 못하고 거리에서 통곡하는 사람들, 단발을 시행토록 명령을 받은 지방관리가 이를 행하다 지방민에게 살해된 일, 구미외교관이 왕궁을 들어가고자 하니 머리를 잘릴 것을 두려워한 가마꾼이 달아나 버려 불편을 겪는 일 등이 빈발하였다.[105]

---

103 鄭喬, 『大韓季年史』上, 國史編纂委員會, 1957, 135쪽; 앞의 『黃玹全集』下, 1106~1112쪽; 李瑄根, 前揭書, 726쪽; 柳麟錫, 『昭義新編』, 國史編纂委員會, 1975, 1~5쪽.

104 국사편찬위원회 편역, 『駐韓日本公使館記錄』 9, 1993, 43~47쪽 등을 참조.

105 Hillier to Beauclerk, Inclosure 2 in No.102, Seoul, January 13, 1896, *F.O.405-VII*; 해링턴 著, 李光麟 譯, 『開化期의 韓美關係』, 303쪽; 앞의 Isabella Bird Bishop,

이처럼 청일전쟁 직전 일본군의 경복궁 습격, 조선왕후시해 그리고 단발령이 이어지면서 조선인들은 이를 망국적 상황으로 인식했다. 특히 상투가 강요에 의해 떨어졌을 때 조선인들이 느끼는 자괴감과 문화적 자긍심의 손상은 국모시해사건으로 입은 상처에 더하여 크나큰 충격이자 국체의 손상이었다. 한마디로 조선의 혼이 땅에 떨어졌다는 생각이었다. 그 결과 조선의 전국에 항일의병이 봉기하면서 조정은 더욱 혼란에 휩싸이게 되었다.[106]

Korea and Her Neighbors, pp.359~370.

106 이 시기의 의병에 대해서는 金祥起, 『韓末義兵硏究』, 一潮閣, 1997; 오영섭, 『고종 황제와 한말 의병』, 선인, 2007 등을 참조 바람.

제2장
대한제국의 탄생과 황제시대의 정책

1

고종의 러시아공사관 피난과 경운궁 환궁

고종의 러시아공사관 피난

단발령 공포 이후 고종은 점점 조여 오는 신변의 위기를 감지하였다. 그로부터 한 달여 뒤 고종과 왕태자를 태운 궁녀의 가마가 경복궁 후문을 나와 정동의 러시아공사관으로 신속히 이동하였다.[1] 1896년 2월 11일(이하 양력) 이른 아침이었다.

이 사태는 동학농민봉기를 기회로 일본군이 광화문을 기습하여 경복궁을 점령한 지 1년 반 뒤였고, 청일전쟁의 강화로 청국과 일본 사이에 시모노세키 조약이 체결된 지 10개월 뒤였다. 그리고 다시 경복궁을 습격한 일본의 장교와 경찰에게 조선의 왕후(명성황후)가 비극을 맞은 지 불과 4개월 뒤였고, 청천벽력과 같은 단발령이 공포된 지 40여 일 뒤였다.

---

1 「上與王太子移蹕駐御于大貞洞 俄國公使館。王太后、王太子妃移御于慶運宮」, 『高宗實錄』 1896년 2월 11일; 이민원, 「아관파천」, 『한국사 41 – 열강의 이권침탈과 독립협회』, 국사 편찬위원회, 1999, 43~81쪽.

한 나라의 군주가 자국의 왕궁을 두고, 외국 공사관으로 피난한 일은 세계 역사상에서도 전무후무한 일이었다. 그것은 국격의 추락이자, 군주권의 붕괴를 의미하였다. 아관파천이 지니는 어두운 한 측면이다. 그러나 청일전쟁 전후 조선은 이미 국력이 쇠퇴해 있었고, 군주의 신변 안전조차 기약할 수 없는 막다른 상황이었다. 여기서 선택한 아관파천은 국권과 군주권 회복을 위한 새로운 모색이기도 하였다. 아관파천의 또 다른 한 측면이다.

이처럼 고종이 러시아공사관으로 피난한 사건을 '아관파천'(俄館播遷) 혹은 '로관파천'(露館播遷) 등으로 부르며, 고종이 러시아공사관에 체류한 1년을 '아관파천기'라고도 부른다. 학자에 따라서는 실록의 표현대로 '이필주어'(移蹕駐御)[2]라거나 '아관사변'(俄館事變) 등 다양한 주장이 있기도 한다.

결론부터 말하자면, 아관파천은 일본의 조선 보호국화 기도에 대한 조선과 러시아의 공동대응이었다. 조선으로서는 청일전쟁 이래 지속된 일본의 보호국화 기도를 저지시킨 사건이었다. 러시아로서는 '만주의 안정과 한반도의 현상유지'라는 기본 방침에 부응한 사건이었다. 일본에게는 전쟁의 승리로 거의 성취될 단계였던 조선 보호국화 기도가 물거품이 되는 순간이었다. 이점에서 아관파천은 격동의 한국근대사에서 청일전쟁이 몰고 온 극단의 위기를 가까스로 넘기게 한 중요한 사건이었다.

그러나 아관파천에 대한 학계의 이해는 매우 부정적이다. '한 나라의 군주가 외국공사관에 신변을 위탁한 행위는 있을 수 없는 일', 아관파천은 '친미·친러파의 고종 연행', '국왕과 친미·친러파의 외세의존적 행위'라는 주장 등이 그중 일부이다. 아관파천을 국내의 당파대립 결과로 보고, 친미·친러파가 고종을 납치한 사건으로도 해석한 것이다.

이런 해석은 모순이 너무 많다. 그런 부정적 해석은 '왕후시해사건은 중세기적 조선의 궁중 음모의 결과', '조선 당파의 고질적 대립으로 인한

---

2 「上與王太子移蹕駐御于大貞洞 俄國公使館。王太后,王太子妃移御于慶運宮」, 『高宗實錄』 1896년 2월 11일.

사건'이라고 선전했던 당시 일본 정부와 언론의 선전과도 다를 것이 없다. 나아가 6·25전쟁 도발의 배후인 스탈린 시대 소련에 대한 원망이 19세기 말 제정러시아에 대한 매도로까지 소급된 결과이기도 하다.

먼저, 아관파천은 고종의 희망에 따른 것이었고, 러시아 측도 협조한 사건이다. 조선 궁중의 음모나 당파 대립과는 직접적 관계가 없다. 아울러 현대에 와서 형성된 소련에 대한 부정적 인식을 120년 전 제정러시아와 조선의 관계에까지 소급해 적용할 이유가 없다. 아관파천은 고종의 희망과 제정러시아의 이해가 얽혀 나타난 결과이기 때문이다.

다음으로 아관파천은 있을 수 없는 일이 아니라 이미 일어난 일이다. 감성적 명분론적 매도 보다는 왜 이런 일이 일어났고, 조선에 어떠한 결과를 가져 왔으며, 동북아의 국제관계는 어떻게 변화했는가를 사실적으로 접근해 살펴 볼 필요가 있다.

청일전쟁 종결 이후 아관파천 이전까지 왕후시해와 춘생문사건, 단발령으로 이어진 조선의 급박한 상황과 그에 개입된 일본의 행태는 자주독립을 갈망하던 조선 측은 물론, 한반도의 '현상유지', 즉 조선의 영토보전이 기본 방침이었던 러시아의 입장과도 정면 배치되었다. 고종의 러시아공사관 피난은 이런 사태가 몰고 온 결과였다.

아관파천의 과정에 대해 조선과 러시아 어느 쪽에서 먼저 행동에 착수했는지 논란이 분분하다. 분명한 것은 조선 측이나 러시아 측 어디든 거부 의향이 있었다면 아관파천은 성취될 수 없는 일이었다. 아울러 양측의 의사가 아무리 일치되었다 해도, 일본의 첩자가 궁중 내외를 넘나들던 시기에 고종과 러시아 공사 사이에서 기민하게 조정 역을 담당하는 내외의 협력자가 없었다면 이 역시 성취되기 어려운 일이었다.[3]

아관파천의 진행과정에서 핵심적 역할을 수행한 조선 측의 대표적 인

---

3 이하 아관파천의 진행 과정에 대해서는 이민원, 『명성황후시해와 아관파천』, 국학자료원, 2002, 111~128쪽을 참조.

물은 이범진이었고, 궁중의 인물로는 엄비였다. 이에 대해 윤치호는 이렇게 밝히고 있다.

> 이범진으로부터 편지를 전해 받았다. 자신은 내일 오전 서울을 떠나 외국의 항구-어느 항구인지는 말하지 않았다-로 갈 예정이라고 하였다. 나의 동정을 감시하는 정탐꾼 때문에 이범진을 보러 갈 수도 없다.[4]

> 오전 10시 반쯤, 폐하가 궁을 떠나 러시아 공사관으로 갔으며 4명의 러시아 병사가 경무청의 부관(副官) 안환(安桓)을 러시아 공사관으로 데리고 갔다는 것, 박정양이 내각총리로 임명되었다는 것, 이윤용과 이완용이 경무사와 군부대신으로 각각 임명되었다는 것, 조희연과 유길준 등 사실상 내각대신들 모두가 도피했다는 것, 적어도 서울에는 대포 몇 문을 보유한 러시아 병사 200명이 주둔하고 있다는 소식이 내게 전해졌다. 무슨 일인가가 일어났지만 나는 무슨 영문인지 모르고 있다(12시). 낮 12시 반 언더우드 부인을 방문했다. 폐하가 나인의 가마를 타고 오늘 아침 7시경에 러시아 공사관으로 갔다는 사실을 확인했다. 왕태자도 함께 갔다.[5]

> 폐하와 왕태자는 4명의 여성이 시중을 들고 있었다. 고종의 거처는 그의 어머니(대원군의 부인)와 대원군의 첩이 곁에서 보살피고 있었다. 고종의 형 이재면에게는 유길준 내각 당시 왕실 인물을 안전하게 보호하는 임무가 맡겨졌었다. 위에 언급한 그 두 노부인이 밤에 교대로 불침번을 서고 있었다. 폐하는 이전에 한 번 탈출하려다 실패했다. 그러나 이 달 10일 초저녁에 모든 준비를 마친 뒤 그 두 노부인들에게 옛날이야기 등등을 하여 지치고 졸리게 하였다. 노부인들은 이 날 아침 2시경 곤한 잠에 빠져들었다. 폐하와 왕태자는 잠자러 가는 체 하였다. 그리고 나서 나인들의 도움을 받아 그들은 궁녀의 한 방으로 가서 문이 열리기를 기다렸다.

> 날이 밝아오자 일행은 가마로 들어갔다. 폐하는 나인 뒤에 앉고 왕태자도 그렇게 하였다. 그렇지만 나인들은 흔히 가마 하나에 둘이 타고 다녔기 때문에 아무런 의심도 받지 않았다. 궁을 빠져 나가기 위해 가마가 통과하게 될 문의 문지기들을 좀 떨어진 구석으로 불러 약간의 술과 특별히 맛있는 국을 마시게 하였다. 문지기들이 거기 있는 동안 가마는 서로 다른 문을 통해서 검문을 받지

---

4 앞의 『尹致昊日記』 4, 139~143쪽.
5 위와 같음.

않고 빠져나왔다. 이 모든 계획은 이범진의 작품이다. 러시아인은 아무도 궁 가까이 가지 않았다.[6]

이상에서 고종과 왕태자의 러시아공사관 피난 과정과 이범진의 역할이 잘 드러난다. 대원군 부인의 역할 등에 대한 오해가 엿보이기는 하나, 윤치호와 같은 이들이 아관파천 직전에 얼마나 신변 위협의 공포에 시달렸는지도 잘 드러난다.

아관파천 이전 조선 조정 내외의 상황은 공포의 도가니였고, 국정이 정상적으로 가동되기 어려운 비정상적 상황이었다. 아래에 보듯이 아관파천에 대한 조선인들의 대체적인 반응이 이를 만부득이 한 일로 보고 긍정적으로 평가하던 점도 그 점을 잘 이해하게 한다.

고종에게 내심 늘 비판적이었던 윤치호는 "폐하가 적지를 벗어 난 것은 기쁜 일이다. 11월 28일 사건(춘생문사건: 필자)에 관계된 사람들이 이제 반역자라는 누명을 벗어나게 된 것은 다행"[7]이라고 하였다.

윤치호는 1897년 말~1898년 초 러시아의 군사·재정 고문 고빙문제가 등장했을 때 독립협회를 이끌며 반러운동을 펼친 인물이다. 그런 그도 아관파천 직후 러시아가 조선을 지원해 일본 측의 구속가 위협에서 벗어나게 된 일을 매우 긍정적으로 보고 있었음을 알 수 있다.

그것은 조정 내외의 인사들이나, 러시아 첩보장교 까르네프가 직접 대면한 전국 각지의 의병,[8] 보부상 등 조선인의 전반적인 반응이기도 했다. 아관파천을 매우 부정적으로 보아 온 오늘날의 일반적 인식과 달랐던 것이다. 심지어 당시 서울을 방문해 관찰기록을 남긴 영국의 여성 지리학자 비숍 조차도 이제 조선에 서광이 비쳐 보인다고까지 하였다.[9]

---

6 위와 같음.
7 위와 같음.
8 까르네프 대령의 관찰. 이민원, 앞의 「아관파천」, 『한국사 41 – 열강의 이권침탈과 독립협회』, 국사편찬위원회, 1999를 참조.
9 Sill to Olney, No.226, Seoul, July 17, 1896, DUSMK; Bishop, *Korea and Her*

아관파천과 관련해 주목해 볼 또 다른 대상은 러시아이다. 아무리 고종의 요청이 간절했다 해도 러시아 당국의 이해와 양해가 없이는 성취가 불가능한 일이기 때문이다. 아관파천과 러시아의 관계를 개략적으로나마 파악하기 위해서는 조선 현지에서 활동한 신임·구임 러시아 공사, 즉 스페이에르와 웨베르의 움직임 등을 관찰할 필요가 있다.[10]

새로이 주한러시아공사 스페이에르(Alexis de Speyer, 土貝耶)가 서울에 도착한 것은 1896년 1월 8일이다. 조선에 부임하는 도중 그는 동경을 방문하였고, 거기서 주일러시아공사 히트로보와 일본의 당국자들을 만나 조선에 관해 의견을 나누었다. 그가 만난 인물들 중에는 이토 총리와 사이온지 외상 등이 있었다. 이들 모두는 스페이에르에게 대원군이 조선의 내정을 장악하고 있다고 하였다. 아울러 일본 정부는 조선의 독립을 존중한다 하였다. 이들은 조선 문제를 놓고 러시아와 협정 체결을 희망한다고까지 하였다.[11]

스페이에르가 조선에 도착해보니 조선의 전국 사정은 그들의 말과는 전연 딴판이었다. 일본 측이 조선의 독립을 존중하고 있지도 않았거니와 지방민의 일본에 대한 적개심이 치솟고 있었다. 왕후시해와 단발령 강행으로 전국에 항일의병이 봉기하고 있었다. 이들은 일본의 만행에 분노하여 일본군이 가설한 전신선을 절단하고 통신을 차단하여 일본군의 작전을 저지하려 하였다.

아관파천 전후 불과 열흘 사이(1896년 2월 5일~11일)에 조선에서 피살된 일본인은 여주 16인, 원산 1인, 가흥 9인, 서울 1인 등 총 36인이나 되었다.[12]

Neighbors, pp.397~398, 435~444.

10 이하는 이민원, 『명성황후시해와 아관파천』, 국학자료원, 2002의 제3장 및 이민원, 「아관파천」, 『한국사41－열강의 이권침탈과 독립협회』, 국사편찬위원회, 1999, 17~81쪽의 내용을 참조.

11 Lensen, *op. cit.*, pp.575~580.

12 Inclosure 4 in No.16, Seoul, Feb. 22, 1896(Satow to Salisbury, No.4, Tokio, Feb.24, 1896) 및 Hillier to Beauclerk, Inclosure 1,3 in No.33, Seoul, Feb.9, 12, 1896(이상 *F.O.405－VIII*) 의병의 항일활동은 아관파천 이후에도 지속되고 있었

서울의 형편도 스페이에르가 접한 일본정부 요인과 외교관의 언급과는 판이하였다. 대원군이 조선의 권력을 장악하고 있지도 않았고, 고종은 실권도 없이 허수아비나 다름없었다. 그렇다고 대신들이 실권을 장악한 것도 아니었다. 오히려 일본인 고문관들이 조선의 대신들을 조종하고 있었다.[13] 조선인 그 누구도 내정을 장악하고 있지 못하였다. 사태를 지켜본 스페이에르는 '일본이 주장한 조선의 독립은 사기극'임을 간파하였다. 그는 이러한 현상에 대해 서울주재 일본공사 고무라에게 비난을 퍼부었다.

한편 일본에서는 히로시마재판소(廣島裁判所) 판결을 통해 왕후시해 관련자 전원을 '증거불충분'이라는 명목하에 무죄방면하였다.(1.21) 그러나 그 판결은 맹랑한 것이었다. '일본 군인들은 상관의 명령에 따랐을 뿐이니 무죄이고, 일본군 장교는 미우라의 명령에 따랐으니 역시 무죄이며, 미우라는 대원군의 요청에 응하여 이들을 현장에 동원하였으나 사태가 일단락 된 뒤였으니 역시 무죄'라 하였다. 이것은 일본에 대해 비판적이었던 열국 언론에 대한 정면 도전이었다. 그만큼 일본은 다시 대담해지고 있었다.

이와 때를 같이하여 조선 내각은 다시 일본에 장악되어갔다. 2월 초에는 일본공사와 접촉을 유지해 오던 조희연이 군부대신에 복귀하고 있었다.[14] 조선의 인물 중 왕후시해에 가장 근접했다고 알려진 그였다. 배후에 일본공사의 입김이 작용하고 있었다.

이 상황에서 스페이에르와 웨베르는 긴급 대책을 논의하였다. 러시아 당국과 이들의 주목표는 조선에서 일본의 영향력을 제거하는 것이었다. 이

다.(Inclosure 1 in No. 58, Seoul, Apr.15, 1896, F.O.405-VIII) 이 시기 의병의 抗日 활동에 대해서는 黃玹, 『梅泉野錄』, 國史編纂委員會, 1955, 190~200쪽; 金祥起, 「甲午更張과 甲午·乙未義兵」, 『國史館論叢』 36, 1992 등을 참조.

13 이때 스페이어는 小村에게 일본이 주장해 온 조선의 독립은 하나의 사기극임을 힐난하였다(Hillier to Beauclerk, Inclosure 1 in No.1, Seoul, Feb.8, 1896, F.O.405-VIII).

14 『舊韓國官報』建陽 元年 1月 30日 「號外」; 『尹致昊日記』의 1895년 11월~1896년 1월 사이의 기록을 참조(『尹致昊日記』 4, 84~135쪽). 趙羲淵의 인물에 대해서는 柳永益, 『甲午更張研究』, 一潮閣, 1990, 111~113쪽을 참조.

들은 조선 조정에서 반일파를 지원하자는 쪽으로 가닥을 잡았다. 이 계획에는 조선 측의 호응과 본국의 내락이 있어야 했다.

이 두 가지 조건은 스페이에르가 서울에 도착할 무렵 갖추어지고 있었다. 고종이 이범진(李範晋)을 통해 러시아의 지원을 호소하는 메모를 비밀리에 전해왔고, 두 러시아공사가 고종을 알현하고 돌아가는 순간 고종이 직접 스페이에르의 주머니에 쪽지를 넣어주기도 하였다(1.12).[15] 러시아의 개입을 요청하는 내용이었다. 스페이에르는 즉각 그 내용을 본국에 타전하였다(1.22).[16] 러시아 당국은 '조선의 현 정부 전복이 갖는 의미와 목적 달성을 위한 수단이 무엇인지 유념하라' 하였다. 이들에게 재량권을 부여한 셈이다(1.23).

그러나 이런 움직임에 대한 반대 의견도 있었다. 주일러시아공사 히트로보는 이런 목적으로 러시아가 행동하려면 해빙될 때까지 3~4개월 기다려야 한다고 하였다. 주러시아 일본공사 니시(西德二郎)가 '일본은 조선에 개입할 생각이 추호도 없다'고 하자, 러시아 외부의 아시아국장은 그 말을 액면대로 해석하여 '대원군이 조선의 실권을 장악하고 있다'는 일본공사의 주장을 그대로 믿고 있었다. 일본 측의 위장된 선전에 주일 러시아공사는 물론 러시아의 외부 당국도 혼선을 빚었다. 조선 현지로부터 보고를 접한 외상 로바노프(A.B.Lobanov-2 Rostovskii)는 '스페이에르의 계획에 원칙적으로 동의하지만, 군사파견은 거절한다.'는 훈령을 보내기도 했다(2.1).[17]

당시 일본정부는 왕후시해사건 관련자 전원을 무죄 방면한 직후였다(1.20).[18] 일본 언론의 보도도 히로시마 재판소의 논리를 반영하고 있었다.

---

15 이범진은 왕후시해사건 직후 러시아군함을 타고 망명한 것으로 알려지나, 힐리어는 10월 8일 이래 러시아공사관에 은신해 있었다고 주장한다.(Hillier to Beauclerk, Inclosure 3 in No.2, Seoul, Feb. 12, 1896, *F.O.405-VIII*)

16 Lensen, *ibid.*, p.580.

17 Lensen, *ibid.*, p.580.

18 일본 언론의 선동적 보도로는 "Aquittal of the Officers Arrested in Connection with the Korean Trouble of October 8th", *The Japan Daily Mail*, Jan.20, 1896,

일본의 폭도들이 조선에 돌아올 것이라는 소문이 돌았고, 전국을 떠돌아다니는 일본인 부랑배는 전국의 조선인들에게 기고만장한 모습으로 비쳤다. 일본인이 고종과 왕태자를 살해하고 대원군이 애지중지하던 손자 이준용을 옹립하려 한다는 소문도 돌았다. 일각에서는 이준용과 의화군을 일본에 '유학'시키려 한다는 소문도 있었다. 이 모두 인질을 뜻했다.[19] 전자는 대원군을, 후자는 고종을 묶어두는 장치였다. 대원군과 고종 모두 이런 움직임에 강력히 반발하였다.

이 시점에 '폭도'가 서울을 공격하리라는 소문도 나돌았다.[20] 조정 내외의 불안감은 더욱 가중되고 있었다. 이런 상황에서 이범진이 러시아공사관으로 군주의 처소를 옮기자는 아이디어를 낸 것으로 이해된다. 이범진이 고종의 신변이 위험하다고 전하자, 러시아공사관 측은 대책을 숙의하였다. 이들은 그런 조치가 러시아에 불리하지는 않으리라 판단하였다. 스페이에르는 러시아 당국의 승인을 요청하였고, 러시아 황제 니콜라이 2세는 러시아군함의 인천 입항을 명하였다.[21]

소식을 접한 고종은 스페이에르에게 감사하다는 뜻을 전하였고(2.3), 러시아공사관 피난을 위한 작업이 본격화 되었다. 스페이에르는 고종에게 모든 준비가 완료되었음을 알린 후 인천의 러시아 제독에게 수병을 서울로 진입시키도록 조치하였다. 2월 10일 러시아장교 4명과 수병 100명이 인천을 떠나 야포 한대를 이끌고 서울에 들어왔다.[22] 러시아공사관 보호를 명

Yokohama; 『時事新報』 1896年 1月 23日, 「閔妃謀殺事件の豫審終結す：三浦以下四十八名無罪放免」 등을 참조. 대체로 廣島裁判所의 재판기록을 소개하면서 이들이 미우라의 지시에 따랐을 뿐이니 석방되는 것이 당연하며, 미우라는 大院君의 지원요청에 따라 이들을 동원한 것 뿐이니 이들 모두 무죄임이 당연하다는 논조였다.

19 Satow to Salisbury, No.3, Tokio, Feb.20, 1896, *F.O.405-VIII*.

20 Hillier to Beauclerk, Inclosure 1, 3 in No.33, Seoul, Feb.9, 12, 1896, *F.O.405-VIII*.

21 *Ibid.*, p.583; Hillier to Beauclerk, Inclosure 3 in No.2, Seoul, Feb. 12, 1896, *F.O.405-VIII*.

22 서울에 입경한 수병의 숫자는 ①장교 4명에 수병 100명(니하민의 연구), ②총인원

목으로 한 이동이었다. 그리고 다음날 새벽 고종과 왕태자가 탄 가마가 경복궁을 빠져나와 7시경 러시아공사관 후문에 도착하였다.[23] 그러자 만일을 대비하여 이범진 등에 의해 러시아공사관 주변에 운집했던 보부상(褓負商) 집단이 군주의 안전한 피난에 환호하였다.[24]

러시아 황제 대관식과 모스크바의 조선 사절

고종의 아관파천에 대한 조선인 일반의 감정은 긍정과 부정이 뒤엉켜 있었다. 잠시나마 국왕이 안정을 되찾고 국정을 이끌어 가게 된 점은 긍정적이었다. 그러나 나라의 군주가 남의 나라 공사관에 머문다는 것은 국가 위신과 군주의 권위 실추이자 나라 사람들의 자존심 손상이었다. 언제 러시아도 일본처럼 내정에 간섭할 지 알 수 없는 불안감도 공존했다.

결국 고종이 속히 환궁하여 위신을 회복하고, 국가 안정을 꾀해야 한다는 것이 조야의 공통된 생각이었다. 그러한 분위기에서 고종과 새 내각에서는 몇 가지 조치를 취하였다.

우선 갑오개혁 당시 제한을 가한 군주권은 회복시키되, 근대화를 위한 개혁 부분은 그대로 이어갔다. 아울러 조정이 신지식인, 도시민들과 협력하여 독립신문을 간행하고 독립협회를 창립하였으며 독립문 건립 운동을 추진했다. 나라의 안정과 자주독립의 중요성을 환기하며 서구의 발전된 새 문명을 도입하자는 적극적 조치였다. 아울러 당면한 군사와 재정 문제를

약 120명(크린의 보고), ③장교 5명에 수병 107명(고무라의 보고) 등의 주장이 있다. (Lensen, *op.cit.*, pp.875~876) 영국영사는 월킨슨(Wilkinson, 인천주재 副領事)의 보고를 근거로 장교 4명과 수병 100명이 야포 1문을 가지고 입경하였다고 보고하고 있다.(Hillier to Beauclerk, Inclosure 3 in No.2, Seoul, Feb.12, 1896, *F.O.405-VIII*)

23 *ibid.*, pp.583~584. 고종의 러시아공사관 도착은 7시 30분.(Hillier to Beauclerk, Inclosure 3 in No.2, Seoul, Feb.12, 1896, *F.O.405-VIII*)

24 李瑄根, 『韓國史:現代篇』, 726~729쪽; 金源模, 「貞洞俱樂部의 親露反日策」, 『朴永錫敎 授華甲紀念 韓國史學論叢』, 167쪽 등을 참조.

타개하고 고종의 환궁을 추진하고자 러시아 측에 지원을 모색하였다.

1896년 4월 1일 새벽 유럽을 향해 출발하는 조선의 특사 일행이 정동에 집결하였다. 이들은 러시아공사관으로 가서 고종에게 하직 인사를 올린 뒤 마포로 향하였다. 조정 관료들과 송별 인사를 마친 이들은 오류동을 거쳐 인천에 도착하여 하루를 묵고 다음날 상해로 출발하였다. 일행은 일본의 동경을 들러 의화군을 만난 뒤 태평양을 건너 캐나다의 밴쿠버, 미국의 뉴욕을 거쳐 유럽으로 갔다. 한국 역사상 최초로 유럽에 파견된 특사 일행은 민영환 특사 외에 학부협판 윤치호(尹致昊), 외부 참서관 김도일(金道一), 한어역관 김득련(金得鍊), 그리고 러시아인 통역 스타인(Stein), 종인(從人) 손희영(孫熙永) 등 총 6명이었다.

민영환이 러시아에 간 목적은 무엇일까. 표면적으로는 러시아황제 니콜라이 2세의 대관식 참석이 목적이었지만, 국가의 현안에 관계된 가장 중요한 사안을 두고 러시아의 지원을 구하려는 것이었다. 당시의 내각은 반일적 인물이 주요 구성원이었다. 즉 청일전쟁 이후 쉴 틈 없이 지속된 일본의 집요한 내정간섭과 '조선 보호국화'기도, 나아가 왕후시해 등의 만행을 겪고 나서 아관파천 직후 구성된 내각이었다. 새 내각에서는 조선의 당면 난제들을 놓고 활로를 모색하였고, 그 결과가 민영환 특사의 러시아 파견과 대러 교섭이었다. 그렇다면 민영환을 통해 제기된 국정의 주요 현안은 무엇이었나.

첫째, 군사 문제였다. 넓게는 조선군의 양성, 좁게는 궁궐경비병 양성에 관한 것이었다. 고종이 러시아공사관으로 피신한 직후 '당장 환궁하여 나라의 자주권을 확립해야 한다'는 상소가 조야에서 쇄도했지만, 당장 환궁하여 나라의 자주권을 확립하고 싶은 생각은 누구보다 고종이 더 간절했다. 그러나 그럴 수 없는 것이 조선의 현실이었다. 왕후시해 이후로도 서울에 머물고 있는 500여 명의 일본군, 언제 무슨 일을 벌일 지 알 수 없었다.[25]

25 Hillier to Salisbury, No. 67, Seoul, Feb. 25, 1896, *F. O. 405-Ⅶ*.

남의 나라 공사관으로 피신한 것 자체가 국가 체면의 손상이니 자결을 할지언정 그래서는 안 된다는 주장이라면 모르지만, 당장 환궁하여 나라의 자주권을 확립해야 한다는 주장은 대책없는 주장일 뿐이었다. 아관파천 자체가 국가 위신에 관련된 것이었고, 현실적으로는 러시아의 내정간섭이라는 새로운 문제를 안고 있었던 것은 사실이다. 그러나 대책도 없는 환궁은 독립신문에서도 밝혔듯이 국왕을 사지로 몰아가 조선의 멸망을 초래할 일이었다.

환궁을 하자면 군주의 안전을 확보해야 했고, 그러자면 궁궐을 경비할 최소한의 신뢰할만한 병력은 구비되어야 했다. 국방차원의 정규 병력은 고사하고 국왕의 안전을 보장할 궁궐경비병의 양성이 초미의 급무였던 것이 당시 조선의 현실이었다.[26]

다음으로 재정문제였다. 청일전쟁이 종결될 무렵 일본은 조선에 차관을 제공한 바 있다. 영국이 이집트에 취했던 차관정책을 본 뜬 것이었다. 그렇게 해서 조선이 일본에서 도입하게 된 차관의 상환은 가뜩이나 재정구조가 취약했던 조선 정부의 심장을 압박하는 일이었다. 사태의 심각성을 인식한 고종이 영국인 재정고문 브라운(J. McLeavy Brown, 柏卓安)에게 나라의 재정을 면밀히 조사보고하게 하자 그는 파산일보 직전이라고 보고하였다.[27]

청일전쟁 이래 조선의 재정 운영권을 장악했던 것은 일본인 고문관들이었다. 내정개혁의 구실로 일본이 조선에서 추구한 것은 조선의 국가 조직을 와해시키고 재정 파탄을 유발하는 것이었다. 청일전쟁 이전에도 재정문제가 심각하지 않은 것은 아니었지만, 국가가 붕괴될 정도는 아니었다.

---

26 당시 조선군의 전국 병력은 불과 7천 명이었고, 그중 4천 명은 서울과 그 주변에, 그중에서도 2천 명이 서울 궁궐의 경비를 담당하였다. 그나마도 무기가 빈약했고, 훈련은 경찰력 수준에도 미치지 못한다는 것이 영국첩보장교의 보고였다.(Captain Mercer, R. M. L. I., to Jordan, Inclosure 2 in No. 97, Seoul, June 11, 1897, *F. O. 405-Ⅶ*; 러시아대장성 編, 韓國精神文化硏究院 資料調査室 編譯, 『國譯 韓國誌―本文篇』, 城南: 韓國精神文化硏究院, 1984)

27 Hillier to O'Conor, Inclosure in No. 63, Seoul, Sep. 17, 1895, *F. O. 405-Ⅶ*.

그러나 청일전쟁 이후로는 상상을 초월하는 일본의 공작으로 많은 부채를 걸머진 채 나라가 급속히 와해되고 있었다.

한편, 러시아 측이 민영환 특사를 초청한 이유는 무엇일까.

첫째, 러시아 당국은 니콜라이 2세 대관식 참석을 위한 사절 초청이라는 의례적 목적 외에 조선이 러시아에 매우 호의적인 감정을 갖고 있음을 선전하고자 하는 의도도 있었던 것으로 보인다.

러시아는 이미 요동반도에서 일본군을 축출한 상태였고, 고종의 러시아공사관 피신으로 조선 내에서도 입지가 우월하였다. 이 상황에서 더 깊숙이 개입하면, 러시아 역시 조선의 내정에 개입하기는 마찬가지라는 비난을 받을 것이고 자충수가 될 가능성이 높았다. 러시아는 세계 도처에서 영국과 긴장을 보이고 있었고 동북아에서는 일본과 그러했다.[28]

이런 상황에서 조선 국왕 스스로 국정을 운영하고 있고, 러시아에 호의적 감정을 지니고있다는 점을 홍보할 수 있다면 금상첨화(錦上添花)가 아닐 수 없었다. 비록 러시아공사관에 피신해 있지만, 조선 국왕은 국정을 스스로 판단하고 결정할 수 있는 나라, 요컨대 자주독립국이라는 것을 대외에 선전하자는 것이 주요 목표 중 하나였다고 판단된다.

둘째, 특사의 요청을 기회로 장래 조선에 개입할 여지를 확보해 두는 것도 일각의 목표였던 것으로 파악된다. 이 모두는 장래 조선에서 일본의 세력 개입을 배제하고, 러시아의 우월한 입지를 지속하고자 하는 것이기도 하였다.[29]

국운이 걸린 사명에 나선 민영환 특사 일행은 6명의 단출한 모습이었다. 당시 러시아정부의 초청을 받은 청국의 사절 이홍장은 수 명의 요리사를 포함, 수십 명의 일행을 대동하여 자신의 관(棺)까지 끌고 갔다.[30] 이홍

---

28 이에 대해서는 崔文衡, 앞의 저서를 참조.
29 李玟源, 앞의 「俄館播遷期의 朝露交涉」, 344~355쪽.
30 李守孔, 『李鴻章傳』, 臺北: 臺灣學生書局, 1978, 289~294쪽.

장은 러시아에서는 물론 프랑스·독일·영국 등을 경유하여 돌아오는 길에 곳곳에서 극진한 대접을 받았다. 유럽 각국의 청국에 대한 '열렬한 관심'이 어느 정도였는지를 잘 짐작케 한다. 그러나 유럽을 떠나면서 이홍장이 한 말은 '유럽에서는 별로 살만한 것이 없다!'였다. 거대한 청국 시장 진출을 염두에 두고 이홍장을 극진히 환대했던 각국 정부와 언론은 머쓱하였다.

민영환 특사 일행이 1896년 4월 1일 서울을 출발하여 이후 태평양과 대서양을 건너 미국·영국·독일 등을 거쳐 모스크바로 가는 도중 곳곳에서 진풍경이 속출하였다. 윤치호는 일찍이 일본·중국·미국에 유학하였으니 서구의 '에티켓'에 익숙하였다. 민영환도 궁정 내외에서 서양 외교관들이나 선교사들과 친숙히 교제하며 서양 사정을 익혔으므로 그다지 서투를 것이 없었다.

그러나 일행 중에는 스타인(러시아공사관 통역. 사행의 안내자) 외에도 김득련(한어역관), 김도일(러시아어통역관) 등이 있었다. 우리말에 익숙치 않았던 김도일도 통역과정에서 엉뚱한 실수를 연발하여 실소를 자아냈지만, '공맹(孔孟)의 학(學)'으로 무장한 김득련은 마주치는 일마다 신기함 그 자체였다.

> 동방예의지국의 나라 조선을 떠나 난생 처음 거대한 여객선에 몸을 싣고 보니 진기한 것 일색이로다. 이상한 색깔이지만, 눈 하나는 시원한 서양의 요조숙녀들, 어찌 그리 요란한 옷을 입고 있는다? 내 얼굴이 잘 생겨서일까, 아니면 남녀칠세부동석을 몰라서일까, 거침없이 군자의 옆자리에 다가와 재잘대누나. 양반네 진지상에 웬 쇠스랑과 장도는 등장하는가. 입술을 찢기지 않으면서 접시의 물건을 입에 넣는다는 것은 참으로 고역이구나. 희고 눈 같은 것(설탕)이 달고 달기에 이번에도 눈 같은 것(소금)을 듬뿍 떠서 찻종지에 넣으니 그 갈색 물(커피)은 너무 짜서 삼킬 수도 뱉을 수도 없더라. 노르스름한 절편(치즈)은 맛도 향기도 고약하구나. 청중이 모인 자리에서 웬 신사가 목살에 힘줄이 돋칠 정도로 소리를 지르니(테너) 모두들 그를 우러러 보더라. 서양에서 군자노릇 하기란 원래 저리 힘든가보다. 벌거벗은 것이나 다름없는 소녀가 까치발을 하고 빙빙 돌며 뛰기도 하고 멈추기도 하는데(발레), 가녀린 낭자를 학대하다니, 서양군자들은 참으로 짐승이로구나.(이상은 "Korean Abroad", *The Korean Repository*

Ⅳ, 1897에 게재된 글을 필자가 축약하고 일부 윤색을 가한 것임)

　당혹한 윤치호는 좌충우돌하는 김득련에게 잔소리를 하였고, '조선식'을 고집하던 김득련은 윤치호가 서양오랑캐 문화에 중독되어 공맹의 가르침을 무시한다고 도끼눈을 부릅떴다.[31]

　이렇게 각자 생각과 행동은 달랐지만, 풍전등화 같은 국가의 운명을 걸머지고 있다는 사명감과 긴장감은 모두가 같았다. 이때 김득련은 매일의 일정을 꼼꼼히 기록하여 정리했는데, 그것이 민영환의 이름으로 작성된 『해천추범(海天秋帆)』의 토대가 되었다.[32]

　특사 일행이 모스크바에 도착한 것은 대관식 6일 전인 5월 20일. 그 다음날 특사 일행이 머무는 숙소(드롭니콥스끼 빠발스카야 거리 42호)의 건물에는 조선의 국기가 내 걸렸다. 사상 최초로 모스크바에 나부끼는 태극기였다. 일행은 나부끼는 태극기만큼이나 희망에 부풀어 있었고, 사상 처음으로 유럽에 파견된 사절로서 감격에 겨웠다. 그러나 민영환의 내심은 초조할 수밖에 없었다. 러시아는 과연 조선의 요청을 들어 줄 것인가.

　같은 시기에 러시아 측은 세계 20여 개 나라의 사절을 초청하였다. 청에서는 이홍장, 일본에서는 쵸슈(長州) 출신의 원로(元老) 야마가타 아리토모(山縣有朋)를 파견하였다. 전자는 러시아 측이 만주횡단철도(즉, 東淸鐵道)의 부설권(敷設權) 획득을 위해 비밀 교섭의 상대로 지목한 인물이었고, 후자는 한반도 분할안을 포함하여, 조선의 군사와 재정에 관해 러시아와 담판을 하고자 일본이 내세운 인물이었다.[33] 러시아, 청국, 일본 제각각 제국주의의 소용돌이 속에서 살길을 찾아 외교전을 벌이며 동분서주하고 있었던 것이다.

31　김득련은 윤치호가 '반유교적' 주장을 한다고 힐난했다. 『尹致昊日記』 4, 184~185쪽.
32　高炳翊, 「露皇戴冠式에의 使行과 韓露交涉」, 『歷史學報』, 28, 1965, 41~46쪽.
33　동상.

민영환 특사가 모스크바에 체류할 당시 이들 삼국 사이에는 〈이(李)-로바노프 협정〉, 〈로바노프-야먀가타의정서〉 등이 체결되었다. 모두 비밀협정이었다. 이 중 전자는 청국과 러시아 황제를 대신하여 이홍장과 로바노프 사이에 체결된 것이고, 후자는 러시아와 일본을 대표하여 로바노프와 야마가타 사이에 체결된 것이다. 이 모두 만주와 한반도의 이해를 놓고 맺은 것으로서 전자는 일본을 겨냥한 러·청 공수동맹의 성격이었고, 후자는 조선의 군사, 재정, 인사 등에 관해 러·일이 잠정적으로 타협을 한 내용이다.[34]

한편 이상과 같은 주변 국가들의 뒷거래를 알 수 없었던 민영환은 러시아 측과 접촉하면서 긴장되고 초조한 날들을 보냈다. 그의 눈에 비친 유럽의 발전상은 조선의 국력이 도저히 미치지 못할 만큼 놀라웠고 러시아 역시 마찬가지였다. 매일 접하는 그들의 의식주와 서양식 예법 등은 조선과 너무도 달랐고, 남녀 사이의 활발한 교제와 각종 문명의 이기는 사절 일행 모두를 압도하고도 남았다. 그러나 목전의 급한 일은 러시아가 과연 동양의 작은 나라 조선의 문제에 어느 정도 관심을 보일 것인지, 과연 조선이 난경을 헤쳐 나갈 수 있도록 군사와 재정 등 각종 지원을 해 줄 것인지 이 모두가 의심스러웠다.

게다가 특사 일행의 뒤를 밟는 정체불명의 일본인들도 이들을 불안하게 하였다. 이들 중에는 조선왕후 시해의 현장을 총지휘한 오카모토 류노스케(岡本柳之助)의 동생도 있었다. 어떤 자는 민영환 특사 일행을 찾아와 여기서 서울의 조정과 교신하는 모든 전문 내용은 자신들이 다 알고 있다고 하였다. 조선 사절을 향해 공포분위기를 조성하는 상황이었다.[35] 다른 한편 민영환에게는 오만해 보이는 청국사절 이홍장과의 대면도 반가운 일이 아니었다.

---

34 이에 대해서는 崔文衡, 『列強의 東아시아政策』, 一潮閣, 1979; George Alexander Lensen, *Balance of Intrigue Ⅱ : International Rivalry in Korea and Manchuria 1884-1899*, Tallahassee: Florida State University Presses, 1982; 이민원, 『명성황후시해와 아관파천-한국을 둘러싼 러·일 갈등』, 국학자료원, 2002 등을 참조.

35 앞의 『尹致昊日記』 4, 1896년 6월~8월 사이 기록 참조.

윤치호는 다음과 같이 일기에 기록하고 있다.

> 5월 24일. 일요일, 비, 모스크바
>
> 점심을 들고 난 오후 러시아의 귀족들과 외국 사절들을 공식 방문하기로 일정이 짜여 있었다. 이홍장을 만나 보았다. 그와 민영환 사이에 다음과 같은 대화가 오갔다.

> 이홍장: 언제 서울을 떠났소?
> 민영환: 음력 2월 19일 서울을 떠났습니다.
> 이홍장: 국왕은 러시아공사관에 있소?
> 민영환: 그렇습니다.
> 이홍장: 대원군은 여전히 정력적으로 활동하오?
> 민영환: 그렇습니다.
> 이홍장: 나이가 얼마요?
> 민영환: 78세입니다.
> 이홍장: 귀하는 대원군당에 속하오, 그 반대요?

> 민영환은 주저했고 우회적인 질문에 말문이 막혔다.

> 이홍장: 누가 왕비를 살해했소?
> 민영환: 공식보도가 나가면 아시게 될 것입니다.
> 이홍장: 김홍집은 왜 죽었오? 그는 좋은 사람이었는데.
> 민영환: 그는 왕후의 시해에 연루되었습니다.
> 이홍장: 귀하는 일본당이지 않소?
> 민영환: 나는 어느 당에도 속하지 않습니다.
> 이홍장: 믿을 수 없소. 조선인들은 친일적이지요?
> 민영환: 어떤 이는 친일적이지만, 어떤 이는 그렇지 않습니다.
>   청국인이 그런 것처럼.
> 이홍장: ……[36]

> 이 마지막 일격이 그 늙은이를 침묵시켰다.

36　國史編纂委員會 編,『尹致昊日記』4, 探求堂, 1975, 184~186쪽.

윤치호는 조선을 지켜 주지도 못하면서 내정 간섭만 자행하여 더욱 궁지에 빠지게 한 청국과 이홍장에 대한 원망을 그의 일기에 다음과 같이 쓰고 있다.

> 나는 이홍장에게 매우 실망했다. 만약 그가 정말 위인이라면 그렇게 많은 인사가 운집한 자리에서 그 같이 민감한 질문을 퍼붓지는 않았을 것이다. 그 자리에는 많은 러시아 고위관리들도 있었다. 이홍장에 대한 나의 견해는 이렇다. 그는 재주 있고 유능한 중국인 관리중의 한 사람이다. 그는 서양문명이 중국의 문명에 비해 우월한 것을 알만큼 지각이 있고, 그 자신이 서양 문물을 수용하는 문제에 관계할 만큼 현명하다. 일찍이 그는 자기 주위를 넉넉한 보수를 받는 많은 외국인들로 포진시켰다. 이 사람들이 그들의 후원자에 대한 칭찬을 해외에 떠들썩하게 퍼뜨렸는데, 이것이 그가 결코 지니지 못한 명성을 안겨주었다. 이렇게 시간과 돈, 영향력, 그리고 측근 외국인에 의해 이홍장이라는 가공의 인물을 만들어 냈다. 그러나 이 전형적인 인물의 능력과 위대함은 여순항(旅順港), 위해위(威海衛) 그리고 북양함대와 함께 (청일전쟁의 패전으로: 필자주) 허공으로 날아가 침몰해 버렸다. 오늘 우리 앞에는 그처럼 못된 당나귀 같은 연출을 하는 진짜 이홍장만이 남아 있다.[37]

러시아황제 대관식이 거행된 것은 이틀 뒤인 26일, 모스크바의 크레믈린 궁에 위치한 우스펜스키 대성당이었다. 그 직전 러시아 당국에서는 의례상 참석하는 외국사절 모두에게 모자를 벗고 입장할 것을 요청하였다. 제정러시아의 성당에서는 종교 예법 상 모자의 착용이 금지되어 있었다. 민영환은 행사장 참석을 어떻게 하는가를 두고 고민에 젖었다. 갓을 벗고라도 참석해야 한다는 윤치호와 안 된다는 김득련의 주장 사이에서 민영환은 갓을 벗지 않는 쪽을 택하였다. 대신 성당 밖의 누각에서 행사를 지켜보았다. 이같은 고민은 청국의 사절 이홍장은 물론, 튀르키예와 페르시아 사절도 마찬가지였다. 동서양 전통과 의례의 차이로 근대의 동아시아 국가

---

37 위의 책, 185~186쪽.

외교 사절들이 직면한 한바탕의 소동이자 에피소드였다.[38]

서울의 로스케와 고종의 경운궁 환궁

모스크바에 도착한 직후로부터 민영환은 러시아 측에 접근을 시도하였다. 민영환 특사가 접촉한 러시아 측 인물은 황제 니콜라이 2세, 로바노프(Lobanov-Rostovskii, Prince A. B., 외부대신), 위테(Witte, S. Iu, 탁지부대신), 카프니스트(Kapnist, Count D. A., 외부아시아국장) 등 주로 4인이었다. 이들을 통해 민영환이 요청한 것은 5개 항이었다. 즉 ① 국왕의 신변보호, ② 군사와 경찰의 양성을 위한 교관의 파견, ③ 내정과 산업을 지도할 고문, ④ 차관의 제공(300만 원), ⑤ 한·러 간의 전신선 가설 등이 그것이다.[39] 민영환은 이 내용을 외부대신 로바노프, 탁지부대신 위테는 물론, 러시아황제 니콜라이 2세에게도 직접 전하였다.

이 중 니콜라이 2세는 1917년 레닌의 혁명 이후 우랄 산록(예카테린부르크)에 일가족과 함께 연금되었다가 1918년 혁명군에 의해 일가족이 몰살된 비운의 황제로 잘 알려져 있다.[40] 20세기가 거의 저물어 가던 1990년대 후반 그의 일가족으로 보이는 유골이 러시아의 한 지방사학자에 의해 발견되어 『Newsweek』지 등을 통해 세상에 널리 알려진 바 있다.[41]

위테는 니콜라이 2세의 강력한 지지하에 1891년부터 착공된 시베리아 횡단철도의 건설에 주역을 담당한 인물로 너무나 유명하다.[42]

---

38 위의 책, 187~189쪽.

39 위의 책, 201쪽; Lensen, *op. cit.*, pp.649~650.

40 Robert K. Massie, *Nicholas and Alexandra*, New York: Dell Publishing Co., Inc., 1967.

41 Bill Powell and Owen Mattews, "Uneasy Rest", 『Newsweek』 1998.7.20.

42 Abraham Yarmolinsky, *The Memoirs of COUNT WITTE*, Garden City, N. Y., and Toronto: Doubleday, Page & Company, 1921.

이들 모두 당시 러시아를 이끌어간 주역이었고, 세계사적으로 중요한 위치를 점하는 인물들이다.

민영환은 이들을 끊임없이 접촉하고자 하였다. 그러나 민영환의 요청을 접한 러시아 측은 어쩐 일인지 회피적이기만 하였다. 러시아 측의 입장에서 볼 때 가장 수용하기 곤란한 것은 차관문제였다. 러시아가 시베리아 횡단철도의 건설비용을 프랑스차관에 의존하고 있던 점도 그러했지만, 조선의 재정 형편상 차관을 제대로 상환할 수 있는지도 의문이라고 보았다. 러시아 측의 회답이 민영환에게 전달된 것은 6월 30일, 내용은 이러했다.

① 국왕은 원하는 한 러시아공사관에 체류할 수 있다. 환궁해야 할 경우 러시아 정부는 안전을 보장할 것이다. 서울주재 러시아공사의 판단에 따라 경비병을 공사관에 둘 것이다. ② 군사교관에 대해 러시아정부는 조선정부와 협상하기 위해 고위의 유경험자를 서울에 파견할 것이다. 첫째 목적은 국왕을 위한 조선군 경비병의 조직이다. 또 다른 전문가가 조선의 재정상태를 조사하고 필요한 재정수단을 모색코자 파견될 것이다. ③ 이 두 전문가는 서울주재 러시아공사의 지휘 아래 (조선정부의)고문으로 활동할 것이다. ④ 차관문제는 조선의 재정상태와 그 필요성이 확인될 때 고려할 것이다. ⑤ 러시아는 한·러 간의 육로전선 연결을 승인한다. 이 계획의 실현을 위해 모든 가능한 지원을 할 것이다.[43]

그야말로 소극적인 회답이었다. 조선으로서는 속히 국왕의 환궁을 실현시켜야 하겠는데, 그러자면 궁궐경비병이 필요했고 유능한 교관도 필요했다. 재정 또한 그러했다. 그러나 어느 것도 명확한 해답이 없었다. 러시아 측은 민영환의 요청을 전면 수용하거나 무시하지도 않으면서 애매한 태도만을 취하였다. 러시아 측은 그들대로 조선의 일본에 대한 접근만큼은 막아야 했고 동시에 러시아로부터 조선이 이탈하는 것도 막아야 한다는 고

---

43 國史編纂委員會 編, 앞의 『尹致昊日記』 4, 232~233쪽.

민이 있었다.[44]

당시 러시아 내에서는 민영환 특사의 요청에 관계된 것으로 알려진 주한공사 웨베르를 교체해야 한다는 소문이 나돌았다. 러시아 신문 『노보에 브레먀(Novoe Vremya)』에서도 조선의 차관 요청건에 웨베르가 간여했다 하여 그의 실책을 공개적으로 비난하고 있었다. 웨베르는 조선에 너무 오래 살아 조선인에게 동정심을 갖고 있으며, 학자적 양심 같은 것으로 보상도 없이 러시아의 돈을 쓰려한다는 것이었다.[45] 러시아 일각에게는 조선 측 사절 요청안의 작성까지 도와주며 조선 문제에 주력하는 웨베르의 행동이 달갑지만은 않았던 것이다.

상황을 감지한 민영환은 크게 탄식하였다. 청일전쟁 이래 조선의 내정은 엉망이 되었는데, 일본은 도무지 믿을 수 없고 노후한 청국은 능력이 없다. 그런데 영·미는 조선의 간절한 요청에도 불구하고 거들떠보지도 않고 있고, 러시아는 지원을 해 줄 의향이 없으니 조선은 어디서 출구를 찾아야 하는가. 러시아 체류기간 내내 민영환은 고뇌에 찬 모습이었다.

러시아 측에서는 민영환 특사 일행에게 모스크바의 각종 학교와 군사시설, 병기공장, 감옥, 관청, 병원 등을 둘러보게 하는 등 여러 가지 배려를 하였다. 암담한 조선의 현실이 머리 속 가득 들어와 있는 민영환에게 별다른 위안이나 관심사가 될 수 없었다.[46]

이후 8월 중순까지 지리하게 진행된 교섭 끝에 최종적 결론은 러시아군사교관의 파견이었다. 민영환 특사가 귀로에 동행한 뿌챠타(Colonel Putiata)와 13명의 군사교관이 그것이다. 사상 최초로 러시아교관단이 조선 땅에 등장한 것은 러시아의 동아시아정책과 조선의 절박한 요구가 잠정적이나

---

44 李玟源, 앞의 「俄館播遷期의 朝露交涉」, 344~355쪽.
45 Jordan to MacDonald, No.89, Seoul, Nov. 11, 1896, F. O. 405-IX; O'Conor to Salisbury, No. 39, St. Petersburgh, Sep. 24, 1896, F. O. 405-IX; 『尹致昊日記』 4, 1896년 7월 17일.
46 앞의 『尹致昊日記』 4의 6~7월 내용을 참조.

마 상호 맞물린 결과였다. 그러나 조선 측이 기대했던 재정차관 등 여타의 지원은 확답이 없는 채였다.

러시아교관단이 민영환 특사 일행과 함께 서울에 도착한 것은 1896년 10월 21일, 이들은 뿌챠타 대령 외 13명으로 위관 2명, 하사관 10명, 군의관 1명이었다. 당초 교관단은 서로 선발되기를 희망하는 조선군 중 1개 대대의 병력 800명을 선발(11.4), 정예화를 꾀하였다. 아관파천 이전까지 조선군 훈련대가 일본식의 군사교육을 받고 일본교관의 지휘를 받았던 것과 달리 이제 궁궐을 경비하게 될 조선군은 모두 러시아식을 따르게 되었다. 훈련은 주로 경운궁의 경비에 치중되었고 총과 실탄은 러시아제로 공급되었다.

러시아교관이 조선군 시위대를 양성하는 동안 조선정부에서는 고종의 환궁을 위한 또 다른 준비를 서둘렀다. 그런데 이전에 고종이 머물렀던 경복궁은 공간이 넓고 뒤로 북악산을 끼고 있어서 방어상에 어려움이 따랐다. 1894년과 1895년에 연이어 일본군이 경복궁을 습격한 데서 보듯이 취약점이 있었다. 나아가 거기서 조선 조정이 일본군에게 장악되고, 왕후가 그곳에서 처참한 최후를 맞은 악몽같은 기억도 불과 1년여 전이었다.

그래서 고종이 환궁할 장소로서 택한 곳은 이전의 경복궁이 아닌 경운궁이었다. 경운궁은 공간이 좁아 소수의 조선군 병력으로 방어하기에 유리했고, 주위에는 미국, 영국, 러시아, 독일, 프랑스 공사관이 위치하여 유사시 외부의 지원을 구하기에 유리한 위치였다. 고종이 러시아공사관에 머물 당시 경운궁이 보수되고 주변의 도로가 정비된 것 등은 고종의 환궁 이후 경운궁의 방어와 고종의 신변 안전을 최우선한 조치였다.

1897년 초에 접어들자 아쉬운 대로 궁의 경비병이 양성되고, 고종의 안전을 확보할 정도의 방어시설이 경운궁 내외에 구축되었다. 이렇게 준비를 마친 정부에서는 마침내 2월 20일 고종의 환궁을 단행하였다. 아관에서 경운궁까지 러시아교관들이 지휘하고 조선군 시위대 경비병들이 열 지

어 서서 경호하는 가운데 고종은 마침내 경운궁으로 돌아왔다.[47]

독립신문 · 독립문 · 독립협회

일본의 거듭된 왕궁 유린으로 참담하기 그지 없었던 조선 조정이 가까스로 안정을 되찾은 것은 고종이 러시아공사관으로 피신한 직후였다. 그러나 어디까지나 일시적인 안정이었다. 약육강식의 시대에 군주가 타국 공사관의 보호를 받게 되었으니 어찌 반대급부가 없겠는가. 속히 환궁하여 나라의 기초를 든든히 하자는 마음은 고종이나 백성이나 다를 게 없었다. 이런 배경 하에 아관파천 초기에는 고종과 대신, 신지식인과 도시민 모두가 부국강병이 절실하며, 또 그를 기필코 이루어야 한다는 생각에 하나가 되었다.

그 결과 내정과 외교에서 다양한 움직임이 잇따랐다. 민영환 특사가 러시아에 파견되는가 하면, 최초의 한글 신문인 『독립신문』이 발간되고, 독립협회가 결성되었다. 민영환 특사의 러시아 파견은 정부에서 추진한 외교적 대책 모색이었고, 독립신문 발간과 독립협회 창립은 정부에서 민간을 통하여 우회적으로 추진한 근대화 운동이자 자주독립 운동이었다.

잘 아는 바와 같은 자주독립이란 구호는 1896~1897년 사이 한반도 전국에서 흔히 듣게 되었다. 독립신문이 그렇고 독립협회, 독립문, 독립회관, 독립공원 등이 또한 그렇다. 독립이란 당대인 모두의 중요한 화두이자 시대의 관건이었다.

이 중 독립신문은 한국사상 최초의 민간 신문이다. 갑신정변의 실패로 미국에 망명 중이던 서재필이 귀국하여 조정의 주요 인물과 고종의 적극적인 지원을 받아 창간한 것이다.

---

47 이민원, 「고종의 환궁에 관한 연구」, 『한국근현대사연구』, 한울, 1994를 참조.

서재필은 망명생활 10년 동안 갖은 고초를 겪으면서 의과대학을 마친 뒤 개업의사가 되어 있었다. 서재필의 미국명은 필립 제이슨(Philip Jaisohn), 서재필의 역순(逆順)에서 따온 이름이다. 1888년 조선 귀국이 절망적이라고 보고 미국시민으로 입적했다.

서재필이 대역부도죄(大逆不道罪)를 사면 받아(1895.3.1) 귀국하게 된 것은 김홍집내각에 의해서였다. 신식학문을 익힌 서재필을 통해 개화파의 기반도 강화하고 내정도 혁신해 보고자 한 것이다. 그런데 당시는 일본공사가 이른바 조선보호국화를 추진하던 때였으므로 일본을 잘 아는 인물을 이용하려는 일본의 의도도 물론 없지 않았다.

서울에 온(1896.12.26) 서재필은 관직에 들어가는 대신, 권력의 외곽에서 민중을 계몽하고자 하였다. 내부대신 유길준 등이 그 계획에 적극 호응하였고, 신문발간사업이 추진되었다. 당시 서울에는 『한성신보』(漢城新報: 1895년 창간)라는 일본 신문이 간행되고 있었는데, 일본의 침략정책과 일본거류민의 이익을 대변하며 조선에 대해 왜곡된 기사를 양산하고 있었다. 조선왕후시해 당시 사건 현장에까지 투입되었던 아다치 겐조(安達謙藏)는 한성신보사의 사장이며, 고바야카와 히데오(小早川秀雄) 등도 바로 그 신문사의 기자였다.

신문 사업의 내막인즉 그 같은 한성신보에 맞대응을 하자는 의미도 있었으니 일본의 촉각이 곤두설 수밖에 없었다. 암살 위협을 느끼던 서재필은 윤치호에게 이렇게 언급하였다.

> 일본인들은 이것(신문발간사업: 필자 주)을 그대로 두지 않을 것 같다. 그들은 조선이 두개의 신문을 가질 만큼 발전되어 있지 않는 한, 그리고 그들의 한성신보가 존재하는 한, 그와 경쟁적인 어떠한 신문발간 기도도 단연코 이를 저지할 것이라고 하였다. 일본의 뜻에 반하는 행동을 하는 사람은 어떤 자든 암살해 버리겠다고 은근히 협박하였다.[48]

---

48 앞의 『尹致昊日記』 4, 133~135쪽.

조선의 왕후까지 잔인하게 살해한 마당에, 일본의 정책에 방해가 된다면 누구인들 없애지 못할까. 이런 두려움이 서재필과 유길준을 떨게 하였다. 아닌 게 아니라 일본공사 고무라 주타로(小村壽太郎)는 서재필과 유길준을 위협하여 독립신문의 발간사업을 포기하도록 종용하기까지 하였다.

> 조선은 미국과 사상이 다르고, 민도(民度)가 뒤떨어진 나라이니 미국사상인 민주주의 사상, 즉 데모크라시를 전파해서는 안된다.[49]

이처럼 일본의 방해 공작이 엿보이는 가운데 새 신문은 발간 사업을 중지하거나 아니면 한성신보에 흡수되어 좌초될 상황이었다. 그러나 얼마 후의 한 사태가 신문 발간을 순조롭게 하였다. 아관파천이 그것이다.

독립신문은 아관파천 2개월 뒤인 1896년 4월 7일에 창간되었으니, 오늘날 신문의 날은 독립신문의 창간일에서 유래한다. 주필은 서재필, 국문판 논설과 영문판 사설을 담당하였다. 서재필은 그의 우려와 달리 추방되기 전까지는 어느 정도 성조기의 보호를 받았고, 한국의 관민은 그의 명논설을 열렬히 환영하였다. 주시경은 조필로서 국문판의 편집과 제작을 담당하였다. 이후 서재필이 정부와의 마찰로 추방(1898년 봄)된 이후로는 윤치호가, 독립협회 해산 이후에는 아펜젤러, 킴벌리 등이 주필을 담당하였다. 킴벌리를 제외하면 주필 조필 모두가 쟁쟁한 인사들이었다.

독립신문의 체제는 국문판과 영문판으로 구성되어 창간 당시의 편집은 국문판에 논설과 신문사고(광고), 관보, 외국통신, 잡보, 물가, 우체시간표, 제물포기선 출입항 시간표, 광고 등을 실었고, 영문판에 사설, 국내잡보, 관보, 최신전보, 국내외 뉴스 요약, 통신, 광고 등을 실었다. 순 한글신문으로 발간된 것은 양반계층보다는 일반 대중을 상대로 한 때문이며, 영문판은 해외의 독자들에게 한국의 문화와 물산 등을 알리는데 목적이 있었다.

---

49 金道泰,『徐載弼博士 自敍傳』, 乙酉文化社, 1972, 229쪽; 李玟源,『獨立協會에 대한 列國公使의 干涉』,『淸溪史學』2, 218쪽.

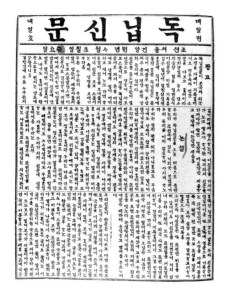

독립신문 한글판과 영문판 (1896.4.7)

창간호(1896.4.7)에서 밝힌 취지는 이러하다. 즉 (1) 공명정대하게 보도하며, (2) 전국의 상하 모두가 쉽게 알도록 한글로 쓰며, (3) 백성과 정부의 사정을 상호에게 알려주어 정부관원의 잘잘못을 감시하고, (4) 조선사정을 외국에, 외국사정을 조선에 알려 인민의 지식이 열리게 하고, (5) 군주, 관료, 백성을 유익하게 한다는 것이었다. 요컨대 독립신문은 남녀노소와 신분의 상하, 지역의 차별 없이 공평하게 보도한다는 것이었다. 그야말로 5천년 역사상 처음 맞게 된 신분평등과 정보소통의 혁명적 변화라고 할 수 있다.

그로부터 1899년 12월 4일 폐간될 때까지 독립신문은 근 3년 8개월간 정치, 경제, 사회, 문화, 교육, 군사, 과학, 종교, 민속 등 각 방면에 걸쳐 수많은 명 논설을 남겼다.

국민을 위하여 일하는 사람은 전국 인민이 사사로운 애증 간에 다만 말로만

그 사람을 붙들어 줄 뿐이 아니라 목숨까지 내버려 가면서라도 그 사람을 붙잡아야 하고 국민을 해롭게 하는 자는 남녀노소가 다 말로만 죄인으로 돌릴 뿐이 아니라 목숨을 내버려 가면서라도 그 놈을 법률로 다스리게 하는 것이 직무 (1898.3.3)

정부에 벼슬하는 사람은 임금의 신하요 백성의 종이라. 종이 상전의 경계와 사정을 자세히 알아야 그 상전을 잘 섬길 터인데 조선은 거꾸로 되어 백성이 정부 관인의 종이 되었으니 백성은 죽도록 일을 하여 돈을 벌어 관인들을 주면서 상전 노릇을 하여 달라하니 어찌 우습지 아니 하리오 (1896.11.21).

독립신문은 언론의 사명을 톡톡히 하였으며 창간 당시의 원칙을 충실히 지켰다. 시기에 따라 비판 대상이 변하면서 논조도 변하였지만, 정부와 백성의 매개체 역할을 공명정대하게 한다는 기본 방침은 대체로 유지되었다. 독립신문은 언론의 정신과 원칙에 충실한 점에서 오늘날의 어느 신문에 손색이 없었다. 특히나 한글 전용을 시도한 점은 세종이 훈민정음을 창제한 이래 한글의 발전과 보급에 가장 큰 공헌을 한 셈이다.

세종이 창제한 훈민정음은 그동안 언문 형태로 주로 궁중의 여성들이나 양반가의 규수들, 한문을 익히기 어려운 일반 민간인들이 겨우 사용하는 글이었다. 그래서 민간 소설 혹은 궁중 소설 등으로 명맥이 이어져오고 있었다. 그러나 전국의 상하가 이를 읽고 대중적인 언어로 발돋움하는 수준으로는 이르지 못하고 있었다. 이 시기에 이르러 언문은 독립신문을 통해 양지로 나타나게 된 셈이었다. 다만 이어쓰기로 문장 이해가 어려운 점은 주시경, 헐버트 등 많은 이들의 노력으로 오늘날과 같은 세계 최고의 언어로 발돋움하였다.

독립신문이 발간된 지 약 3개월 뒤 서울에서는 독립협회가 결성되었다 (1896.7.2). 독립협회는 정동클럽(정동구락부)과 건양협회 인사들이 초기의 주요 멤버였던 것으로 알려진다. 정동클럽은 고종과 왕후가 후원하여 서울 주재 서양외교관, 선교사들과 조정의 고위 관리들이 친목을 표방하여 등장한 단체였다.

청일전쟁을 야기한 일본의 조선 지배기도에 대하여 고종과 왕후가 궁정외교 차원에서 결성시킨 반일적 사교단체였다. 주요회원도 민영환, 윤치호, 이상재, 서재필, 이완용 등과 씰(미국 공사), 플랑시(프랑스 영사), 르젠드르(미국인 고문), 다이(미국인 교관), 선교사인 언더우드와 아펜젤러 등이었다.

그래서 출범 당시 독립협회는 독립신문과 유사한 성격을 지녔다. 정부의 후원 하에 등장한 것이나 똑 같이 독립을 표방한 점 등이 그러하다. 독립협회는 이후 1898년 12월까지 약 30개월간 한국의 대표적인 정치 단체로 활약하였다. 독립협회의 활동은 세 가지 방향으로 요약된다. 즉 나라의 독립자주권을 지키자!(자주독립), 인민의 자유와 평등권을 확립하자!(자유민권), 내정을 혁신하여 부국자강한 나라를 만들자!(자강개혁)는 것이 그것이다.

아관파천 직후 정부나 백성 모두가 가장 절실히 바란 것은 이처럼 국권을 굳건히 다지는 일이었다. 그런 소망의 뚜렷한 상징물이 현재 서대문 교차로 지역에 위치한 독립문이다. 독립문 정초식은 1896년 11월(21일) 서대문밖 영은문 터에서 5천 명 내외의 관민과 학생이 운집한 가운데 성대히 행해졌다.

독립문에 새긴 독립에는 과거 500년 동안 사대조공을 했던 중국으로부터 자주독립하자는 의미가 있었다. 청국은 청일전쟁의 패배로 조선에 대한 간섭을 멈추었지만, 여전히 일반인들은 사대 의식을 떨치지 못하고 있었기 때문이다. 거기에 더하여 당시 조선의 주권을 위협하던 일본, 나아가 러시아 등 모든 나라의 위협으로부터 벗어나자는 뜻도 있었다. 독립신문의 다음과 같은 기사가 이 점을 잘 보여주고 있다.

> 오늘 우리는 국왕이 서대문밖의 영은문 터에 독립문을 건립할 것을 결정한 사실을 경축한다…이 문은 다만 중국으로부터 독립을 의미할 뿐 아니라, 일본, 러시아 그리고 모든 유럽 열강으로부터 독립을 의미하는 것이다. 그것은 조선이 전쟁의 폭력으로 열강에 대항하여 승리할 수 있다는 의미에서가 아니라, 조선의 처지로 보아 평화와 인도주의와 진보가 요구되고 있고, 조선이 동양 강

대국의 이해가 접합되는 위치에 있다는 점에서 그러하다. 전쟁이 조선의 주변에서 발발할 수 있을 것이다-아니, 조선의 머리위에서 쏟아질지도 모른다, 그러나 힘의 균형의 법칙에 의하여 조선은 손상 받지 않고 다시 일어설 것이다. 독립문이여 성공하라, 그래서 다음 세대들로 하여금 잊지 않게 하라.(*The Independent*, 1896년 6월 20일)

독립문은 1896년 설계가 시작되어, 1897년 11월에 완공되었다. 그러니까 1897년 10월 대한제국이 선포된 다음 달에 해당한다. 높이 14.28m, 너비 11.48m의 독립문의 앞뒤 면에는 한글로 '독닙문', 한문으로 '獨立門'이 새겨져 있다. 1896년은 고종이 정동의 러시아공사관에 머물러 있던 때이다. 그리고 1897년은 고종이 경운궁으로 돌아와 황제로 즉위하고 대한제국을 선포한 해이다.

불과 1~2년 전만 해도 한반도 내외에서 동학농민봉기, 청일전쟁, 하관조약, 삼국간섭이 있었고, 서울 궁중에서는 왕후가 비극을 맞고, 전국에 단발령이 강행되었다. 바로 이 무렵 정부 측의 후원과 도시의 지식인, 서울 시민의 협조로 독립문이 세워졌다. 그에 앞서 독립신문이 발간되고, 독립협회가 조직되어 언론계몽 운동을 했으니 모두 같은 맥락이다.

독립문

독립문 낙성식은 이듬해 11월에 이뤄졌다. 꼭 1년 만에 건립된 것이다. 화강암 벽돌 1,850개를 쌓아 올린 것으로 파리의 개선문을 연상케 한다. 왕실에서 1천 원(건립기금의 5분의 1)을 하사 하였고, 관료와 상인 학생 등 각 계각층의 정성과 헌금이 모여졌다. 나라를 반석 위에 올리려는 관민의 소 망을 앞뒤의 '독닙문'과 '獨立門' 글씨로 표현하였다.

정동클럽과 손탁호텔

| 정동클럽과 외교관구락부 |

서울의 중구 정동에는 1880년대부터 서양의 공(영)사관과 서양인 가옥 이 자리 잡기 시작하였다. 최초 사례는 1883년 5월 주한미국공사 푸트가 미국공사관을 이곳에 개설한 일이다. 대체로 서양 각국이 조선과 수교를 한 순서대로 1883년으로부터 1888년 사이에 공사관과 영사관이 들어섰는 데, 미국, 영국, 독일, 러시아, 프랑스 대표부가 모두 그러했다.

이들 공관은 모두 현재의 덕수궁 이웃에 자리하였고, 거기에 알렌과 언 더우드, 모페 등 선교사들의 가옥도 자연스레 자리하게 되면서 이곳은 '공 영사관(公領事館)의 총수(叢藪) 정동' 혹은 '외국인 마을'(Foreign Community)이라 고도 불렸다. 이 중 미국, 영국 공사관이 약 3천여 평, 러시아공사관은 두 배인 6천여 평으로 서울의 외국 공관 중 가장 큰 규모와 전망을 자랑했다.

청일전쟁을 도발한 일본이 조선의 내정을 장악해 가면서 왕권을 실추 시키고, 조정을 압박해 가자 자연스레 궁정내외에서는 반일적 집단이 형 성되어 갔고, 이들의 모임 장소가 다름 아닌 정동에 위치한 손탁의 사저 였다. 바로 거기서 활약한 주요 내국인 단체가 다름 아닌 정동구락부(貞洞 俱樂部, Chongdong Club)였고, 외국인 단체가 외교관구락부(外交官俱樂部, Cercle Diplomatique et Consulaire)였다.[50]

---

50 정동구락부의 형성에 대해서는 여러 설이 있지만, 넓게 잡아 청일전쟁 후반기~을미사

정동구락부는 미국파(American Party), 서촌화응자(西村和應者), 정동파(貞洞派), 존왕파(尊王派), 친미파(親美派), 구미파(歐美派), 로미파(露美派) 등으로 다양하게 불렸다.[51] 다소 논란은 있지만, 넓은 범주에서 정동구락부의 인물들을 살펴보면, 이완용, 박정양, 이하영, 이채연, 이상재, 정경원, 윤웅렬, 윤치호, 이윤용, 민상호, 현흥택, 이범진, 민영환, 이학균, 김홍륙 등이며, 거기에 서재필, 서광범을 포함하거나 제외하기도 한다. 이들은 미국이나 러시아에 외교관으로 파견되어 다녀왔거나, 친미, 친러적인 성향의 서구 지향의 인물들, 혹은 미·로 공관 측과 밀접한 관계에 있으며 조선왕후시해 등 일본의 야만적 행동에 반발하던 인사들이었다.

한편 외교관구락부는 1892년 6월 2일 창설된 것으로 한국 내 거주하던 서양인들로 구성된 친목단체였다. 이들 중에는 미국공사 시일을 비롯하여 알렌, 웨베르, 플랑시, 르젠드르, 다이, 닌스테드, 아펜젤러, 헐버트, 언더우드, 에비슨 등 각국의 공·영사와 선교사, 고문, 의사, 교사 등이었고, 이들의 구심점은 주로 실과 알렌 등이 활동하는 미국공사관이었다. 이들 대부분의 주거는 주로 정동에 위치해 있었고, 경운궁의 궁내와 미국공사관을 제외하면 집단적으로 회동이 가능한 장소가 손탁의 집, 손탁빈관(이후 손탁호텔)이었다.

정동구락부나 외교관구락부는 모두 19세기 말 20세기 초 서울을 무대로 한 궁정 내외의 정치외교와 떼어 놓을 수 없는 단체였다. 이들 모두가 미국공사관과 '손탁호텔'을 주요 무대로 활동하면서 자연스레 양 집단은 개인적으로나 집단적으로 친목을 돈독히 할 수 있었다. 그러나 미국공사관은 자연스런 교류에 불편하여 점차 손탁호텔이 주무대가 되었다.

변 이전, 요컨대 1894년 12월~1895년 5월 사이 정도로 분석되고 있다.(菊池謙讓, 『韓國最近世史-大院君附王妃一生』, 京城: 日韓書房, 1910, 182쪽; 釋尾春芿, 『朝鮮併合史』, 朝鮮及滿洲社, 1926, 114쪽; 한철호, 「갑오경장 중 정동파의 개혁운동과 그 의의」, 『국사관논총』 36, 1992, 36쪽) 대체로 궁중에서 인아거일 분위기가 형성되던 때 고종과 왕비의 의도에 의해 형성된 집단으로 이해된다.

51 김원모, 앞의 글, 183~184쪽.

정동구락부와 외교관구락부의 활동에서 가장 주목되는 시기는 조선왕후시해, 춘생문사건, 아관파천, 독립협회 활동 당시이며 넓게는 청일전쟁과 러일전쟁 사이의 십수 년 사이이다. 특히 조선왕후시해 이후 독립협회 활동에 이르는 전 과정에서 정동구락부 인사들은 중요한 연락책으로서 활약하였고, 외교관구락부는 이들을 후원하며 일본의 강압적 무력행사를 견제하는 장치였다.

그러나 손탁호텔을 주무대로 한 이들의 활동은 내외 상황의 변화와 러일전쟁, 을사늑약, 각국공사관 철수 등과 맞물려 소멸해 갔다. 주요 고객으로는 서울을 방문한 각국 황(왕)실 인사나 장군 외에 이토 히로부미와 처칠 기자(후일 영국 수상) 등이 있었다.[52]

| 미스 손탁과 손탁호텔 |

근대의 서울 궁정 내외의 정계, 외교계 이면에서 역할을 한 최고의 외국인 여성을 고른다면, 단연 미스 손탁(Antoinette Sontag, 孫澤, 宋多奇, 1854?~1925?)[53]이다. 그녀가 1885년 30대 초반에 조선에 와서 1909년 서울을 떠나기까지 근 25년간 수행한 일들을 살펴볼 때, 그녀는 분명 러시아와 프랑스의 동아시아정책 노선에 부응한 방향에서 활동했고 그것은 러시아 공사 웨베르의 역할을 보조한 것이기도 하였다.

52 菊池謙讓, 『朝鮮雜記』(下), 鷄鳴社, 1931; 나종우, 「전통 숙박시설의 변천」, 『향토서울』 37, 1979; 최종고, 「구한말의 한독관계」, 『한독수교100년사』, 한국사연구협의회, 1984; 김정동, 「한국근대건축의 재조명」(3), 『建築士』, 대한건축사협회, 1987; 윤일주, 『한국근대건축사연구』, 기문당, 1988; 한철호, 「갑오경장 중 정동파의 개혁운동과 그 의의」, 『국사관논총』 36, 1992; 김원모, 「미스 손탁과 손탁호텔」, 『향토서울』 56, 1996; 까를로 로제티, 『꼬레아 꼬레아니』, 서울학연구소, 1996; 이순우, 『손탁호텔-근대서울의 역사문화공간』, 하늘재, 2012.

53 小坂貞雄, 『外人の觀たる朝鮮外交秘話』, 朝鮮外交秘話出版會, 1934, 200쪽에는 1854~1921년으로, 菊池謙讓, 『朝鮮雜記』(下), 98~100쪽. 고송무, 「한소문화 접촉 1백년」, 『월간조선』, 1984년 2월호; 김성한, 「손탁호텔」, 『조선일보』, 1982년 4월 2일 등에서는 1854~1925년으로 추정하게 한다.(김원모, 앞의 「미스 손탁과 손탁호텔」, 177쪽의 각주 참조)

손탁의 주요 활동 무대는 서울의 정동이었다. 구체적으로는 서울의 '외국인 마을'(Foreign Community), 공사관길, '외교의 거리'라고 하는 구역, 즉 경운궁과 러, 미, 영, 프, 독 등 각국의 공관이 밀집한 지역이다. 그녀가 주인 역할을 하면서 각국 외교관과 한국의 관료, 각국의 국빈들을 상대로 사교활동을 이끌던 곳이 손탁의 사저(私邸)였다.

앞에 언급했듯이 이 손탁의 사저를 주요 공간으로 당대 내국인들로 구성된 서울의 최고의 사교집단이 정동구락부(貞洞俱樂部)이며, 외국인들로 구성된 단체가 외교관구락부(外交官俱樂部)이다. 이 두 집단의 주요 멤버들은 아관파천 전후에 두드러지게 활약하였으며 러시아, 미국, 영국, 프랑스, 독일의 외교대표부와도 밀접한 관계가 있는 이들이다.

이들은 한편으로는 고종의 충신, 서구지향의 개화파 인사, 독립협회 인사 등이며 다른 한편으로는 서양의 외교관, 고문, 선교사, 교사 등이었다. 이들이 반일적 성향을 갖고 친미·러측 성향을 가지게 된 것은 일본의 침략이라는 시대 상황과 맞물려 있었다. 청일전쟁 이후 일본 측의 고압적인 내정 간섭 및 군주와 대신들에 대한 협박 그리고 일본의 한반도 장악 기도와 이권 독점이 불러온 내외인들의 공동 대응이 그 바탕을 형성하고 있었다.

| 고종과 손탁호텔 |

여기서 주목할 점은 이들에게 주요 활동 공간이었던 손탁호텔과 그의 운영자였던 손탁의 역할은 모두 고종의 일정한 목적과 의도에 따른 것으로 분석된다는 점이다. 고종이 손탁을 조선(및 대한제국) 궁내부의 외국인 접대계 촉탁[54]으로 발탁한 것이나, 손탁에게 정동 지역에 1천여 평 부지를 하사하고 손탁빈관이란 건물을 지어 제공하게 한 과정에는 고종의 호의와 조정

---

54 손탁은 궁내부(宮內府) 외국인접대계(外國人接待系)의 촉탁(囑託)이었다.(김원모, 「미스 손탁과 손탁호텔」, 『향토서울』 56, 1996, 178쪽; 菊池謙讓, 『朝鮮雜記』(下), 鷄鳴社, 1931, 98쪽)

손탁호텔

의 자금 지원이 있었다.

　재정이 궁한 시절에 한 외국인 여성에게 고종이 그 같은 호의를 베푼 일
은 서양문물 수용이라는 목적 이상의 특정한 의도가 있었던 것으로 볼 수
있다. 손탁호텔은 고종이 손탁이라는 외국여성을 내세워 운영하게 한 일종
의 영빈관이자, 간접적으로 궁정외교를 펼치기 위한 일종의 궁궐 밖 사교장
이었다고 할 수 있다. 손탁이 서울 사교계의 여왕이라거나 손탁호텔이 서울
의 고급 사교장이라는 정도의 이해를 넘어 손탁과 손탁호텔을 한국의 근대
사내지 고종의 역할과 연관지어 더 깊은 검토를 필요로 하는 이유이다.

　그러나 지난 1백년 동안 손탁호텔은 커피나 서양의 음악, 케이크, 실내
장식 등을 접하고 한가히 감상하는 정도의 서양문물 수용 통로 정도로 이
해하여 온 성격이 강하다. 그 점도 부인할 수 없지만, 손탁호텔은 한걸음
더 나아가 19세기 말~20세기 초 조선말과 대한제국기 궁정외교와 동아시
아 국제관계의 축소 무대로 보는 것도 무리가 없다. 말하자면 서울에서 펼

쳐진 동북아외교의 또 다른 현장이자 각종 정보가 오가던 주요 무대였다.

러시아공사관에 체류하고 있던 손탁이 정동에 사저를 갖게 된 것은 1895년이다. 손탁은 1886년 고종이 반청의 맥락에서 시도한 제2차 조러밀약 사건 당시 묄렌도르프와 협력하였고 그 사이 궁내부의 외인접대 업무를 담당하며 궁중의전에 기여한 점 등을 감안하여 고종이 왕실소유 부지 및 한옥 가옥을 하사하였다. 장래의 역할을 기대한 것이기도 하였다.

손탁은 한옥을 인수한 후 가구 등 실내 장식과 주방 기구 등을 서구식으로 교체하였고, 바닥에 양탄자를 깔아 편안한 실내 분위기를 조성하여 호텔을 방불하게 하였다. 그녀는 서양 요리를 고종에게 진상하는 한편, 서울 주재 각국 외교관들에게도 프랑스 요리를 만끽하게 하였다. 아직 서울에 호텔 시설이 미비한 상황에서 손탁의 사저는 점차 서양 각국인들과 내국인 관료 등의 모임 장소가 되어갔다.

당시 서울에서 구미인들이 서양 음식과 커피, 아이스크림 등을 들면서 담소를 나누고 모일 수 있는 장소로서 이만한 공간은 드물었다. 그래서 손탁호텔은 정동구락부, 외교관구락부가 함께 활용하는 주요 공간이었고, 이 양쪽 집단 인사들과 궁중의 정보를 교환하며 사교계의 주인으로 활동한 것이 다름 아닌 미스 손탁이었다. 그래서 그녀는 '서울 외교단의 꽃' 혹은 '정치적 마돈나'라고도 불렸다.

손탁은 유럽의 알사스 로렌지방에서 태어났다. 그 지역은 프랑스령이었지만, 1870년 보불전쟁에서 프랑스가 패하자 독일의 영토로 편입되었고, 거기 살던 손탁은 독일 국적을 갖게 되었다고 전한다. 한편 웨베르 러시아공사는 에스토니아 출신이었는데, 그는 1885년 한국에 공사로 부임할 때 손탁을 한 가족의 일행으로 대동하고 왔다. 그가 처남의 처 자매를 동반하여 내한한 배경에 대해서는 잘 알 수 없지만, 그녀가 몇 가지 특출한 점이 있었던 점에서 그 이유를 유추해 볼 수 있을 것이다.

첫째, 그녀는 여러 나라 언어에 유능했다. 서울에 올 당시 영, 독, 불,

러 등 4개 국어에 능했다고 한다. 게다가 서울에 와서도 단기에 한국어를 잘 익혀 궁정 내외에서 사교 범위를 넓히는데 가장 필수적인 언어도구를 널리 갖추고 있었던 셈이다.

둘째, 그녀는 미모에 풍부한 교양, 넉넉한 인품과 자질을 구비했던 것으로 보인다. 기쿠치 겐조(菊池謙讓) 등 일본인들의 여러 기록에서도 그녀는 궁정 내외의 복잡다단한 생활 속에서도 미모와 품위를 상하거나 잃지 않았다고 묘사하고 있다.[55]

셋째, 그녀는 서양 요리, 특히 프랑스 요리에 솜씨가 있었고, 궁중의 인테리어 장식 등에도 밝았던 것으로 보인다. 그녀는 주한 각국 외교관 및 외국 귀빈의 접대를 위한 각종 연회를 주관하였고, 훌륭한 요리로 내외 귀빈들의 구미를 사로잡았다.

한 예로 그녀는 수십 명 내외 귀빈이 참석하는 고종의 탄신 축하연회를 준비하는 책임을 맡기도 하였다고 한다. 고종과 왕후가 사용하던 경복궁 건청궁의 분위기를 서양풍으로 단장하는데 주역을 한 것도 그녀였고, 궁중의 주방 구조를 서양식으로 바꾸고, 주방의 집기와 침대, 양탄자 등 각종 가구류를 양식으로 교체하는 데도 주역을 하였다고 한다.

그녀의 자질과 역할은 극한의 위기 속에 전전긍긍하며 서양 사정을 궁금해 하던 고종과 왕후에게 상당히 어필했을 것으로 보인다. 그녀는 서양 외교관이나 선교사 부인들 이상으로 궁정의 최고위 인물인 고종과 왕후와 가까이 자리하여 다양한 이야기를 나눌 수 있었던 외국인 여성이었다. 이런 그녀의 자질과 역할이 19세기 말과 20세기 초 손탁빈관 내지는 손탁호텔이 서울 사교계의 주요 무대가 되는 바탕이 되었다고 하겠다.

그러나 손탁의 능력이 출중하다 해도 그녀의 역할과 활동의 배경에 가장 중요하게 작용한 것은 한국과 러시아의 관계이다. 19세기 말과 20세기

---

55 菊池謙讓, 『朝鮮雜記』(下), 鷄鳴社, 1931, 104쪽.

초 고종이 한 나라의 군주로서 가장 절실했던 것은 청국의 간섭을 벗어나는 일, 그리고 일본의 내정간섭과 압제로부터 탈피하는 일이었다. 그러면서 국가의 부강을 모색하는 일이었다. 그런데 적어도 청일전쟁까지는 청국이 주요 극복 대상이었고, 그 후론 일본이 주요 극복 대상이었다.

여기서 고종은 미국과 러시아를 주요 상대 국가로서 상정하였다. 미국은 멀리 떨어져 위치한 풍요롭고도 부강한 나라이며 영토 확보에 대한 야심이 없는 나라로 이해하였고, 러시아는 유럽의 군사강국으로서 일본의 한반도와 대륙에 대한 침략을 견제해 줄 나라로 보았다. 상대적으로도 미국과 러시아 측 외교관들도 조선에서 강압적으로 군림하려는 청국과 일본 측에 비해 우호적이고 온건하였으며 청국과 일본 측을 견제하는 입장이었다.

고종

그 결과 고종과 조정의 대신들은 미국과 러시아 측을 선호하게 되었다. 그러나 미국의 한국에 대한 관심은 소극적이었고, 러시아의 관심은 적극적이었다. 그것은 동아시아 특히 한반도에 대한 양국의 관심 및 정책에 부응한 반응이었다. 그렇지만 고종과 대신들은 지속적으로 러시아는 물론 미국을 우호적 입장에서 보았고, 러일전쟁 직후와 헤이그특사 파견 당시 특사외교 등을 통해 미국과 러시아 정부에 지원을 구하고자 하였다. 손탁과 손탁호텔이 19세기 말~ 20세기 초의 한국에서 주목될 수 있었던 한 가지 이유이다.

2

광무황제의 즉위와 대한제국

화이관의 변화와 동북아의 새 질서

왕후시해 이후 신변의 위기에 몰렸던 고종은 러시아공사관에서 1년을 피난한 뒤 1897년 2월 20일 경운궁으로 거처를 옮겨왔다. 이후 주목되는 현상은 조야에서 고종의 황제즉위와 연호 변경(稱帝建元)을 요청하는 상소가 시시로 올라온 점이다. 요점은 고종이 황제로 즉위하고 연호를 변경하여, 요컨대 '칭제건원'(稱帝建元)을 하여 추락한 나라의 위엄과 군주의 권위를 높이고 자주독립의 기틀을 마련해야 한다는 것이었다.

이런 흐름 속에서 그해 8월 고종은 전년도에 사용한 건양(建陽) 연호를 광무(光武)로 변경하고, 10월 12일 마침내 황제즉위식을 거행하였다. 다음 날 정부에서는 조선의 국호를 '대한'(大韓)으로 개정하여 내외에 선포하였다. 이로써 과거 505년간 지속된 조선왕국이 막을 내리고, 한국사상 최초로 황제의 나라 대한제국의 시대가 열린 것이다.[56]

---

[56] 이에 관한 글은 宋炳基, 「光武改革研究―그 性格을 中心으로」, 『史學志』 10, 1976; 姜萬

대한제국의 등장은 조선이 사대조공(事大朝貢)을 하던 왕국에서 자주독립적인 황제의 나라가 되었다는 데 상징적 의미가 있다. 그것은 한국사의 전통적인 흐름과 개항 이후 접목된 세계사적 흐름이 합류하여 나타난 역사적 격랑의 중요한 귀결점이다. 그것은 이후에 전개된 한민족 역사의 새로운 출발점이기도 하다.[57]

대외적으로는 조선이 중국 중심의 책봉체제(冊封體制)에서 서구 중심의 만국공법체제(萬國公法體制)로 편입했음을 정부차원에서 공식적으로 확인, 선언한 셈이었고, 대내적으로는 왕이 다스리는 나라 조선에서 황제가 다스리는 나라 대한(大韓)으로 발돋움한 것이다. 그리고 그것은 조공국 조선에서 오늘날 유엔 산하의 현대국가인 대한민국(大韓民國)에 이르는 과정에 등장했던 '자주독립' 형태의 황제국이었다.

돌이켜 보면 5백년 조선의 역사에서 나라의 기운이 가장 추락해 있던 시기에 황제와 제국이 등장한 것이다. 고종이 황제로 즉위한 데에는 여러 목적과 이유가 있었지만, 먼저 그런 조치를 취할 수 있는 몇 가지 배경이 있었다. 첫째는 조선 후기 이래 지속된 화이관(華夷觀)의 변화, 둘째는 청일전쟁 이후 국제상황의 변화이다. 전자는 조선 후기 이래 꾸준히 성장해 온 국가 주권 의식의 성장이고 후자는 이를 실현할 수 있는 국제적 여건의 성숙이다.

잘 아는 바와 같이 황제란 하늘의 명을 받아 천하를 다스리는 사람, 즉 천자이다. 전근대의 동양사회에서는 중국의 천자만이 황제를 칭할 수 있었

吉,「大韓帝國의 性格」,『創作과 批評』 48, 1978; 權錫奉,「淸日戰爭以後의 韓淸關係의 研究(1894-1899)」,『淸日戰爭을 前後한 韓國과 列强』, 韓國精神文化研究院, 1984; 李求鎔,「大韓帝國의 成立과 列强의 反應」,『江原史學』 1, 1985; 李玟源,「稱帝論議의 展開와 大韓帝國의 成立」,『淸溪史學』 5, 1988; 이민원,「大韓帝國의 成立過程과 列强과의 關係」,『韓國史研究』 64, 1989; 月脚達彦,「大韓帝國成立前後의 對外的態度」,『東洋文化研究』 1, 1999; 奧村周司,「李朝高宗의 皇帝卽位에 대해서－その卽位儀禮と世界觀－」,『朝鮮史研究會論文集』 33, 1995을 참조.

57 宋炳基, 위의「光武改革研究－그 性格을 中心으로」, 75~106쪽을 참조.

다. 즉 중국 중심의 화이관이 지배하던 동양권에서는 모든 나라가 천자의 제후격인 왕이 다스리는 나라로서 어디까지나 중국의 일개 번속국(藩屬國)이었다. 각국은 중국에 사대와 조공(事大朝貢)을 하고, 연호도 중국의 그것을 사용하였다.[58] 그 결과 조선에 이르기까지 역대 한국의 왕조는 대국인 중국 황제의 책봉을 받는 나라로서 소국, 즉 왕국이라는 인식이 일반의 뇌리에 깊숙이 박혔다.

이러한 중국 중심의 사고가 크게 변화한 것은 조선 후기이다. 한족 왕조인 명나라가 멸망하고 만주족이 일으킨 청나라가 중원을 지배하게 되고, 서학이 전래되자 조선 지식인들의 세계관이 크게 변해갔다. 즉 '만주의 오랑캐'가 한족 왕조를 무너뜨리고 중원을 차지했다는 사실, 그러나 이들이 고도의 문물을 향유하고 있다는 사실, 나아가 중국이 지배하는 동양 세계 외에도 고도의 문명을 누리고 있는 또 다른 세계가 서양에 존재한다는 인식, 태양이 지구를 도는 것이 아니라 지구가 태양을 도는 행성에 불과하다는 과학적 지식 등은 조선의 유자들에게 큰 충격이었다. 이러한 충격이 일부 조선 지식인들에게 자의식 형성에 중요한 계기가 되었다. 즉 내 나라 조선은 무엇인가라는 질문이 그것이다.

조선조 유자들이 중국의 역사와 문화에 관심을 집중하던 것과 달리 이들은 조선의 역사, 지리, 언어, 사상 등에 적극 관심을 기울였다. 이들 중 발해사를 신라사와 함께 우리 역사의 정통으로 보아야한다[59]는 역사인식이 싹 트고, 중국도 조선도 똑 같은 하나의 나라라는 이해가 등장하였다.[60] 중국에 정례적으로 사신을 보내 조공을 하던 조선 조정 입장에서는 내면이야 어떠하든 공식적으로는 동조할 수 없는 부분이었다. 결국 정치권 주류에서

---

58 이를 '天朝禮治體系'로 보는 견해에 대해서는 黃枝連, 『亞洲的華夏秩序 – 中國與亞洲國家 關係形態論』 및 『東亞的禮義世界 – 中國封建王朝與朝鮮半島關係形態論』, 北京: 中國人民 大學出版社, 1992, 1994 등을 참조.

59 韓佑劤·李成茂編, 『史料로 본 韓國文化史 – 朝鮮後期篇』, 一志社, 1985, 531쪽.

60 李瀷, 「天地門 – 分野」, 『星湖僿說』.

는 여전히 소중화(小中華) 의식이 팽배하였고, 대외적으로도 청국의 존재는 무시할 수 없었다.[61]

이같은 의식의 변화는 조선의 문호가 개방되면서 점차 조정 내외에서도 팽배하게 되어, 현실에서 실현될 가능성을 모색하게 된다. 즉 서양 각국은 작은 나라일지라도 자주권을 실현하고 있고, 모든 나라는 평등한데 동양의 체제가 그렇지 못한 사실을 고종과 신료들은 익히 알고 있었다. 이후 청국으로부터 독립을 확립하자는 요구가 서서히 조야에서 등장하게 된다. 고종이 박규수의 훈도를 받은 김옥균, 박영효, 서광범 등 개화파 청년들을 후원한 것도 그런 맥락과 무관하지 않았다.[62] 이들에게서 대두한 것이 왕을 황제로 높이고 연호를 독자적으로 쓰자는 주장이었다.[63]

그러나 임오군란(1882)과 갑신정변(1884), 거문도사건(1885) 등을 거치면서 청국이 조선에 대한 내정개입을 강화해 감에 따라서 그러한 주장은 용납되기 어려웠다. 오히려 임오군란 뒤 청국이 조선에 요구한 장정 내용은 마치 종속관계의 문증(文證) 같았다.[64] 이런 청국의 입장은 1884년 체결된 '길림과 조선상민 수시무역 장정'(吉林朝鮮商民隨時貿易章程)에서도 잘 드러난다.

그 내용에 '조선은 오랫동안 번국(藩國)으로 있으면서 힘써 조공을 바쳐왔다. 이제 변경 무역의 옛 규례를 수시로 진행하는 무역으로 고친다. 이

61 宋贊植,「星湖의 새로운 史論」, 李佑成·姜萬吉編,『韓國의 歷史認識』下, 創作과 批評社, 1976; 李萬烈, 위의「17·18世紀의 史書와 古代史認識」참조.

62 George M. McCune, John A. Harrison eds., Korean−American Relations, Vol.1, Berkeley: Univ. of California Press, 1951, pp.110~111; Report of information relative to the revolutionary attempt in Seoul, Corea, by Ensign George C. Foulk, December 4−7, 1884; Park IL Keun, ANGLO−AMERICAN DIPLOMATIC MATERIALS RELATING TO KOREA 근대한국계 영미외교자료집(1866~1886), SHINMUNDANG COMPANY, Seoul, Korea, 1982, pp.997~998.

63 李玟源, 앞의 글, 1988.

64 즉 '朝中商民水陸貿易章程'(1882.10.4)을 말함. 이에 대해서는 金鍾圓,「朝·中商民水陸貿易章程」,『歷史學報』32, 1966, 120~169쪽을 참조.

는 중국이 속국(屬國)을 우대하는 의미와 관련된다. 길림과 조선 간의 무역 규정을 세우는 것은 각국 통상규정과는 상관이 없다.”(『고종실록』, 1884년 5월 26일)고 하여 조선이 속국, 번국임을 강조하면서 청국이 조선에 배타적으로 적용하는 규정임을 강조하고 있다. 심지어 서울에 부임한 청국의 오장경은 남대문에 ‘조선은 청국의 속방’이라는 공고문까지 붙이는 현실이었다.

청국이 이처럼 조선의 내정간섭을 강화해 간 데에는 나름 이유가 있었다. 서구 어느 국가나 일본이 한반도에 영향력을 행사한다면, 자국의 안보에 위해가 된다는 판단 때문이었다. 이러한 판단하에 청국은 조선에게 미국 등 서구 열강과 조약 체결을 주선하기도 했다. 조선의 입장에서는 자주독립을 향한 조약체결이었지만, 청국의 의도는 어디까지나 이이제이식의 대책과 함께 조선을 꾸준히 청국의 속방 상태에 묶어두기 위한 발상이었다. 동상이몽(同床異夢)의 합작이었던 셈이다.

이후에도 지속된 청국의 간섭으로 조선은 청국과는 종주관계를 유지하면서, 다른 한편으로 서구 열강과는 근대적 조약체결을 통해 적어도 대등한 국가관계를 유지해 가는 기이한 모습을 갖게 하였다. 그 당시 조선은 한쪽으로는 만국공법이 지배하는 세계체제, 다른 한쪽으로는 전근대적 책봉체제의 굴레에 묶여 있었다. 이를 양절체제(兩節體制)라고도 칭한다.

조선이 직면한 책봉체제의 굴레는 청일전쟁의 결과 일단 벗겨졌다. 시모노세키 조약(下關條約, 1895.4.17)에서 ‘청국은 조선의 완전무결한 독립자주국임을 확인하고, 장래 조선의 청국에 대한 공헌(貢獻)·전례(典禮)를 전적으로 폐지한다.’ 하였다. 이후 청국의 조선에 대한 압제도 현실적으로는 사라졌고, 조선도 청국에 정례적으로 파견하던 조공사절을 철회하게 되었다. 조선 왕조 500년 역사상 획기적이라 할만하다.

고종의 황제 즉위와 대한제국의 등장은 이처럼 중국 중심의 세계관, 즉 화이관의 변화가 한 축을 이루고, 청일전쟁의 결과 청국이 일본에게 조선에 대한 주도권을 빼앗긴 상황에서 가능했다.

시모노세키 조약에서 청국이 조선에 대한 종주권을 부인한 것 자체는 고종의 황제즉위와 대한제국 선포를 가능하게 한 중요한 한 가지 외적 조건이었다. 그러나 청국의 구속에서 벗어난 것만으로 조선이 명실상부하게 자주독립국이 되었다면, 구태여 그 같은 조치를 취한다는 것도 무의미한 일이었을 것이다. 일본이 청국 대신 새로운 장애로 등장했기 때문이다.

실제로 고종이 황제로 즉위하기 직전의 조선은 청일전쟁의 여파로 빈사(瀕死)의 지경이었다. 일본의 공작이 주효한 가운데, 서울의 궁정은 일본군에게 장악되고, 이에 반발하던 왕후를 일본 군인과 경찰, 낭인배 등이 경복궁을 기습하여 참혹히 살해하여 불태우는 만행을 자행한 것이 불과 2년 전이었다. 이후 단발령으로 어수선한 가운데 극단적으로 신변의 위기에 몰린 고종은 궁녀의 가마를 타고 서울의 러시아공사관으로 가까스로 피신하게 된 기막힌 사태(아관파천) 불과 1년 전에 연출되었다. 환궁한 뒤에도 상황은 어려웠다. 재정은 고갈되고, 군대와 경찰은 치안을 유지하기 어려울 정도였고, 조야의 분위기는 침통하였다.

이런 상황에서 추진한 고종의 황제 즉위와 대한제국 선포에는 별도의 열망이 작용하고 있었다. 그것은 과거의 청국 못지않게 목전에 일본의 내정 간섭과 침략으로 인한 나라와 조정의 위기, 그로 인한 군주, 관료, 일반의 군주권과 국가 위상 회복에 대한 갈망이었다.

일본의 선전처럼 청일전쟁 결과는 조선이 청국의 간섭을 벗어나게 하였다는 점에서 긍정적 효과가 있었다. 그러나 조선을 더 위기에 빠뜨리는 심각한 문제가 일본에 의해 새로이 등장했다. 조선에 정치, 군사, 경제, 외교적 영향력을 확대하려는 일본의 목표 때문이었다. 전쟁 초기부터 고종이나 대원군, 대신들 모두는 일본군의 인질로 전락했다. 일본의 목표에 저항하는 집단과 인물에게는 가차 없는 보복이 가해졌다. 일본군의 동학농민군 초토화 작전과 왕후시해 만행이 그러했다.[65] 게다가 단발령 강행으로 조선

---

65 朴宗根 著, 朴英宰 譯, 『清日戰爭과 朝鮮』, 一潮閣, 1988의 5, 6장을 참조.

은 파국으로 치달았다.

얼마 후 고종이 러시아공사관으로 비상 탈출하면서 겨우 위기를 피하였지만, 어려움은 지속되었다. 청일전쟁에서 고종의 환궁에 이르는 불과 3년의 기간에 동북아에서는 만주와 한반도를 둘러싸고 러·일간에 경쟁구도가 형성되고 있었다. 그 결과 조선의 주권은 일본과 러시아 양국에 의해 매우 불안정한 상태로 전락했기 때문이다.

이 시기에 만주와 한반도를 놓고 3차에 걸쳐 체결된 러·일 간의 협정이 그 점을 잘 보여준다. 앞에 서술한 〈웨베르-고무라 각서〉(1896.5.14), 〈로바노프-야먀가타의정서〉(1896.6.9)가 그랬고, 다시 2년 뒤 동경에서 체결된 〈로젠-니시협정〉(1898.4.25)도 한국에 대한 양국 사이의 상호견제를 포함하고 있기는 마찬가지였다. 그중 〈로젠-니시협정〉은 다음과 같은 내용이었다.

> 1. 러·일 양국은 한국의 주권 및 완전한 독립을 확인하고 또한 서로가 한국의 내정에는 전적으로 간섭을 하지 않을 것을 약정한다.
> 2. 장래 오해가 발생할 것을 피하기 위해 러·일 양국은 한국이 일본 또는 러시아에 대해 조언 또는 조력을 구할 때 훈련교관이나 혹은 재정고문의 임명에 대하여 먼저 상호 협상을 한 뒤가 아니면 하등의 조치를 취하지 않을 것을 약정한다.
> 3. 러시아 제국 정부는 한국에서 일본의 상업 및 공업에 관한 기업의 큰 발전 그리고 동국 거류 일본인의 다수임을 인정, 일본과 한국 양국 사이의 상업상 및 공업상의 발달을 방해하지 않는다.

이들 협정으로 러·일 사이에는 한반도를 경계로 세력균형이 형성되었지만, 양국 사이에 위치한 고종의 조정에서는 군주의 신변안전 문제에서 정부 대신의 인사, 군사와 재정 문제가 두루 양국의 견제 속에 있었다.[66]

---

66 李玟源, 「俄館播遷 前後의 韓露關係 1895～1898」, 韓國精神文化研究院 韓國學大學院 博士學位論文, 1994, 78～87·166～179쪽.

말하자면 일본과 러시아 사이에는 타협이라고 할 수 있지만, 고종에게는 공동으로 가하는 양국의 외압이었다. 실제로 이들 조항은 고종의 황제 즉위와 대한제국 선포 이후로도 정책 입안과 실행에 상당한 구속력으로 작용하였다.

그 외 전국에서 산발적으로 야기되던 국내 집단의 반정부, 반개화운동 등도 정부 측에는 부담이었다. 일례로 유생과 농민층은 외압 하에 있던 정부 대신이나 지방 관리들을 외세의 앞잡이로 보고 적대행동을 하는 일이 빈번하였다. 정부는 정부대로 이들을 '폭도'로 보았고, 때로는 외압에 밀려 군사와 경찰을 동원, 이들을 '진압'하였다. 외압에 대해 공동대처를 하지 못하고 오히려 자국의 군민들끼리 출혈을 보이던 형국이었다.

이 상황에서 정부가 적절한 대응을 하기란 기대난망이었다. 군사·재정의 기반은 무너져 가는 데다 관료조직은 와해된 데다가 국제정세는 어떻게 변화할 것인지 한치 앞을 예측하기 어려웠다. 이렇게 내외 위기에 직면하여 고종과 정부는 '이이제이'(以夷制夷)식의 다변외교와 이권양여를 통한 외원모색, '상징물의 조성'을 통한 자주독립 의식 환기, 언론 및 집회 지원을 통한 국권의식 고취와 배외운동 등으로 대응해 갔다. 여기에 관료와 재야의 지식인, 도시민 등 정부의 입장을 잘 이해할 수 있던 집단의 호응이 따랐다.[67]

앞서 언급했듯이 독립문·독립관·독립공원 등을 조성하거나 『독립신문』과 독립협회 등을 통해 세계의 흐름과 정세를 알리고, 국권의 자주와 나라의 독립에 대한 관료와 일반의 의식을 환기한 것 등이 그것이다. 이들 모두 국가주권 의식 고취에 주요 목적이 있음은 물론이다.

이 중 특히 독립문은 청국으로부터 독립을 이룬 것을 상징하는 기념물일 뿐만 아니라 일본과 러시아 등으로부터 나라의 주권을 지키자는 의미의

---

67 李玟源, 「稱帝論議의 展開와 大韓帝國의 成立」, 『清溪史學』 5, 1988, 261~270쪽.

기념물이었다. 고종의 황제즉위와 대한제국 선포도 넓게 보면 이들과 맥락이 같았다.[68]

요약하면 청일전쟁 이후 청국세력의 철수, 그 이후 한반도 주변에 조성되어간 러·일 간의 세력균형과 러·일 공동의 조선에 대한 압제, 그리고 국권의 자주에 대한 관민의 의식 성장은 고종의 황제즉위와 대한제국 선포의 중요한 배경이었다. 고종과 정부 측으로서는 청일전쟁·아관파천·환궁을 거치면서 청국·일본·러시아의 일방적 구속을 벗어나 잠시 운신 폭이 넓어진 상황에서 택한 조치였다.

거기에는 몇 가지 목적이 함께 있었다. 첫째는 중국에 대한 사대종속 관념을 탈피하자는 것, 둘째는 청일전쟁 이후 더욱 실추된 군주의 권위와 권력을 회복시키자는 것, 셋째는 일본과 러시아 등 모든 외국의 간섭으로부터 자주독립을 이루자는 갈망이 그것이다. 환언하면 국가적 위기에 대응하여 군주를 중심으로 힘을 모아 추락한 나라의 자존심도 복구하고 무너져가는 국가체제도 강화하자는 것이었다.[69]

칭제건원 논리와 반대논리

대한제국의 등장에서 핵심은 고종의 황제즉위와 국호의 제정이다. 거기에는 군주를 중심으로 국가체제를 강화하자는 목표가 있었다. 당시 다수의 일반 국민들은 여전히 중국 중심의 화이관에 입각한 세계관을 떨쳐버리지 못했다. 다시 말해 황제의 나라는 자주독립한 나라이고, 왕의 나라는 자주독립한 나라가 아니라는 생각이 그것이다. 이런 점 때문에 개항 이래

---

68 Vipan Chandra, *Imperialism, Resistance, and Reform in late Nineteenth Century Korea: Enlightenment and the Independence Club*, Institute of East Asian Studies, University of California, Berkeley, 1988, pp.15~16.

69 李玟源, 「대한제국의 역사적 위치」, 『충북사학』, 11·12, 2000, 427~450쪽.

대한제국이 선포되기까지 황제즉위가 필요하다는 주장이 누차 제기된 바 있다.

최초로 이를 주장한 인물은 김옥균(金玉均)으로 파악된다. 그는 갑신정변 당시 청국에 조공하는 허례를 폐지할 것을 주장하였다. 조선 국왕을 청국 황제와 동등한 위치로 격상시켜 자주독립의 상징으로 삼고자 한 것이다.[70] 그러나 정변의 실패로 김옥균 등의 시도는 좌절되고, 오히려 청국의 내정간섭만 확대시켰다. 그 후로는 1892년 조선이 오스트리아와 조약(朝墺修好通商條約)을 체결·비준할 당시 양국 관계자 사이에 언급된 바 있다. 1894년 일본이 개혁을 명분으로 조선의 내정에 간섭할 당시 주한일본공사 오토리 가이스케(大鳥圭介)도 일시 꺼냈다가 유야무야된 적이 있다.[71]

이후 왕후시해 직후의 살풍경한 분위기 속에서 내각에서 다시 거론되어 '일사천리'격으로 가결을 보았다. 황제와 군주의 위치는 서구에서 아무런 차이가 없는 것이지만, 일반 국민은 '황제가 없으면 독립도 없다'는 생각들이니 황제즉위는 반드시 필요하다는 주장이었다.[72] 그러나 러·미·불 측의 외교관들이 먼저 이 문제에 제동을 걸고 나왔다. 일본이 이런 움직임의 배후라고 보았기 때문이다. 실제로 환영해 마지않아야 할 고종도 이를 거부하였고, 내각 인사들 사이에도 이를 두고 논란이 많았다. 결국 일본공사는 이의 추진을 중지하도록 조선 대신들에게 '권고'하였고, 일본 주도의 황제즉위건은 그렇게 무산되었다.[73]

이상을 통해 볼 때 고종의 황제즉위건은 조선과 일본 양쪽에서 때때로 제기하였음을 알 수 있다. 조선 측 인사들은 국가주권 의식을 일반에게 환

---

70 『駐韓日本公使館記錄』 7, 「機密本省往復」(國史編纂委員會, 1989, 明治 30년 10월 25일 機密第71號 皇帝位號ノ起因ニ并其承諾ニ關スル意見; 黃玹, 『梅泉野錄』 上, 韓國學文獻研究所編, 『黃玹全集』 下, 亞細亞文化社, 1978, 993~994쪽.

71 위와 같음.

72 앞의 『尹致昊日記』 4, 74~75쪽.

73 『駐韓日本公使館記錄』 4, 「機密通常和文電報往復」(1988), 1895년 10월 26일발; 위의 『尹致昊日記』 4, 76~80쪽; 金允植, 『續陰晴史』 上, 國史編纂委員會, 1966, 379쪽.

기하고, 왕후를 잃은 고종의 비탄도 위무하자는 뜻도 있던 것으로 보인다. 그러나 일본 측의 목적은 달랐다. '일본이 청국으로부터 조선을 자주독립 시켰다'는 선전 구호임과 동시에, 왕후시해 이후의 사태를 호도하려는 목적이 있었다.[74] 청일전쟁을 '조선을 위한 의전'이라 한 것과 맥락이 같다. 이렇게 볼 때 황제즉위건에 대한 고종의 거부는 일본의 압제에 대한 저항이었고, 열국 외교관의 성토는 일본이 조선에서 마음대로 독주하는 것에 대한 견제였던 것이다.[75]

그로부터 얼마 후 고종이 러시아공사관으로 피신하자 황제즉위건은 다시 등장하였다. 이번에는 주장한 쪽이 과거와 달랐다. 김옥균을 암살한 홍종우 등이 주장하고 나선 것이다.

> 이 임시 왕궁시대에 프랑스로부터 귀국한 홍종우는 일찍이 기계(奇計)로써 김옥균을 상해에 유인하여 살해하였듯이 기지에 능하였는데, 그는 프랑스 선물로 황제즉위식을 거행할 것을 진언하였다. 반역변란당의 화로 과거 일년간 공포와 우울 속에 잠겨있던 국왕에게 제공된 홍종우의 프랑스 선물은 암야(暗夜)의 등화였다.[76]

홍종우는 일찍이 일본을 방문(1888~1890)하였고 프랑스에 유학(1890. 12~1893.7)한 바 있는 신지식인, 나름대로는 국제상황에 대한 인식과 근대화에 대한 생각도 갖고 있었던 인물이다. 그러나 그가 생각한 근대화의 모델은 일본이 아니라 서구 유럽, 그중에서도 제정시대의 프랑스였다.[77] 이렇게 김옥균과 홍종우 양인의 정치적 입장과 구상은 달랐지만, 황제즉위가

---

74 中央研究院近代史研究所 編, 『淸季中日韓關係史料』 8, 臺北, 1972, No. 3412.

75 Allen to Olney, Nos. 160·161, Seoul, Oct. 17·19, 1895, *Despatches from U. S. Ministers to Korea 1883~1905*.

76 菊池謙讓, 『近代朝鮮史』 下, 京城: 鷄鳴社, 1939, 478~481쪽.

77 洪淳鎬, 「韓佛人士交流와 프랑스 顧問官의 來韓」, 『한불수교100년사』, 韓國史研究協議會, 1986, 112~113쪽; 조재곤, 「大韓帝國期 洪鍾宇의 近代化 改革論」, 『擇窩許善道先生停年紀念 韓國史論叢』, 一潮閣, 1992.

필요하다고 본 점은 같았다. 사실 친일파와 친러파 모두 정파는 다르지만 황제즉위 자체를 필요하게 여긴 것은 마찬가지였다.[78] 그러나 고종이 러시아공사관에 피신해 있던 비정상적 상황에서 역시 이 문제가 구체화되기는 어려웠다.

결국 고종의 황제즉위건이 정부 측에 의해 본격적으로 공론화 되어 간 것은 고종이 러시아공사관에서 명례궁(明禮宮, 경운궁, 현재의 덕수궁)으로 환궁(1897.2.20)한 이후이다. 그해 5월(음력 3월) 전군수 정교(鄭喬)와 전승지 이최영(李最榮)을 비롯하여 유학 심의승·권달섭·강무형, 의관 임상준 등이 황제즉위를 요청하는 상소를 마련하였다. 그 내용은 대체로 다음과 같은 것이었다.

> 구주 각국에서 황제와 군주의 위치가 평행하고 그 높음도 대략 같으니 개호(改號)할 필요가 없다는 주장은 동서양 국가의 위호(位號)와 관습의 차이를 알지 못하고 하는 말이다. 하필 동아의 좋은 칭호를 두고 서구의 관습을 따르겠는가. 토지가 넓지 않고 번속(藩屬)을 두지 않았으면 거론할 수 없다고 하는데 이것은 어리석은 자의 망령된 주장으로 족히 변론할 것도 없다.…제국은 구역의 넓고 좁음이나 부속(附屬)의 유무에 무관한 것으로 혹자가 지나(支那)를 통일한 연후에나 의논할 수 있겠다 하는 것은 속유(俗儒)의 어리석은 주장이다. 외국의 인정여부에 관한 의문은 만국통행의 공법을 알지 못하는 자의 말이다. 만국공법을 보건대 존호는 각국이 자주로 하는 것이며, 타국은 이를 좇아 인정할 뿐이니 타국이 인정하고 아니함은 논할 것이 못된다. 동아의 대국인 청국과 일본은 모두 이런 존호를 쓰는데 오직 우리 나라는 아직까지 거행하지 않고 있어 동양국면에 크게 관계가 있다.[79]

이같은 맥락의 상소는 그해 10월 초까지 이어졌다. 그 내용은 대체로

---

78 고종의 칭제건에 대해서는 '친일내각' 인사들뿐 아니라 '친로내각' 인사들도 원했다(『尹致昊日記』 4, 123쪽; Nelson M. Frederic, *Korea and The Old Orders in Eastern Asia*, Batom Rouge, Louisiana State University Press, 1946, p.235; 러시아大藏省編, 『國譯 韓國誌―本文篇』, 韓國精神文化研究院, 1984, 42쪽.

79 鄭喬, 『大韓季年史』 上, 國史編纂委員會, 1957, 161~162쪽.

앞서와 같은 내용이었다. 이를 요약 정리하면 다음과 같다.

> 첫째, 황(皇)·제(帝)·왕(王)은 비록 글자는 다르지만 한나라를 자주하고 독립하여 의지하지 않는다는 점에서 같은 뜻을 지닌다. 제위(帝位)에 오르신다 하여도 만국공법상 조금도 구애됨이 없으므로 정부에서 의논하여 대책을 세우시고 황제의 존호(尊號)를 올림으로서 존군(尊君)하는 여정(輿情)에 부응하시고 문약·의부하는 습관을 깨뜨려야 할 것이다.
> 둘째, 갑오경장 이후 독립의 이름만 있고 독립의 실이 없다. …우리 나라 국민이 문약한 성품으로 의부하는 성습이 멀리는 이천 년, 가까이는 오백 년으로 이를 떨쳐 버려야 할 것이다.
> 셋째, 우리 나라의 의관문물이 모두 明의 제도를 좇아 그 통을 이었다. 따라서 위호를 바로 세우는 일이 불가할 것이 없다. 청이 우리와 동양에 처해 있는 것은 독일·오스트리아가 로마와 인접해 있는 것과 다름이 없다.
> 네째, 우리 나라가 자주독립국임은 만국이 공인하고 있는데 무엇이 두려워하지 못하는가. 우리 나라 강토는 한·당의 옛 땅과 관계있고 의관문물은 송·명의 제도를 모두 좇았으니 그 계통을 접수하여 그 존호를 쓴다 해도 불가할 것이 없다.
> 다섯째, 혹자는 말하기를 왕이나 군은 한 나라를 다스림을 말하고 황제는 여러 나라를 다스림을 말한다 하여 영토를 개척하고 백성을 늘려 여러 나라를 통합한 상태가 아니면 황제칭호의 사용이 불가하다고 한다. 그러나 우리 나라는 삼한(三韓)을 통합한 것이고 육지강토는 4천리요 인구는 2천만에 모자라지 않는다. 오늘날 폐하의 신민된 자가 지존한 존호를 씀에 누가 이를 원하지 않는다는 것인가.[80]

이상에서 보듯이 '황제의 존호를 씀으로써 문약하고 남에게 의지하는 습관을 깨뜨려야 한다'는 것, 갑오경장 당시 밝힌 자주독립의 이름을 황제 즉위를 통해 보다 구체화하자는 것, 우리 나라가 한·당·송의 계통을 이은 명나라의 문물을 좇았으니 그 정통을 이은 나라로서 황제의 존호 사용이 타당하다는 것이었다.[81]

---

80 『高宗實錄』 1897년 9월에서 10월 초의 내용을 참조.
81 『高宗實錄』 1897년 5월 1, 9, 16, 26일.

그러나 이에 대한 반대도 없지 않았다. 보수유생과 서구지향적인 신지식인들의 논리가 그러하였다. 먼저 최익현(崔益鉉)·유인석(柳麟錫) 등 위정척사운동을 전개하던 보수유생들은 존화양이(尊華攘夷)의 관념에 근거하여 고종의 황제즉위건에 대해 비판하였다. 즉 중화의 문명을 이은 우리의 의관문물제도를 바꾸는 것은 불가하며, '서구의 의례에 따라 존호를 바꾸는 것'은 짐승의 제도를 취하는 것으로서, 소중화의 나라에서 황제즉위를 한다는 것은 망령되이 스스로를 높이는 행위라는 것이었다.[82]

한편 윤치호와 같은 서구지향적인 신지식인의 논조도 비판적이었다. 다만 보수유생들과는 논리가 달랐다. 윤치호는 황제즉위란 서구의 열강에게 아무런 의미가 없는 '유명무실'한 조치이며, '외국 군대가 왕궁을 침입하여 국모를 시해하는 마당에 서구 열강 아무도 알아주지 않을 그같은 행사에 재정을 낭비하기보다는 국정의 개선과 효율적 운영을 통해 자주독립의 기초를 다지는 것이 시급하다'는 생각이었다. 즉 빈약한 정부의 재정을 낭비하는 '외화내빈'의 행사보다는 내정에 충실을 기해야 한다는 것이었다.[83]

『독립신문』에서도 비슷한 논조가 우회적으로 펼쳐지고 있었다. 즉 '나라가 자주독립 되는 데는 꼭 대황제가 계셔야 자주독립 되는 것은 아니다. 왕국이라도 황국과 같이 대접을 받으며 권리가 있는 것이다. 지금 조선에 제일 긴요한 것은 자주독립의 권리를 잃지 아니하여야 할 터인즉, 관민이 대군주폐하가 황제 되시는 것을 힘쓰는 것도 옳거니와 제일 자주독립권리를 찾으며 지탱할 도리를 하여야 할 것'이라 하였다.[84] 이것 역시 황제즉위식과 같은 행사보다는 자주독립의 기초를 닦을 수 있는 현실적인 대책이 더 중요하다는 뜻이었다.

---

82 崔益鉉, 『勉菴集』, 麗江出版社, 1990, 89~91쪽; 柳麟錫, 『昭義新編』, 國史編纂委員會, 1975, 62~65·83~84·278쪽.
83 앞의 『尹致昊日記』 4, 72~75·88~120쪽.
84 『독립신문』, 1897년 10월 2일, 「논설」.

그러자 반론이 제기되었다. 장지연(張志淵)·정교(鄭喬) 등 '동도서기'적 입장을 가진 지식인들의 논리가 그러하였다. 이들은 보수유생들의 논리는 너무 고루하고, 윤치호 등의 논리는 시대를 너무 앞질러 간다고 보았다. 전자의 주장에 대해서는 '어리석은 자들의 망령된 주장으로 일고의 가치도 없다'고 반박하였고, 후자의 주장에 대해서는 '청·일 모두 황제·천황을 칭하는데 우리만이 왕(당시 대군주폐하)을 칭하여 비하할 이유가 없으며, 황제가 없으면 독립도 없다는 일반인의 인식을 고려할 때, 우리 군주의 존호도 황제로 높여 쓰는 것이 반드시 필요하다'는 논리를 폈다.[85]

고종이나 정부 측에 설득력 있게 받아들여진 것은 장지연·정교와 같은 지식인들의 논리였다. 그럼에도 정부 측에서는 한동안 황제즉위 건을 보류해 두고 있는 듯하였다. 황제즉위를 요청하는 상소도 5월 이후로는 한동안 뜸하였다. 여론이 무르익기를 기다렸던 것이다. 다른 한편 정부에서는 이 문제에 대한 열국의 반응이 어떠한지를 탐문하였다. 다소 차이가 있었지만 각국은 '이 일이 조선의 자주에 속한 일이기 때문에 굳이 이를 저지하거나 방해하지는 않을 것'이라는 반응이었다.[86] 이후 정부 측에서는 본격적으로 일에 착수하게 되었다.

이상의 전 과정을 놓고 볼 때 고종의 황제즉위건은 조야의 여론을 바탕으로 정부 측이 추진해 갔음을 알 수 있다. 그렇다면 그 핵심에 위치하고 있었던 고종의 생각은 어떠한 것이었을까. 고종은 일찍이 황제즉위건에 대해 관심이 적지 않았다. 고종으로서는 청국과 일본 등 외세의 압제에서 시달리면서 거듭 국가적 위기와 신변의 위협을 경험한 바 있었으며, 게다가 2년 전 왕후를 비명에 잃은 비통함을 잊기 어려웠다.

바로 이러한 현실이 고종으로 하여금 황제 즉위를 모색하게 한 것으로

---

85 張志淵, 「辨贊正崔益鉉論皇禮疏」, 『韋庵文稿』 3, 國史編纂委員會, 1971, 90~91쪽; 鄭喬, 『大韓季年史』 上, 160~162쪽.
86 『清季中日韓關係史料』 8, No. 3439·5050.

보인다. 황제 즉위 건에는 그동안 위축되어 온 군주권의 회복, 비명에 간 왕후의 명예를 회복하고 영혼을 위무하자는 열망, 나라의 총력을 모아 내외 위기에 대응하려는 구상 등이 용해된 것이었다.[87]

이상에서 보듯이 황제즉위에 관한 주장은 초기의 몇몇 인사들로부터 전현직 관료 등으로 확대되어 갔다. 그에 관한 논의는 고종이 환궁한 한두 달 뒤부터 수개월간 간헐적으로 진행되었으며, 황제즉위의 필요성이 논리적으로 정리되고, 반대하는 주장에 대해 하나 하나 비판하는 등 대체로 여론수렴의 형식을 취하고 있었다. 그리고 그 배경에는 국가적 위기를 타개해 보자는 고종과 정부 측의 구상이 깊게 배어 있었다.

이런 과정을 거쳐 그해 8월 연호가 제정되고, 10월 초에 정부백관의 상소가 이어지면서 마침내 고종도 황제즉위건에 대해 재가를 하였다(10.3). 황제즉위식 거행일도 그달 12일(음력 9월 17일)로 확정되어 이 문제는 최종 결말을 보기에 이르렀다.

광무황제 즉위와 대한제국 선포

고종의 황제즉위와 관련해 주목되는 것은 연호의 제정과 환구단(圜丘壇)[88]의 설치 그리고 환구단에서의 황제즉위식 행사 등이다. 조선에 이르기까지 한국의 역대 왕조는 특별한 경우를 제외하면 거의가 중국의 연호를 썼다. 중국의 천하였기 때문이다. 그러나 아편전쟁 이래 중국은 동양의 중심적 역할을 상실해 가기 시작하였고, 청일전쟁에 이르러서는 더욱 그러

---

87 위와 같음; 『尹致昊日記』 5, 98~99쪽; Allen to Sherman, No. 18, Seoul, Oct. 14, 1897, *DUSMK*.

88 환구단은 혹간 원구단이라고도 읽는다. 그러나 1897년 당시의 『독립신문』에서는 환구단으로 거듭 쓰고 있었다. 그 외 몇몇 혼용된 사례를 살펴본 결과 환구단이 보다 바람직한 표기라고 생각한다.(『독립신문』, 1897년 10월 12일, 「논설」)

하였다. 그 결과 조선도 1896년에는 건양(建陽)이라는 새 연호를 쓰게 되었다. 그 점에서 조선은 청국으로부터 '독립했다'고 할 수 있었다.

그러나 이 '조선의 독립'이란 유명무실한 것이었다. 청국의 간섭은 벗어났다 하여도 일본의 간섭으로부터는 자유롭지 못했기 때문이다. 건양이란 연호의 채택도 일본의 간섭하에서 진행되었고, 주상전하(主上殿下)를 대군주폐하(大君主陛下)로, 왕비전하(王妃殿下)를 왕후폐하(王后陛下)로, 왕세자저하(王世子低下)를 왕태자전하(王太子殿下) 등으로 변경한 것도 그러하였다.[89] 이를 두고 '우리 역사상에 등장한 적이 없는 기이한 명칭'이라는 비판도 없지 않았다.[90] 결국 아관파천과 환궁 등을 거치면서 조선이 일본의 구속을 잠시 벗어난 사이 문제의 연호와 존호가 공개적으로 논의되기 시작한 것이었다.

고종은 심순택(沈舜澤)을 의정에 임명하여 황제즉위식에 관한 의례와 그 때까지 미루어 두었던 왕후의 장례식 준비를 착수하도록 하명하였다. 이에 광무(光武)와 경덕(慶德) 두 개의 안을 놓고 건원(建元)건을 상주하였고, 광무를 새 연호로 확정하였다(1897.8.16).[91] 광무라는 연호에는 모든 외세의 간섭으로부터 벗어나 힘을 기르고 나라를 빛내자는 의미가 있었다. 중국사에서 후한(後漢)의 광무제가 한의 부흥을 꾀한 것과도 일면 상통해 보인다.

연호를 제정한 뒤 9월에 들어서면서 정부 관료들이 고종의 황제즉위를 요청하는 상소를 다시 올렸다. 관료·유생들의 상소를 바탕으로 심순택과 조병세·박정양·남정철 등이 고종을 알현하여 거듭 황제로 즉위할 것을 진언하였고, 이수병(李秀丙) 등 성균관 유생들의 상소도 이어졌다. 아홉 번의 사양 끝에 고종은 마침내 이를 재가하였다. 아홉이란 숫자는 동양적 의미로는 가장 큰 수, 사양할 만큼 사양했다는 뜻이니 다분히 의식적이었다.[92]

89 『官報』, 개국 503년 12월 12일.
90 『淸季中日韓關係史料』 8, No. 3430, 5040쪽.
91 『官報』, 건양 2년 8월 14, 17일.
92 『高宗實錄』 1897년 9월 25~30일; 『大韓季年史』 上, 162쪽.

환구단과 황궁우

즉위식 행사는 11일에서 12일에 걸쳐 행해졌다. 황제즉위를 경축하는 태극기가 장안에 물결치는 가운데 치러졌다. 장소는 '환구단', 서울의 남서(南署) 회현방(會賢坊) 소공동계(小公洞契)였다.[93]

원래 환구단은 천하를 다스리는 지상의 황제가 하늘의 신에게 제사를 지내는 단이니 원칙적으로는 황제의 나라에만 존재한다.[94] 그럼에도 우리 나라에서 환구제(圜丘祭)가 제도화된 것은 고려 성종대부터로 보인다. 그러나 고려 전기에 행해졌던 환구단에서의 제천행사는 고려 말기에 와서 배원친명책(背元親明策)을 취한 이후 명나라 사신의 혁파종용과 당시 신진사류층의 성리학적 명분론 등에 의해 폐지되고 말았다. 조선왕조의 건국 이후로도 태종 및 세조 때 기우제 등의 경우에 방편적으로만 거행된 것 외에는

---

93 현재 소공동에 위치한 웨스틴조선호텔(Westin Chosun Hotel) 자리이다. 환구단의 조성 경위에 대해서는 『高宗實錄』 36, 1897년 9월 21일·29일, 10월 1일·12일조 및 『官報』, 광무 원년 9월 21일·10월 4일 「宮廷錄事」 등을 참조.

94 그의 원형은 현재 북경성의 동남부에 위치한 방대하고도 웅장한 규모의 天壇에서 잘 느껴볼 수 있다(望天星·曲維波編, 『天壇』, 北京: 中國世界語出版社, 1996).

황궁우 (황천상제와 태조고황제 등의 위패를 봉안한 곳)

환구제를 국가적 행사로 거행할 수 없었다.[95]

이처럼 중국을 의식하여, 혹은 주자학적인 명분론에 입각한 중화사상에 의해 조선왕조 5백년 동안 행해지지 못했던 제천행사를, 이제 황제즉위식과 함께 환구단에서 행할 수 있게 된 것이었다. 완성된 환구단의 모습을 『독립신문』에서는 이렇게 소개하였다.

> 이전 남별궁 터전에 단을 모았는데 이름을 환구단(圜丘壇)이라고도 하고 황단(皇壇)이라고도 하는데 역군과 장색 천여 명이 한달이 못되어 거의 다 건축을 하였는데 단이 삼층이라. 맨 밑층은 장광이 영척으로 일백 사십 사척 가량인데 둥글게 돌로 쌓아 석자 길이 높이를 쌓았고, 제 이층은 장광이 칠십이 척인데 밑층과 같이 석자 높이를 쌓았고, 맨 윗 측은 장광이 삼십 육척인데 석자 길이로 둥글게 높이를 쌓아서 올렸고, 바닥에는 모두 벽돌을 깔고 맨 밑층 가으로는 둥글게 석축을 모으고 돌과 벽돌로 담을 쌓았으며 동서남북으로 황살문을 하여 세웠는데 남문은 문이 셋이라. 이 단은 금월 십이일에 황제폐하께서 친행하시어 거기서 백관을 거느리시고 황제위에 나아가심을 하느님께 고하시는 예식을 행하실 터이라.(『독립신문』, 광무 원년(1897) 10월 12일, 논설)

환구단은 규모는 작았지만, 대체로 명대와 청대에 걸쳐 중국 천자의 제천행사에 쓰였던 북경의 환구단 형태를 따른 것이었다.[96] 황제즉위식 광경은 서울의 내외국인들에게 좋은 구경거리였다. 먼저 즉위식 전날의 광경에 대해 『독립신문』에서는 이렇게 보도하였다.

> 십일일 밤 장안의 사가와 각 전에서는 등불을 밝게 달아 길들이 낮과 같이 밝았다. 가을 달 또한 밝은 빛을 검정 구름 틈으로 내려 비쳤다. 집집마다 태극 국기를 높이 걸어 애국심을 표하였고, 각 대대 병정들과 각처 순검들이 만일에 대

---

95 韓佑劤, 「朝鮮王朝時代에 있어서의 儒敎理念의 實踐과 信仰·宗敎」, 『韓國史論』 3, 1976; 金泰永, 「圜丘壇」, 『서울市六百年史－文化史蹟篇』, 서울市史編纂委員會, 1987, 201~204쪽; 平木實, 「朝鮮半島における王權－朝鮮王朝時代を中心に」, 松原正毅編, 『王權의 位相』, 弘文堂, 1991.
96 북경의 天壇은 북쪽에 위치한 祈年殿과 皇乾殿, 남쪽에 위치한 환구단과 皇穹宇의 두 부분으로 이루어져 있다.

비하여 절도 있게 파수하였다. 길에 다니던 사람들도 즐거운 표정이었다. 십이일 새벽에 공교히 비가 왔다. 의복들이 젖고 찬기운이 성하였다. 그러나 국가의 경사를 즐거워하는 마음에 젖은 옷과 추위를 개의치 않고 질서 정연히 각자의 직무를 착실히 하였다. 십일일 오후 두시 반 경운궁에서 시작하여 환구단까지 길가 좌우로 각 대대 군사들이 질서정연하게 배치되었다. 순검들도 몇백 명이 틈틈이 벌려 서서 황국의 위엄을 나타냈다. 좌우로 휘장을 쳐 잡인 왕래를 금하였고 옛적에 쓰던 의장등물을 고쳐 황색으로 만들어 호위하게 하였다. 시위대 군사들이 어가를 호위하고 지나갈 때에는 위엄이 웅장했다. 총끝에 꽂힌 창들이 석양에 빛을 반사하여 빛났다. 육군장관들은 금수로 장식한 모자와 복장을 하였고, 허리에는 금줄로 연결된 은빛의 군도를 찼다. 옛 풍속으로 조선군복을 입은 관원들도 있었으며 금관조복한 관인들도 많이 있었다. 어가 앞에는 대황제의 태극국기가 먼저 지나갔고, 대황제는 황룡포에 면류관을 쓰고 금으로 채색한 연을 탔다. 그 뒤에 황태자가 홍룡포를 입고 면류관을 쓴 채 붉은 연을 타고 지나갔다. 어가가 환구단에 이르자 제향에 쓸 각색 물건을 둘러보고 오후 네시쯤 환어하였다.(『독립신문』, 광무 원년(1897) 10월 14일, 논설)

이어 황제즉위식은 다음날 새벽에 고종이 다시 환구단에 나아가 천신에게 고하는 것으로 시작되었다.

십이일 오전 두시 다시 위의를 갖추어 황단에 가서 하느님께 제사하고 황제 위에 나아감을 고했다. 황제는 오전 네시반에 환어했다. 동일 정오 십이시에 만조백관이 예복을 갖추고 경운궁에 나아가 대황제폐하께와 황태후폐하께와, 황태자전하께와 황태비전하께 크게 하례를 올리니 백관이 즐거워들 하더라.(『독립신문』, 광무 원년(1897) 10월 14일, 논설)

환구단에서의 황제즉위식 행사는 동양의 전통적인 양식에 서양의 양식이 일부 혼합된 모습이었다. 이러한 행사는 한·당·송·명으로 이어지는 계통을 우리 나라가 직접 계승하여 의관문물(衣冠文物)과 전장제도(典章制度)를 모두 황명(皇明)의 유제(遺制)를 따랐다고 주장하던 관료와 일부 유생들의 주장과도 부합하는 내용이었다.[97] 즉 한편으로는 만국공법 질서하의 자주독

---

97 『高宗實錄』 1897년 10월 10일.

립한 나라라는 근대적 의식, 다른 한편으로는 명나라의 정통을 우리가 이었다는 '주체적 중화의식'이 뒤섞여 있었다. 이로써 한국사상 초유의 황제국이 탄생하였다. 독립신문에서는 이렇게 보도하였다.

> 광무 원년 시월 십이일은 조선 사기에서 몇 만 년을 지내더라도 제일 빛나고 영화로운 날이 될지라. 조선이 몇 천 년을 왕국으로 지내어 가끔 청국에 속하여 속국대접을 받고 청국에 종이 되어 지낸 때가 많더니(중략) 달 십이일에 대군주 폐하께서 조선사기 이후 처음으로 대황제 위에 나아가시고 그날부터는 조선이 다만 자주독립국뿐이 아니라 자주독립한 대황제국이 되었으니(중략) 어찌 조선 인민이 되어…감격한 생각이 아니 나리오.[98]

열강의 반응과 대한제국 승인

국제법상 한 나라의 성립 자체는 선포로서 효력을 발휘하는 것이므로 대한제국의 성립 여부는 사실상 다른 나라의 승인 여부와는 무관한 것이었다. 그러나 고종의 황제즉위와 대한제국 선포 자체는 실추된 군주의 권위 회복은 물론, 나라의 체통을 살리자는 목적이 있었다. 고종과 정부 관료들서는 각국의 호의적 관심과 승인을 바라는 마음이 간절하였다.

대한제국 선포 직후 정부는 서울 주재 각국 대표에게 이를 알려 본국정부의 승인 여부를 회답하도록 촉구하였다. 그에 따라 각국 정부도 어떠한 형태로든 대한제국 선포에 대한 입장을 표명해야 할 상황이었다. 그런데 각국 대표의 솔직한 반응은 대체로 냉담하였다.[99] 알렌(Horace N. Allen)의 보고에 의하면 이러하다.

---

98 『독립신문』, 1897년 10월 14일, 「논설」.
99 각국의 반응 부분은 일·영·미·러·프·청·독 등 각국의 자료가 약간씩 차이를 보이고 있어 혼란스럽다. 이 중 미·청·영측의 기록은 대체로 일치하고, 일·러·프 측 기록은 앞뒤 모순되는 부분이 적지 않다.

일본 측은 전에 이 조치를 주장하였지만, 근래에는 반대하여 온 것으로 안다.
러시아 측은 전에 이에 반대하였지만, 이제 그 반대를 철회하였음이 틀림없다.
독일과 영국 대표는 이를 반기지 않고 있다.[100]

황제즉위식 당일 참석 여부를 놓고 서울주재 각국 외교대표들 사이에
갑론을박이 있었던 것이나, 각국 정부가 이의 승인 여부를 놓고 즉각 반응
을 보이지 않고 다소간 뜸을 들인 것도 이 같은 입장과 무관하지 않았다.[101]
이러한 반응을 보인 원인은 대한제국 선포 자체가 각국이 적극 환영하
고 나서기에 다소 꺼려지는 점이 있었기 때문이다. 왜냐하면 독립문이 상
징하듯 대한제국 선포와 황제즉위 자체는 청국으로부터의 자주독립뿐만이
아니라, 일본, 러시아 나아가 모든 나라로부터의 자주독립을 뜻함과 동시
에 모두가 한국 내정에 간섭하지 말라는 뜻을 담고 있었기 때문이다.
서구 각국의 외교관들 사이에는 대한제국의 선포를 1루불의 가치만도
못하게 여긴다거나 동전 한 닢만도 못하게 여긴다는 말도 오갔다. 주한일
본공사의 보고에서는 고종의 황제즉위 추진과 왕후의 황후례에 따른 장례
식 계획을 부화허식(浮華虛飾)의 망상이라고까지 하였다.[102] 심지어 일본의
한 신문에서는 대한제국의 선포에 대해 우롱하는 기사까지 실었다. ‘대한
제국을 선포했지만 과연 대한이 독립국이냐’는 것이었다.[103]
그러자 서재필과 윤치호 등은 『독립신문』을 통해 그 같은 일본 언론의
내용은 헐뜯기 좋아하는 글쟁이의 말이라고 반박하였다. ‘대한은 약소국이
기는 하나 남의 속국이 아니다. 벨기에나 희랍, 화란, 튀르키예나 마찬가
지이다. 대한은 어느 나라와 마찬가지로 동등한 권리를 가지고 있다. 다만

---

100 Allen to Sherman, No. 14, Seoul, Oct. 5, 1897, *DUSMK*.
101 Allen to Sherman, No. 18, Seoul, Oct. 14, 1897, *DUSMK*.
102 『駐韓日本公使館記錄』 7, 「機密本省來信」(國史編纂委員會, 1989), 明治 30년 9월 27
일, 機密第61號 王妃葬式延期 ノ 原因.
103 *The Independent*, 1897년 10월 21일.

인민이 아직 열리지 않았을 뿐이다.'[104]

그러나 이 같은 비공식 차원의 비방과는 별도로 각국은 대한제국의 등장을 직·간접으로 승인하였다.

먼저 일본은 신속히 '대한제국황제'를 지칭하면서 고종의 황제즉위와 대한제국 선포를 간접적으로 승인하는 의사를 표하였다. 일본은 청일전쟁 직후 한동안은 대외적 선전을 위해 고종의 황제즉위를 종용하기도 하였지만, 아관파천 이후 상황이 바뀌자 태도를 바꾸어 이를 반대하였다. 일본은 특히 고종의 환궁 이후 진행되는 황제즉위 논의에 대해 비판적이었다. 황제즉위건을 부화허식의 망상이라고 비방하였고, 일본외상 오쿠마 시게노부(大隈重信)는 주한일본공사에게 조선의 황제즉위건 추진을 철회하도록 공작하게 한 일도 있었다.[105]

그러나 일단 황제즉위가 실현되자 일본은 공식 입장을 바꾸었다. 한국정부에서는 대한제국 선포 직후 타계한 왕후를 명성황후로 추존하여 장례식을 준비하고 있었다. 이때 일본에서는 주한변리공사 가토 마스오(加藤增雄)를 특사로 임명하였다. 장례식에 참석한 가토는 조정의 대신들에게 냉대를 받았다. 명성황후시해와 그 직전 일본의 경복궁 침략에 대한 분노 때문이었다. 이때 가토는 천황의 조위국서를 전하였다. 국서에는 '대한국대황제폐하', '대황후폐하'라는 호칭을 쓰고 있었다. 각국의 호의적 반응을 고대하던 고종과 대신들은 일본이 대한제국을 승인했다 하여 그에 대한 냉대를 누그러뜨리는 모습도 보였다.[106]

---

104 *The Independent*, 1897년 10월 21일.

105 Lowther to Salisbury, No. 125, Tokio, Oct. 1, 1897. *F. O. 405 – Part X*. 주한 영국영사 조단은 2년전(1895)에 일본의 고무에 의해 이같은 변화의 움직임이 있었으나 일본이나 다른 나라 모두 이를 환영하지 않고 있음이 분명하다고 보고하고 있다 (Jordan to MacDonald, Inclosure 1 in No. 142, Seoul, Oct. 5, 1897, *F. O. 405 – Part X*).

106 『高宗實錄』 1897년 11월 22일; 黃玹, 『梅泉野錄』, 220~221쪽; Allen to Sherman, No. 34, Seoul, Nov. 13, 1897, *DUSMK*.

일본의 대한제국 승인 소식은 즉시 한국의 신문에 실렸다. 일본은 누적된 한국민의 반일감정을 무마하고, 한국정부의 반감을 무마하려던 목적을 일부 이룬 셈이었다.[107]

다음으로 러시아·프랑스 양국은 대한제국 선포를 공식문서를 통해 명쾌하게 승인하고 축하하였다. 앞서 고종은 러시아의 국호 명명일에 즈음하여 이를 축하하는 전문을 러시아에 보냈고, 러시아황제(니콜라이 2세)는 '대한국대황제폐하'의 호의에 감사한다고 회답해 왔다(12.19). 얼마 후 러시아황제는 다시 공문을 보내어 고종의 황제즉위를 축하하고 승인한다고 표명하여 한국 조정의 환영을 받았다.[108] 러시아공사와 보조를 맞추던 주한프랑스공사 플랑시(V. Collin de Plancy, 葛林德)도 황제즉위를 승인, 축하하는 공문을 전해왔다.[109]

러시아로서는 대한제국 선포가 자국의 간섭을 벗어나자는 의미도 있는 점에서는 불만이었지만, 대한제국 선포는 러시아 측에 긍정적인 면도 있었다. 러시아가 한국에서 우위를 확립하고 있는 상황이니, 한국이 자주독립국임을 선언한 것은 러시아가 한국의 자주독립을 위해 기여했다는 선전효과도 있었고, 한국은 자주독립국이니 러시아 외에 더 이상 다른 외국은 내정에 간섭해서는 안 된다는 뜻도 지닌다고 보았던 것이다.

아관파천 이전에 일본이 취했던 태도나 마찬가지로 러시아 역시 '이

---

107 Allen to Sherman, No. 34, Seoul, Nov. 13, 1897, *DUSMK*;『駐韓日本公使館記錄』7,「本省往來信」, 明治 30년 10월 18일, 發第64號 大君主陛下ヘ謁見幷ニ稱號ニ關スル御祥文送附ノ件 및「機密本省往復」, 明治 30년 10월 28일, 機密第73號 王妃葬式期幷ニ參禮者ニ關スル意見書.

108 『官報』, 광무 원년 12월 30일.『舊韓國外交文書』,「俄案」1(高麗大 亞細亞問題硏究所, 1968)(이하『俄案』1의 형식으로 표기함), No. 953, 1897년 12월 31일, 士貝耶 → 趙秉式,〈皇帝位號의 致賀〉. Allen to Sherman, No. 54, Jan. 2, 1893, *DUSMK*; 鄭喬,『大韓季年史』上, 171쪽.

109 『法案』1, No. 867, 1898년 3월 5일, 葛林德 → 閔種默, 皇帝位號上請通告件에 대한 致賀回信.

중논리'(二重論理)를 가지고 있었다.[110] 당시 러시아의 군사고문과 재정고문 고빙문제로 한국조정을 뒤흔들어 놓고 있던 주한러시아공사 스페이에르 (Alexis de Speyer)가 이 문제에 대해서만큼은 결정적으로 제지를 하지 않은 것도 그 점에 이유가 있었다고 보아진다.[111]

그 다음, 영국의 경우는 공식적인 입장 표명이 뚜렷하지 않았다. 다만 자국의 외교적 이해와 관련하여 다음해 3월 주한영국총영사 조단(Jordan)의 직함을 공사로 승임시킨 것이 주목되는 일이었다. 대한제국 정부는 영국이 상주 외교대표급이 아닌 총영사를 파견한 데 대해 정규대표의 파견을 거듭 촉구해 왔다. 러시아와 프랑스는 서울에 공사(Minister)급 외교관을 파견하고 있었고, 일본과 미국도 대리공사(Charge's d'Affaires)급의 외교관을 파견하고 있었기 때문이다. 대한제국 정부는 영국이 한국을 낮게 본다고 생각한 것이다.

주한영국영사 역시 서울에서 타국 외교관에 비해 서열이 낮고 한국정부 측에 그렇게 비쳐져 자신의 업무수행에 적지않은 지장을 받고 있었다. 가령 1897년 가을 러시아의 고위 세무관리 알렉시에프(Kir Alexeiev)가 서울에 온 이후 브라운의 해고문제로 논란이 되었을 때 조단은 다른 나라 외교관들처럼 외교대표의 자격으로 행동하는 데 불편이 없지 않았다. 게다가 고종을 알현하는 것조차 러시아 측의 방해를 받았다.

그 외에도 조단으로서는 불편한 것이 한두 가지가 아니었다. 서울 주재 영국영사는 북경주재 영국공사를 거쳐 영국의 외무성에 업무를 보고하고 또한 북경의 영국공사를 통하여 본국의 훈령을 받았다. 결국 조단은 주한 영국외교대표부의 격이 낮은 데 대한 한국정부의 경시와 외교업무 수행상의 불편 등을 이유로 공사로 승임시켜 줄 것을 요청하였다.[112] 이에 영국정

---

110 Nelson, *Op. cit*, pp.235~240.
111 李玟源, 앞의 「大韓帝國의 成立過程과 列强과의 關係」, 117~145쪽.
112 MacDonald to Salisbury, No. 78, Peking, Feb. 16, 1898, *F. O. 405－Part XI.*

부는 마침내 주한외교관을 영사급에서 공사급으로 승임시켜 주었고, 한국 정부도 영국이 한국을 이전보다 중시한다고 여겨 크게 만족하게 여겼다.[113]

다음으로 미국의 반응이다. 미국은 고종의 황제즉위에 대한 열국의 반응과 동정을 즉시 보고하라 지시할 만큼 관심을 기울여 왔다. 그러나 러시아와 일본이 승인했다는 보고를 접한 후에도 사태를 관망하는 입장이었다.[114] 이에 한국의 외부대신이 미국정부의 분명한 입장표명을 누차 촉구하자 알렌은 난처한 입장이었다. 알렌은 '우리 정부에서는 기꺼이 황제의 존호사용을 승인하였지만, 아직 공식적으로 고종에게 축하를 하도록 훈령을 내리지는 않았다'고 궁색한 답변을 반복하였다.[115]

그러나 알렌의 말은 어디까지나 본국의 방침을 헤아려 스스로 한 표현에 지나지 않았고, 그때까지 당시 미국무부에서 그러한 지시를 내린 기록은 보이지 않는다. 이후 대원군의 홍서(薨逝)하자 미국대통령이 보낸 조위 전문에서 '대황제폐하'를 언급함에 이르러 미국정부의 간접적인 승인을 확인하게 되었다.[116] 그 후 미국정부는 입장표명을 거듭 요청한 알렌의 보고를 접한 뒤 1898년 3월 29일 자 훈령에서 공식축하의 뜻을 한국정부에 전하도록 알렌에게 지시하였다.[117]

알렌의 직함은 1900년에 가서 약간의 수정을 보게 된다. 즉 '대미흠명주차조선편의행사대신 겸 총영사 안련'(大美欽命駐箚朝鮮便宜行事大臣 兼 總領事 安

---

113 『英案』 1, No. 1333, 1898년 3월 9일, 朱邇典 → 閔種黙, 朱總領事의 公私陞任事. Allen to Sherman, No. 84, Seoul, March 11, 1898, *DUSMK*.

114 Sherman to Allen, No. 25, Washington, Nov. 30, 1897, Diplomatic Instructions from the Department of State to U.S. Ministers to Korea, 1883~1905(*National Archives M. F. Record Group* No. 77 : 이하 *DIDUSMK*로 칭함).

115 Allen to Sherman, Nos. 34·50·54·56·72, Nov. 13, Dec. 23, 1897, Jan. 2, Feb. 12, 1898, *DUSMK*.

116 Allen to Sherman, No. 72, Seoul, Feb. 12, 1898, *DUSMK*.

117 『美案』 2, No. 1696, 1898년 12월 26일, 安連 → 閔種黙, 大院君薨逝에 대한 美大統領弔電傳達의 件; Sherman to Allen, No. 25, Washington, March 29, 1898, *DIDUSMK*.

連)에서 '대미흠명주차한성편의행사대신 겸 총영사 안련'(大美欽命駐箚漢城便宜
行事大臣 兼 總領事 安連)으로 변경된 것이다. 조선이란 국호를 서울의 한문 이
름인 한성(漢城)으로 대치하면서 대한국(大韓國) 혹은 한국이란 국호를 피하
여 표기한 것이 매우 흥미롭다.[118]

　　독일의 경우 황제즉위건에 대해 직접적인 승인의 행위나 축하의 의사
표시가 있었던 것으로 보이지는 않는다. 다만 주한외교대표의 직함 중 조
선을 계속해서 고집했던 미국과 달리 이를 한국으로 고쳐 씀에 따라 간접
적인 승인의 의사를 표현한 것으로 받아들여졌고, 한국정부와도 별다른 마
찰은 보이지 않았다.

대한제국과 대청제국의 평등조약

　　고종의 황제즉위와 대한제국 선포에 대해 매우 난감했던 것은 청국 측
이었다. 조선왕조 5백년간 명나라와 청나라 양대에 걸쳐 사대와 조공을 해
온 나라가 조선이었다. 중국 주변의 여러 나라도 조공을 해 왔지만, 그중
에서도 조선은 중국과 조공과 책봉의 사대의례 관계가 가장 충실하고도 장
기간 지속된 관계였다. 임진왜란 당시는 명나라가 원병을 파견하여 조선군
과 함께 왜군을 축출하여 나라를 부지할 수 있었다. 명나라는 조선을 다시
일으켜 세우도록 은혜를 베푼 나라, 즉 '재조지은'(再造之恩)의 나라였다.[119]

　　한편 대륙에서 명나라를 무너뜨리고 만주족이 흥기하며 새로이 들어서
게 된 청국은 초기에는 조선과 적대 관계였다. 그 결과 정묘호란과 병자호
란을 통해 조선이 많은 피해를 입고 고통을 받았다. 그러나 전란이 끝나고

『美案』 3, No. 2226, 1900년 10월 3일, 安連 → 朴齊純, 美人스웨러路照申請.
韓明基, 「임진왜란 시기 '再造之恩'의 형성과 그 의미」, 『東洋學』 29, 檀國大學校 東洋學
　　　研究所, 1999, 119~136쪽.

나서는 매년 청나라에 조공을 하고 사대를 해왔다. 조선으로서는 재조지
은의 나라인 명을 무너뜨리고, 조선을 침략하여 많은 피해를 안겨 준 청에
대해 내면으로는 굴복하지 않고, '복수설치'(復讐雪恥)하려는 유자들의 의식
이 없었던 것도 아니다. 그러나 이런 적대적 자세와 달리 조선 후기로 가
면서 청나라의 선진문물, 즉 북학(北學)을 중시하는 개명된 이들도 등장하
고 있었다.

　　조선이 개항할 무렵 청국은 조선에 일본과의 통상수교를 권하고, 미국,
영국 등 서국 열강과도 수교를 권고하는 등 조선의 상국으로서 역할을 톡
톡히 하였다. 다만 이미 세계 각국이 만국공법을 수용하여 나라 사이에 평
등한 조약을 체결해 가던 당시의 상황에서 청국은 조선의 서구화 진행을
방해하는 결정적 방해꾼이었다.

　　다른 한편 임오군란, 갑신정변, 거문도사건 등의 사례에서 보듯 청국은
때로는 군사적 지원을 요청해야할 상국이면서도 조선에 내정 간섭을 강화
하던 불편한 이웃이었다. 조선은 청국에게 19세기 말까지 남은 마지막 조
공국이자 지정학적으로 가장 중요한 번방이었다.

　　바로 이런 위치의 조선이 1897년 황제의 나라가 되어 청국과 대등한
자격을 스스로 선언하였으니 청국은 당연히 불쾌했을 것이다. 실제로 청
국은 대한제국 선포에 대해 노골적으로 거부반응을 보였다. 청국은 고종의
황제즉위를 '망자존대'(妄自尊大), 즉 함부로 스스로를 높였다고 비난하면서
청일전쟁의 패배보다 더욱 모욕적인 일로 여겼다.[120]

　　그런데 청일전쟁 당시 원세개가 서둘러 귀국하면서 청국의 실제적인
영사 업무는 청국의 요청으로 주한영국영사 힐리어(Walter C. Hillier)와 조단
등이 맡고 있었고, 1897년에는 당소의(唐紹儀)가 총상동(總商董), 즉 총영사
의 자격으로 비공식적으로 서울에 와서 근무하고 있었다. 현실적으로 한

---

120 『淸季中日韓關係史料』 8, No. 3412, 5009쪽 및 No. 3439, 5050쪽.

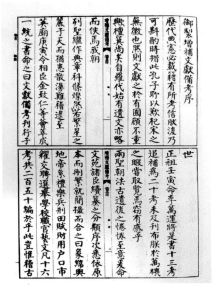

대한국·대청국 통상조약 (1899)
한·청 양국이 처음으로 맺은 평등 조약

「증보문헌비고」의 서문

국과 청국의 양 국민 사이에는 홍삼과 비단 등 각종 물품의 무역거래가 이루어지고 있었다. 때문에 청일전쟁 이래 방기된 무역 업무에 대해 양 측은 별도로 상무조약을 체결할 필요가 있었다. 그러자면 새로이 외교관계가 수립되어야 했다.[121]

그러나 새로이 조약을 맺는다는 것은 청국이 대한제국 황제를 인정하지 않고는 불가능한 것이었다. 그렇다고 마냥 방치할 수도 없는 문제였다. 청국 조정에서는 의론이 분분하였다. 자존심은 상하지만 한국에서 활동하고 있는 청국상인의 보호를 위해 대한제국을 인정하고 관계를 재조정해야 한다는 이홍장 등 대신 측과 조선이 감히 황제를 칭하다니 '괘씸하고 불쾌하다'는 공친왕 등 황실 측의 주장이 팽팽하게 교차되었다.

---

121 李求鎔, 「朝鮮에서의 唐紹儀의 活動과 그 役割」, 『藍史;在覺博士古稀記念 東洋史學論叢』, 高麗苑, 1984.

한동안은 황실 측의 주장이 우세하여 진전이 없었다. 그러나 조정의 의론에 영향을 미치던 공친왕이 사망하면서 이홍장의 주장이 수용되었다. 마침내 1899년 대한제국 황제와 대청제국 황제의 명의로 '대한국·대청국통상조약', 요컨대 '한청통상조약'(韓淸通商條約)이 체결되었다.[122]

한중관계사상 처음으로 한국과 중국이 대등한 입장에서 체결한 근대적 조약이자, 전래의 불균등한 양국 관계를 청산하고 근대적 의미의 외교사절을 교환한 획기적 변화였다. 이후 청국 사절은 경운궁을 예방하여 고종에게 알현례를 행하고 외국사절로서 신임장을 제정하였다. 청국의 사신이 한국의 군주를 황제의 예로 알현한 것은 역사상 처음이었다.

---

122 權錫奉, 「清日戰爭 以後의 韓清關係의 研究(1894~1899)」, 『清日戰爭을 前後한 韓國과 列强』, 韓國精神文化研究院, 1984; 權錫奉, 「韓·清通商條約의 締結」, 『동방학지』 54, 55, 56, 1987, 87~140쪽; 은정태, 「1899년 한,청통상조약 체결과 대한제국」, 『역사학보』 186, 2005.

3
대한제국의 체제정비와 황제의 정책 방향

대한국국제와 황제체제의 정비

앞서 언급했듯이 고종의 황제즉위를 지지한 것은 정부대신, 전직 관료, 관학 유생 등이었다. 그 논리를 뒷받침해 준 것은 장지연·정교 등 '동도서기'(東道西器)의 흐름을 이은 지식인들이었다. 이들이 '칭제건원'(稱帝建元)을 주창하고 추진한 배경에는 실추된 나라와 군주의 권위를 회복하고, 군주에게 권력을 집중시켜 국가정책을 강력히 수행해 가자는 뜻도 있었다. 대외적으로는 자주독립을 지향하면서, 대내적으로는 황제를 구심점으로 부국자강을 추진하자는 것이었다. 이를 위해 제정한 것이 대한국국제이다.

1899년 8월 17일 대한제국 정부에서는 총 9개조의 '대한국국제'(大韓國國制)를 반포하였다.[123] 대한국국제는 법규교정소(法規校正所)에서 제정하여

---

123 제1조 大韓國은 世界萬國에 公認되온 바 自主獨立하온 帝國이니라. 제2조 大韓國의 政治는 由前則五百年 傳來하시고 由後則亘萬世不變하오실 專制政治이니라. 제3조 大韓國大皇帝께옵서는 無限하온 君權을 享有하옵시나니 公法에 謂한 바 自立政體이니라. 제4조 大韓國臣民이 大皇帝의 享有하옵시는 君權을 侵損하는 행위가 有하면 其已行未

황제가 선포한 것이다.

법규교정소는 법률사항을 심의하기 위해 1897년 설치된 교전소를 1899년에 개편한 것이었다. 김병시, 조병세 등 원로대신들과 김영수, 박정양, 윤용선, 이완용, 민영준 등의 고위 관료들이 참여하였고, 실제의 법규 제정 작업은 르젠드르, 그레이트하우스, 브라운 등 외국인 고문들과 서재필, 김가진, 권재형, 이채연, 윤치호, 이상재 등이 실무진으로 참여하였다.

대한국국제 골자는 대한은 자주독립한 제국이며 황제는 무한불가침의 군권을 향유한다는 것, 요컨대 입법·사법·행정·선전과 강화 등에 관한 전권을 갖는다는 내용이다. 갑오경장 당시 위축된 군권을 복구하여 황제가 모든 권한을 장악함으로써 전제화를 꾀한 것이었다. 복고적이기는 했지만, 외압으로 군권이 과도히 침해된 데 대한 반작용이기도 했다.

대한국국제는 황제가 친히 정한 법이었다. 현대국가의 헌법에 해당하는 대한제국의 국가 기본법이다. 그러나 대한국국제에는 황제의 대권만 규정되어 있고, 국민의 권리에 대한 규정이 없다. 이 점에서 근대적 의미의 헌법과는 다소 괴리가 있다. 다른 한편 조선왕조에서는 군주권을 규정하지 않고도 제왕의 법을 행사한 것에 비해 이 시기에 이르러 군주의 대권을 명문화 한 점은 아쉬운 대로 한걸음 나아간 셈이라고 할 수 있다.

이후 대한제국 정부는 체제정비 사업의 일환으로 『대한예전』과 『증보문헌비고』 등을 편찬하였다. 『대한예전』은 대한제국의 각종 의례를 황제체제

行을 물론하고 臣民의 도리를 失한 자로 認할지니라. 제5조 大韓國大皇帝께옵서는 國內 陸海軍을 統率하옵서 編制를 정하옵시고 戒嚴解嚴을 命하시나니라. 제6조 大韓國大皇帝께옵서는 法律을 制定하옵서 其 頒布와 執行을 명하옵시고 萬國의 公共한 法律을 效倣하사 國內法律도 개정하옵시고 大赦 特赦 減刑 復權을 命하옵시나니 公法에 謂한 바 自定律例이니라. 제7조 大韓國大皇帝께옵서는 行政 各 府部의 관제와 文武官의 俸給을 制定 혹 改正하옵시고 행정상 필요한 각항 勅令을 發하옵시나니 公法에 謂한 바 自行治理이니라. 제8조 大韓國大皇帝께옵서는 文武官의 黜陟任免을 行하옵시고 爵位 勳章 及 기타 榮典을 授與 혹 遞奪하옵시나니 公法에 謂한 바 自選臣工이니라. 제9조 大韓國大皇帝께옵서는 各有約國에 使臣을 派送駐札케 하옵시고 宣傳講和 及 諸般約條를 締結하옵시나니 公法에 謂한 바 自遣使臣이니라.

에 부응하여 정비하고자 한 것이었다.

조선의 국가 예제는 『국조오례의』, 『속오례의』, 『속오례의보서례』 등에서 규정했고, 문물, 제도의 연혁에 대해서는 『춘관통고(春官通考)』에서 밝혀 놓았다. 그런데 이들은 황제국가가 아닌 제후국의 형식에 해당하는 의례 절차였다. 고종의 황제즉위와 대한제국의 선포에 따라 독립된 황제국가의 형식에 맞추어 국가 예제를 정비할 필요가 있었다. 그에 따라 종래의 예전을 바탕으로 이를 버리거나 수정, 보충하여 낸 것이 『대한예전』이다.[124]

『대한예전』에서는 이전의 오례와 비교하여 몇 가지 중요한 차이가 있었다.

우선 황제체제에 따른 호칭의 변경이다. 『국조오례의』에서는 왕·왕비·왕대비·왕세자 등으로 쓰인 것을 이 책에서는 황제·황후·황태후·황태자 등으로 고쳐 썼다.[125] 근정전(勤政殿)을 태극전으로, 전(箋)을 표(表)로, 교서(敎書)를 조서(詔書)로, 재계(齋戒)를 서계(誓戒)로, 오사(五祀)를 칠사(七祀)로 변경시켰다.

다음으로 제도의 신설이다. 평상시에 근정전이나 일반 궁전에서 거행하던 즉위식을 천제를 지내는 환구(圜丘)에 나가서 즉위하도록 신설했고, 매년 동짓날에 제사를 지내도록 천제의 제도를 신설했다.[126] 아울러 면복

---

124 그 내용은 황제즉위에 관계되는 의식, 가령 축판(祝版), 단묘도설(壇廟圖說), 각궁묘(各宮廟), 천신서물(薦新庶物), 대부사서인시향(大夫士庶人時享), 아부악현도설(雅部樂懸圖說), 정대업지무의물(定大業之舞儀物) 등, 제복도설(祭服圖說), 의장도설(儀仗圖說), 노부(鹵簿), 집사관(執事官), 관복도설(冠服圖說), 악기도설·준작도설(尊爵圖說), 속부악장(俗部樂章), 전정궁가도설(殿庭宮架圖說), 고취도설(鼓吹圖說), 무도(舞圖), 정지성절조하도(正至聖節朝賀圖), 납후제문(納后制文) 등 혼서식, 빈례서례(賓禮序例), 국서식(國書式) 등의 길례, 흉례, 가례, 빈례, 군례 18편이다. 일부 관련 연구로는 박례경, 「조선시대 國家典禮에서 社稷祭 儀禮의 분류별 변화와 儀註의 특징」, 『奎章閣』 29, 2006; 홍종진, 「社稷祭의 變遷에 대한 硏究 : 樂·歌·舞를 中心으로」, 성균관대학교 동양철학과 박사학위논문, 2011 등을 참조.

125 임민혁, 「高·純宗의 號稱에 관한 異論과 왕권의 정통성―廟號·尊號·諡號를 중심으로」, 『史學研究』 78, 2005.

126 그 외 아부악현에서 환구에 대한 등가(登歌)와 궁가(宮架), 문무(文舞)와 무무(武舞)를 신설했고, 의장(儀仗)에서 홍문대기(紅門大旗)와 백택기(白澤旗)·삼각기(三角旗)·각단기(角端旗)·용마기(龍馬旗)·천하태병기·현학기(玄鶴旗)·백학기(白鶴旗)·가귀선인기(駕龜仙人旗)·벽봉기(碧鳳旗)·군왕만세기(君王萬歲旗)·후전대기(後殿大旗)·교룡기(交龍旗) 등을 증설했다. 일부 관련 연구로는 이정희, 「대한제국기 고종황제의 행차와 악

(冕服)과 관복의 제도를 증설하고, 황자와 황녀의 혼서식을 새로 정했다. 그 외 외국 사신을 접견하던 과거의 빈례 방법을 폐지하고, 사신의 등급과 접대원 수와 향연에 관한 절차 등도 황제국가의 제도에 부응하여 새로 정하였다. 청국과의 국서 양식도 상국을 대하던 형식에서 대등한 위치에서 주고받는 국서 형식을 취하였다.

그 다음으로 불필요한 제도의 폐지가 있었다. 정월과 동짓달 및 중국 황제의 탄일에 궁중에서 중국 쪽을 향해서 행례하던 망궐행례(望闕行禮)와 천추절(千秋節)에 행하던 망궁행례, 조서와 칙서를 받던 영조(迎詔)·영칙(迎勅)의 절차, 표문을 올릴 때 행하던 배표(拜表)의 절차, 중국 사신을 접대하기 위해 행하던 각종 절차, 중국 황제의 사후에 행하던 '위황제거애'(爲皇帝擧哀) 등의 절차도 폐지하였다.[127]

한편『증보문헌비고』편찬은 황제국이 등장하면서 5천년 전래의 제도와 의례 등 각종 역사문화 자산을 새로이 총 집대성하는 차원에서 수행된 작업이었다. 이의 편찬에 참여한 실무급 인사들은 장지연, 김택영, 김교헌 등 국가의 전례와 역사, 문화에 깊은 소양이 있는 인사들이었다. 이들 중 일부는 후일 단군을 민족의 시조로 받들며, 독립운동과 한국의 언어 역사 편찬에 매진하여 일제하에 오히려 국학의 붐을 일으키는 계기가 되었다.[128]

정부의 산업화 정책과 광무개혁

대한제국 정부의 정책 방향은 옛 법을 본으로 삼고 신식을 참고한다 하였다. 구본신참(舊本新參)이 그것이다. 권력의 구조는 내각체제 대신 의정부

대」,『韓國音樂史學報』53, 2014 등을 참조.

127 김문식, 「조선시대 國家典禮書의 편찬양상」,『藏書閣』21, 한국학중앙연구원, 2009, 79~104쪽.

128 이민원,『조완구-대종교와 대한민국임시정부』, 역사공간, 2012, 제5장을 참고.

체제로 틀을 잡고, 황제를 중심으로 중앙 권력을 강화하는 방향이었다.[129] 이를 위해 황실 사무를 관장하는 궁내부의 기능을 강화하고, 산하의 내장원에 많은 역할을 부여하여 각종 근대화 사업에 필요한 재원 확대를 추구하는 형식이었다.

정부의 정책은 개혁적인 면과 복고적 색채가 부분적으로 공존하였다. 고종이 러시아공사관에 머물 당시 추진한 개혁에서도 그런 측면이 잘 엿보였다. 국가의 각종 제사와 음력의 사용 등을 부분적으로 복구한 것, 중앙과 지방의 제도를 개편하여 내각을 의정부로 하고, 23부를 13도로 한 것 등이 그러하다.

이 중 유교와 도교의 양식이 가미된 국가 의례와 황실의 역대 조상에 대한 제례 등은 황권의 정통성에 관한 일이었으므로 아무리 근대화와 개혁을 지향한다 해도 피할 수 없는 의례였다. 제왕적 유교 국가의 한계라 할 수 있다.

이 시기에 고종이 내각제도 대신 의정부를 선호한 데에는 몇 가지 이유가 있었다. 대체로 일본이 한국의 내정에 개입해 올 때 내각제도가 선호되었다. 반면 러시아가 한국에서 영향력이 우세할 때에는 의정부체제가 유지되었다. 대체로 일본 측은 고종의 권력을 축소하여 자국에 유리한 정책을 수행하려 하였고, 러시아는 그와 정반대 입장이었다.

청일전쟁 이후 대한제국기에 이르기까지 내각제도와 의정부제도가 거듭 반복되었으나, 고종은 결국 의정부 체제를 유지하고자 하였다. 내각제도에서는 고종의 군주권을 제한하는 방향으로 정책이 추구되었고, 의정부체제에서는 내각 관료의 위에 의정부가 존재하는 형식이었고, 의정부 자체는 고종의 권위나 결정을 넘어선 정책 결정을 할 권한이 없었다.[130] 이 점

129 장영숙, 『고종의 정치사상과 정치개혁론』, 선인, 2010, 271~350쪽.

130 왕현종, 「대한제국기 입헌논의와 근대국가론」, 『한국문화』 29, 2002; 왕현종, 「고종의 근대국가 구상과 대한제국의 위상」, 『근대 이행기의 군주제』, 역사학회, 2010,

에서 대한제국은 입헌군주제 대신 절대군주제의 국가형태를 추구했음을 잘 보여준다.

한편, 고종은 궁내부의 강화와 함께 황실의 재정 확대를 위한 몇 가지 조치를 취하였다. 탁지부 또는 농상공부에서 관할하던 전국의 광산·철도·홍삼제조·수리관개사업 등을 궁내부 내장원에서 관할토록 이관시켰다. 수입은 정부의 예산과 관계없이 황제가 내탕금으로 전용하게 하였다. 황실에서는 직접 광산 등을 관리하고 직영도 하였다. 황제가 전면에 나서서 국가의 산업을 황실의 산업과 동일한 가치를 두고 이끌어 가는 형식이었다.

군사력 강화는 황제의 신변안전과 국방력 강화와 관련되어 꾸준히 개선이 시도되었다. 황제가 육해군을 직접 통수하는 체제에 의거하여 군부 외에 별도로 원수부를 설치하였다. 황제가 직접 서울과 지방의 모든 군대를 지휘하게 하였다. 1900년 6월에는 원수부 내에 육군헌병대를 설치하여 전국 군대의 헌병업무를 관할토록 하였다. 시위기병대가 설치되고 병력이 일부 증강되기도 하였다. 서울의 진위대가 개편, 증강되고, 2개 연대의 시위대가 창설되었다. 호위군도 호위대로 개편, 증강되었다.

지방군도 증강되어 1895년에는 평양·전주의 진위대가 있었을 뿐인데 반해 2개 진위대와 14개 지방대대로 늘어났고, 다시 6개 대대의 진위대로 통합 개편되었다. 그러나 중앙군이든 지방군이든 이들 모두 국방의 기능을 수행하기에는 미흡하였다. 무엇보다 재정의 부족으로 조직적, 효율적인 군사 양성을 기대하기 어려웠다. 그렇다고 러시아와 일본의 상호 견제 속에서 재정과 군사에 관해 외원을 구할 수도 없는 상황이었다. 결국 대외적으로는 〈로바노프–야먀가타의정서〉 등이 견제장치로 작용하여 대한제국의 군대는 국방력 증강보다 황실의 호위병력 증가를 시도하는 수준에 머무는

107~129쪽; 현광호, 「의정부대신의 정치활동」, 『대한제국의 재조명』, 선인, 65~103쪽을 참조.

모습이었다.[131]

대한제국의 정책에서 주목되는 것은 현충사업과 이민사업, 북방영토 문제 등이다. 1900년대에 접어들면서 대한제국 정부에서는 장충단을 설치하고, 전란에 목숨을 바친 장교와 무명의 병사들을 추모하는 비를 세웠다.[132] 아울러 유민원(혹은 수민원)을 설치하여 하와이 등지의 해외 이민사업을 추진하였다. 이들이 후일 이승만, 안창호, 박용만 등이 미국 본토와 하와이에서 한민족의 독립운동을 이끌어 가는데 중요한 바탕이 되었음은 물론이다.

아울러 정부는 블라디보스토크와 간도지방으로 이주한 교민들을 보호하기 위해 해삼위통상사무와 간도관리사를 설치하였고, 북간도의 영토 편입도 시도하였다. 이때의 정부 정책은 후일 만주에서 지속된 한민족의 독립운동에 중요한 기반이 되었다.

울릉도와 독도에 대해서도 칙령41호(1900.10.27)를 통해 행정관할 조치를 하였다.[133]

상공업 진흥정책은 여론을 반영하는 가운데 적극적으로 추진되었다. 정부 스스로가 제조공장을 설립하거나 민간제조회사의 설립을 지원하는 것, 유학생을 해외에 파견하거나 기술교육기관을 설립하여 근대적 기술을 습득하는 것, 민간제조회사의 근대적 기술 습득을 장려하거나 기술자 장려책을 강구하는 것 등이 그것이다. 황실에서는 방직공장·유리공장·제지공장의 설립을 시도하였고, 일반 민간인의 공장설립은 정부의 허가를 받도록 하여, 황실이 직영하는 업종 이외의 부분에 대해서는 민간에서도 제한하지

---

131 宋炳基,「光武改革硏究-그 性格을 中心으로」,『史學志』10, 1976; 그 외『한국사 42-대한제국』, 국사편찬위원회, 1999에 실린 변승웅, 오두환, 왕현종, 이윤상, 조재곤 등의 글을 참조.

132 이상배,「고종의 장충단 설립과 역사적 의미」,『도시역사문화』4, 서울역사박물관, 2006; 이민원,「대한제국의 장충사업과 그 이념」,『동북아 문화연구』33, 2012.

133 은정태,「대한제국기 "간도문제"의 추이와 "식민화"」,『역사문제연구』17, 2007.4.

독도

독도에 관한 대한제국 칙령 (1900)

대한제국 칙령 제 41호(광무 4년 10월 25일)

제1조 울릉도를 울도(鬱島)라 개칭하여 강원도에 부속하고 도감(島監)을 군수(郡守)로 개정하여 관제 중에 편입하고 군 등은 5등으로 할 것.

제2조 군청 위치는 태하동(台霞洞)으로 정하고 구역은 울릉전도(鬱陵全島)와 죽도(竹島) 석도(石島)를 관할할 것.

위의 내용은 대한제국 정부의 각종 법령을 담고 있는 『한말근대법령자료집』에도 수록되어 있다. 1900년(광무 4년) 10월 25일 대한제국 정부에서 울릉도와 독도에 관해 새로운 조치를 취한 것이다. 그 요지는 울릉도의 명칭을 울도로 변경하고 군수를 두며, 군청에서는 울릉도는 물론, 죽도와 석도를 관할한다고 하였다.

여기서 죽도(竹島)는 흔히 일본에서 다케시마(竹島)라고 부르는 이름을 연상하게 하고, 석도(石島)는 돌(石, 방언에서 독으로도 지칭됨)로 된 섬, 즉 독도를 뜻한다고도 풀이된다. 그렇다면 독도가 둘이 되는데, 그것은 동도와 서도를 뜻하는 것인가?

어떻게 해석되든 대한제국 정부에서 황제의 칙령을 통해 울릉도와 독도의 영유권을 이른바 일본 측이 주장하는 근대적 의미에서 재확인한 것만은 분명한 사실이다. 이것은 흔히 일본이 국제법에 부응하여 독도를 자국 영토로 편입조치 했다고 하는 시마네현 고시(1905년)보다 5년 앞서 이루어진 일이었다.

않고 허가해 주고자 하였다.

이러한 정책에 따라 각 방면에서 특권적 성격을 벗어난 근대적 회사와 실업학교들이 설립되었고, 상공학교(1899)와 광무학교(1901) 등 공립실업학교가 설립되었다.[134]

아울러 과학기술을 응용한 각종 기계나 윤선 등이 제조되기도 하였다. 그 외 도량형제도의 시행, 교통 통신시설 확충, 우편 정보망시설, 발전소와 전기·전차 시설, 호적제, 순회재판소 설치, 종합병원(제중원 의학교와 혜민원) 설립 등도 있었다.

이 시기 정부의 정책 중 학계에서 가장 주목되어 온 것은 양전지계사업(量田地契事業)이다. 전국의 토지를 측량하고(양전), 토지소유권 증명서(지계)를

---

134 양상현, 「대한제국기 내장원의 광산 관리와 광산 경영」, 『역사와 현실』 27, 1998.

발급해 주는 사업이다. 이것은 갑오경장 당시부터 중요한 과제였고, 정부가 가장 많은 자금과 인력을 투자하여 수행한 역점 사업이었다.

주요 목적은 정부제도의 개편 및 증설에 따른 재정수요를 충당하기 위한 데 있었다. 전국 토지의 정확한 규모와 소재 파악, 합리적인 조세 부과를 통해 정부의 수입을 합리적으로 증대하고, 그에 따른 예산 편성을 통해 각종 사업을 추진하자는 것이었다.[135]

이처럼 대한제국의 등장 이후 정부는 다방면의 정책을 추진하여 갔다. 비록 1904년 일본의 러일전쟁 도발과 함께 대한제국 정부의 주도에 의한 사업 진행은 좌절 되었지만, 황권의 강화와 황실재정의 확대, 궁내부와 내장원의 기능을 강화한 것 등 일부의 복고적 조치를 제외하면, 대체로 근대화와 산업화를 향한 정책이었다.

여기서 한 가지 주목할 점이 있다. 청일전쟁 이후 청국의 간섭이 사라지고, 아관파천과 환궁으로 일본과 러시아의 직접적 간섭이 사라진 상황은 대한제국 스스로 근대화 사업과 자주독립 국가로의 발돋움이 충분히 가능한 조건이 아니었느냐는 주장 등이 그것이다. 그러나 고종과 정부의 군사와 재정 정책을 크게 구속한 것은 러시아와 일본의 공동견제였다.

그 점은 서울, 모스크바, 동경에서 1896~1898년 사이 3차에 걸쳐 맺은 협정, 즉 〈웨베르-고무라 각서〉, 〈로바노프-야먀가타의정서〉, 〈로젠-니시협정〉 등에 잘 드러난다. 이들 협정은 고종의 신변 안전 문제로부터 한국의 군사, 재정, 고문관 등에 관한 규제를 담고 있었다.

그중 대한제국의 국정 수행에 가장 치명적이었던 것은 러시아와 일본이 한국에 대외 차관이나 군사 교관 지원 등을 제공할 수 없도록 서로를 묶어둔 조항이었다. 물론 대한제국 정부 스스로 이런 양국의 협정을 무시하고 영국이나 미국, 프랑스 등과 교섭을 하면 그만이었지만, 이들 국가의

---

135 양상현, 「동도서기론과 광무개혁의 성격」, 『동양학』 28, 1998; 양상현, 「대한제국의 군제개편과 군사 예산 운영」, 『역사와 경계』 61, 2006.

관심은 대한제국에 있지 않았다. 결국, 이들 협정이 걸림돌이 되어 대한제국 정부는 러시아와 일본 사이에서 필요한 정책을 선택적으로 추구할 수가 없었다.

결과적으로 보면 러시아와 일본은 러일전쟁에 이르기까지 한국 내부의 자원 외에는 차관도 교관도 구할 수 없도록 손발을 묶어 둔 셈이었다. 대한제국 정부의 노력에도 불구하고 발전이 더딜 수밖에 없었던 중요한 이유 중 하나는 한국이 보유한 자원과 재정 외에는 어디서도 대안을 모색할 수 없게 만든 러·일 양국의 상호견제였다.[136]

대한제국 정부의 정책은 이런 제약 속에서 추진된 것이었다. 현실적으로 군사나 재정 등에 관한 대책이 어렵다 보니, 대한제국의 재정 범위 내에서 각종 근대화 사업이 추진되었다. 아울러 역사와 의례에 관한 편찬사업을 통해 국가와 민족의식을 환기한다거나,[137] 전쟁과 난리에 희생된 충신과 군인들을 기려 국가에 대한 충성을 강조하는 사업이 새로운 점이기도 하였다. 그 외 러시아와 일본의 구속을 받지 않고 추구할 수 있었던 하와이 등지의 해외 이민사업, 1900년 파리에서 열린 만국박람회 참가 등 각종 국제행사 참가, 만국우편연합과 만국적십자회 등 국제기구의 가입, 벨기에, 덴마크 등 유럽으로의 수교국가 확대 등이 그 시대에 특히 주목되는 새로운 변화였다.

이하에서는 정부의 장충사업, 하와이 이민사업, 증보문헌비고 편찬사업과 단군의 관계 등에 중점을 두어 살펴보고자 한다.

---

136 이 같은 제약 조건에 대한 분석으로는 이헌창, 「국권 상실의 사회경제적 요인」, 『국권 상실의 정치외교사적 재조명』, 한국정치외교사학회· 아셈연구원, 2010을 참조.

137 한영우, 「대한제국 성립과정과 대례의궤」, 『한국사론』 45, 2001; 오진석, 「광무개혁기 근대산업육성정책의 내용과 성격」, 『역사학보』 193, 2007; 왕현종, 「대한제국기 한성부의 토지·가옥조사와 외국인 토지침탈 대책」, 『서울학연구』 10, 1998.

EXPOSITION DE 1900
Pavillon de la Corée

파리박람회의 대한제국관 화보 (1900)

대한제국기의 장충사업 1: 서울의 장충단

| 장충단의 유래 |

장충단은 1900년 대한제국 정부에 의해 서울의 남산 기슭에 건립된 장충단이다. 그 단 옆에 세워졌던 추모비가 오늘날 장충단공원에 남아 있는 장충단비이다.

현재의 장충단공원에는 청계천 복개 공사 당시 이전한 수표교(水標橋)도 있고, 1921년 파리에서 열리는 만국평화회의에 조선의 독립청원을 시도했던 전국 유림의 활동을 기념하는 '파리장서비', 1905년 러일전쟁 당시 대한제국의 운명에 좌절하여 자결한 주영공사 이한응의 추모비, 1907년 이상설, 이위종과 함께 광무황제의 특사로서 헤이그에 파견되어 활동하다가 순국한 이준 열사 그리고 임진왜란 당시 활약한 사명대사의 동상 등이 있다.

그런데 장충단비 혹은 장충단공원이라면 분명 장충(奬忠), 즉 국가에 대한 충성을 기리기 위해 마련한 제단(祭壇)이 있어야 할 터인데, 단은 없고 장충단 옆에 세웠던 비(奬忠壇碑)만 남아 있다. 일제하와 현대를 거치면서 장충단 권역에 많은 변화가 있었기 때문이다.

서울의 남산 기슭에 위치한 장충단 권역은 조선 영조 때 도성의 남쪽을 수비하던 군영, 즉 남소영(南小營)이 있던 곳이다. 바로 그곳에 대한제국 선포 3년 뒤인 1900년 장충단이 세워졌다. 광무황제 고종이 재위하던 때이다.[138] 대한제국 선포 이후 고종은 서구문물 수용, 국가의례 정비, 외국과의 수호관계 확대, 만국우편연합 가입, 파리박람회 참가 등등을 통해 안으로는 국가의 발전을 도모하고, 밖으로는 국가의 위상을 높이고자 하던 때

---

[138] 이 글의 전반부에 참고한 글들은 서울시사편찬위원회 편, 『서울육백년사—문화사적편』, 1987, 313~330쪽; 백종기, 「장충단」, 『서울육백년사—문화·사적편』, 서울특별시사편찬위원회, 1987; 김영상, 『서울육백년』 2, 대학당, 1996; 박경룡, 『서울문화유적』 1, 수문출판사, 1997; 나각순, 『서울의 산』, 서울특별시사편찬위원회, 1997; 이상배, 「장충단의 설립과 장충단제」, 『충민공 이도철의 생애와 활동』, 제천문화원, 2005 등이다.

였다. 그해 5월 고종은 육군제도를 만든 이후 그것을 통제하고 조종하기 위한 헌병대가 설치되지 않았음을 지적하면서 원수부(元帥府)로 하여금 헌병대를 편성하도록 지시하였다. 그 자리에서 고종은 옛 충신들에 대해 제사지내는 방안도 언급하였다.

> 난리에 뛰어들어 나라를 위한 일에서 죽은 자에 대하여 반드시 제사를 지내어 보답하는 것은 귀신을 위로하여 기쁘게 하기 위한 것이며 또한 군사들의 기세를 고무하기 위한 것이다. 갑오년(甲午年) 이후로 전사한 병졸들에 대하여 미처 제사를 지내주지 못하였으니 이것은 참으로 잘못된 일이다. 생각하건대 울적하고 원망에 싸인 혼백들이 의지하여 돌아갈 곳이 없어 통곡하는 소리가 저승에 흩어져 있지 않은지 어떻게 알겠는가? 여기까지 말하고 보니 내 가슴이 아프다. 제사 지내는 절차에 대하여 원수부로 하여금 품처(稟處)토록 할 것이다.[139]

고종의 뜻은 '갑오년 이후 많은 병사들이 전장에서 죽었는데, 그들을 위해 제사도 지내주지 못하고 있는 것은 잘못된 일이다. 원수부에서 논의하여 그들에 대한 위로와 추모의 방법을 마련하라'는 것이었다.

여기서 갑오년이란 전라도와 충청도 등지에서 동학농민들이 봉기하고, 이를 기회로 일본이 서울의 광화문을 습격해 들어가 조선 조정을 장악한 뒤 곧바로 청일전쟁에 돌입했던 바로 1894년을 가리킨다. 이후 1900년에 이르기까지 서울에서는 명성황후시해, 단발령, 춘생문사건, 아관파천 등이 이어지는 가운데 조선의 왕후와 궁내부대신, 훈련대장 등의 희생도 있었지만, 그 와중에 일반 병사들의 희생이 있었음은 말할 것도 없다. 고종은 바로 이들 병사들에 대해 예를 갖추어 제례를 올리라 하였던 것이다.

추모의 방안을 마련하라는 고종의 지시를 받은 원수부는 즉각적인 방안 마련을 위해 과거의 사례 조사에 착수하여 그 결과를 보고하였다. 군무국총장(軍務局總長) 이종건(李鍾健)은 "왕조의 옛 규례를 상고하여 보니 사당(祠

---

139 『高宗實錄』 1900년 5월 31일.

堂)을 지은 때도 있고 제단(祭壇)을 설치한 때도 있었으나 충성을 표창하고
보답하는 것은 마찬가지"라면서 사당을 세워 추모하는 방안과 제단을 설치
하여 흠향하는 방안을 진언하였다. 이에 고종은 제단 쌓는 방안을 채택하
여, 제단의 설치는 원수부에서 집행토록 하고, 봄과 가을의 제사는 장례원
(掌禮院)에서 진행하도록 하명하였다.

이렇게 하여 옛 남소영 터에 장충단이 착공되어 1900년 11월 10일 완
공을 보았다.[140] 이때 고종은 ① 나라를 위해 죽은 사람들을 등급별로 나누
어 ② 그들의 목록을 정리하고 ③ 그 후손들에게 국가에서 녹을 지급하도
록 지시하였다. 군주의 이런 지시를 통해 대한제국 정부는 마침내 나라를
위해 목숨을 바친 장졸들에 대해 최소한의 예를 갖출 수 있게 되었다.

당시 건립된 장충단과 장충단비 중 1백년이 지난 현재 남아 있는 것은
장충단비뿐이다. 비의 앞면 전서체 글씨(奬忠壇)는 순종이 황태자 시절 쓴
것이고, 뒷면 글씨는 표훈원장 민영환이 자결하기 5년 전 쓴 것이다. 비문
내용은 이러하다.

> 마침내 갑오을미사변이 일어나 무신으로서 난국에 뛰어 들어 죽음으로 몸 바
> 친 사람이 많았다. 아! 그 의열은 서리와 눈발보다도 늠름하고 명절은 해와 별
> 처럼 빛나니 길이 제향을 누리고 기록으로 남겨야 마땅하다. 그래서 황제께서
> 특별히 충성을 기리는 뜻을 표하고 이에 슬퍼하는 조서를 내려 제단을 쌓고 비
> 를 세워 표창하며, 또 계속 봄가을로 제사드릴 것을 정하여 높이 보답하는 뜻을
> 보이고 풍속으로 삼으시니 이는 참으로 백세에 보기 드문 가르침이다. 사기를
> 북돋우고 군사들의 마음을 분발시킴이 진실로 여기에 있으니 아! 성대하다.

이 비문을 쓴 충정공 민영환은 1896년 러시아의 마지막 황제 니콜라이
2세 대관식에 참석하고 돌아와 군부대신에 임명되었고 다시 1897년 유럽
에 파견되어 러시아, 영국, 미국을 거쳐 1년 뒤에 돌아왔다. 이때 각국의

---

140 이상배, 「장충단의 설립과 장충단제」, 『이도철과 춘생문의거』, 제천문화원, 2006,
166~168쪽.

국가 의례와 산업, 군사, 과학, 교육, 문화 등 각종 제도와 문물을 살펴보고 돌아와 국가의례, 신식학교 설립, 공업진흥, 이민사업 등 각 분야 개혁에 주력하였다.

이어 표훈원(表勳院) 총재로서 대한제국의 훈위, 훈등, 훈장, 포장, 연금 등에 관한 일을 관장한 바 있고, 유민원 총재로서 하와이 이민사업을 착수하였으며 신교육을 위해 흥화학교를 설립하기도 하였다.[141] 그러나 1905년 을사늑약이 체결되자 고위 국정 담당자의 한 사람으로서 책임을 통감하고 자결하였다. 그의 유서와 인장, 예복 등의 유품, 세인의 관심을 모았던 혈죽(血竹) 등은 모두 고려대 박물관에 소장되어 있다. 비에서 언급한 장졸, 충신들이나, 비문을 쓰고 자결한 민영환이나 모두 근대의 국가유공자들이다.

| 장충단에 배향된 인물과 사건 |

장충단과 장충단비는 분명 나라와 군주에게 충성을 한 장졸과 신하들의 충절을 기리기 위해 세워진 것이다. 그렇다면 여기에 배향된 인물들은 누구이며, 언제 어떻게 나라와 군주에게 헌신한 이들인가. 단이 설치된 당시였던 1900년 11월 11일 고종은 나라에서 은전을 베풀어야 함을 강조하면서 다음과 같이 명한 바 있다.

> 충성스러운 사람을 표창하고 절개를 지키는 것을 장려하며, 대대로 벼슬하는 사람은 죄를 용서하고 고독한 사람을 돌봐주는 것은 나라의 떳떳한 법이다. 그런데 어떤 사람은 나라 일을 위하여 죽었는데도 부모처자는 추위와 굶주림을 면하지 못하고, 어떤 사람은 몸이 원수의 칼날에 찔려 그만 목숨을 잃었으나 돌보아 주지 않는다면, 착한 일을 한 사람을 무엇으로 고무해 주겠는가. 개국 503년 이후부터 장령, 호위군사, 병졸, 액속 가운데 절개를 지켜 죽었거나 몸에 상

141 이민원, 「민영환특사의 모스크바 방문과 외교활동」, 『死而不死 민영환』, 고려대박물관, 2005; Michael Finch, *Min Yong-hwan: A Political Biography*, University of Hawaii Press, Honolulu and Center for Korean Studies, University of Hawaii, 2002.

처를 입은 사람이 없지 않았지만, 표창하고 돌보아 주는 은전은 오늘에 이르도록 미처 베풀지 못하였다. 그러므로 매번 생각이 이에 미칠 때마다 가슴이 아파짐을 금할 수 없다. 원수부로 하여금 대대로 녹을 받을 사람들의 표를 만들어 등급을 나누어 시행하도록 할 것이다.[142]

이상을 보면 은전을 베풀어야 할 주요 대상은 고위관료나 장령에 그치는 것이 아니었다. 즉 1894년 동학농민봉기 당시뿐만 아니라 1895년 왕후시해사건 당시, 그리고 같은 해 연말 '춘생문사건'(춘생문은 경복궁의 동북쪽에 위치했던 문) 등으로 전사 혹은 순국한 장령, 호위군사, 병졸, 액속에 이르기까지 순국한 모든 이들을 포함하고 있다. 아울러 고종은 그의 가족이나 후손들에게 녹을 지급하는 방안까지 마련하도록 지시하고 있음을 알 수 있다.

이들 사건에 관련되어 희생된 이들을 구체적으로 살펴보면 다음과 같다.

첫째, 1895년 8월 20일(음력), 명성황후가 일본의 군사, 경찰, 낭인배들에게 경복궁에서 피해를 입을 당시 함께 희생된 인물들이다. 인물 확인이 가능한 것은 훈련대 연대장 홍계훈과 궁내부 대신 이경직뿐이다. 그 외에 일본군의 광화문 공격 당시 8~10명의 궁궐경비병들이 현장에서 전사하고, 궁중에서도 명성황후 외에 2인의 궁녀가 희생된 것으로 내외 기록에 등장한다. 그러나 홍계훈과 이경직 외에는 그들의 이름과 사후 조처에 대해 잘 알려져 있지 않다. 명성황후시해사건 직후는 일본 측에 의해 궁궐 주변에 공포분위기가 조성된 상태였기 때문에, 이들의 유해에 대한 조처나 장례 절차도 제대로 밟았다고 보기가 어렵다.[143]

둘째, 1895년 11월 춘생문사건에 연루되어 희생된 인물들이다. 왕후시해로부터 약 50일 뒤에 전 시종 임최수와 참령 이도철은 열국공사관 외교관들과 궁중 내외의 반일적 인사들의 협력을 구해 경복궁에 연금되어 있던 고종을 구출해 내려하였다. 그러나 일이 누설되어 일본공사 측이 사전

---

142 『高宗實錄』 1900년 11월 11일.
143 이민원, 『명성황후시해와 아관파천』, 국학자료원, 2002, 제2장을 참조.

에 계획을 탐지하게 되었고 그 결과 좌절되고 말았다.

이때 고종의 밀지를 받아 사건에 가담한 시종 임최수와 무력을 동원하는 역할을 담당했던 참령 이도철 등은 그날 당장 체포되어 얼마 후 일본공사의 위압하에 자유롭지 못했던 조선내각의 이름으로 사형을 당하였다.[144] 아관파천 직후 이들은 사면 복권되었으나 일본의 앞잡이 누명을 쓴 김홍집 등은 피살되고 유길준 등은 반역자로 몰려 일본으로 망명하였다.

셋째, 1894년 갑오동학농민봉기 당시 희생된 군사들이다. 즉 갑오년 동학농민봉기 당시 정부의 명으로 출병하여 지방 현지에서 전사하거나 동학군에 항복을 거부하고 자결한 이들, 즉 염도희(진남영의 영관), 이경호(무남영의 영관), 김홍제(통위영의 대관), 이학승(장위영의 대관), 이종구(진남영의 대관) 등이 그들이다.[145] 이 중 염도희, 이종구 등은 청주의 모충사에도 배향되었다. 이들은 '반외세 반봉건'을 기치로 내걸었던 동학군의 입장에서 보면, '봉건 정부'의 군대라고 비판할 수 있겠지만, 정부의 입장에서는 어명에 따라 '반란군'을 진압하고자 파견된 나라의 병사들이다.

넷째, 임오군란과 갑신정변 당시 난을 일으킨 구식군인들에 의해 피살된 인물들과 갑신정변 당시 개화파에 의해 희생된 인물들도 한 때 배향되도록 고종이 지시한 기록이 있다. 그러나 이후 이들에 대해 구체적으로 어떻게 조치를 취하였는지는 자세히 알려져 있지 않다. 현재까지 이름이 확인된 배향 대상자들은 홍계훈, 이경직, 임최수, 이도철, 염도희, 이경호, 김홍제, 이학승, 이종구 등 9인이다. 아울러 이들 인물과 당초 1894년 이

---

144 춘생문사건에 대해서는 홍경만, 「춘생문사건」, 『이재룡박사환력기념 한국사학논총』, 이재룡박사환력기념한국사학논총간행위원회, 1990; 이창식 외, 『이도철과 춘생문의거』, 제천문화원, 2006 참조.

145 이 중 염도희, 이종구는 동학농민봉기 당시 출동한 진남영의 장교들로 1894년 10월 초순 동학농민군에 의해 수하의 병사 72명과 함께 일시에 희생되었다.(『高宗實錄』 1894년 10월 9일 및 1903년 10월 17일 기사 등을 참조. 기타 『增補文獻備考』 卷 63, 「備考」 10, 832쪽. 이경호는 『高宗實錄』 1894년 4월 13일, 이학승은 『高宗實錄』 1894년 7월 18일 기록 참조)

후로 못 박았던 고종의 지시를 감안할 때 동학농민봉기, 명성황후시해사건, 춘생문사건으로 전사 혹은 순국한 장병, 관료, 액속 등이 장충(獎忠)의 중심이었음을 알 수 있다.

『황성신문』에서는 문신가(文臣家), 세록가(世祿家), 권귀가(權貴家)들이 못한 일을 이름 없는 병졸들이 몸을 던져 목숨을 바쳤다면서 장충단 건립의 마땅함을 주장하였다.[146]

대한제국기의 장충사업 2: 청주의 모충단

| 지방의 장충 시설: 모충단과 모충사 |

국가를 위해 전사 혹은 순국한 이들에 대해 추모하고 선양하는 사업은 대한제국기 당시에도 오늘날과 유사한 형식으로 시행되고 있었다. 가령 장충단과 같은 추모제단을 건립하고, 국가유공자의 공훈록을 작성하여, 등급을 산정하거나 후손들에게 녹을 지급하는 일 등이 그것이다. 그 대상은 비단 상층부의 관료나 군의 고위 장교뿐이 아니라 이름 없는 사졸에 이르기까지 두루 고려되고 있었음도 알 수 있다.

그러나 현재의 입장에서 아쉬운 것은 이름이 밝혀지지 못한 무명사졸이란 바로 그 부분이다. 고위 관료이든 하위 관료이든, 나아가 장성이든 사졸이든 국가에 대한 헌신과 국가의 보훈에는 기본적으로 구별이 있을 수 없기 때문이다. 그러나 장충단에는 고위 관료나 무관은 배향되어 있지만, 정작 일반 하사관과 병사의 위패는 없는 아쉬움이 있다. 그런데 바로 그 일반 병사들을 장교와 함께 배향하여 국가보훈(國家報勳)의 근대적 가치를 실현한 곳이 있다. 일제하에 사라진 청주의 모충단과 현재의 모충사(慕忠祠)

---

146 張志淵, 『韋菴文稿』, 卷8 社說(上) 獎忠壇盛典, 368~369쪽.

가 그곳이다.[147] 모충사의 여러 편액 중 융희 2(1908)년 11월 청주인 곽치중이 쓴 모충단서(慕忠壇序)에 그 내력이 잘 담겨 있다.[148] 요지는 이러하다.

① 충렬의 인물을 백세 후라도 추모 장려하는 것이 치세의 근본이다.
② 갑오(1894)년 난리에 영관 염도희 이하 부하 의려(의군) 70명이 목숨을 잃었다.
③ 군영의 동료가 당산 고개에 단을 세우고 영청에 세웠던 계의 재산으로 제사전을 삼아 충혼을 위로하였다.
④ 세월이 흘러 의례가 소홀함에 관청에 요청, 특별히 벼슬추증의 은혜를 입고, 모충단호를 하사 받았다.
⑤ 그럼에도 단향비용(제사비용)이 부족하니 전 참령 윤영성씨와 몇몇 동지가 모충계를 조직, 정성을 모았다.
⑥ 나라 지킨 이들을 추모하여 받드니 후세에 떳떳하다.

융희 2년 11월 당시는 1908년으로 대한제국기였다. 러일전쟁이 끝난 3년 뒤였다. 1905년 11월 외교권이 일본에게 빼앗긴 상태였고, 1907년 7월 헤이그특사 파견의 결과 광무황제 고종이 황제의 자리에서 강제로 물

---

147 모충사는 현재 충청북도 청주시 흥덕구 모충동에 위치해 있다. 경내에는 사당의 기능을 하는 모충사 본 건물이 언덕위에 남향하여 있고, 그 아래 동쪽 편에는 사당의 부속 건물이 있으며, 건너편 서쪽으로 관리인의 살림채가 자리하고 있다. 그리고 그 아래쪽으로 병마절도사 홍재희영세불망비, 갑오전망장졸기념비와 이를 보호하고 있는 비각 등이 있다. 그런데 모충사의 중심 건물인 사당에는 장교 3인 병사 70인의 위패가 각기 별도의 방에 모셔져 있다. 오른쪽 끝 방에는 사당의 제례 행사용 의장 등물이 보관되어 있다. 부속건물에는 모충단서, 모충사실기 등의 여러 편액이 사방 벽을 가득 채울 정도로 걸려 있는데, 한 때 강당으로도 쓰였다.

148 "古語曰 惟忠惟烈雖百世之下 必曠感而慕之故上 爲而褒獎而崇報之下焉而俎而 享祀之寔 於秉彝之常而 礪世之一大關也 越在甲午 國步多艱 八域煽動雨[兩]湖鼎沸 禍機回[回]測迫在呼吸 領官 廉道希氏 卽率其部下義旅七十險赴湯竟致逆命 嗚呼痛哉 在營僚友 巡謀起義設壇於唐山之嶺以前日營廳所設契財 以爲享祀之資伸慰忠魂 然事係草創 儀禮多闕 行路齎嗟士林齊聲 屢經府 秦特蒙贈衛之典而又下壇號曰 慕忠 誠一世之曠典而邦家之光也 然而壇享諸費猶恨不贍前參領尹泳成氏與若爾同志更設一契曰慕忠 以補需用繼其守護國家崇報之典興情慕仰之誠庶無餘憾而永有辭於後世矣 凡我僉員一心遵守 終始不弛則亦足爲扶植季世之一助云爾. 大韓 隆熙 二年 十一月 日淸州人 郭致中謹書."(앞의『慕忠祠』, 23~25쪽).

러나고, 그해 11월 군대까지 강제로 해산된 상태였다. 국내외적으로 절박한 때였으니 대한제국 군인 출신들로서 기울어 가는 나라의 운명에 만 가지 감회가 교차했을 것이다. 그런 때 모충단을 조성하여 나라에 헌신한 군인들을 기리고자 하였으니 여러 모로 그 뜻을 생각해 볼 수 있다.

그렇다면 갑오년의 전망장졸은 구체적으로 누구이고, 이들의 위령제는 언제 시작되었으며, 어디에 소속된 군사들인가. 또한 조정으로부터 모충단의 호가 내려진 것은 언제이며 갑오전망장졸기념비각이 건립된 것은 언제, 어떻게, 누구에 의한 것인가.

먼저, 모충사가 건립된 것은 1914년 8월이다. 일제하였지만, 모충계가 주축이 되어 향사비 잔금으로 청주읍 당산의 제단에 사우(祠宇)를 짓고 전몰장병 73위를 배향, 매년 음력 10월 3일 향사를 진행한 것으로 전한다.[149] 그러나 모충사가 건립되기 이전인 대한제국기에 이미 전망장교의 벼슬이 추증되고, 단호(모충단)를 하사받았으며(1903), 모충단이 건립되고(1904), 비각이 세워졌고(1905), 모충계가 조직되어(1908) 있었다.

다음으로, 모충사에 배향된 이들은 진남영 소속 장병이었다. 진남영(鎭南營)은 곧 청주에 위치한 충청병영을 말한다. 1887년 충청도병마절도사 홍재희(洪在羲)가 영사(營舍)를 창건하고, 병사(兵士)를 모집하여 경향의 각 영문 조례를 본따 군사를 교련, 양성하고자 병영을 설립하였고, 진남영(鎭南營)이란 이름을 하사받은 것은 1888년이다. 이후 진남영이 폐지된 것은 대한제국 말기 군대해산이 있던 1907년이었다. 이상의 내용을 모충사실기(慕忠祠實記)[150]를 토대로 정리하면 다음과 같다.

---

149 앞의『慕忠祠』, 17쪽.

150 모충사실기의 말미에는 융희 2년 월 일로 기록하고 있다. 내용에서는 "갑인년(1914) 가을에 제사를 지내고 남은 금액 450원을 모아 모충사를 당산의 단위에 건축하는 동시에 (중략) 봉행예절은 계중 책자 중에 게재하였으니 영구히 바꾸지 않으면 모충 명의가 오래도록 영원할 것이다."라고 하였다. 1908년의 실기를 토대로 재작성한 때문 아닌가 생각된다.

첫째, 갑오전망장졸 합동위령제는 1894년 11월 왕명에 의하여 청주목사 임택호(任澤鎬)가 주관하여 청주 남다리(남석교) 밖에 제단을 마련하여 시행하기 시작했다.

둘째, 향사일은 진남영 장병들이 순국한 10월 3일이며, 진남영의 동료들이 스스로 돈을 모아 청주군 남일면 각 마을 마다 향사답을 마련하였다.[151]

셋째, 도내 사림들의 건의에 의해 전몰장병 중 장교 3인의 벼슬이 추증되고, 모충단의 단호와 향사비를 하사받아 본격적으로 정부에서 예를 갖추게 된 것은 1903년이다.[152]

넷째, 향사비 잔금으로 모충단이 건립된 것은 1904년 봄, 청주읍 당산 남쪽이었다.

다섯째, 갑오전망장졸기념비각(甲午戰亡將卒紀念碑閣)이 건립된 것은 1905년 10월이며, 특무장교 이원하(李元夏)가 대대장 박정환(朴晶煥)에게 건의하여 대대장병들이 갹출한 150원이 토대가 되었다.

---

[151] 모충사실기에는 "1895년 봄 조정의 특전으로 경향 각영의 전몰장병들을 서울 남산 아래 장충단에 배향하게 되었으나, 유독 청주 진남영에서는 향사일을 전사일인 음력 10월 3일로 정할 것을 고집, 참사하러 서울에 일일이 오르내리기 곤란하다고 하여 불응하였다. 그래서 재영 동료들이 추렴하여 청주군 남일면 각 마을마다 논 닷섬지기를 사서 향사답을 마련하였다."고 했다.(淸州慕忠會 編, 「慕忠祠實記」, 「慕忠祠」, 26~30쪽 수록)

[152] 1903년 도내 사림들이 전몰장병들의 충절을 길이 빛나게 기념하여 줄 것을 진위대(鎭衛隊)에 건의하여, 대대장 안종환(安宗煥)이 이를 기꺼이 받아들여 군부에 품신한 결과 전망장교의 벼슬을 올려주게 되었다. 그 결과 진남영 영관 염도희는 종이품 가선대부 군부협판으로, 진남영 대관 이종구는 정삼품 통정대부 농상공부 참서관으로, 진남영 교장 박춘빈은 구품 종사랑 군부주사로 추증되었다. 아울러 모충단(慕忠壇)이란 단호를 하사받았으며, 향사비(享祀費) 1,700냥을 하사 받았다.(淸州慕忠會 編, 「慕忠祠實記」, 「慕忠祠」, 26~30쪽 수록)

「모충사 관련 연표」[153]

시기	주요사항	내용	비고
1894년 11월	갑오전망장졸합동위령제	1894년 11월 왕명에 의하여 청주목사 임택호(任澤鎬)가 주관하여 청주 남다리(남석교) 밖에 제단을 마련하여 갑오전망장졸 합동위령제를 지냈다.	조선
1895년 봄	진남영 장졸 향사답 마련	1895년 봄 조정의 특전으로 경향 각영의 전몰장병들을 서울 남산 아래 장충단에 배향하게 되었으나, 유독 청주 진남영에서는 향사일을 전사일인 음력 10월 3일로 정할 것을 고집, 참사하러 서울에 일일이 오르내리기 곤란하다고 하여 불응하였다. 그래서 재영 동료들이 추렴하여 청주군 남일면 각 마을마다 논 닷섬지기를 사서 향사답을 마련하였다.	
1903년	전망장교 벼슬추증 및 모충단호와 향사비 하사	1903년 도내 사람들이 전몰장병들의 충절을 길이 빛나게 기념하여 줄 것을 진위대(鎭衛隊)에 건의하여, 대대장 안종환(安宗煥)이 이를 기꺼이 받아들여 군부에 품신한 결과 전망장교의 벼슬을 올려주게 되었다. 그 결과 진남영 영관 염도희는 종이품 가선대부 군부협판으로, 진남영 대관 이종구는 정삼품 통정대부 농상공부 참서관으로, 진남영 교장 박춘빈은 구품 종사랑 군부주사로 추증되었다. 아울러 모충단(慕忠壇)이란 단호를 하사받았으며, 향사비(享祀費) 1,700냥을 하사 받았다.	대한제국
1904년 봄	모충단 건립	1904년 봄 향사비 잔금으로 청주읍 당산 남쪽에 모충단을 세웠다.	
1905년 10월	갑오전망장졸기념비각 (甲午戰亡將卒紀念碑閣) 건립	1905년 10월 특무장교 이원하(李元夏)가 대대장 박정환(朴晶煥)에게 건의하여 대대장병들이 150원을 각출하여 갑오전망장졸기념비각(甲午戰亡將卒紀念碑閣)을 건립하였다.	
1906~1907년	군대해산 및 진남영폐지	전참령 윤영성 등 모충계 설립, 모충제례 이어감	

---

153 이 내용은 『모충사실기』를 근거로 작성하였다. 그 외 진남영과 관련된 내용은 다음과 같다. 1887년 가을, 병마절도사 홍재희, 충청병영 영사를 건립, 장병 모집 기예 훈련; 1888 봄, 왕명으로 병사를 간품, 진남영 영호 하사, 군제 마련; 1894년 봄, 동학도 전국 봉기, 공주 대전평에 수만 무리, 관리 살해, 백성 재물 약탈. 효유해산시키라는 윤음; 1894.10.03(음) 대전평에서 장졸 73명 순국(영관 염도희, 대관 이종구, 교장 박춘빈 이하 70명 사졸); 1894.10.09(음) 忠淸道觀察使 朴齊純 狀啓. 褒贈 및 兵丁中 戰亡者는 該營에 設壇致酹 지시; 1894.11.00(음) 의정부 훈령에 따라 목사 임택호, 남석교 밖에 설단 제사; 1903.10.17(양) 염도희, 나용석, 박춘빈 등에게 표창하는 방법 마련을 장례원에 하명; 1928.10.27(양) 동아일보(1면), 모충단 이전 개축기사.

시기	주요사항	내 용	비고
1914년	모충사 건립	1914년 갑인 8월에 당산(堂山) 계좌(癸坐,북쪽) 언덕에 모충사(慕忠祠)	
1923년	모충사 이건	왜정(倭政)이 신사(神社) 터로 자리를 빼앗아 1923년 계해년 중춘(仲春)에 계중(契中)에서 고당(高堂) 화흥리(華興里)에 터를 사서 이건하였다.	일제하
1975년 8월	모충사 재이건	1975년 2월 모충사 부지가 학교시설지구로 편입됨에 따라 운호학원에 매각하고 동년 4월 모충동 산 13-6 번지로 이축착수	

| 모충사에 배향된 인물과 사건 |

모충사에 배향된 인물들은 과연 누구이며, 언제, 어디서, 어떻게 전몰하였는가?

먼저, 모충사에 배향된 이들은 3인의 장교와 70인의 사졸이다.[154] 이 중 3인의 장교는 영관 염도희, 대관 이종구, 교장 박춘빈이다. 그 외 70인의 사졸은 두칙(糾飾) 1명, 십장 8명, 병졸 61인 등이다. 즉 '두칙'(糾飾) 임쾌석 1인, 십장(什長) 임영석, 이경문, 채윤오, 우성보, 김치도, 정환용, 백운철, 박규칠 등 8인, 병졸 김장석, 함세현, 김종록, 정원준, 정말용, 손계헌, 나용석 등 61명이다.[155]

다음, 이들이 전몰한 때는 1894년 10월 3일(음)이다. 『고종실록』이나 동학농민군 측 자료, 주한일본공사관기록 등에서는 어쩐 일인지 이들의 전몰 고정이나 일 자 등이 자세하지 않다. 현재까지 확인되기로는 융희 2년(1908) 전부교(前副校) 유종국(劉鍾國)이 짓고, 전특무정교 김동식이 쓴 모충사실기(慕忠祠實記)가 가장 상세하다. 그에 따르면 이들은 그날 공주의 대전평

---

154 장교 3인과 70인 사졸의 이름을 구체적으로 확인할 수 있는 것은 모충사의 위패와 모충사 별관의 「갑오전망장졸씨명록(甲午戰亡將卒氏名錄)」 현판이다.

155 3인의 장교는 영관 염도희, 대관 이종구, 교장 박춘빈이다. 그 외 70인의 사졸은 두칙(糾飾) 1명, 십장 8명, 병졸 61인 등이다. 즉 '두칙'(糾飾) 임쾌석 1인, 십장(什長)은 임영석, 이경문 등 8인, 병졸은 김장석, 함세현, 나용석 등 61명이다.(「甲午全亡將卒氏名錄」을 참조)

에서 전몰하였다.[156]

그 다음, 이들은 어떠한 상황에서 전몰하게 되었는가 하는 문제이다. 공주부 관할 하의 대전평에서 전몰한 것은 대체로 여러 기록에 드러나지만, 구체적인 상황을 비교적 소상히 밝히고 있는 것은 드물다. 필자가 확인하기로는 역시 위의 모충사실기(慕忠祠實記)가 비교적 구체적이다. 그에 따르면 아래와 같다.[157]

> 갑오년 봄에 지방 각처에서 동학도가 봉기하여 호남과 호서 지방에 극성하는 가운데, 지방 관리를 상해하고 백성들을 겁탈하고 약탈하니 위로부터 걱정하고 근심하여 이들을 깨우쳐 해산하라는 윤음이 진남영에 하달되니, 영관 염도희가 대관 이종구와 교장 박춘빈 두 사람과 함께 부하사졸 70인을 거느리고 해지에 출진하여, 임금의 뜻을 효유하고 병력의 위엄을 보였으나 끝내 해산하지 않으니, 영관 및 장졸이 격분함을 이기지 못하여 당장 병력으로 충돌할 수 있으나 윤음을 받들어 근접하여 효유하다가 장졸 73명이 끝내 한꺼번에 목숨을 나라에 바치게 되니, 그 날이 10월 3일이다. 그 분통함과 참혹함을 차마 어떻게 말할 수 있겠는가?

여기서 보듯이 이들이 희생된 요인 중 하나는 정부의 훈령에 있었다. 고종은 봉기한 무리들을 효유하여 해산하게 하고 인명을 해치니 말라는 명을 내렸다.

갑오동학농민 봉기에 관한 여러 기록을 보면, 동학농민군에 비해 무기가 훨씬 우세하고, 신식 훈련을 받은 관군이 농민군과 대치한 상태에서 집단적으로 별다른 손도 못쓰고 수십 명씩이나 전사한 예는 거의 없다. 대체로 관군이나 일본군의 경우를 동학도의 전투력과 비교하면 1:100 정도였다. 동학농민군은 정규의 군사훈련을 받지 못하고 탐관오리의 숙청과 일본

---

156 한편 이들이 전몰한 장소에 대해서도 여러 기록에 약간씩 상이하게 보이나 모충사실기를 토대로 정밀히 살펴 볼 필요가 있다. (하병호·김태우 편, 『慕忠祠』, 청주모충회, 1991, 29쪽. 그 외 『高宗實錄』, 『駐韓日本公使館記錄』, 신영우·강효숙 등 편, 『동학농민혁명일지』 등의 관련 기록을 참조)

157 하병호·김태우 편, 『慕忠祠』, 청주모충회, 1991를 참조.

군의 축출을 기치로 봉기한 집단으로 전투력 면에서는 오합지졸을 면치 못하였다.

그럼에도 불구하고 정부에서 파견한 군인들이 일방적으로 몰살을 당한 것은 정상적인 전투상황이 아니었음을 보여준다. 요컨대 동학농민군을 무력으로 진압할 의지가 없는 상태에서 효유하다가 일방적으로 피해를 입었음을 짐작하게 한다. 이때 피해를 입은 장교 염도희나 이종구, 박춘빈 등은 다른 여러 기록에 등장한다.

> 궁내부 대신(宮內府大臣) 민병석(閔丙奭)이 아뢰기를, 원수부(元帥府)에서 올린 주본(奏本)에 비답을 내린 것을 보니, 청주군(淸州郡) 유생(儒生) 신철모(申轍模) 등이 올린 품목(稟目)의 내용에, 지난 갑오년(1894) 봄 옥천(沃川) 싸움 때 영관(領官) 염도희(廉道希)는 밤중에 회덕(懷德)의 비적(匪賊) 무리들을 습격하여 일격에 크게 쳐부수고 해당 군사들이 잃었던 무기를 단번에 도로 찾았습니다. 대관(隊官) 이종구(李鍾九)는 갑오년(1894) 봄 전주(全州) 싸움 때 포석이 빗발치듯 하였지만 물불을 가리지 않고 죽기로써 힘껏 싸웠습니다. 그 공로로 말하면 큰 것이고, 용맹으로 말하면 장한 것입니다.[158]

그들은 정규군사훈련을 받은 군인들이었다. 이런 그들이 동학농민군에게 손을 쓰지 못하고 전사한 것은 이해하기 어렵다. 결국 이들을 살상하지 말고 효유하여 해산시키라는 군주의 하명 때문이었음이 실록의 기사에서 거듭 재확인된다.

> 그해 가을 대전 싸움에서 염도희, 이종구 두 사람이 먼저 비적 무리들이 모여 있는 가운데 들어가 귀순하라는 글을 가지고 타일렀는데, 완악한 저 폭도들이 영직을 따르지 않고 덤벼들어 무기를 빼앗자 모두 스스로 목을 찔러 자결하였습니다. 교장 박춘빈은 두목이 위태로운 것을 보자 달려 들어가 구출하려다 성사하지 못하고 역시 자결하고 말았다고 하였습니다. 대체로 이 세 사람은 불굴의 뜻과 충성과 의리를 위해 죽은 것이니 그들의 높은 절개를 볼 수 있습니다.[159]

---

158 『高宗實錄』 1904년 5월 14일.
159 『高宗實錄』 1904년 5월 14일.

관군을 적대하는 농민군에게 무력을 절대 사용하지 말고 그들을 깨우쳐 해산하라는 명을 내린 것은 전시 하에서는 현실을 모르는 소박한 명령으로 볼 수 있다. 이미 조정이 일본군에게 장악된 상태에서 융통성도 없고 전투현장의 군인들에게는 치명타를 입힐 명령이었다.

이면의 사정을 알 수는 없지만, 9월 초순(양력 10월 초순) 대원군과 고종 측은 전주와 삼례 등지 농민군에게 밀사를 보내 일본군에 대항하도록 독려한 기록도 보인다.[160] 전봉준은 그 전달인 8월 11일(양/9월 10일) 전주에서 "우리의 거사는 생각지도 않게 오늘 청·일이 조선에서 전쟁을 벌이게 되는 실마리가 되기에 이르러 이를 천추의 유감으로 생각한다"[161]고 하는 등 조정은 물론, 농민군 측 각기가 직면한 혼란상이 어떠했는지를 엿보게 한다.

일본 측은 동학농민봉기 이전부터 조선의 조정과 백성 사이를, 농민군과 관군 사이를 균열시키고자 공작하던 상황이었다.[162] 일본 측은 궁중에 연금된 상태였던 고종의 이름을 빌려 자의적인 조치를 취할 수 있는 상황이었다.

물론 고종의 심중에는 농민군도 군인들도 모두 나의 백성이니, 서로 살상하지 않도록 그런 명을 내렸을 가능성은 충분하다. 그러나 현지에 나와 있는 군사들 입장에서는 정부에 대항하는 반란군이나 다름없는 무장집단에게 무기를 일절 사용하지 말라하였으니, 사실상 전장에서 여차하면 죽음을 무릅쓰라는 것이나 다름없었다. 결국 내외가 격동하고 명령체계가 혼란스러운 때 군주의 이름으로 내려진 명령이 73인 사졸을 사지로 내몬 셈이었다.

---

160 『駐韓日本公使館記錄』 8권, 54, 55, 361쪽; 『東學農民軍史料叢書』 18권, 40~41·56~57쪽. 강효숙·배항섭·신영우·왕현종 편, 『동학농민혁명사일지』, 134~138쪽.

161 『日淸交戰錄』 12, 명치 27년 1월 16일, 43쪽; 앞의 『동학농민혁명사일지』, 122쪽.

162 일본 주재 영국공사 Ernest Satow의 일기, 영국 주재 일본공사를 지내고 러일전쟁 무렵 외무대신을 지낸 하야시 다다스(林董)의 회고록, 청일전쟁 당시 외무대신이었던 무쓰 무네미쓰(陸奧宗光)의 『蹇蹇錄』 등에 두루 보인다.(이민원, 『명성황후시해와 아관파천』, 제2장 참조)

| 병사 나용석의 아내 임소사(林召史) 정려각 |

사병들이 농민군에게 희생되자, 일부 병사의 가족들은 목숨을 끊기도 하였다. 병사 나용석(羅龍錫)의 처 임소사(林召史)는 남편의 전사 소식을 듣고 우물에 투신하여 생을 마감하였다. 충청도 관찰사는 저간의 일을 조정에 보고하였고, 조정에서는 이들을 포상, 추증하고 병정 중 전사한 자는 해당 영에 단을 설치하여 제사를 지내게 할 것을 해당 도의 장수와 관리들에게 엄히 지시하였다.[163] 이어 충청도 병마절도사 이장희(李長會)도 염도희, 이종구에 대한 포상과 병정 나용석의 처 임소사에 대해 표정(表旌)할 것을 청하였다.[164]

> 충청 병사(忠淸兵使) 이장회(李長會)가, '대관(隊官) 염도희(廉道希)와 이종구(李鍾九)는 비적(匪賊)들이 모인 데 먼저 들어가서 귀순하라고 타이르다가 무기를 빼앗겼는데도 큰소리로 적을 꾸짖었고 마침내 스스로 목을 찔렀습니다. 교장(敎長) 박춘빈(朴春彬)은 그 두목이 죽는 것을 보고 역시 충성과 의리를 다 하였으니 법으로 보아 응당 포증(褒贈)을 시행해야 할 것입니다. 병정 나용석(羅用錫)의 처 임 소사(林召史)는 자기 남편이 죽었다는 말을 듣고 우물에 몸을 던져 죽었습니다. 그처럼 비천한 몸으로 이렇듯 뛰어난 행동을 하였으니 표창하는 원칙으로 보아 빨리 정문(旌門)을 세워 줄 것입니다.

이후 9년 뒤인 1904년 5월 14일 궁내부대신 민병석의 상주에 이어 원수부 검사국 총장 백성기는 나용석과 젊은 나이로 열녀(烈女)의 길을 따른 그의 처 임소사에게 정려를 내려주는 은전을 베풀 것을 상주하여 마침내

---

163 『承政院日記』高宗 31年 10月 9日;『日省錄』高宗 31年 10月 9日;『高宗實錄』1894年 10月 9日;『官報』開國 503年 10月 9日;『東學亂記錄』上,『甲午實記』高宗 31年 10月 9日.『高宗實錄』1894년 10월 24일(정묘).

164 임소사의 정려각은 대한제국기에 건립된 건축물로 청주대학교 교문 옆 한국도자기 부지 내에 위치해 있다가 최근 청주대학으로 소유권이 이전되었으나 필자가 방문했을 당시 몹시 퇴락한 모습이었다. 임소사의 정려각 관련 글로는 박주, 『조선시대의 효와 여성』, 국학자료원, 2000, 292쪽 등을 참조.

윤허를 받았다.[165] 이렇게 하여 대한제국기에 건립된 기념 건축물이 현재 청주대학교 정문 부근에 위치했던 임소사 정려각이다.

당시 군대의 사졸로 근무한 이들은 대부분 도시 근교의 가난한 집안 출신들로 극빈층이 대부분이었다. 이들 역시 부모 처자가 있으나 일상의 고초는 농민이나 보부상들과 마찬가지였다. 대한제국기 일반 병사들 가족의 참상을 기록한 사료가 최근 발굴되고 있기도 하다.

| 관군과 동학농민군의 가치 충돌과 융화 |

역사적 인물과 사건을 정확히 평가하기란 어려운 일이다. 사건의 진상과 인물의 진면목을 알기도 어렵고 시대와 인물을 평가하는 사람들의 눈도 저마다 다르기 때문이다. 그러다 보니 당대는 물론 현재에도 '가치관의 대립' 현상을 피할 수 없는 경우가 허다하다. 한국근대의 경우 1894년 지방관의 탐학을 계기로 봉기한 동학농민군, 군주와 상부의 명으로 이들을 해산시키고자 현장에 출동한 관군, 그리고 전국 각지에서 농민군에 대항하여 의군(義軍)을 일으킨 양반유생이나 보부상단 등 각기의 입장이 또한 그러하다.

다른 사례로는 황해도에서 '애기접주 김창수'(후일의 김구)가 가담한 동학도들, 그리고 그들과 대립했던 안태훈 진사와 그 아들 안중근, 그리고 휘하 지방민이 있다. 또 다른 사례로는 '동학비류'(東學匪類)를 토멸해야 한다고 생각한 유학자 문석봉이 있고 매천 황현이 있다. 그 외 대한제국기에 동학도와 비적(匪賊)을 토포하여 기호지역 좌상(坐商), 보부상(褓負商) 등의 상인, 양반과 부녀자 등 지역 주민의 보호에 앞장섰던 안성군수 윤영렬 등의 지방관이 있다. 더불어 개인의 사례로는 '상사람'가문에 태어나 동학군, 의병, 계몽운동가로 변모하여 일제하에는 독립운동가, 해방 후에는 민족통일을 우선한 김구 같은 인물이 있다.

---

165 『高宗實錄』 1903년 10월 17일.

개인의 경우도 다양한 사상의 변천을 겪듯이 격동기 주요 집단과 사건에 대한 평가 역시 시대의 가치관에 따라 변화를 보일 수밖에 없다. 동학농민의 경우 동비(東匪)의 난(亂), 동학란으로부터 동학혁명, 동학농민혁명, 갑오농민전쟁 등으로 명칭이 조정되어 왔다. 한편 동학도 진압에 동원된 조선군에 대해서는 부패한 정부의 관군이라는 인식으로부터 친일내각의 군대, 혹은 봉건정부의 군대 등 여러 평가가 존재했다. 반면 조정의 군대는 동학농민군을 동학과 의병을 참칭하며 각지에서 보부상과 양반가의 재산, 부녀자를 약탈하는 무뢰배 혹은 동비(東匪)로 간주하고 그들을 진압하고자 하였다. 아울러 유생, 보부상 등도 국가, 지역, 가문, 자신의 신체와 자산을 지키고자 의병을 일으켜 관군을 지원하였다.

그러나 19세기 말에는 서로가 적대 관계였다가 20여 년 뒤에는 모두가 한 방향으로 가치관의 합류를 보이게 되었다. 1919년 3·1독립만세운동 당시 이들 모두는 일본의 식민통치에 대한 저항과 민족의 독립이라는 하나의 목표로 결집되었다. 그 결과 탄생한 것이 대한민국임시정부이고, 이후 제2차 세계대전과 8·15해방을 계기로 탄생한 국가가 오늘의 대한민국이다. 한 시대의 역사와 인물이 어떻게 평가될 지는 시대의 흐름과 가치관에 따라 유동적일 것이다. 그것은 대한제국기의 관군, 동학과 의병, 신지식인, 일제하 국내외 집단이나 인물은 물론, 해방 이후 남북협상과 단정수립을 놓고 고민한 이들도 모두 마찬가지이다.

동학농민이 봉기하고 청일전쟁이 일어난 지 한 세기 여가 지났다. 그 사이 조선왕조도 멸망했고, 대한제국도 멸망했다. 두 번씩 나라가 운명을 고하고 대한민국이 탄생하기까지는 필설로 논하기 어렵다. 분명한 것은 각기의 상황과 가치관에 따라 생존을 모색하며 충돌하기도 하고 협력하기도 하였다는 점이다. 동학도나 의병은 국가의 변란시에 등장한 이들이다. 한편 가난한 나라의 군대에 들어가 무보수나 다름없이 근무하다가 전투 현장에 출동하여 전몰한 장병들은 국가의 명을 수행하다가 순국한 이들이다.

앞의 경우는 국가가 위무해 주어야할 대상이고, 후자의 경우는 순국자들로서 나라가 현창해야할 대상이다.[166] 국가에 충성하고 헌신한 이들에 대해 나라가 예우하고 기리는 것은 예나 이제나 다를 것이 없다.

국가의 보훈과 기본 가치에 대한 정확한 정립은 나라의 품격과 동궤의 일이라 여긴다.

장충단의 경우 주로 을미사변 당시 희생된 장교와 관료가 우선적으로 배향되었고, 청주 모충단에는 동학농민봉기 당시 희생된 사병이 배향되었다는 점에서 의미 부여에 차이가 있을 수 있다. 서울의 장충단이 오늘날의 국립현충원 격이라면, 청주의 모충사는 지방의 국립현충원 정도로 비교가 된다. 장충단과 모충사는 군주시대의 '장충이념'을 담아 건립된 것이고, 현재의 국립현충원은 민주국가의 '현충이념'을 담은 점이 다를 뿐이다. 장충단비와 청주의 모충사, 임소사의 정려각 등은 전통과 현대의 매듭을 이어준 대한제국기의 시대 가치를 전하는 근대의 문화유산이라고 할 수 있다.[167]

---

166 이 글의 전반부는 한국보훈복지의료공단의 『공단보』(2005.6)에 게재한 「비내리는 장충단과 100년 전의 국가보훈」 및 『동대문에서 듣는 도성과 대한제국 이야기』(동대문역사관, 2010)에서 소개한 바 있다. 이후 청주의 모충사를 보완하여 『동북아문화연구』 33(동북아시아문화학회, 2012)에 게재하였다.

167 남산의 조선신궁 등장과 장충단공원: 고종이 전몰 장졸의 영령을 위로하고자 장충단을 지었던 곳은 지금의 신라호텔 영빈관 자리이다. 대한제국 정부에서는 1908년까지 매년 춘추로 예포를 울리며 제사를 올렸다. 그러나 1910년 국권을 상실하면서 장충단은 많은 변화에 처하게 된다. 1909년 이토 히로부미(伊藤博文)가 안중근 의사에 의해 사살되자, 통감부에서는 국장(國葬)을 선포하고 황족과 각 부 장관 및 일반 국민을 장충단에 모아놓고 장례행사를 치렀다. 1918년에는 헌병대와 경찰서의 지원 하에 소방계원들의 운동회를 이곳에서 열었고, 1925년에는 조선신궁(朝鮮神宮)이 완공되어 일본천황의 조상신인 아마데라스 오오미카미(天照大神)와 메이지 천황을 제신(祭神)으로 모셨다.
이 일대가 장충단공원으로 조성된 것은 1919년이다. 총독부는 벚꽃 수천 그루를 이식하였고, 1929년에는 이토의 혼을 위로하기 위해 박문사(博文寺)란 절을 지었으며, 상해사변 당시 결사대로 활약한 일본군 '육탄3용사'의 동상을 세웠다. 특히 박문사를 지을 때 경복궁의 선원전과 부속 건물을 헐어 자재로 사용했고, 경희궁의 흥화문을 옮겨 입구에 배치하였다. 조선의 궁궐 건축을 그렇게 사용한 것은 한국인들에게 한국의 혼을 말살한 것으로 받아들여졌다. 일본제국의 식민통치는 2차 세계대전의 종결과 함께 막을 내렸고, 총독부가 철수하자 서울 등 전국 각지에 들어섰던 수백 개의 일본 신사는 물론, 장충단 권역에 들어섰던 일본군 육탄삼용사의 동상과 박문사 등은 곧바로 철

대한제국의 하와이 이민사업

| 하와이 이민사업 추진 배경과 민영환 |

앞에 언급하였듯이 민영환은 1896년 모스크바에서 열린 러시아의 마지막 황제 니콜라이 2세(Nicholas II,1894~1917)의 대관식(1896년 5월)에 특사로 참석하였다. 갈 때는 태평양 → 미대륙 → 대서양 → 유럽대륙 코스였고, 돌아올 때는 건설 중인 시베리아횡단철도의 노선을 이용하여 이르쿠츠크(9.11), 바이칼호(9.13), 치타(9.18), 블라고베시첸스크(9.26), 하바로프스크(10.3) 등을 지났고, 아무르강, 즉 흑룡강 유역을 마차와 배로 지날 때는 그곳의 한인 정착촌을 방문하여 그들의 삶을 직접 살펴보고 그들로부터 많은 이야기를 듣게 되었다.[168]

거되었다. 다만 그나마 보존되었던 장충단은 한국전쟁 중 소실되었고 장충단비만 남게 되었다. 버려졌던 장충단비는 1969년 현재의 자리로 옮겨졌다. 1984년 건설부고시에 의해 근린공원이 된 장충단공원은 자연공원인 남산공원의 일부로 흡수, 합병되었다.

[일제하 청주신사(淸州神社) 건립과 모충사 이건] 대한제국기에 서울에 장충단이 조성된 것이나, 청주에 모충단이 조성된 것은 일종의 국가 현충시설이자 추모 시설의 조성이라고 할 수 있다. 서울의 장충단을 오늘날 서울시 동작동의 국립현충원격이라면, 청주의 모충단은 현재의 대전국립현충원격이라고 비유해 볼 수 있다. 청주의 갑오전망장졸기념비에는 우측 상단에 장충단이라는 글씨가 보이고 있다. 그러니까 청주 지역에 위치한 장충단의 뜻으로 해석된다.

이 모두는 군주 국가의 정부가 전몰한 장졸들의 혼령을 위로하고 충절을 기리는 사업을 통해 근대 국가로서의 자격을 갖추어 가는 과정이었다고도 할 수 있다. 비록 1904~1905 러일전쟁이 일본의 승리로 마무리되면서 각종 국가의례에도 많은 변화가 밀어 닥쳤지만, 적어도 1907년까지는 모충단의 의례가 국가 주도로 행해진 것으로 이해된다.

그러나 러일전쟁 이후 많은 변화에 직면하게 되었다. 우선 1907년 군대해산에 따라 청주의 진남영이 폐지되면서 모충단의 향사를 주관할 공권력의 중심이 사라졌다. 이에 1908년 9월 전 참령 윤영성(尹泳成) 주도 하에 해산 장병들과 유족이 협력하여 모충계를 설립하였고, 1914년 8월 모충계가 중심이 되어 청주읍 당산의 제단에 사우(祠宇)를 짓고 전몰장병 73위를 배향하여 매년 음력 10월 3일에 제사를 지냈다. 그러나 1923년 총독부 측은 당산에 있는 모충사 자리를 일본의 신사터로 흡수했다. 이에 모충회원들이 의연금(1,457원 80전)을 모아 화흥리 옛 고당(古堂, 현재의 서원대학 자리)으로 단을 옮겼고, 해방 이후 거기에 서원대학을 세우면서 현재자리로 재이건하였다.

168 高炳翊,「露皇戴冠式에의 使行과 韓露交涉」,『歷史學報』28, 1965, 41~70쪽; 이민원, 「민영환의 유럽방문과 모스크바외교-附 국가방략과『千一策』」,『死而不死 민영환』, 고

처음에는 국경을 넘어 이주해 온 그들에 대해 냉담한 자세를 보였지만, 그들의 근면함과 개척적인 삶을 목격하면서 민영환은 점차 그들에 대한 인식을 바꾸었다. 해외 한인의 존재와 가치를 깊이 생각하는 계기가 되었던 것이다. 민영환은 이후 블라디보스토크를 거쳐 10월 하순경 귀국하였다. 장장 7개월에 걸쳐 근 7만 리에 이르는 긴 여행이었다.[169] 조선 조정의 관리로서는 처음으로 유럽을 일주한 셈이었고, 조선정부 최초의 유럽파견 특사였다.

그의 특사활동에 대해서는 이런 저런 흥미진진한 뒷이야기가 있다. 가령 ① 러시아에 있을 당시 그는 영농기계에 관심을 가지고 구입했으며, ② 대관식장에서는 누구든 모자를 벗어야 한다는 의전담당 측의 요구에 대해 동양적 의례상 갓을 벗을 수 없다하여 정작 대관식장에는 들어가지 않고 밖에서 식을 지켜보았던 일, ③ 귀국한 뒤에는 출장비 4만 원 중 남은 돈을 모두 정부에 반납하여 고지식한 사람이라는 세평을 듣기도 하였다.[170]

이듬해 초 민영환은 다시 그는 1897년 고종으로부터 영국·독일·러시아·오스트리아·프랑스·이탈리아 등 6개국 특명전권공사로 임명되었다가 다시 영국 빅토리아 여왕 즉위 60주년기념식 파견 특명전권대사로 임명되었다.[171] 이때 민영환은 인천의 대불호텔에서 처음으로 단발을 하고 양복을 착용했다.(1897.3.24)[172] 그는 특명전권공사를 겸하여 영국 빅토리아 여왕

려대박물관, 2005, 107~121쪽.

169 金得鍊, 『環璆唫艸』, 京都: 京都印刷株式會社, 1897, 5·53쪽; 천화숙, 「閔泳煥의 러시아 皇帝 니콜라이 2세(Nicholas Ⅱ) 戴冠式 使行과 近代文物의 수용」, 『亞細亞文化研究』 3, 1999; Michael Finch, *Min Yong-hwan A Political Biography*, University of Hawaii Press, Honolulu and Center for Korean Studies, University of Hawaii, 2002, pp.157~165.

170 『尹致昊日記』 4, 1896년 6~8월의 기록 및 Lensen, *Balance of Intrigue Ⅱ -International Rivalry in Korea and Manchuria*, Tallahassee: University of Florida Press, 1982, pp.648~706.

171 『舊韓國官報』 1896년 3~4월, 1897년 3~4월의 기록 참조.

172 尹致昊, 『尹致昊日記』 5, 國史編纂委員會, 1975, 36쪽; 國史編纂委員會 編, 『閔忠正公遺稿』, 1958, 143~145쪽.

의 즉위 60년 다이아몬드 축하식에 파견되는 특사였다. 그해 5월 민상호, 이기, 김조현, 김병옥, 손병균 등을 대동하고 페테르부르크에 도착한 그는 러시아황제를 알현하여 국서와 친서를 전한 뒤, 런던에 가서 영국여왕에게 고종의 국서와 친서를 전하고 한 달 동안 체류하다 그곳을 떠났다.[173]

이후 그의 1년간 활동에 대해서는 깊이 주목되지 못했다. 민영환은 러시아의 지원 가능성이 거의 없음을 알고 그 당시 별 기대를 걸지 않았으며, 영국에서는 고종의 명(중립화안 구상 등)을 수행하는 것이 불가능하다고 보고 곧 바로 귀국하지 않은 것으로 알려져 왔다.[174] 일설에는 고종의 명을 어긴 결과 처벌이 두려워 그가 해외에 체류했다고도 했다. 즉 러시아와 영국의 협조를 구하기 어려움을 알고 좌절해 스스로 임무를 방기했다는 것이다.

그러나 이 시기 그의 행적에서 주목할 부분이 있다. 영국을 떠난 민영환은 곧바로 귀국하지 않고 미국에 1년 정도 체류한 사실이 그것이다. 그는 미국의 워싱턴 등지에 근 1년간 머물며 미국의 문물사정과 영어를 익혔으며, 서광범의 장례식에도 참석하였다. 이후 그가 민상호, 민영찬 등과 함께 서울로 귀환한 것은 이듬해인 1898년 9월 14일이다. 여기서 더 주목해 볼 점은 그가 귀국 도중 하와이를 경유한 점이다.[175]

---

173 이를 기록한 것이 『사구속초(使歐續草)』이다. 그에 따르면 3월 24일 서울을 출발하여 상해, 나가사키 등을 거쳐 홍콩, 싱가폴, 인도, 홍해, 수에즈 운하, 흑해, 지중해를 거쳐 오뎃사 항에 도착, 5월 17일 페테르부르크에 도착하여 10일 동안 체류하며 러시아황제를 알현하여 국서와 친서를 전하였다. 이어 런던에 도착, 영국여왕을 알현하여 고종의 국서와 친서를 전하고 60주년 기념식에 참석한 뒤, 한 달 동안 런던에 체류하였으며, 7월 17일 런던을 출발하였다.(앞의 『閔忠正公遺稿』에 수록된 『使歐續草』를 참조)

174 민영환이 미국으로 간 배경에 대해서는 '도피설' 등이 있었다.(韓興壽, 「駐佛公使館 設置過程」, 『韓佛外交史 1886–1986』, 韓國政治外交史學會, 1987)

175 Michael Finch, *Min Yong-hwan A Political Biography*, University of Hawaii Press, Honolulu and Center for Korean Studies, University of Hawaii, 2002, pp.156~157. 1898년 8월 3일 자로 워싱턴에 있는 통신원(서재필)이 신문사(윤치호)에게 보낸 서신에 의하면 민영환은 많은 서구의 신사상을 수용하였으며 영어도 꽤 유창하게 되었다고 했고, 민상호는 서양의 법과 제도를 익혔다고 한다.("Letter from Washington", From one our correspondent, August 3rd, 1898", *The Independent*. September 13, 1898)

당시 하와이에는 1852년부터 이주한 중국인과 1885년부터 이주를 시작한 일본인 노동자들이 사탕수수 농장과 도시 등에서 일하고 있었다. 그가 아무르 강변의 해외한인을 목격한 이후 두 번째로 해외 이민의 가치에 대해 깊이 생각하는 계기가 되었을 것이다. 당시 하와이나 미국에는 세계 각처에서 노동이민이 몰려와 살고 있었다. 특히 하와이에는 일찍이 중국인(1852년부터)이나 일본인(1885년부터) 이민이 활동하고 있었지만, 한국인 이민은 아직 없었다.[176] 국제적으로 고립무원한 한국은 이제 운명이 끝나가고 있다고 좌절했던 민영환, 미국과 하와이에 거주하던 해외이민을 목도하고 과연 무엇을 생각했을까.

앞서 러시아를 다녀올 때 그는 한인들이 비록 밖에서는 우수한 능력을 발휘하지만, 국내에서는 여러 가지 제약 때문에 개개인이 능력을 펼치지 못하고 있음을 깨달았던 바다. 가령 신분제도의 제약, 제약된 농토 등 자원의 부족, 유가적 사회윤리와 지역색 등이 그중 일부였다. 귀국한 뒤 그는 독립협회의 활동을 적극 후원하면서 서울의 시민과 독립협회원, 서양의 외교관 등으로부터 많은 신망을 얻고 있었다. 반면 그는 정부의 일부 보수 대신들로부터는 비판의 대상이 되기도 했다. 그러나 이 모든 현상 보다 더 중요한 것은 그가 얼마 후 한국정부 최초로 해외의 이민사업 업무를 관장하기 위해 설립한 기관, 즉 유민원의 총재직을 담당하게 되었던 사실이다.

| 유민원의 설립과 하와이 이민사업 추진 |

민영환이 귀국하여 수행한 주요 업무 중 하나는 최초로 설립된 이민사업 부서, 즉 유민원의 총재직이었다. 유민원이 설립된 것은 1902년 11월 16일이다.[177] 참고로 1903년(光武 7) 대한제국 유민원 총재 민영환(正1品 勳 1

---

176 웨인 패터슨 저, 정대화 역, 『하와이 한인 이민 1세- 그들 삶의 애환과 승리』, 들녘, 2003, 11~72쪽.
177 유민원은 1902년 11월 16일 설치됨. 송병기·박용옥 등 편, 『한말근대법령자료집』

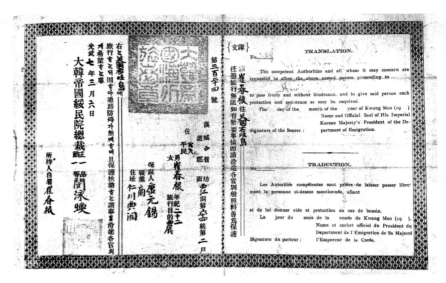

대한제국 유민원 (총재 민영환) 발행 '여권'

等)의 명의로 발급된 여권을 살펴보면 이렇다.

譯文: 該崔春根 往美國布蛙島 任憑旅行無阻 如有緊要事情 卽請沿途各官 別般照料 善爲保護 漢城西署西江洞 第六十四統第二戶 男崔春根 年紀二十二 旅行目的農 保證人康元鎬 職業商 住所仁川典洞

Translation: The component Authorities and all whom it may concern are requested to allow the above named person proceeding to to pass freely and without hindrance, and to give said person such protection and assistance as may be requested. The □□day of the □□month of the □□ year of Kwang Moo(19□□) Name and Official Seal of His Imperial Korean Majesty's President of the Department of Emigration.[178]

Ⅲ, 국회도서관, 1971, 466~467쪽; 「布達 第90號 宮內府官制 改正 附 綏民院規則」 (光武 6年 11月 20日); Michael Finch, *Min Yong-hwan A Political Biography*, University of Hawaii Press, Honolulu and Center for Korean Studies, University of Hawaii, 2002, pp.157~165 등을 참조.

178 「대한제국해외여권장(大韓帝國海外旅券章)」(제324호: 1903년 3월 6일 자), 『사진으로 보는 獨立運動』(上), 서문당, 1987, 159쪽.

당시 유민원은 궁내부 산하에 설립된 기구였다. 궁내부는 당시 조정의 유력한 관료였던 이용익과 긴밀한 관계에 있었다. 그런데 이용익은 정작 한국인의 하와이 이민에 대해 반대한 것으로 드러난다. 그 이유는 ① 미국인이 이민을 독점하고 있다는 것으로 일본인의 한국인 이민 반대와 동궤였다. ② 한국인의 미국 이민에 별다른 이득을 볼 수가 없었기 때문이라고 한다. 1903년 이용익은 유민원의 사업에 방해공작을 했는데, 우선 유민원에 예산 책정을 하지 않았고, 여권발급절차를 어렵게 하여 유민원 총재의 직인에다가 외부대신의 인을 찍도록 하였다는 것이다. 이런 일련의 조치는 이용익의 유민원 사업에 대한 인식을 잘 보여준다. 한 마디로 그는 하와이 이민사업을 반대하는 입장이었다.

이처럼 이용익 등의 반대도 있었지만, 민영환은 이런 난관을 뚫고 이민사업을 담당하였다. 민영환의 하와이이민사업 추진은 윤치호·이하영 등으로부터 적극적인 지지를 받았다.[179] 윤치호나 이하영은 일찍이 미국 사회에서 유학을 하거나 외교관 생활을 하여 미국 사회를 잘 알고 있던 이들이다. 윤치호는 후일 하와이를 방문하여 한인이주민의 상황을 살펴보고 귀국하였다. 당시 그가 조사한 한인의 숫자는 약 7천 명이었고, 그중 약 1,500명이 여성과 아이들이었다. 이들은 한달 15$의 임금을 받았고, 일요일은 휴무였다. 윤치호는 하와이 이민자들을 방문하여 조사하고 격려한 뒤 그곳을 떠나왔다. 당시 13인이 한인이 선교부에 종사하였고, 호놀룰루에는 한인 측에서 1500$, 미국 측에서 5,000$을 확보하여 한인기숙학교 건물을 지으려 계획하고 있었다.[180]

민영환의 하와이 이민 장려는 보수사회에서는 효도의 포기로도 간주될 만한 일이었다. 그러나 민영환은 이미 1896년의 유럽 방문 때 시베리아를 횡단해 귀국하면서 한국인들이 억압적인 국내의 통치를 벗어날 때 해외에

---

179 Michael. Finch, *op. cit.*, p.164.
180 "Koreans at Hawaii", *The Korea Review*, Vol. 5, 1905, pp.411~413.

서 얼마나 많은 성공을 거둘 수 있는지를 직접 목격했던 바다. 그의 의중은 한인 이민들이 공동체를 형성하여 미국사회와의 연결을 공고히 하고, 한국의 불모지를 벗어나 해외에서 개척과 발전의 기회를 모색하자는 것, 일본인들의 한국에 대한 일방적으로 한국인들의 운명을 약탈하는 것을 방지하자는 것 등으로 해석된다.[181]

| 알렌·데쉴러의 역할과 하와이의 초기 한인 이주민 |[182]

1903년 1월 13일 하와이에 한인 이주민이 처음 도착하였다. 하와이 사탕수수 농장주들의 요청, 한국내 미국인 사업가와 선교사, 외교관 등의 협력, 여기에 대한제국 정부의 해외이민정책에 따라 하와이에 도착한 102명의 한인 노동자들이었다. 이들은 하와이의 사탕수수농장에서 일한 노동자들이었고, 개중에는 어린이들도 있었다. 한국이 미국과 수교한 지 20여 년만이었고, 1852년 하와이에 중국인 노동자가 도착한 지 50여 년 뒤, 1885년 일본인 노동자들이 하와이에 도착 한 지 근 20년 뒤였다.[183]

하와이에 중국과 일본의 노동자가 오게 된 배경, 그리고 한국인 노동자가 오게 된 배경은 무엇인가. 먼저 미국정부와 하와이농장주 측의 입장을 살펴볼 필요가 있다. 하와이에 미국의 기업인들이 들어가 사탕수수를 재배하기 시작한 것은 19세기 중반부터이다. 기업이 번창하여 한 때는 설탕 수출이 하와이 총 수출액의 90% 이상을 점하였다. 자연히 농장에 많은 일손이 필요하였다. 그래서 점차 외국인 노동력을 투입해야 할 상황이 되었다. 결국 중국인, 포르투갈인, 일본인 등 외국인들이 하와이사탕수수 농장 등에 이주하게 된 배경은 하와이에서의 노동력 수요 때문이었다. 1852년 처

181 Michael. Finch, *op. cit.*, pp. 164~165.
182 이민원, 「민영환의 유럽방문과 모스크바 외교 － 附 국가방략과 '千一策'」, 『死而不死 민영환』, 고려대박물관, 2005, 114~118쪽.
183 최초로 중국인 노동자들이 하와이에 도착한 것은 1852년, 293명의 광동 출신 중국인들이었다.

음으로 하와이에 도착한 293명의 광동 출신 중국인들로 시작, 그해만도 미국의 농장과 광산에 취업한 중국인들은 2만여 명이 넘었고, 1880년대에 들어서면서 10만에 육박하였다.

하와이에 온 중국인들은 시간이 지나면서 미국 본토에도 진출하였었다. 대우가 더 좋고 기회가 많은 미국의 대도시로 점차 진출하게 된 것이다. 그러자 이들의 대량 진출을 두려워한 연방정부는 '중국인이민금지법'(Chinese Exclusion Act: 1882년 5월 6일)을 제정하여 향후 10년 동안 중국인들의 이민을 금지한다 하였다. 후에도 법을 수정하여 계속 중국인 이민을 차단했다. 자연히 하와이에서는 노동력 부족 현상이 일어나게 되었다.

이에 1890년대를 전후하여서는 일본인 이민자들을 받아들여 부족한 노동력을 대신하게 되었다. 1885년부터 1894년까지 3만여 명의 일본인이 하와이에 도착했다. 그러나 일본인들도 시간이 지나면서 점차 인종 차별에 '문제'를 야기시켰다. 일본인들의 수가 늘어남에 따라 조직적으로 동맹 파업을 하여 농장주들을 곤혹스럽게 하였다. 이들 역시 고용 계약을 마치면 임금이 더 높고, 노동 환경이 더 나은 본토, 특히 캘리포니아주 등으로 이주하였다. 그에 따라 하와이의 농장에는 노동력 부족현상이 지속되었다. 바로 이러한 문제에 직면하여 하와이의 농장주들은 하나의 대안으로서 한국인 노동자를 점차 모색하게 되었던 것이다.

하와이로 한인 이민이 가게 된 과정에서 중요한 역할을 한 외국인들은 주한미국공사 알렌 등이다. 하와이의 사탕수수 농장주 협회 이사회는 미국에 휴가가 자신의 고향인 오하이오를 방문한 알렌을 초청하여 그의 도움을 구하고자 하였다. 알렌은 한국의 황실과 깊은 교분이 있었고, 한국에 온 최초의 장로교 의료 선교사였다. 그는 갑신정변 당시 중상을 입은 민영익을 가까스로 살려냄으로써 고종과 왕비의 두터운 신임을 얻었다. 이후 그는 한국에서 그 누구보다도 더 영향력이 있는 미국의 외교관으로 부상하게 된다.

농장주들은 알렌의 이런 영향력을 잘 알고 있었다. 때문에 그의 협력을 통해 이 문제를 해결하고자 하였다. 한편 알렌은 이들의 요청에 부응하여 한국의 노동자들을 모집하여 하와이에 보내주고자 하였다. 서울에 돌아 온 그는 즉시 고종을 알현하였다. 요컨대 하와이 사탕수수 농장주들의 뜻을 전하고 그의 윤허를 받아 내었다.

이제 이민을 모집하여 보낼 일을 할 사람을 찾는 중에, 같은 오하이오 주 출신으로 한국에 와서 여러 가지 사업을 하고 있는 데쉴러(Deshler)라는 사람을 만나 이민 업무를 맡겼다. 정부에서도 "유(綬)민원"이라는 기구를 궁내부[184]에 설치하여 민영환으로 하여금 그 총재직을 수행하게 하였다. 주요 업무는 여권 발급 업무였다. 데쉴러는 곧 농장주 협회에서 보내준 자금을 토대로 데쉴러 은행을 설립함과 동시에 동서개발회사를 설립하여 하와이 이민사업을 시작하였다.

그러나 일은 그리 쉽지 않았다. 이민에 응하는 사람이 없었기 때문이다. 조상의 묘를 등지고 바닷길로 열흘이 넘는 먼 길을 떠나야 하는 것은 천하에 불효자식이나 할 수 있는 일이었다. 이때 그 어려움을 해결해 준 사람이 있었다. 바로 인천 '내리감리교회'의 담임 목사로 사역하고 있던 존스(Geroge Heber Jones, 趙元時)였다. 그는 한국인들의 생활이 궁핍하고 경제적, 정치적으로 어려움을 겪고 있는 것을 볼 때, 이 기회가 그들을 조금이나마 도울 수 있는 일이라고 생각하여 이민을 장려하고 나섰다. 그는 이민 모집 광고에 있는 대로, 미국에 가면 학교는 무료이며, 영구적인 직업을 얻기가 쉬우며, 법률의 제반 보호를 받을 뿐만 아니라, "대한 돈으로 오십 칠원 가량"($15)을 매달 받으며, 농부들이 "유숙하는 집과 땔감과 식수, 질병 치료비 등은 주인이 지급"한다며 이민을 장려했다.[185]

---

184 일부 연구에 의정부 소속이라 하였으나, 유민원은 궁내부의 소속 기관이었다.

185 "내리감리교회" 교인들 가운데 많은 사람들이 이민의 길에 올랐다. 인천에서 존스 목사의 전송을 받으며 떠난 50여 명의 감리교인들은 일본 나가사끼(長崎)에서 배를 갈아

이렇게 하여 1902년 12월부터 약 2년 반 사이에 하와이에 이주한 한인은 7,843명에 이른다. 첫 이주민이 하와이에 도착한 것은 1903년 1월 13일 새벽. 검붉은 여명을 뚫고 하와이의 호놀룰루 항에 도착한 겔릭호에서 태평양을 건너온 102명의 한국인 일행이 낯선 땅에 첫발을 디뎠다. 사탕수수 농장에서의 노동이민을 위해 정든 땅을 떠나 신천지를 찾아온 미주 한인이민의 시작이었다.[186]

사탕수수 농장과 노동 계약을 맺고 하와이 땅에 내린 이들은 호놀룰루 항이 속한 오아후(Oahu)뿐 아니라 마우이(Maui), 카우아이(Kauai), 그리고 빅 아일랜드라 불리는 하와이(Hawaii)에 산재해 있는 각 사탕수수 농장으로 흩어져 힘든 이민생활을 시작하게 된다.[187] 그럼에도 당시 하와이 한인이주민들은 가장 성실한 노동자로 평가 되었다. 한인 이민사업 담당자였던 데쉴러는 하와이의 농장주들에게 이렇게 당부하였다.

> 이번에 겔릭호를 타고 가는 사람들과 관련해 몇 가지 조언을 하고자 합니다. 이번에 가는 사람들은 통역사 2명, 남자 54명, 여자 21명, 아이들 25명 등 모두 102명입니다. 이들은 모두 정신무장이 잘 돼 있고 하와이에 가고 싶어하는 사람들이기 때문에 이들에게 주어진 일을 훌륭하게 해낼 수 있을 것입니다. 만약 여러분들이 한국의 저층민들의 보수성을 이해하지 못한다면 이들의 이민이 갖는 의미를 깨닫지 못할 겁니다. 서울과 제물포에 사는 나이 많은 사람들은 이주사업이 성공적으로 추진되고 있는 데에 대해 아주 놀라워하고 있습니다. 한국인

타고 하와이에 가는 동안 배 안에서 매일 예배를 보며 항해하였다. 호놀루루에 도착하자 존스 목사의 연락을 받고 나온 피어슨 하와이 감리사가 마중을 나왔다. 신체검사를 받고 마지막으로 하와이 땅을 밟은 사람은 모두 86명(남자 48, 부인 16, 자녀 22)이었다. 농장주들도 한인 노동자들이 교회를 세우고 예배드리는 것을 환영하였다. 존스 목사의 1905년 보고에 의하면 하와이 한인들의 삼분의 일(⅓)이 신앙고백을 한 기독교교인, 하와이 감리교인들 중 65%가 한국인이었으며, 1910년에는 68%가 한국인이었다.(앞의 김찬희 교수의 글을 참조)

186 증기선 겔릭호를 타고 호놀룰루 항에 내린 최초의 공식 이민자 102명을 필두로 총 65편의 이민선을 통해 들어 왔다.

187 한국일보 이민 100주년 특집 연재기사, 「美 한인 땀과 꿈의 100년(1-1) 희망 실은 겔릭호 첫 입항」, 『한국일보』, 2003.1.1.

들은 이민에 대해 의심스러워하고 또 상당한 두려움을 갖고 있기 때문에 이런 부분을 누그러뜨리는 것이 가장 힘들었고 세심하게 신경을 써야 했습니다.

이제 이들의 이주가 성공하느냐 마느냐는 여러분 손에 달려 있습니다. 이들에게 좋은 대우를 해주면 여러분들은 세상에서 가장 성실하고 다루기 쉬운 노동자들을 확보할 뿐 아니라 이들을 우리 사회의 영원한 구성원으로 자리 잡게 할 수 있습니다. 또한 이곳 한국의 대부분의 사람들은 첫 이민자들로부터 소식을 기다리고 있기 때문에 앞으로 사탕수수 노동자 모집 사업이 잘 되느냐는 전적으로 여러분들이 얼마나 이들을 잘 대해 주느냐에 달려 있습니다. 이들을 친절과 인내로서 대해 주십시오. 이들을 어린아이 다루듯 해야 합니다. 이들에 대해 동정심을 갖고 대할 때 당신들은 성공할 수 있습니다. 이들은 태어나서 한번도 고향을 벗어나 본적이 없기 때문에 이들이 새로운 생활에 적응하는데 시간이 조금 걸릴 것입니다. 이들은 이민의 개척자들로 모든 사업은 이들에게 달려 있습니다.[188]

연구에 따르면 하와의 한인들은 생활력이 강하고, 교육열이 높아 1930년 경에는 문맹률 0.3%로 소수민족 중 가장 성공한 사례로 꼽혔다. 초기의 하와이 이주 노동자들은 일당 75센트의 저임금에도 불구하고 월수입의 약 30%를 한인 2세의 교육과 독립운동 자금으로 기부하였다.[189]

그러나 이러한 한인 이민정책은 1904년 러일전쟁 발발과 함께 일본의 이민사업에 대한 정책적 고려, 미국 당국의 이민에 대한 정책 전환 등으로 인해 지속적 추진이 좌절되기에 이르렀다. 그러나 불과 2년 남짓 추진된 민영환 등의 하와이 이민사업은 후일 해외한인의 독립운동 나아가 이승만·안창호·박용만 등 해외의 독립운동가들에게 특별한 의미를 지니게 되

---

188 데이비드 데쉴러가 농장주들에게 보내는 편지. 1902년 12월 22일 제물포항을 출발해 이듬해 1월 13일 하와이에 도착한 첫 이민자의 존재를 공식 확인해주는 문서이다.(하와이대 해밀턴도서관의 하와이사탕수수농장주연합회의 문서고. 김찬희 교수의 글을 참조)

189 Wayne Patterson, *The Korean Frontier in America: Immigration to Hawaii, 1896-1910*, Honolulu: University of Hawaii Press, 1988; 웨인 패터슨 저, 정대화 역, 『하와이 한인 이민 1세– 그들 삶의 애환과 승리』, 들녘, 2003; 崔昌熙, 「韓國人의 하와이 移民」, 『國史館論叢』 9, 國史編纂委員會, 1989; 오인환, 『구한말 한인 하와이 이민』, 인하대학교 출판부, 2004; 웨인 패터슨 저, 정대화 옮김, 『아메리카로 가는 길–한인 하와이 이민사 1896-1910』, 들녘, 2002.

었다. 국내에서 3·1운동이 펼쳐질 때 한인교민들이 성금을 모아 보냈고, 이후 대한민국임시정부에도 꾸준히 독립운동자금을 위한 성금을 보냈다.

정부의 문물정비사업과 『증보문헌비고』 편찬

대한제국은 청일전쟁 이후의 격랑 속에 등장하여 13년간 국권을 유지했다. 취약한 국력에 내외 환경이 급변하고 있었으므로, 황제로부터 관료, 지식인, 일반인 모두 국가의 생존 모색에 더욱 부심했던 시기이기도 하다. 대한제국 선포 전후 정부는 독립신문, 독립협회 등을 통해 서양의 근대 문물을 소개하는 한편, 각 분야에 걸쳐 새로운 사업을 추진하였다. 더불어 국가의 체제 정비 일환으로 전통의례와 문물에 관한 전적을 편찬하였다.

이들 중 크게 주목되는 하나가 전래의 문물제도 정비의 일환으로 편찬한 『증보문헌비고(增補文獻備考)』이고 다른 하나가 『대한예전(大韓禮典)』이다.

대한제국의 문물정비사업은 조선 후기 영조와 정조 시대의 사업을 계승하여 황제체제에 부응하게 한 것이다. 이때의 문물정비사업은 정부 관료와 국학자 및 민족주의사학자들의 결속을 다지는 계기이기도 하였다. 그 바탕 위에서 형성된 것 하나가 단군에 대한 인식과 방어적, 주체적 입장에서의 자국사 인식이었고, 결과는 '단군민족주의' 현상을 가져온 바탕이었다.[190]

대한제국기는 5백년 조선왕조의 유산과 19세기 후방 이래 밀려들어 온 서구의 문물을 융합하여 현대로 이어준 전통과 현대의 교량역을 한 시기이다. 바로 이 시기에 편찬된 중요한 문헌으로서 5천년 한국의 역사와 제도의 정수를 뽑아 담고 있는 대표적 간행물이 『증보문헌비고』이고, 거기에 반영된 중요한 소재의 하나가 다름 아닌 단군 관련 항목이다.

---

[190] 현재도 민족주의는 유효한가에 대한 현대의 논란은 千寬宇, 「韓國史學의 反省」(이기백·차하순 편, 『역사란 무엇인가』, 문학과 지성사, 1978)을 참조.

『증보문헌비고』 편찬 사업은 1903년부터 1908년까지 추진되었다.[191] 1907년(고종 44) 2월 11일 자 실록의 기사에는 완성된 『증보문헌비고』를 고종에게 올린 이야기가 보인다. 이후 1907년 4월 27일 기사에는 『증보문헌비고』의 감인위원장(監印委員長)으로 의정부 참찬 한창수(韓昌洙)를 임명한 기사가 등장한다. 이후 1908년(융희 2) 7월 1일 『증보문헌비고』가 완성되었다는 보고가 보인다.[192]

『증보문헌비고』는 영조 때 홍봉한 등이 1770년 왕명을 받아 완성한 『동국문헌비고』, 1782년 이만운이 정조의 명을 받아 편성한 『증보동국문헌비고』를 토대로 삼았다. 여기에는 30여 명의 문사들이 참여하여 그동안의 변천 내용을 추가하고 오류를 보완하였다.[193] 이것은 '5천년 한국'의 전통문화와 각종 제도, 의례, 법제 등을 담아 편찬한 대한제국 판 '한국전통문화대백과사전'이라 할 수 있다.

이름에서 보듯이 이번에는 동국(東國)이라는 명칭이 사라졌다. 『동국문헌비고』 혹은 『증보동국문헌비고』가 『증보문헌비고』로 명칭이 바뀐 것을 볼수 있다. 이런 변화 자체가 매우 의미심장한 변화였다. 조선시대에 식자들은 흔히 조선을 동국(東國), 해동(海東), 청구(靑丘) 등으로 지칭하였다. 중국을 기준으로 한 방위상의 개념으로 조선을 바라보았던 것이다. 그러나 이제는 중국의 동방에 위치한 동국이 아니라 자주독립국인 대한제국 입장에서 바라본 내 나라의 문헌비고라는 뜻으로 이름이 지어졌다.

---

191 『高宗實錄』 1907년 2월 11일.

192 "문헌비고(文獻備考) 교정 총재(校正總裁) 박제순(朴齊純)이, '문헌비고를 증보하고 교정하는 일로 신들이 일과로 홍문관(弘文館)에 모여서 삼가 『增補文獻備考』를 오자(誤字)가 없도록 대조, 교정한 다음 선사(繕寫)하여 95책으로 만들었습니다. 성상께서 보실 수 있도록 준비하여 삼가 가져와 올립니다. 삼가 아룁니다.'라고 하니, 윤허하였다."(『高宗實錄』 1907년 2월 11일 2번째 기사).

193 1903년 법무국장 金錫圭의 건의로 『문헌비고』 증보작업이 시작되었다. 당상·낭청 각 10명이 1790년 이후 변경된 내용을 추출하여 1907년 12월 『증보문헌비고』 250권을 편찬, 다음해 50책으로 인쇄했다. 이때 체제를 대폭 변경, 「왕계고」는 「帝系考」로, 「조빙고」는 「交聘考」로 고쳐 황제국 제도에 부응하게 하였다.

이 사업에 종사한 인사들은 전통시대의 역사문화, 의례제도 등에 밝은 인물들이었다. 찬집(纂輯), 교정(校正), 감인(監印), 인쇄(印刷) 등으로 구성되었다 칙명에 의해 찬집을 담당한 이들은 종1품 숭록대부 의효전 제조 박용대(朴用大)로부터, 종 9품 종사랑 전 한성재판소 주사 홍성두(洪性斗)에 이르기까지 총 33인, 교정을 담당한 신하(勅校正諸臣)들은 종1품 숭록대부 의정부 참정 박제순으로부터 앞의 전 한성재판소 주사 홍성두(洪性斗)까지 총 17인이다. 이어 감인제신(勅監印諸臣)으로는 정2품 자헌대부 내각 서기관장 한창수(韓昌洙)로부터 9품 종사랑 신태완에 이르기까지 총 9인, 인쇄제신으로는 종2품 가선대부 인쇄국장 김영한(金榮漢)으로부터 9품 종사랑 인쇄국 교사 오태환(吳台煥)에 이르기까지 총 3명이다. 후일 대한민국임시정부의 각료로서 27년간 임시정부와 시종일관하여 운명을 함께 한 조완구는 6품 승훈랑으로서 이중하·김교헌·이범세·김택영·윤희구·장지연 등과 함께 찬집으로 참여하였고, 이중하·홍승목 등과 함께 교정(校正)으로도 참여하였다.[194]

이 중 이중하는 1885년 국경문제를 둘러싼 중국과의 담판에서 활약한 인물이다. 김택영·이범세·김교헌·윤희구 등은 만주에서 독립운동과 단군신앙(대종교) 등에 관계한 인사들로서, 윤희구·이범세는 조완구와 교제가 깊은 인물들이며, 김교헌은 대종교의 창시자인 나철의 뒤를 이어 2대 교주로서 대종교의 교리를 체계화 하고 독립운동을 이끌어간 주요 인물이다. 아울러 조정구는 흥선대원군의 사위로서 광무황제와 긴밀한 관계였고, 그의 아들들도 고종의 측근에서 비서감으로서 활동하며 헐버트와 함께 헤이그 특사 파견에 깊이 관여하였고 이후 상해임시정부는 물론 이회영 등과 꾸준히 연계가 있었던 인물이다.

이들은『증보문헌비고』편찬 과정에서 한국의 전통 법과 제도에 깊이 관심을 가지게 되었고 자연히 그런 관심은 일본이나 중국을 통해 입수된

---

194 古典刊行會 編,『增補文獻備考』上, 東國文化社, 1957, 5~7쪽.

서양의 근대법과 제도 등을 깊이 유념했을 것이다. 아울러 더 중요한 점은 이를 계기로 민족의 시조로 기록 혹은 전래되고 있던 단군에 대한 인식을 새로이 한 주요 계기로 생각된다. 『증보문헌비고』에는 단군과 관련하여 소개된 내용만 해도 단군릉, 단군묘, 단군사, 단군시, 단군입국, 단군자 부루, 단군자 삼랑, 단군제천단, 단군제천처, 단군제향, 단군조국, 단군조선국 등 다양한 항목이 있다. 즉 단군의 능묘, 사당, 자손, 제향, 건국 등에 관련된 내용이 두루 등장하고 있는 것이다. 『증보문헌비고』는 조선조 500년 역사에서 정부의 주도로 단군에 관한 항목 등을 포함하여 전래의 제도와 문물에 관해 종합 정리한 최고의 백과전서적 결과물이라 할 수 있다.

아울러 『증보문헌비고』 편찬에 참여한 이들은 당대의 대학자 혹은 고위 관료로서 후일 대종교 인사들과 국학자들 그리고 임시정부인사들과 함께 독립운동을 펼친 이들이 적지 않았다. 결국 대한제국기 5년여에 걸친 『증보문헌비고』 편찬사업은 후일 대종교 인사들과 국학자들, 독립운동가들이 가문, 학문, 종교, 관직 등의 인연을 바탕으로 국내와 만주, 그리고 상해 등지에서 각기 독립운동을 전개할 수 있었던 주요한 기반의 하나라고 볼 수 있다. 이들은 기울어 가는 나라의 운명을 감지하면서, 한국의 전래 문화와 제도에 관한 문헌들을 열람하고 정리하는 가운데, 자국의 역사와 전통에 대한 이해와 애정을 쌓아갔고, 이것이 단군을 구심점으로 민족의 국권회복 의지를 다지고 실현해가는 바탕이 되었다.

일본 신도(神道)의 침투와 단군의 부활

| 나철·김교헌의 대종교와 단군 신앙 |

한국 근대사에서 주요한 현상 하나는 민족종교의 창시이다. 천도교(天道
敎), 대종교(大倧敎) 등이 그것이다.[195] 천도교는 동학을, 대종교는 단군교의
이름을 바꾼 것이다. 이들은 대부분 민족적 색채가 강하였다. 이 같은 민
족종교가 호응을 받은 것은 나라의 위기에 민족정신이 강조되는 것과도 무
관하지 않다.

그중 대종교는 민족의 시조로서 단군을 받드는 종교이다. 앞서 언급했
듯이 단군은 나라의 위기 때 더욱 강조되었다. 몽고의 고려 침략기에 단군
사당이 건립되었고, 조선 전기에도 그랬다. 이후 임진왜란과 병자호란을
겪고 난 이후 조선사회에서 이어 러일전쟁 이후 일본의 침략이 강화되어
가던 대한제국 말기에 그랬다. 특히 대한제국기에 단군은 민족문화와 신교
의 창시자이자 민족신으로 받들어져 마침내 대종교가 등장했던 것이다.[196]

대종교를 이끈 인물은 관료출신의 인물 나철(羅喆: 1863~1916. 홍암대종사,
본명은 나인영)이다. 그는 전남 보성 출신으로 29세 때 문과에 장원급제했다.
1905년 당시 승정원의 가주서(假注書)였다. 그는 일본에 의한 을사늑약 강
제로 대한제국의 외교권이 상실되자, 그의 부당성을 성토하고자 일본에 건
너가 황궁 앞에서 단식시위도 하였다. 그때 나철은 두일백(頭一白)이라는 노
인으로부터 『단군교포명서(檀君敎佈明書)』를 전해 받았고, 단군의 교화를 펼
치라는 주문과 함께 영계를 받았다고 한다. 나철은 민족의식을 배양하는
것이 민족 부흥과 국가재건의 원동력이라 깨닫고 귀국해 단군교를 중광(重

---

195 신복룡, 「망국을 바라보는 신흥종교의 시선」, 『국학연구』 13, 2009, 250~304쪽.
196 단군신앙은 민족문화의 한 양태이자 통일을 위한 정신적 구심체로 강조되고 있고, 북
     한에서는 미신으로 배격했던 과거와 달리 '단군릉' 성역화 사업 등을 추진했다.(박광용,
     「단군신앙의 어제와 오늘—檀君祠에서 대종교로」, 『한국사시민강좌』 27, 59~79쪽, 일
     조각, 2000)

光)했다.[197] 중광은 어둠에 갇혀 있던 단군교를 다시 밝혔다는 뜻으로 창시의 뜻으로 쓴 것이다.

나철은 한배검의 영계(靈戒)를 받들어 1909년 1월 15일(음력) 자시(子時)를 기하여 『단군교포명서』를 공포하였다고 전한다.[198] 이때 단군대황조신위(檀君大皇祖神位)를 모시고 제천의례를 행한 장소가 한성 북부 재동이다. 단군교는 몽고 침입 이후 근 700년간 근근히 명맥을 이어왔다. 이후 단군교는 대종교로 개칭하여 교세가 발전해 가게 된다. 2세 교주는 김교헌(金敎獻: 1868~1923, 茂園宗師), 3세는 윤세복(尹世復: 檀崖宗師)이다. 나철은 1909~1916, 김교헌은 1916~1923, 윤세복은 1923~1960까지 이끌었다. 홍암 나철이 대종교를 중광한 이래 많은 주요 인사들이 대종교에 귀의하였다. 신규식, 조소앙, 안재홍, 박은식, 이시영, 이회영, 김구, 박찬익, 민필호, 김두봉, 조완구, 김좌진, 이범석 등 국외의 독립운동가들은 물론 국내에서 활동하던 주시경, 정인보, 안희제, 이극로 등 여러 학자들도 대종교에 입교하였다. 이들 중 8·15해방 때까지 살아남은 이들은 해방 이후 서울의 필운동에 위치한 한미장과 대종교 총본사를 오가며 대종교 부활에 많은 힘을 쏟았다.

민필호의 『예관신규식선생전기(睨觀申圭植先生傳記)』에는 이러한 내용이 등장한다.

　　국내에 계실 때 선생(신규식: 필자 주)께서는 은인인 대종교의 종사(宗師) 나홍암(羅弘巖: 이름은 철) 선생에게 세례를 받고 대종교를 심히 독신(篤信)하셨다…상해에 오신 후 선생께서는 우선 대종교를 포교하셨고 매주 반드시 교우들과 예배를 올리었다. 당시 이 대종교를 영도한 분은 선생을 제외하고 조완구, 김백연, 백순, 박찬익, 정신 등 여러 분들이었고, 매년 3월 15일 어천절과 10월 3일 개천절 및 8월 29일 국치기념일에는 선생께서 반드시 상해에 있는 모든 한국

197　대종교 총본사, 『대종교 중광60년사』, 80~92쪽.
198　대종교 총본사, 『대종교 중광60년사』, 80~92쪽.

교포를 모아 성대한 기념식을 거행하여 침통한 기념을 하셨다.[199]

대종교는 국권회복과 독립운동의 주요한 구심점이었다. 대종교인들의 생각은 단군을 받들고, 홍익인간 사상을 중심으로 민족의 정신을 바로세우고 나라를 일으키자는 것이었다. 그들은 전통학문을 깊이 연구하고, 국학 운동에도 많은 관심을 기울였던 이들로, 양반 관료였거나 대한제국의 정부 관료 혹은 군인, 학자 출신 인물들이 많았다.[200]

이점에서 특히 김교헌을 주목할 필요가 있다. 김교헌은 경주김씨로 부친은 공조판서를 지낸 김창희(金昌熙), 모친은 풍양조씨(판관 조희필의 딸)이다. 1885년 정시문과에 급제, 한림옥당, 병조참의, 예조참의, 성균관 대사성 등을 지냈다. 1898년 독립협회에 가입하여 만민공동회에서 활동하였고, 1903년 문헌비고 편집위원이 되었다. 1906년 동래감리 겸 부산항재판소 판사와 동래부사를 지냈다. 이후 조선광문회에 가입하여 현채, 박은식, 장지연 등과 고전간행사업에 참여하였다. 1909년 규장각 부제학으로 국조보감 감인위원을 겸직했다.

이후 그는 대종교 교인이 되어 각종 문헌을 섭렵하면서 종사의 정립에 힘썼고, 1916년 대종교 창시자인 나철에 이어 제2대 도사교(都司敎: 敎主)가 되었다.[201] 그는 대종교의 교리를 체계화 하고 독립운동을 이끌어간 주요 인물이었다. 나철은 대종교를 중광할 때 창립주로서 기반을 세웠고, 교리와 종사(倧史)의 체계화는 주로 교무의 직책을 맡았던 김교헌과 그의 동지들에 의해 이루어졌다.

김교헌은 『신단민사(神檀民史)』, 『신단실기(神檀實記)』, 『단기고사(檀奇古史)』,

---

199 金俊燁 編, 『石麟 閔弼鎬 傳』, 나남출판, 1995, 307~308쪽.
200 이시영, 이회영, 신규식, 조소앙, 박은식, 신채호, 박찬익 등이 그들이며, 조완구도 그러했다.
201 金正坤, 「金敎獻」, 『한국민족문화대백과사전』, 한국정신문화연구원, 1991.

『단조사고(檀祖事攷)』[202] 등의 저술을 통해 종래의 중화사상을 불식하고 민족주의 사관을 정립하였다. 그의 저술은 신흥무관학교(新興武官學校)의 교재로 쓰이는 등 만주 일대 독립운동의 정신적 지주가 되었다. 그는 한국사에 이해가 깊었고 전거에 밝아 권위가 있었다.[203] 그의 학문은 후에 박은식, 신채호의 민족사학에 영향을 미쳤으며, 최남선도 그를 스승 삼아 배웠다.[204]

이처럼 나철 등 관료출신에 의한 대종교의 등장과 많은 대종교인들의 국권회복운동과 대한민국임시정부 참여는 대한제국과 대한민국의 정신적 연결 장치였다. 오늘날의 개천절 10월 3일이 대종교의 기념일임은 깊이 음미해 볼 부분이다. 대종교에서는 1909년 1월 단군교란 이름으로 활동을 시작하여, 10월 3일 개천절 대제를 교단의 가장 중요한 행사로 지정했다.[205] 상해 임시정부에서도 국무원 주최로 매년 음력 10월 3일을 '건국기원절'이라 하여 개천절행사를 열었다.[206] 아울러 단군의 승천일로 인식된 3월 15일에 기념행사를 했다.

| 일본 신도의 침투와 단군의 부활 |

돌이켜 보면, 대한제국 말기 이후 조야에 중요한 화두로 등장한 것이

---

202 『신단실기』는 1914년 한국고대사에 관한 김교헌의 저술로, 신인 단군(神人檀君)의 실기라는 뜻이다. 단군 관련 사적과 고신도사상(古神道思想)의 자취를 뽑은 대종교의 기본 경전이다. 이 책은 신흥무관학교의 역사교재로도 쓰였다.(김정신, 「신단실기(神檀實記)」, 『한국민족문화대백과사전』, 1991) 『단조사고』는 1911~1912년 대종교 측에서 편찬한 것이나, 저자는 박은식설과 김교헌설 등이 있다.(정욱재, 「檀祖事攷 저술에 관한 검토」, 『韓國史學史學報』 12, 2005, 117~152쪽)
203 박영석, 「김교헌의 저술활동」, 『한민족독립운동사연구—만주지역을 중심으로』, 일조각, 1982, 156~159쪽.
204 한영우, 「1910년대의 신채호의 역사인식」 2, 『한우근박사정년기념사학논총』, 지식산업사, 1981, 629쪽; 박영석, 「대종교」, 『한국사』 46—신문화운동 Ⅱ, 국사편찬위원회, 2000, 214~215쪽. 김교헌이 만주로 망명한 후 서적 대부분은 최남선이 소유하였다가 고려대 아세아문제연구소에서 소장하고 있다.
205 대종교총본사, 『대종교중광60년사』, 99, 160쪽 참조; 조동걸, 「임시정부 수립을 위한 1917년의 대동단결선언」, 『삼균주의연구논집』 9, 삼균학회, 1987, 26쪽.
206 『독립신문』 제30호, 1919. 11. 27일 자 참조.

단군이다. 1909년 단군을 국조로 받드는 단군교(이후 대종교로 개명)가 등장하고, 대한제국 말기와 일제하에 걸쳐 한민족의 유구한 역사와 국조 단군을 강조하는 국학자들이 대거 등장하였다. 그렇다면 증보문헌비고 편찬과 이들과는 어떤 관계가 있는가.

대한제국 정부가 20세기 초에 추진한 국책사업, 즉 『증보문헌비고』의 편찬이 이후 단군의 부활 현상과 깊은 연관이 있다는 추론은 시간상의 선후 외에도 편찬사업에 참여한 인사의 구성, 대종교 인사들과 국학자들과의 연계, 이들의 독립운동과 국학운동 등에서 중요한 단서가 보인다. 요컨대 대한제국의 체제정비 일환으로 추진한 정부의 편찬사업이 일제하를 거쳐 오늘에까지 한민족의 역사와 단군에 대한 의식 확산에 중요한 계기였다는 주장이다.

그렇다면, 단군을 한국근대사에서 중요한 화두로 등장시키게 된 근본 원인은 무엇일까. 단군에 대한 관심이 20세기 초에 고조된 배경에는 청일전쟁과 러일전쟁 이후 가중된 일본의 제국주의적 침략, 그리고 그에 대한 한국 조야의 방어적 대응이 주요 배경을 이룬다. 말하자면 일본의 물리적 침략, 그리고 정신적 침략이라는 대외적 위기감이 한국 근대 사회에서 단군에 대한 관심을 증폭시킨 대외적 조건의 하나라고 볼 수 있다.

이같은 사례는 사례는 몽고침략기에도 있었다. 일연의 『삼국유사』(三國遺事, 1281), 이승휴의 『제왕운기』(帝王韻紀, 1287) 등이 그의 반영이다. 그러나 여말에 잠시 부각된 단군에 대한 관심은 조선 초기를 지나면서 쇠퇴해 갔다. 태종, 세종, 세조 당시와 조선 후기 영조, 정조 시대 역대 실록 기사의 논조에서 그런 변화를 보여준다. 이런 변화는 조선이 명 중심의 사대교린 체제에 편입된 사실, 그리고 장기간 안정된 동아시아 국제환경에도 기인한다고 할 수 있다.

중국에 사대조공을 해야 하는 현실과 그런 체제가 장기간 안정적으로 지속된 상황에서 일정 의례 이상은 단군이 크게 부각되지 못하였다. 역대

군주나 관료가 단군을 인식하지 못한 것은 아니지만, 명·청의 압도적 영향력이 작용하는 현실에서 국조 단군 보다는 오히려 주자학 중심의 유학과 기자의 교화가 더욱 강조되었던 것이다.

그러나 이같은 주자학의 지배적 위상은 19세기 말~20세기 초, 특히 청일전쟁과 러일전쟁을 거치는 가운데 두 가지 도전에 직면하게 된다. 하나는 서양의 기독교 사상 유입이고, 다른 하나는 일본의 침략과 병행된 일본의 종교, 즉 신도(神道)의 침투였다. 이 중 기독교는 한국 사회에서 보편적인 세계관 형성과 교육, 의료, 과학, 복지, 언론 등 각 분야 근대화에 기여한 점도 있다. 그러나 일본의 신도는 사정이 달랐다. 신도는 아마데라스 오오미카미(天照大神)로 대변되는 일본의 민족종교이다. 조선조 5백년간 주자학이 국가의 이념으로까지 자리매김하면서 단군의 존재가 소극적으로 인식되었다면, 이제 일본의 신도가 유학은 물론, 단군에 대한 신앙도 억누르게 된 셈이었다. 이런 현상은 러일전쟁 이후 뚜렷했다.

러일전쟁이 마무리 된 후 일본은 서울에 통감부를 설치하여 대한제국의 내정에 대한 접수를 진행하였다. 그런 한편 전국의 유림에 대한 정치공작을 서둘렀다. 이때 신기선 등 유림 측이 국권수호운동 차원에서 대동학회(大同學會)를 창립(1907.3)하였다. 그러나 거기에 이토 히로부미의 공작 자금이 흘러들었다. 그 결과 대동학회는 유림계의 또 다른 일진회라는 비난을 받았다. 이에 김가진·이용직 등이 탈퇴하고 세력이 약화되는 혼란의 와중에 1909년 2월 신기선이 운명하였다. 이후 대동학회는 공자교(孔子敎)로 개칭하여 그해 10월 재등장하였지만, 이미 동화정책을 위한 일본의 공작이 깊숙이 작용하고 있었다.[207]

한편 대동학회 창립과 거의 같은 시기에 선각적 유림 인사들이 일본의

---

207 그와 같은 일본의 공작은 일본의 전 외무대신 하야시 다다스(林董)의 발언에 잘 드러나고 있다.(伯爵 林董氏, 「同化와 宗敎」, 정성길 편, 이민원 감수, 『日本之朝鮮: 일제가 강점한 조선』, 한국영상문화사, 2006, 130~131쪽 및 162~163쪽.

침략에 대응하고자 하였다. 그 결과 등장한 것이 박은식, 장지연 등이 창립한 대동교(大同敎)이다. 대동교는 유학을 통하여 일본의 종교 침략에 대응, 애국운동을 하자는 것이었다. 1909년 10월 10일 공자탄신일을 기하여 대동교 개교식이 열렸다. 이 자리에서 박은식은 '공부자탄신기념회강연'을 통해 대동교의 취지를 밝혔다. 즉 '사람에 고유한 밝은 본심을 이끌어 사사로운 형체와 물욕을 극복하고, 심신을 바르게 쓰도록 하면 만민이 태평함을 누릴 것'이라 하였다.[208] 그러나 여기에도 일본의 공작이 작용하였다. 국권상실과 함께 이후 대동교는 발전을 멈추었다.

이후 일본이 공작은 단군에게도 미쳤다. 이른바 신궁봉경회(神宮奉敬會)[209]에 그런 모습이 잘 나타난다. 1907년 조직된 신궁봉경회는 일본의 국신(國神)인 아마데라스 오오미카미(天照大神)와 단군을 함께 제사하는 신궁 건설을 추진하였다. 그 내용에서 주목되는 것은 '삼위정전도본'(三位正殿圖本)과 '삼위정전상량문'(三位正殿上樑文)이다. 이에 따르면 정전의 동쪽에 단군천황(檀君天皇) 정전(正殿)을, 중앙에 천조황(天照皇) 정전을, 서쪽에 태조고황제(太祖高皇帝) 정전이 그려져 있다. 대일본국 국신의 정전을 중앙에 두고, 단군과 태조의 정전을 동서로 배치하여 일본의 천조대신, 즉 아마데라스 오오미카미(天照大神)이 신궁의 실제 주인임을 부각시키고 있다.[210]

결국 조선과 대한제국을 붕괴시킨 일본은 유림을 와해시키는 한편, 한민족의 시조로 인식되어 온 단군을 일본의 아마데라스 오오미카미 신에게 예속시키는 작업까지 추진하였던 것이다. 일제하에 대한제국 황실을 일본 천황체제하의 이왕가로 부속시킨 조치와 맥락이 같았다. 종교적, 사상적

---

208 『서북학회월보』 1-17, 『박은식전서』 하권, 60쪽.
209 神宮奉敬會建築所 編, 『神宮建築誌』(木版本, 1910)(藏書閣 청구기호 K2-3569)를 참조.
210 일본 신궁의 제도를 도입하여 전통적인 제례와 국가의식을 일본화하 하려하였음과 조선 태조 및 단군뿐만 아니라 조선 태조 및 대한제국 황실의 역사까지도 일본 천황가에 부속시키려는 의도가 드러나고 있다.(이왕무, 「신궁건축지(神宮建築誌)」, 『藏書閣所藏 王室圖書解題』, 한국학중앙연구원, 2008, 631~634쪽)

공작 외에도 일본은 언론을 탄압하고 한국의 역대 전적 수십 종, 수십 만권을 압수하여 불태우기도 했다는 비판을 받는다. 이 점 모두 한국의 식자들에게 한민족 정신의 말살로 인식되었다. 그러나 이 점은 오히려 한국인들로 하여금 국조로서의 단군에 대한 관심을 고조시켜, '단군민족주의' 현상을 낳았다고 할 수 있다.

제3장
러일전쟁과 대한제국의 비극

1

러일전쟁과 일본의 대한제국 외교권 탈취

의화단봉기와 러·일의 만주 출병

대한제국 선포 뒤 고종이 다방면의 시책을 펼쳐갈 무렵 이웃 나라 청국에는 거대한 소용돌이가 몰아치고 있었다. 삼국간섭의 결과 요동반도를 돌려받은 댓가로 청국이 지불한 것은 일본에 지불하게 된 보상금 3천 만엔 만이 아니었다. 러시아 내의 강경파가 득세하면서 청국 만주의 여순과 대련을 조차하였고, 때 맞추어 독일은 산동반도의 교주만을 조차하였다. 청일전쟁의 결과 열강의 청국 내 이권 약취가 본격적으로 가동하기 시작한 것이다.

이 상황에서 청국 조정과 청국인들은 특이한 대응을 보였다. 1898년 5월 하북과 산동성에서 시작되어 청국 전역으로 확산되어 간 '의화단봉기'(Boxer Rebellion)가 그것이다. 백련교(白蓮教)의 한 갈래인 의화단은 '청조를 부흥하고 서양과 기독교를 배척하자'는 '부청멸양'(扶淸滅洋)의 구호 아래 배외운동을 시작하였다. 이때 수많은 서양인들과 선교사, 신앙인들이 의화단원들에 의해 잔인하게 살육을 당하였다.

청일전쟁 이후 열강의 청국 내 이권 분할 경쟁을 묘사한 화보.
의화단 봉기 (1899~1901)의 배경을 잘 보여준다 (르 프티 주루날, 1898.1.16)

이듬해 4월 의화단 세력이 북경에 육박하자 북경의 열국공사관에서는 청조가 이들을 진압해 줄 것을 요구하였다. 그러나 청조의 보수파는 그들의 행동을 의롭게 여겨 이들을 의민(義民)이라고 추켜세웠다. 그들의 배외운동은 열강의 보복을 부를 사안이었지만, 청국의 실권자 서태후(西太后)와 보수파들은 오히려 이들의 폭력을 부채질하고 있었던 것이다.

마침내 영국의 동양함대사령관 세이모어(Edward H. Seymour)의 지휘 아래 천진에 집결한 8개국 연합군이 북경으로 진격했다. 그러자 청조의 감군(甘軍)과 의화단이 북경의 외국공사관을 포위하였다. 말하자면 인질극 작전을 편 것이었다. 양측 사이에 밀고 밀리는 공방이 지속되었다. 그러나 청국의 감군과 의화단은 연합국의 군대에 비하면 오합지졸에 불과했다. 감군은 참패하고 의화단은 손쉽게 진압되었다.

이후 열강의 강화조건 12개조가 청조에 전달되자 청국은 모든 요구 조건을 수락해야 했다. 주요 내용은 각국이 자국공사관 보호를 위해 북경에 경비대를 상주시킬 권리를 확보한다는 것, 청국이 배상금을 지불한다는 것이었다. 이 중 40년에 걸쳐 분할 상환한다는 4억 5천만 냥의 배상금은 이자까지 합하여 9억 8천만 냥에 달하는 거액이었다. 이에 대한 담보가 관세와 염세였다.

각국이 배상금을 분배하여 포식하는 가운데 청국의 재정은 바닥을 쳤다. 청일전쟁의 패배로 일본에게 막대한 배상금에 보상금까지 물어야했던 청국은 또 다시 일격을 맞아 막대한 피해를 감수해야했다. 의화단봉기의 결과가 그랬다. 결국 체제가 낙후한 청국의 앞길에 기다린 것은 황제체제를 뒤엎고 공화주의로 가자는 신해혁명(1911)이었다.

의화단봉기를 계기로 동북아에서 크게 떠 오른 나라는 일본이었다. 일본은 의화단 진압을 위해 출병한 8개국 연합국 병력의 근 40%에 달하는 군사를 파견하였다. 일본을 제외한 연합국의 병력은 러시아 4,500명, 영국 3,000명, 미국 2,500명, 프랑스 800명, 이탈리아와 오스트리아·형

가리, 독일의 병력까지 7개국 병력이 14,000명이었다. 이에 비해 일본은 8,000명이었다. 일본의 목적은 의화단 진압에 공을 세워 자국의 위상을 높이고 만주에서도 입지를 강화하자는 것이었다. 구미열강도 일본의 이런 행동을 묵과하였다.

한편 러시아 측은 의화단봉기가 만주로 확산되면서 자국이 관리하는 동청철도까지 파괴하기에 이르자 비상이 걸렸다. 의화단 봉기에 대응하여 러시아가 만주에 배치한 병력은 12,000명이었다. 그러나 의화단의 난이 진압된 후에도 러시아는 철도보호를 명분으로 병력 철수를 늦추었다. 러시아 역시 만주에서 우월한 지위를 유지하고자 한 것이다.

바로 이 무렵 영국과 일본은 영일동맹(1902.1)을 맺었다. 다분히 러시아를 겨냥한 동맹이었다. 이제 일본은 천군만마를 확보한 격이었다. 러시아는 러불동맹을 아시아로 확대하여 영일동맹에 대응하려 하였지만, 프랑스가 소극적 자세를 보이자 방향을 바꾸어 청국과 만주철병에 관한 협정을 맺었다.(1902.4.8) 매 6개월 단위로 3차에 걸쳐 만주에 주둔한 러시아 병력의 철수를 완료하기로 하였다.

그런데 러시아는 1차 철병(1902.10.8까지)을 이행한 뒤, 2차 철병(1903.4.8.까지)을 하는 대신 오히려 봉천성 남부와 길림성 전역을 점령하였다. 러시아가 영일동맹에 정면으로 도전한 모양새였다. 이런 변화는 베조브라조프(A.M.Bezobrazov)를 비롯한 강경파가 러시아 내에서 득세한 결과로 알려진다. 한걸음 나아가 러시아는 만주와 압록강 유역으로 군대를 이동시키고, 대한제국 정부와 맺은 압록강 삼림채벌권 행사를 명목으로 용암포에 진출한 뒤, 이 지역을 조차하여 군사기지화 하려고 하였다.(1903.8)

러시아 내부에서는 점진론자인 위테(S.Witte)가 해임되고 여순에 극동총독부가 신설되는 등 이른 바 '신노선'에 따른 적극적 동북아정책이 취해졌다. 베조브라조프 등 러시아의 강경파는 일본은 물론, 영일동맹의 위력을 과소평가하고 있었다. 육군대신 쿠로파트킨(Alexei N. Kuropatkin) 조차도 우리들은 13일 이내에 40만의 군대를 일본국경에 집결시킬 수 있다(중략) 전쟁은 군사적인 산보에 불과할 뿐이며 독일 오스트리아 국경으로부터 우리의 군대를 움직일 필요조차 없는 것이라고 호언하고 있었을 정도였다.

이제 러·일의 관계는 막다른 상황으로 치닫고 있었다. 양국은 만주와 한반도에 관해 거듭 교섭을 진행하였지만 아무런 성과는 없었다. 일본은 한국을 자국의 보호령으로 하는 대신 만주에서 러시아의 우월권을 인정하되 기회균등 원칙이 지켜져야 한다고 고집하였고, 러시아는 자국의 만주독점권과 한반도의 북위 39도 이북을 중립지대로 설정할 것, 한국령의 전략적 사용이 불가하다는 입장을 고수하였다. 러시아는 한국을, 일본은 만주를 물고 늘어지면서 상호 한 치의 양보 없이 시간이 흘러갔다.

일본의 제1차 협상안은 청국과 한국의 독립보전과 상업상의 기회균등, 한국과 만주에서 상호 이익을 보장한다는 것이 골자였다. 러시아는 만주를 일본의 세력범위에서 제외시키고 한국에서 일본의 군사활동을 제한하고 39도 이북에 중립지대를 설정할 것을 주장하였다. 고무라 일본외상은 1차 수정안에서 만한교환론을 더욱 분명히 하여 일본의 한국에 대한 파병권은 물론 한국과 만주 국경에 중립지대의 설치를 요구하였다. 러시아의 반대제안은 청나라에 관해서는 아무런 언급이 없고, 한국 북부의 중립지대 설정 및 한국 영토의 전략적 사용불가 등 한국문제에 대해서만 다루고 있었다.

이렇게 양국은 자국의 국익을 앞세워 상반된 입장의 '만한불가분리론'만 되풀이 하였다. 결국 먼저 전쟁의 방침을 굳힌 것은 목표를 확고히 설정했던 일본이었다.

일본에서는 중국의 보전과 한국의 보호를 내세우며 1900년에 국민동맹회란 단체가 결성되어 활동하더니, 얼마 후 두산만(頭山滿) 등 현양사(玄洋社)의 호전적 인물들로 꽉 채워졌다. 이 무렵 도쿄대, 와세다대 등의 교수들을 주축으로 '칠박사'(七博士)들이 개전을 주장하고 나섰다. 육군과 해군 그리고 외무성의 강경론자들도 개전을 주장하고 나섰다. 마침내 1904년 2월 개전이 결정되었다. 대한제국에 치명타를 안긴 동북아의 대전이었다.

러·일의 개전과 영·미의 일본 지원

1904년 2월 8일, 평화롭던 인천항에 천지를 뒤흔드는 포성이 울렸다. 대일본제국 해군이 짜르의 러시아 전함에 가한 기습공격이었다. 서울에까지 울려온 포성은 황궁 내외를 전전긍긍하게 하였다. 인천항에 정박한 각국 함상의 군인들은 다음날 외항에서 재개된 양국 전함의 전투를 흥미롭게 관전하였다. 전투는 수적으로 우세한 일본군의 일방적 승리였다. 필사적으로 대응하던 러시아 병사들은 침몰하는 전함에서 바다로 뛰어들었고, 각국 병사들은 물결에 떠밀려 표류하는 러시아 병사들을 자국 함정에 구조해 올렸다.

인천항에 첫 포성이 울린 2월 8일, 일본군은 요동반도의 여순(旅順)항에서도 러시아 전함을 기습했다. 러시아 측은 다음날 일본에 선전포고를 하였고, 일본은 기다렸다는 듯 10일에 선전포고를 하였다. 전쟁 개시와 동시에 경인가로를 거쳐 입경한 일본군은 서울의 주요 거리를 장악하고 황궁을 포위하여 황제와 대신들을 연금시켰다. 그달 23일 일본은 한국 정부를 압박하여 '한일의정서'를 맺었다. '한국은 행정개선에 일본의 충고를 따르며, 일본은 군략상의 요지를 형편에 따라 수용하며, 일본의 허락없이 한국은 어떤 협정도 제3국과 맺지 않는다.'것이 골자였다. 한국의 행정·군사·외교를 일본이 통제한다는 뜻이었다.[1]

이렇게 시작된 러일전쟁은 청일전쟁 10년 뒤 다시 동아시아에 몰아친 광풍이었다. 이 전쟁은 유럽의 후진국 러시아와 아시아의 신흥국 일본이

---

[1] M. Frederick Nelson, *Korea and the Old Orders in Eastern Asia*, Louisiana State University Press, Baton Rouge, Louisiana, 1946. pp.253~254; 尹炳奭, 「일제의 국권침탈」, 『한국사42-대한제국』, 국사편찬위원회, 1999, 223~228쪽.

만주와 한반도를 두고 벌인 싸움이었다. 강대국 집단 내 상대적 약자끼리 벌인 국지전이었으나 넓게 보면 영·미와 독·불의 이해가 반영된 세계대전의 아시아판이었다.[2] 그래서 러일전쟁은 세계 제1차대전 나아가 제2차대전으로 가는 길목이라고 칭한다.[3] 그러나 한국의 입장에서 더 중요했던 것은 전쟁의 결과이다. 이 전쟁의 가장 큰 희생양이 다름 아닌 대한제국이었기 때문이다.

전쟁의 승패를 결정지은 최후의 전투는 다름 아닌 대마도해전이었다. 해군제독 도고 헤이하치로(東鄕平八郞)는 '황국의 흥폐가 이 일전(一戰)에 달려 있다'[4]고 했지만, 동시에 그것은 대한제국의 운명을 결정지은 전투이기도 했다. 러일전쟁 발발과 함께 인천항에 울린 포성이 서울의 황궁을 불태울 신호탄이었다면, 대마도해전의 포성은 자주독립을 열망한 대한제국의 운명을 고하게 할 조종(弔鐘)이었다.

인천항의 전투 이후 전장은 여순과 대련항이 위치한 요동반도와 만주 내륙의 심양 등지로 확산되었다. 난공불락의 요새 여순이 1905년 1월 1일 함락되자, 오야마 이와오(大山巖) 휘하의 일본군 24만이 남만주를 북상하여 2월 말~3월 초순까지 지속된 봉천회전(奉天會戰)에서 32만의 러시아군을 격파하였다. 한편 도고 헤이하치로가 지휘하는 일본 연합 함대는 전년도 연말 유럽을 출발하여 수개월이 지나서야 가까스로 대한해협에 진입하게 된 러시아의 발틱함대를 맞아 압승을 거두었다. 1905년 5월 27~28일 사이에 한반도 남해에서 벌어진 대마도해전이 그것이다. 이로써 러일전쟁은 일본의 승리로 귀결되었다.

이렇게 1904~1905년 사이 만주와 한반도 근해에서 치러진 러일전쟁은 청일전쟁 이후 10년 만에 일본이 재개한 동북아의 국제전이었다. 전쟁

2 이하 이민원, 「일 승리는 미·영의 적극적 지원 덕분」, 『한겨레』, 2004.2.16.
3 崔文衡, 『제국주의 시대의 列强과 韓國』, 民音社, 1990의 제3부를 참조.
4 谷澤永一·太平洋戰爭硏究會, 『寫說 坂の上の雲』, 東京: 株式會社ビジネス社, 2004, 123쪽.

여순항의 격전 (르 프티 주루날, 1904.2.21)

을 통해 일본은 제국주의 국가로 발돋움하였지만, 제정러시아는 혁명의 소
용돌이에 휩싸이며 국가가 와해되어 갔고, 대한제국은 국가 통수권의 중심
이 와해되면서 외교권을 일본에게 빼앗긴 뒤 다시 5년 뒤에는 나라의 주권
모두를 일본에게 탈취 당하였다.

　일본이 각국인의 예상을 깨고 육전과 해전에서 승리를 거두고, 결국 러

일전쟁에서 승리할 수 있었던 주요인은 무엇일까. 일본군의 사기와 치밀한 군사외교 전략도 주효했지만, 영미의 재정·군사·외교적 지원이 무엇보다 중요한 원동력이었음을 간과할 수 없다.

이 전쟁에서 일본이 2년간 지출한 직접군사비는 14억 엔, 청일전쟁 전비를 6배나 초과하는 비용이다. 1903년도 군사비의 10배, 국가예산의 5배에 달하는 액수였다. 청일전쟁 이후 매년 40~80%의 군사비를 증대해 온 일본은 전비 충당이 최대 관건이었다. 일본은 이들 전비의 40%를 해외에서 차용하였다. 그런데 차용금의 대부분은 런던과 뉴욕 금융가의 지원을 받아 가까스로 충당한 것이었다. 이때 활약한 인물이 뉴욕의 큰손 제이콥 시프였다. 그는 유대계의 금융가로 종전 직후 일본천황으로부터 최고 훈장을 받았다.[5]

한편 만주지역의 육전 패배를 만회하기 위해 러시아는 최정예의 발트 함대를 동아해역으로 항진시켰는데, 그 해상작전을 불구화시킨 것은 영국이었다. 영국은 엄정중립을 구실로 전 세계에 널려 있는 자국 소유의 항만에서 러시아 함대에 대한 석탄 등 각종 물자의 공급을 차단하고 함대이동 정보를 일본에 제공했다. 영국의 견제로 수에즈 운하를 두고 멀고도 먼 아프리카대륙을 우회하여 항진해야 했던 발틱함대는 촌각을 다투는 전시에 마다가스카르 등지에서 다시 수개월간 발이 묶여 있어야 했다. 결국 전년도 9월 발트해의 크론슈타트항을 출발한 함대는 장장 8개월 반이 지난 1905년 5월에야 기진맥진한 상태로 대한해협에 이르렀다. 지친 이들을 뿌연 안개 속에서 기다린 것은 도고 헤이하치로의 일본 연합함대. 5월 27일 새벽부터 24시간 지속된 동해해전에서 짜르의 발틱함대는 맥없이 괴멸 당했다.[6]

---

5 러시아의 유태인 탄압과 유태인들이 일본 지원 과정 등은 司馬遼太郎의 소설(『坂の上の 雲』)에 영웅적으로 묘사되어 있다.(박재희·추영현·김인영 공역, 『대망(大望) : 언덕 위의 구름』 34~36, 동서문화사, 1979 참조)

6 Ron Blum, *The Siege at Port Arthur—The Russo—Japanese War through the*

1902년 체결된 1차 영일동맹은 일본에게 천군만마의 위력을 발휘하게 했다. 일본이 전쟁을 할 경우 제3국이 일본 공격에 가담한다면 영국이 이를 저지한다는 내용이 골자였다. 영국은 러시아의 남진을 견제하려는 자국의 전략상 일본을 지지한 셈이었다. 이 점 미국도 마찬가지였다. 전쟁이 개시되기도 전에 시어도어 루스벨트 대통령은 프랑스와 독일이 삼국간섭 당시처럼 일본에 개입한다면 미국은 당장 일본 편에 가담하겠다고 했다.[7] 이처럼 청일전쟁 직후와 정반대였던 세계의 국제 환경이 일본에게 유리하게 작용한 것이었다.

일본은 철저한 준비와 기민한 외교로 영·미의 외교적 지원을 끌어냈다고 할 수 있다. 그러나 영·미로서는 러시아를 견제하려던 자국의 정책에 따라 일본을 후원했을 뿐이다. 영·미의 군사·재정·외교 지원이 없었다면 결코 승리할 수 없었다는 점에서 일본의 승리 이면에는 영·미의 후원이 중요했다. 반면 삼국간섭 당시 독일·프랑스는 러시아에 호응하여 일본에 압력을 가했지만, 러일전쟁 당시에는 영·미의 위세에 눌린 프랑스와 독일이 '방관자' 입장[8]으로 돌아서 러시아의 작전에 도움을 주지 못했다. 이들은 영국을 의식하여 오히려 발틱함대의 항진을 방해하기까지 했다. 결국 러시아와 일본의 국제적 입지는 삼국간섭 당시와 정반대로 역전되어 있었고, 이런 관계가 전쟁의 승패를 좌우한 국제적 요인이었다.

러일전쟁기간 영웅으로 떠 오른 인물들이 있다. 육전에서는 수천의 일본군과 자신의 두 아들까지 사지로 내몬 '석두장군'(石頭將軍) 노기 마레스케(乃木希典)였고, 해전에서는 대마도해전을 승리로 이끈 해군제독 도고 헤이

Stereograph, Lutheran Publishing House, SA 5000, 1987; 최문형, 『국제관계로 본 러일전쟁과 일본의 한국병합』, 지식산업사, 2004, 260~271쪽.

7 미국대통령 루스벨트의 한국관과 일본관, 러시아관에 대해서는 Jongsuk Chay, *Diplomacy of Asymmetry-Korean American Relations to 1910*, University of Hawaii Press, 1990, pp.134~156 참조.

8 당시 프랑스의 난처한 입지에 대해서는 全正煥, 「露日戰爭과 프랑스의 對韓政策」, 『韓佛修交100年史』, 韓國史硏究協議會, 1986, 165~205쪽;

242 제3장 | 러일전쟁과 대한제국의 비극

하치로(東鄕平八郎)였다.

도고는 일본 해군의 영웅으로 찬양되었지만, 정작 그가 존경한 영웅은 임진왜란 당시 일본 전함을 초토화시킨 조선의 장군 이순신이다. 그의 판단에는 이유가 있었다. 하나는 임진왜란 당시 이순신에게 주어졌던 상황의 구속성, 요컨대 빈약한 조선의 인적 물적 자원과 이순신을 괴롭힌 조정과 임금이었다. 다른 하나는 도고 자신에게 주어진 '다복한' 조건이었다. 그에게는 일본 천황으로부터 군민상하에 이르기까지 열렬한 응원과 발틱함대의 전력에 맞먹는 일본 함대가 있었다. 영국은 발틱 함대의 이동을 방해하면서 함대의 이동정보를 제공하는 등 일본해군의 작전을 지원하였고 곁에는 아키야마 사네유키(秋山眞之) 같은 뛰어난 참모가 있었다. 그래서 그는 '이순신 장군에 비하면 자신은 하사관급'이라고 겸양하였다.

한편 난공불락의 요새로 알려진 여순항이 함락되기 전까지 발틱함대의 예상 진로에 대한 예측을 두고 일본 해군 수뇌부에서는 많은 혼란이 있었다. 과연 발틱함대는 대한해협을 통과하여 블라디보스토크로 가는가, 아니면 일본열도의 동쪽 태평양을 우회하여 가는가. 또 후자라면 소야해협을 통과할 것인가, 쓰가루해협을 통과할 것인가 하는 것이었다. 만일 발틱함대가 일본함대의 포위망을 벗어나 무사히 블라디보스토크에 도달한다면, 일본제국의 운명은 기약할 수 없었다. 그 사이도 동해와 대한해협, 그리고 여순항 앞바다와 황해를 수시로 출몰하는 러시아 전함의 공격으로 여러 일본 전함이 치명상을 입거나 수장되고 있었다.

한편, 일본 측은 1900년에 대마도에 만세키 세토(萬關瀬戶)를 뚫어 대한해협과 현해탄을 남북으로 연결하고, 일본 본토와 한반도 남해안의 진해만 등을 연결하였다. 이를 통해 일본 측은 러시아해군의 여순·대련항—대한해협—블라디보스토크항의 동서 연결 고리를 차단코자 했다. 반면 러시아는 동서의 연결고리를 통해 남북으로 이어지는 일본 해군의 연결 고리를 차단하여 일본—한반도—만주로 이어지는 보급로를 차단코자 했다. 결국 어느 한쪽 선이 끊어져야 전쟁은 종결되게 되어 있었다.

한편 영·미가 일본을 적극 지원하기는 했지만, 만일 러시아 내부 체제가 안정되었다면, 전쟁은 러시아편이 되었을 가능성도 배제할 수 없다. 그러나 러시아는 내부 체제가 먼저 와해되어 정부와 군사조직이 제기능을 발휘하지 못하였다. 러일전쟁은 노후한 질서와 신생의 질서가 맞붙은 전쟁이기도 했다. 그러나 여기서 간과할 수 없는 부분이 있다. 러시아 내에 혁명을 선동하기 위한 일본 공작원의 '신출귀몰'한 첩보공작이 그것이다.[9]

여기서 주목되는 인물은 아카시 모토지로(明石元二郎)이다. 일본의 대본영은 러일전쟁을 준비하면서 제정러시아를 내부로부터 와해시키기 위한 공작을 추진하고 있었다. 이를 위해 유럽 사정에 밝고 프랑스 및 러시아에서 일본공사관 무관을 지낸 인물, 아카시를 선택하였다. 아카시의 활약은 만주의 육전과 대마도해전은 물론 러일전쟁 전체의 진행과 러·일의 강화에 이르기까지 중요한 영향을 미쳤다.

그의 공작을 뒷받침 한 것은 거액의 공작금이었다. 참모본부가 그 한 사람에게 제공한 자금은 1년 일본 세입의 250분의 1에 해당했다. 일본의 세입이 2억 5천만 엔일 때 그가 받은 공작금은 1백만 엔이었다. 그는 후쿠오카번 출신으로 사관학교를 졸업했다. 호걸풍의 인물로 단정치 못하고 게으르기로 유명했지만, 사물에 대한 구상력이 풍부했다. 그를 발탁한 것은 일본 육군 참모본부 차장 나가오카 가이시(長岡外史)였다.[10]

여기서 다시 주목할 것은 일본 육군참모본부의 존재이다. 1878년 야마가타 아리토모에 의해 창립된 육군참모본부는 이미 1880년대 초에 사카와

---

9 谷澤永一·太平洋戰爭硏究會, 『寫說 坂の上の雲』, 東京: 株式會社ビジネス社, 2004, 100~103쪽.

10 우에 하라는 러일전쟁 당시 소장을 지냈고, 후일 원수를 지냈으며, 야카가타는 원로이자 러일전쟁 당시 육군의 원수였다. 아카시의 활약에 대해서는 시바 료타로의 작품 『坂の上の雲』에도 흥미롭게 소개되어 있다.(박재희 역, 『대망(大望): 언덕위의 구름』 35, 동서문화사, 2009; 谷澤永一·太平洋戰爭硏究會, 『寫說 坂の上の雲』, 東京: 株式會社ビジネス社, 2004, 100~103쪽)

가게노부 등 수많은 밀정을 한반도와 중국대륙에 파견하여 정탐활동을 했고, 만주의 광개토왕능비문 탁본까지도 수집해 간 바 있다.[11] 육군참모본부는 한반도와 중국 대륙 나아가 유럽지역의 첩보활동과 공작정치까지 추진했다. 참모본부는 일본의 팽창정책을 수행하는 총본부였던 셈이다. 바로 이 기관의 지원을 받아 아카시가 러시아·독일·영국 등지에서 수행한 러시아 내분공작은 놀라운 성공을 거두었다.

그가 공작금을 뿌린 만큼 러시아 내에 폭동이 일어났다고도 했다. 그가 접촉한 것은 제정러시아 내외의 혁명분자, 불평분자, 독립운동분자 중 주요 인물들이었다. 후일 러시아 혁명을 주도하여 제정러시아를 붕괴시킨 레닌과도 직접 접촉했다. 그 외 가폰 신부(가폰 黨의 총수), 공산주의 사상가 쿠로포트킨, 폴란드의 독립운동가 시리야크스, 민권사회당의 수령격인 프레하노프, 작가 막심 고리키, 자유당의 좌경파 인물 슬르베 등 수많은 인사가 있었다.[12] 그들과 아카시는 제정러시아 몰락에 국적을 초월해 협력한 '동지'였다.

모두의 공동 목표는 러일전쟁에서 일본이 이기는 것이었다. 혁명의 대업을 달성하기 위해서라면 제정러시아 체제가 어떻게든 무너져야 한다는 것이 기본 입장이었다. 바로 이들이 러일전쟁 당시에도 제정러시아 육해군의 작전수행에 막대한 장애를 초래한 장본인들이었다. 이들의 반러시아 활동과 공작은 여순항의 폐색작전 수행 당시는 물론, 203고지 전투, 요양의 전투, 그리고 발틱함대의 동진과 대마도 해전, 나아가 포츠머스에서 러·일의 강화조약이 체결될 당시까지도 러시아당국의 군사와 외교 활동을 제약하며 발목을 잡았다.

이들로 인해 제정러시아 내부에서는 내부 질서 붕괴에 대한 위기감이

---

11 李基東, 「研究의 現況과 問題點」, 『韓國史 市民講座 3-廣開土王陵碑』, 一潮閣, 1988.9.
12 谷澤永一·太平洋戰爭硏究會, 『寫說 坂の上の雲』, 東京: 株式會社ビジネス社, 2004, 100~103쪽.

더욱 고조되었다. 러시아 궁정 내외에서는 만주에서 패전 소식이 전해질 때마다 '적당한 시기에 전쟁을 종결지어야 한다.'는 입장이 강화되었다. 이 점은 속전속결하여 단기 승전을 거두고 신속히 강화하여 장기전을 피하면, 승리가 가능하다고 판단했던 일본 정부와 육해군 요인 모두에게 승리를 안겨 준 우군들이었다. 일본의 입장에서는 제정러시아의 '똑똑한 바보들'이었다.

아카시는 이후 대한제국 병탄 과정에 다시 등장하였다. 한국에 통감부가 설치되자 그는 주차헌병사령관으로 부임하였다. 이후 그가 한국에서 수행한 임무와 공작이 어느 정도까지였는지는 깊이 규명할 만한 부분이다. 분명한 것은 그가 대한제국의 13도의군을 지휘하다 피체되어 수감된 의병대장 허위를 심문했고, 허위는 서대문형무소의 첫 번째 사형수가 되었다는 점이다. 그는 개인적으로는 허위의 인물과 의지를 높이 평가했고, 한국에서의 경험을 반성하여 식민지 대만에서는 인자하고도 후덕한 총독이 되었다고도 전한다.

앞서 언급했듯이 일본은 1904년 2월 8일, 선전포고에 앞서 러시아를 기습 공격하였다. 막강한 병력을 보유했던 제정러시아는 당초 일본에 대한 승리를 낙관했던 것으로 보인다. 대체로 영·미·일 측의 소수 군사 전문가 외에는 각국 정부나 여론도 대부분 그렇게 예상하였다. 그러나 그것은 오판이었다.

1905년 3월 만주의 봉천 전투에서 러시아군의 주력이 패퇴하자 러시아는 전력의 약세를 보충하기 위해 발틱함대를 블라디보스토크로 서둘러 이동시키고자 하였다. 이때 일본 측은 발틱함대가 대한해협을 통과하여 일본 해군의 작전망에 걸려들기를 학수고대하였다.

전년도 말에 이미 출발한 발틱함대는 북해에서 지중해와 수에즈 운하를 통과하여 인도양을 돌아 대한해협으로 이동하고자 했다. 그러나 영국이 러시아 함대의 수에즈 운하 통항을 차단하게 하자, 아프리카 남단의 희망봉을 우회해야 했다. 발틱함대의 이동경로가 확장되자 연료공급과 급수가 무엇보다 문제였다. 그러나 함대가 이동하는 경유지의 항구는 대부분 영국의 영향하에 있어 러시아는 곳곳에서 입항이 저지되었다. 연료가 바닥난 발틱 함대는 부득이 공해상에 뜬 배 위에서 석탄을 옮겨 싣는 진풍경을 연출할 수밖에 없었다.

러시아 함대는 막바지의 경유지로 예정되었던 상해에도 입항하지 않고 곧바로 블라디보스토크를 향해 항해를 지속하였다. 연료와 시간 절약을 위해 최단 항로를 택한 것이다. 이제 발틱함대의 대한해협 통과를 확신한 일본의 전 함대는 대마도 해상에서 전투를 대기하고 있었고, 마침내 뿌연 안개 속에 발틱함대의 선두가 일본 전함에서 관찰되었다.

만주 심양에서 벌어진 러·일 양국군의 전투장면 (르 프티 주루날, 1904.10.2)

미카사(三笠) 함상의 도고 헤이하찌로(東鄕平八郞)는 "황국의 흥망이 이 일전에 달렸다!"고 환기하였고,[13] 이어진 전투에서 발틱함대는 정면과 옆구리를 치고 들어오는 일본 함대의 T자 전법에 의해 궤멸되고 말았다. 러시아 함대 일부가 독도방면으로, 이어 일부가 가까스로 블라디보스토크로 탈주한 정도였다. 이 해전에서 발틱함대 전함 38척 중 35척이 격침 또는 파괴되었고, 3척이 나포되고, 4,800여 명의 군인이 전사했다. 한편 일본 해군은 3척 침몰, 전사 117명이었다. 일본군 수만이 희생된 육전과 달리 해전은 일방적 승리였다.

경운궁의 대화재와 수옥헌의 고종

| 화재의 발화와 대응 |

인천항에 포성이 울린 지 두 달 여, 서울에서는 의문의 대화재가 도성 사람들을 놀라게 하였다. 1904년 4월 14일 밤 10시가 조금 넘어 발생한 경운궁의 대화재가 그것이다.

경운궁은 1896년 고종이 러시아공사관으로 파천한 이후 왕궁의 용도를 겨냥하여 구조와 설비를 정비하였다. 이후 1897년 2월 고종이 그곳으로 환궁하면서 1904년까지 만 7년 사이에 수많은 건물이 들어차세 되었다. 다른 궁에 비해 규모는 작았지만, 건물과 인력 면에서는 밀집도가 가장 높은 궁이었다. 어떤 건물은 전래의 양식이었고, 어떤 건물은 서양식 혹은 동서의 두 양식이 혼합된 형태였다.[14]

이때의 화재는 임진왜란 당시 서울의 왕궁이 전소된 이래 가장 큰 궁궐의 화재였다. 불과 몇 시간 만에 경운궁의 중심을 이루는 주요 전각들이

---

13 谷澤永一·太平洋戰爭硏究會, 『寫說 坂の上の雲』, 東京: 株式會社ビジネス社, 2004, 122~125쪽.

14 "The Burning of the Palace", *The Korea Review*, April, 1904.

모두 화염에 휩싸여 하루 밤 사이에 잿더미로 변하였다.

화재를 알리는 비상벨이 울린 것은 발화한 지 30분이 지난 11시경이었다.[15] 발화한 지점은 함녕전 아궁이였다. 함녕전 주변에는 수백 칸의 건물들이 빼곡히 들어차 있어서 일단 한 건물에 불이 붙으면 신속히 대응하지 않는 이상 모두 휩쓸게 되어 있는 구조였다.

함녕전은 대비(명헌태후 홍씨 헌종비)의 승하 이전에 늘 황제가 거처하던 곳이었다. 화재 당시 황제는 관명전에 머물고 있었고, 함녕전 건물은 수리 중으로 목수와 석공 페인트공들이 일하고 있었다. 이들이 새 아궁이에 불을 지폈을 때 톱밥 일부가 바람에 휘말리면서 불이 붙어 마루 아래 톱밥으로 번지면서 새로 칠한 기둥에 불이 붙었다고 했다.[16]

화재 발생 후 얼마 안 되어 일본 측의 화재 경보가 먼저 울렸고 일본과 청국의 소방수들이 서둘러 궁으로 달려 왔다. 그러나 모든 궁문은 잠겨 있어 아무런 지원도 못했다.[17] 궁에서는 타오르는 불꽃과 무너지는 지붕의 굉음만이 들려왔다.

그 사이 번진 불은 서남쪽의 전각으로 번져 나가 황제의 거처까지 위협하였다. 결국 불이 목격된 지 40분이 안 되어 고종은 다른 전각으로 옮겨갔다. 이후 황제와 황태자, 엄비, 영친왕 그리고 많은 내시와 관료 궁녀들이 평성문 밖으로 나와 'Kings Library'(수옥헌) 로 향한 것은 11시 30분경이다.[18] 이후 영국공사관 경비병들이 경운궁에 들어가 소방호스를 궁의 북서쪽 모퉁이에 있는 우물에 연결하여 마침내 불길을 차단하는 데 성공했다.

---

15 화재 발생 시각은 자료에 따라 9시 30분(김정동, 『고종 황제가 사랑한 정동과 덕수궁』, 발언 2003, 95~99쪽), 10시 30분, 11시 30분 등 다양하게 기록되어 있다.

16 "The Burning of the Palace", The Korea Review, April, 1904.

17 이에 대해서는 열국외교관의 보고에서도 마찬가지였다. Allen to Hay, Seoul, No. 721, April 16, 1904, Despatches from U. S. Ministers to Korea.

18 "The Burning of the Palace", The Korea Review, April, 1904.

| 화재로 인한 피해 |

자정 무렵 중화전(中和殿; Middle Harmony Hall)으로 옮겨 붙은 불로 인해 중층 구조의 지붕이 불꽃에 타들어갔다. 영국공사관에서 바라본 광경은 놀라웠다. 반시간 뒤 지붕을 떠받치고 있던 기둥들이 기우뚱 거렸고, 마침내 건물전체가 굉음을 내며 무너져 내렸다. 건물 잔해 더미만 해도 60피트 높이 약 18미터 이상에 달했다.[19]

황제의 거처에는 상당한 양의 순금과 다양한 은그릇이 든 육중한 금고가 있었다. 황제가 그 방을 떠나자 8명의 병사들이 급파되어 이 금고를 옮기고자 했지만 역부족이었다. 화재 뒤에 잔해를 거두어 냈을 때 금고의 금과 은은 모두 녹아 있었다. 거처의 곁방에는 또 다른 궤가 있어 잔치 때마다 선물로 받은 은수저와 다른 도구들이 있었다.

한 가지 주목할 것은 황제가 거처를 이동하면서 옮겨간 것 중에 옥쇄와 명성황후의 'Portrait'이 있었다고 한 점이다. 이것이 사진이었는지 초상화였는지 분명하지 않으나 적어도 그중 하나가 궁중에 보관되어 있었던 것은 아닌가도 생각된다.[20]

다행이 이 화재로 인해 궁내의 모든 건물이 다 타 버린 것은 아니었다. 궁의 북동쪽과 서쪽에 7, 8채 건물이 살아남았고, 궁녀와 내시 등도 각기 거기에 머물 수 있었다.[21]

그러나 많은 귀중 도서와 서류들이 타버렸다. 주로 사서, 기밀서류, 의

---

19 중화전 자체의 건축에만 50만 달러 정도였다고 한다.("The Burning of the Palace", *The Korea Review*, April, 1904).

20 Allen to Hay, Seoul, Korea, No.721, April 16, 1904, *Despatches from U. S. Minister to Korea*.

21 도면상 동북쪽에 위치해 있는 건물들이다. 현재의 위치로 보면 덕수궁의 동북쪽 부분과 담장 인도 그리고 태평로 일부에 해당한다. 알렌의 보고에 따르면 미국공사관 측은 서남 방향으로 부는 강풍으로 인해 불씨가 미국공사관 건물로 날아오지 않을까 전전긍긍하였지만 다행히 풍향이 동남 방향으로 바뀌어 위기를 면했다. 일부 일본 측 화보에는 대안문으로 빠져나오는 궁녀와 내시들을 볼 수 있는데 궁내의 화염이 대안문쪽으로 쏠리는 것을 볼 수 있다. 풍향이 바뀌었을 때의 상황을 묘사한 것 같다.

례서 그리고 많은 양의 외국서적이었다. 황제 거처에 있던 많은 일본지폐도 불타 버렸다. 전각의 가구들은 서둘러 길가와 통행로로 옮겨쌓아 놓았지만, 꺼내놓은 물건까지 불에 탔다. 중화전을 둘러싸고 있던 건물들(행각: 필자 주)에는 한국의 악공의 복식과 악기가 쌓여 있었지만, 이들도 모두 불에 탔다. 수차 연기한 기념일[22]을 맞아 사용하려 했던 많은 인력거들 또한 불에 탔다. 병풍, 은제도구, 비단, 자기 기타, 다른 귀중품 등에 엄청난 피해가 있었다.[23]

| 화재원인 규명과 책임 소재 |

화재가 난 다음날 수사가 진행되어 재난에 대한 책임의 소재를 확인하게 되었다. 화재의 원인은 앞에 언급한 대로였다. 궁의 보수책임을 맡은 자들이 체포되어 법부의 감옥에 수감되었다. 그러나 이들 모두 화재의 원인을 모른다고 진술하였다. 이에 『대명률(大明律)』의 「잡범편(雜犯編)」 방화조(放火條)에 따라 교형, 종신징역, 태형 80대 등이 선고되었다. 그런데 고종은 모두 1등급을 감하되 징역은 유배로 바꾸라 지시하였다.[24] 전통시대의 법대로라면 화재의 책임자는 교형에 처하고 여타는 귀양을 가거나 엄중한 처벌을 받았을 것이다.[25] 그러나 이때의 처벌은 경미하였다. 화재의 원인이 다른 쪽에 있다고 고종이 판단했기 때문이 아닌가 해석된다.

---

22 누차 연기했던 고종황제 즉위40주년 칭경기념식행사를 말함.
23 이 내용을 통하여 볼 때 당시 궁중에서는 각종 예식에 쓰는 악기나 의상 등은 중화전을 둘러싸고 있던 회랑에 보관해 두었음을 알 수 있다. 곧 회랑은 궁중 사람들의 통행로뿐만 아니라 각종 궁중 예식에 수시로 쓰이는 물품을 비치해두는 공간으로도 활용된 것임을 알 수 있다.
24 『高宗實錄』 1904년 5월 14일.
25 이강훈·김동인, 「조선조전기의 건축물 방재 대책에 관한 연구」, 『논문집』 12, 경남대학교, 1985; 정태헌, 「조선 초기 금화대책에 관한 연구」, 『동국사학』 23, 1989.

| 황제의 어소문제 |

화재 직후 황제가 거처할 공간 확보는 시급히 해결할 사안이었다. 과연 황제가 어디에 머물 것이냐를 두고 추측이 난무하였다. 우선 황제가 외국인들이 "옛 궁"이라 부르는 창덕궁으로 갈 것이라는 소문이 파다하였다. 그런가 하면 황제가 러시아공사관을 빌려 쓸 것이라는 이야기도 있었고, 황제가 소실된 궁궐부지에 기거할 수 있을 정도로 충분히 복구가 이루어질 때까지 수옥헌에 머물 것이라고도 하였다.

이들 세 가지 안 중 마지막 안이 황제에게는 가장 적당하다고 판단되었다. 이에 관한 논의를 위해 회의가 열렸다. 경운궁 전체가 화재 이전의 상태로 복구되려면 9백만 엔이 소요될 것으로 집계되었다. 논의 결과 이것은 거의 전국의 1년 세입에 해당하므로 전연 불가능한 일이고 임시적인 복구를 한다면 30만 달러면 적당하리라 하여 목수와 다른 일꾼들이 곧 작업에 착수하도록 명을 받았다.[26]

대부분 주요 관료들과 일본공사는 조정을 '옛 궁'(창덕궁)으로 옮겨야 할 것이라 진언했지만 황제에게는 매우 못마땅하게 받아들여져 그 문제는 더이상 강조되지 않았다. 그러나 시간이 가면서 정부 재정으로는 그 엄청난 부담을 질 여유가 없고 그 즈음 옛 궁이 수리되고 정비되어 약간의 비용만 들이면 거처할 수 있으리라는 점이 점점 분명해졌다.

강력한 압력이 다시 조정에 전해져 4월 25일 실제로 조정은 옛 궁으로 옮겨가기로 결정되었다. 이궁은 서울에서 가장 좋은 위치에 있어 곳곳이 외국공사관과 외국인 소유지로 갈라져있는 정동의 일그러진 부지 보다는 황궁의 품위에 보다 걸맞았다. 물론 그 경우 서울의 거리와 소음으로부터 멀리 떨어져 있는 것처럼 스스로 상상할 수 있게 하는 옛 궁에 서는 더 이

---

26 "The Burning of the Palace", *The Korea Review*, April, 1904.

상 외국인들이 즐거운 소풍을 만끽할 기회가 없을 것이라고 하고 있다.[27]

이상의 화재에 관한 기록에서 경운궁 화재의 발화 과정과 화재 발생 당시 궁중의 대응과 외부의 동정, 화재로 인한 피해 상황 고종과 대신의 대응책 논의 등이 드러난다.

첫째, 화재가 발생한 곳은 일반적으로 알려져 있듯이 수리 중이던 함녕전의 아궁이었다.

둘째, 궁중에서 화재가 발생하면 맨 먼저 고려한 것이 진화보다는 이것이 실화인가 아니면 변란에 의한 방화인가를 판단하는 일이었다. 전자의 경우라면 즉 각 궁문을 열고 외부로부터 진화를 위한 인력과 장비를 동원하는 조치가 가능했겠지만 후자의 경우라면 궁내의 전각이 모두 소실된다 하여도 함부로 궁문을 열고 진화작업을 수행할 수가 없었을 것이다. 1904년 경운궁 화재 당시가 바로 그러한 경우로 파악된다. 강한 북동풍도 어려움이었지만, 내부의 안전 특히 고종의 신변안전에 치중하느라 신속한 대응을 못했던 것으로 파악된다.

셋째, 궁중에서 화재가 발생하였을 때 일반의 경우라면 사람들이 몰려들어 고함이 난무하고 소란하였을 것이지만 궁중의 경우에는 그렇게 할 수 없도록 엄격히 단속되었던 것 같다. 명성황후 시해사건 당시에도 궁중 사람들은 아무도 비명을 지르거나 소란을 피우지 않았으며 기이하다 할 정도로 침묵을 지켰던 것으로 드러난다.

넷째, 경운궁의 화재로 인해 함녕전, 즉조당, 석어당, 중화전 등이 소실되었고 궁중에 보관 중이던 귀중 문서와 서화 전적 지폐 등이 소실되었지만, 무엇보다 큰 손실은 수백 년 보존되어 온 석어당, 즉조당 등 전각의 상실이었다.

다섯째, 화재 직후 창덕궁으로 고종이 거처를 옮기는 것이 고려된 것은

---

27 "The Burning of the Palace", *The Korea Review*, April, 1904.

상식적으로는 당연한 생각이었지만 이후 결론은 그렇게 나지 않았다. 역시 고종의 신변안전이 최우선으로 고려된 결과였다. 화재당시의 의아한 대응도 바로 그런 각도에서 해석된다.

| 화재 직후의 대책과 경운궁의 중건 |

화재 후 고종은 수옥헌에서 특진관 이근명, 내부대신 이재완, 학부대신 민영환, 탁지부대신 박정양, 궁내부대신 민병석, 법부대신 박제순, 농상공부대신 김가진 등과 화재에 대한 대책을 논의하였다.

이때 이근명은 "이번 궁의 화재는 전에 없던 변고여서 천만번 두렵기 짝이 없지만 창황한 가운데서도 황제(皇帝)의 어진(御眞)과 황태자(皇太子)의 화상을 옮겨 모셨고 경효전(景孝殿)의 신주까지도 옮겨 모셨으니 불행 중 다행입니다."라고 하였다.[28]

고종은 "불행 중 천만다행이다. 함녕전(咸寧殿)의 구들을 고치고 불을 지피다가 이 화재가 났는데 게다가 바람이 사납게 부는 통에 일시에 불길이 번져 이 지경에까지 이르렀다"고 하였다.[29]

고종이 거처하던 함녕전은 그동안 각국의 공사나 영사, 특파대사를 접견하던 장소였다. 화재 직전까지도 고종은 황태자가 참석한 자리에서 러시아 공사, 벨기에 총영사, 일본공사 하야시 겐스케(林權助), 미국공사 알렌, 일본 특파대사 이토 히로부미 등을 접견한 바 있다. 이토는 3월에만도 3번이나 거기서 접견하였다. 고종의 거처라 하지만 사실상 접견실 기능을 하였다.

이에 이근명은 "천화(天火)를 재(災)라 하고 인화(人火)를 화(火)라 하니 이것은 비록 인화(人火)이나 역시 천화(天火)입니다…궁금(宮禁)에 실화(失火)한 일은 전에도 없지 않았으나 이번처럼 참혹한 경우는 없었습니다. 실로 심

---

28 『高宗實錄』 1904년 4월 14일.
29 『高宗實錄』 1904년 1월 16일, 2월 10일, 3월 10일, 3월 18일, 3월 25일 등을 참조.

상(尋常)한 변이(變異)가 아닙니다."[30] 하면서 지금 임어(臨御)하고 있는 수옥헌이 협소하고 좁아 구차하니 일시 처소를 이동함이 어떠한지를 아뢰었다. 그러자 고종은 이렇게 답하였다.

> 병신년(丙申年) 이어할 당시 유일하게 즉조당만 있었는데 지금은 비록 소진(燒燼)되었다 하나 가정당 돈덕전 구성헌이 아직도 완존(完存)하니 그때 비하면 오히려 낫다. 다만 즉조당은 누백 년 전해진 것이라 한 번도 뜯어 고치지 아니하였는데 이번에 모두 불타 버렸으니 심히 창석(愴惜)하다…재용이 비록 군색하나 기필코 이 대궐에 중건함이 마땅하다.[31]

그러자 이근명은 이미 중건하라는 처분이 있으니 날을 재촉하여 시역(始役)하고 한시라도 늦어지지 않도록 함이 가하다 하였다.

여기서 보듯이 신하들은 수옥헌이 협소하니 다른 궁궐로 거처를 옮길 것을 진언하였지만 고종은 아관파천 당시 보다 오히려 형편이 낫다면서 궁궐을 재건할 것을 명하였다.[32]

여기서 주목할 점은 당시 일본공사가 고종에게 경운궁에 머물지 말고 장소가 넓고 편한 옛 궁으로 옮기도록 수차 제언한 점이다.[33] 『매천야록』에도 고종이 조만간 중건을 결심하고 내탕금 200만 원을 지출하였으나 영국공사와 일본공사가 봄의 기근과 재정의 궁핍을 이유로 공사를 그만둘 것을 주장하여 고종이 부득이 즉조당만 중건하고 다른 전각은 가을에 짓기로 했

---

30 『경운궁 중건도감의궤(慶運宮重建都監儀軌)』, 중건도감(重建都監), 1906.12, 규장각 소장본: 규奎)14329-1-2, 11쪽 右.

31 위의 책, 11쪽 左右.

32 "Imperial Residence", *The Korea Review*, vol. 4-No.5.

33 열국공사들도 고종은 다른 궁으로 거처를 옮겨가느니 차라리 다른 공사관으로 옮기려고까지 생각했다고 보고하고 있다. 가령 알렌은 대한제국 정부 측이 미국공사관 측에 황제의 피신처를 요청해 올 경우 어떻게 대비할 것인가를 본국에 문의 하면서 자신은 고종을 받아들이지 않겠다고 보고하였다. 고종을 받아들일 경우 야기될 러·일 사이의 외교적 분규에 휩쓸리고 싶지 않다는 것이 그 이유였다.(Allen to Hay, Seoul, No. 721, April 16, 1904, *Despatches from U.S. Ministers to Korea*)

다고 기록하고 있다.[34] 일본공사·영국공사의 의도는 무엇이었을까.

소진된 여러 전각 중 고종이 맨 먼저 중건하고자 한 것은 명성황후의 혼전인 경효전이었다.[35] 고종은 경효전을 임시로 준명전(濬明殿) 서쪽 행각으로 모시라 하였고 흠문각의 어진(御眞)과 예진(睿眞, 즉 황태자의 초상화)도 준명전으로 옮기도록 하였다.

다음으로 고종은 즉조당과 석어당, 함녕전의 신속한 중건을 명하였다.[36] 즉조당은 선조(先祖)가 임어한 옛터이므로 서두르지 않을 수 없으나 경비 조달이 어려울 터이니 내탕금에서 특별히 내려 주도록 하였다.[37]

그리하여 즉조당 석어당은 음력 3월 12일에 기둥을 세우고 16일에 상량하였으며 함녕전은 같은 달 29일 정초하고 8월 27일 기둥을 세웠으며 12월 초 4일에 상량을 마쳤다.[38] 이렇게 해서 1904년의 대화재로 소진되었던 경운궁의 각 전각은 고종의 강력한 의지에 의해 1~2년 만에 거의가 재건되었다. 즉조당, 석어당, 준명당, 함유재, 흠문각, 중화전, 함녕전, 영복당, 함희당, 양이재, 경효전, 중화문, 조원문, 대한문 등이 그것이다.[39]

그런데 복원된 이들 전각은 일부를 제외하고 대부분 일제하에 여러 이유로 헐려나갔다. 특히 광무황제의 붕어 이후로는 정도가 심각하였다. 오늘날 덕수궁의 대한문, 중화문, 중화전, 광명문, 즉조당, 준명전, 석어당, 함녕전 등은 현재까지 남은 전각의 일부이다.

경운궁 중건공사는 가뜩이나 빈약한 국가재정을 더욱 어렵게 하였다.

---

34 앞의 『황현전집(黃玹全集)』下, 122쪽.

35 이때 경운궁 중건도감 도제조 특전관 윤용선 제조로 탁지부 대신 박정양 궁내부 대신 민병석이 임명되었다. 『高宗實錄』 1904년 4월 15일.

36 앞의 『경운궁중건도감의궤』, 1906.12, 규장각소장본: 규4329-1-2, 14쪽 左右.

37 위의 책, 14쪽 右.

38 위의 책, 14쪽 左.

39 김순일, 『덕수궁』, 대원사 1999년 판, 38~39쪽. 이 중 정전인 중화전은 1906년 초에 완성되었는데 재정의 부족으로 중층 구조에서 단층 구조로 변경되었다. 『高宗實錄』 1906년 1월 13일.

봉상사(奉常司) 부제조(副提調) 송규헌(宋奎憲)의 다음과 같은 상소가 보인다.

> 지금 시국이 얼마나 절박하고 얼마나 위급합니까. 군신 상하가 밤낮 없이 바쁘게 뛰어도 오히려 타개하지 못할까봐 두려운데 지금이 어찌 토목공사나 벌이고 대궐을 수리하며 벼슬자리를 맡아 먹고 인재를 버리며 관리들을 마구 내 보내어 잡세(雜稅)를 거둬들이며 관제(官制)를 고쳐 쓸데없는 관리들을 늘일 때이겠습니까. 창덕궁과 경복궁은 역대 임금들이 있던 곳으로 서 규모가 완벽하여 진실로 제왕이 거처할 곳입니다. 경운궁이 화재를 당할 날 응당 약간 수리를 하고 즉시 돌아와 거처했어야 할 것이었습니다. 무엇 때문에 거액의 비용을 허비하며 토목공사를 크게 벌이면서 급급히 중건공사를 벌이는 것입니까…바라건대 폐하(陛下)는 속히 건축 공사를 파하시고 즉시 옛 대궐로 거처를 옮길 것이며….[40]

공사가 끝난 후 공사에 참여했던 김교면(金敎冕), 장용급(張容汲), 한용식(韓龍植) 외 32인은 지불받지 못한 경운궁 중건 역비를 집단적으로 거듭 청구하기도 하였다.[41] 건축비용을 제때 지급하지 못할 정도로 국가의 재정은 궁핍해져 있었던 것이다.

경운궁을 재건한 고종의 생각은 무엇이었을까. 정전인 중화전을 중건한 직후 고종은 간소한 의식을 행하였다. 이때 고종은 다음과 같은 조서를 내렸다.

> 전대의 제왕들이 왕위에 오르면 반드시 정사를 보는 정식 궁전을 가진 것은 궁실을 화려하게 만들려는 것이 아니라 정사 보는 자리를 존엄 있게 만들자는 것이었다. …경복궁의 근정전과 창덕궁의 인정전이 바로 정사를 보고 조회를 하고 모임을 가지는 곳이다…경운궁으로 말하면 우리 선조대왕이 옛날에 일을 본 곳이고 인조가 즉위한 곳이다. 나는 처소를 옮긴 이래로 선대 임금들의 뜻을 이어 궁전과 행랑을 차례로 완성하여 왔다. 그런데 지난번에 우연히 화재를 당하여 오늘날 건축할 계획을 하게 되었다. 그때 공사를 벌여 이 궁전을 재건할 타산

---

40 『高宗實錄』 1904년 7월 25일.
41 『경운궁중건역비청구』, 도지부재산정리국 융희3년 규장각도서 규1698.

을 하였으나 형편이 어려워 실현할 겨를을 얻지 못하였다. 그러나 이것이 선대 임금들의 법을 준수하기 위한 것인데 어찌 소홀히 할 수 있겠는가. 봄부터 겨울까지 공사를 완성하여 화를 복으로 돌려 세웠으니 경사는 실로 크다. 음력 12월 19일 새벽에 천지와 종묘사직에 삼가 고하고 또한 신민에게 널리 고하노라.[42]

요컨대 고종은 나라의 정사를 볼 정식 궁전을 갖추어야 한다는 것이었다. 여기서 보다 중요했을 경복궁이나 창덕궁으로 가지 못하는 이유를 고종은 말하지 않았다. 비록 경운궁에 머문다하여 가중되는 일본의 압박을 피할 길은 없을 상황이지만, 그렇다고 경복궁이나 창덕궁으로 갈 수도 없다는 것이 고종의 생각이었던 것으로 드러난다.

| 경운궁의 재난을 암시한 괘서(卦書) |

위와 같은 경운궁의 대화재사건과 관련하여 이를 예언한 괘서(卦書)가 등장한 일이 있다. 익명의 괘서가 화재가 발생하기 이전에 서울의 종로에 등장하였고 경운궁의 화재는 거의 괘서 내용 그대로였다는 점이다. 당시에 알려진 괘서의 내용은 다음과 같다.[43]

송림유변 호미선장 청룡지석 기위양순(松林有變 虎尾先藏 靑龍之昔 寄位兩旬)

당시의 떠도는 해석에 의하면 '송림유변'(松林有變)은 궁의 화재를 예언한 것이었다. 여기에 '호미선장 청룡지석 기위양순'(虎尾先藏 靑龍之昔 寄位兩旬)을 종합한 해석은 '청룡의 해에 재앙이 궁을 휩쓸게 될 것이니 군주는 궁의 서쪽으로 피난하게 될 것이며 청룡의 달 스무 하룻날 "옛 궁 창덕궁"으로 옮

---

42 『高宗實錄』 1906년 1월 13일.

43 The Korea Review 4(1904), pp.161~162. 유사한 내용이 황현의 『매천야록』에도 등장한다. 다만 『매천야록』 광무 8년 갑진 3월조에는 종가(鍾街)에 붙은 익명(匿名)의 괘서(掛書)에 "靑龍之昔 松林有變 虎尾先(一本(作共)藏"으로 기록되어 있다. 경운궁의 화재에 관한한 지방에서 견문한 것을 기록한 뒤의 것보다는 서울 현지에서 접하고 기록한 앞의 것이 정밀하다.

겨가게 되리라'는 것이 그 요지이다.

당시의 일부 언론과 잡지에서는 '이 벽보는 그날 아침 경찰에 발견되자마자 뜯겨져 경무청으로 가져갔다. 글을 쓴 자가 체포되면 교수형을 받게될 것인데, 많은 이들이 벽보 내용을 옮겨 적었고 그 후 신문에 등장했으니, 그것은 묘한 일치이다. 예언의 마지막 글귀가 실행될 것인지를 지켜보는 일은 오히려 흥미진진하다'고 하였다.

이성적으로는 잘 설명되지 않는 내용이지만, 전통시대로부터 난리가나거나 민심이 흉흉할 때 누군가가 정치적 목적으로 흔히 이런 방식을 써온 사례가 적지 않았다.

그런데 괘서가 등장한 시점은 러일전쟁이 발발한 직후였다. 일본의 목표는 분명 한국의 군사적 장악이었고 이후의 과정은 식민지화작업이었다. 따라서 1904년 경운궁의 대화재는 현재까지도 많은 이들이 의심하듯이 누군가에 의해 꾸며진 방화이며 그에 앞선 괘서의 등장은 화재 이후의 사태에 대한 사전 공작이 아니었나 하는 의구심도 갖게 한다.[44]

이런 심증에 신뢰를 더하게 하는 것은 화재 직후 일본공사가 고종에게 창덕궁으로 거처를 옮기도록 거듭 종용한 사실이다. 심지어 일본공사는 주한미국공사 알렌에게 화재로 전소된 쓸모없는 경운궁의 외관을 복구하는데 빈약한 나라의 재정을 낭비하지 말라고 고종에게 조언해 주도록 요청하기도 했다.[45]

결국 얼마 후 일본 측이 고종에게 강요한 것은 '제1차 한일협약'(외국인 재정고문 외교고문의 배치)이었고 그 이듬해 행한 또 하나의 조치는 '을사늑약'(외교권의 박탈)이었다.

---

44 이에 대한 일부 추측은 서울시 중구 정동 1–39번지 미대사관 건립 예정부지 문화유적 지표조사 보고서인 『덕수궁』, 한국문화재보호재단·중앙문화재연구원, 2003, 30~33쪽을 참조.

45 Allen to Hay, No.721, Seoul, Korea, April 16, 1904, *Despatches from U. S. Minister to Korea*.

이렇게 볼 때 1896년 이후 경운궁 영건과 1904년의 대화재로 인한 경운궁의 피해, 1904~1906년간의 경운궁 중건과정 등은 일본의 정략과 맞물려 있음을 알 수 있다. 이 중 경운궁의 대화재는 러일전쟁 중에 대한제국의 황제와 대신들이 겪은 혼란상이 어느 정도였는지 잘 보여줌과 동시에 1592년 왜군의 침략으로 궁궐들이 전소되어 환도한 선조가 머물 공간이 없었던 당시의 혼란 상황을 연상하게 한다. 그 선조가 머물렀던 임시행궁은 월산대군의 후손이 쓰던 사저였고, 그곳이 다름 아닌 광무황제 재위 당시의 경운궁이었다.

일본의 외교권 탈취: 자결하는 충신과 애국 언론

육전과 해전에서 연승을 거두기는 했지만, 일본은 전쟁을 지속하기에 무리가 많았다. 길어지는 보급로와 점점 부족해지는 물자와 인력을 감당하기 어려웠다. 한편 러시아는 시베리아횡단철도를 이용하여 물자와 병력의 이동을 가속화하면서 반격의 기회를 모색하였다. 전쟁이 지속되었다면 분명 러시아에게 유리했을 것이다. 그러나 1905년 초 시작된 농민의 봉기와 노동자의 파업이 제정러시아의 발목을 잡았다. 러시아 역시 전쟁을 지속하기에는 부담이 컸다.[46] 양국은 팽팽한 줄다리기 끝에 마침내 루스벨트 미국 대통령 중재 하에 9월 5일 포츠머스에서 강화조약을 체결하였다.[47]

이 조약으로 일본은 러시아의 요동반도 조차권을 넘겨받음으로써 대륙 침략의 발판을 확보하였다. 일본이 아시아의 강대국으로서 그 지위를 인정받게 된 것이다.[48] 포츠머스 조약은 미·영·일·로 등 관계 강대국들이 관여

---

46 Robert K. Massie, *Nicholas and Alexandra*, New York: Dell Publishing Co., INC, pp.85~113; 姜東鎭, 『日本近代史』, 한길사, 1985, 208~217쪽.

47 최문형, 『국제관계로 본 러일전쟁과 일본의 한국병합』, 지식산업사, 2004, 305~326쪽.

48 구대열, 「러일전쟁의 경과와 전후처리」, 『한국사 42-대한제국』, 214~217쪽. 15개조의

하여 체결된 조약으로서 미·영 양국은 중국 대륙에서 러시아를 견제하려던 목표를 달성한 셈이었다.

한국에 관해서는 러시아가 일본의 정치·군사·경제적인 권익을 인정하고, 일본이 이를 보호하기 위해 취하는 조치를 간섭하지 않을 것과 한·러 양국 국경지대에서 양국의 안보에 위협이 되는 군사행동을 자제할 것 등으로 조정되었다. 물론 이들 조약은 보호에 대해 소극적 승인을 한 것이었고, 병합해도 된다는 의미는 아니었다. 미·영의 입장도 마찬가지였다. 일본이 한국을 장악하였음에도 병합을 1910년에 가서야 할 수 있었던 것은 이 같은 열강의 입장 때문이었다.[49]

강화조약의 중재자였던 루스벨트 미국대통령은 '평화에 기여'한 공로로 노벨평화상을 수상하게 되지만, 그 당시 러·일 양국의 입장은 정반대가 되었다. 러시아 측은 일본으로부터 모든 것을 양보 받았다고 자축하는 분위기였다. 반면 일본은 전투에는 이겼지만, 강화에 패배했다는 입장이었다. 전쟁을 지속할 수 없어서 고육지책으로 맺은 조약이었다.[50]

그러나 내막을 알 길 없는 일본 국민은 10년 전 청일전쟁의 승리로 배상금과 전리품(대만)을 맛본 경험으로 들떠 있었다. 강화조약이 알려지자 이들은 분노하였다. 일본 측 협상대표인 고무라(小村壽太郎)를 '조기(弔旗)를 들고 마중하자!' 하였다. 극우파가 경찰서·교회·신문사 등을 습격하는 사태가 펼쳐지자 일본 정부는 계엄령을 선포하여 질서를 수습하였다.[51] 이른바 '을사보호조약'은 이상과 같은 일본의 기류 속에서 강행되었다.[52]

내용 중 한국과 관련된 주요 조항은 제2조이다. '러시아는 일본이 한국에서 정치·경제·군사상 탁월한 권리를 가진 것을 인정하며, 일본정부가 한국에서 필요하다고 인정하는 지도·보호 및 감리 조치에 간섭하지 않는다.'

49 최문형, 앞의 『국제관계로 본 러일전쟁과 일본의 한국병합』, 2004, 313~320쪽.
50 구대열, 「러일전쟁의 경과와 전후처리」, 『한국사 42-대한제국』, 국사편찬위원회, 1999.
51 姜東鎭, 앞의 『日本近代史』, 1985, 214~217쪽.
52 金容九, 『世界外交史』, 서울大學校 出版部, 1994, 430~431쪽.

이미 1905년 4월 일본 내각에서는 「한국보호권 확립의 건」을 의결한 바 있다. 즉 '한국의 대외관계는 일본이 전담하며, 한국은 외국과 직접 조약을 체결하지 못한다. 한국과 열강 간의 기존 조약의 실행은 일본이 책임을 지며, 한국에 주차관을 두어 시정을 감독한다'는 것이 요지였다. 구체적 실행은 전황에 따라 유동적이기는 하였다. 그러나 이후 일본과 미국의 「가쓰라−태프트 '비밀협약'」(1905.7.29), 영국과의 「제2차 영일동맹」 체결(1905.8.12), 한국에 대한 을사보호조약 강요는 바로 그런 각본에 따라 추진된 것이었다.

그해 10월 「한국보호권확립 실행에 관한 건」을 의결한 내각은 이토(伊藤博文)를 한국에 파견하였다. 이의 제1항은 '한국의 외교관계를 모두 일본의 수중에 넣는다.'는 내용이었다.[53] 조약 체결 전권은 외상 하야시(林勸助)가 조약 추진을 위한 무력행사는 한국주차 사령관 하세가와(長谷川好道)가 맡았다.[54] 이들은 11월 9일 서울에 도착, 10일, 15일 거듭 고종을 방문하였다. 이토는 보호조약안을 황제에게 제시하며 협박하였다.

> 승낙하거나 거부하거나 마음대로이지만, 거부하는 경우 제국정부는 이미 결심한 바가 있으므로 결과가 어찌될 지 생각하여야 한다. 짐작컨대 귀국의 지위는 조약을 체결하는 것보다 더 곤란한 지경에 이를 것이며, 더욱 불리한 결과를 각오해야할 것(이하 생략).

고종이 즉각 거절하자, 이토는 일본군 헌병대로 경운궁을 포위한 뒤 정부 대신들을 연금하고 협박하여 마침내 조약 체결을 강행하였다.

앞서 보호조약을 강요하기 위해 이토 히로부미가 서울에 온다는 소식이 알려지자, 민영환, 한규설, 박제순, 이상설 등이 조약 거부를 위해 대책을 꾸렸다. 결론은 황제가 사직을 위해 죽을 결심으로 반대하고, 참정

---

53 「韓國保護權確立 實行ニ關スル決定ノ件」, 『日本外交文書』 38−1, 526~527쪽.
54 늑약을 강요한 일본 측의 '오적'은 伊藤博文(특사), 林勸助(전권공사), 長谷川好道(한국주차군사령관), 小村壽太郎(외상), 桂太郎(총리)라는 표현이 가능할 것이다.

이하 각 대신은 나라를 위해 죽는다는 각오로 일본의 요구를 거절하자는 것이었다. 이상설은 각 대신을 방문하여 조약 체결이 곧 나라의 멸망이고, 한국인이 왜의 노예가 되는 것임을 거듭 강조하며 결의를 다졌다.

서울에 도착한 이토는 고종을 알현하여 조약을 강요하였다.[55] 고종이 거절하자 17일 저녁 일본군이 경운궁의 수옥헌(漱玉軒)[56]을 포위하였다. 이후 수옥헌에서는 이토의 위압 아래 대신회의가 열렸다. 저항하던 참정대신 한규설이 독방에 감금되고, 이완용, 박제순 등이 굴복하면서 이튿날 새벽 2시 '조약' 체결이 선언되었다. 이때 이상설은 대신회의를 준비하는 의정부 참찬의 직위에 있었으나, 일본군의 저지로 회의에 참석하지 못하였다.

이상설은 이 조약은 5대신만 강제로 서명했을 뿐, 황제의 인준 절차를 밟지 않았으니 황제가 거부하면 무효화 할 수 있다고 보고 황제에게 강력한 대응을 촉구하는 상소를 올렸다.

> 대저 약관이란 인증해도 나라는 망하고 인준을 아니 해도 나라는 또한 망합니다. 이래도 망하고 저래도 망할 바에는 차라리 '사직을 위해 죽는다'는 뜻을 정하여 단연코 거부하여 역대의 조종들이 폐하께 맡기신 무거운 임무를 저버리지 않는 것이 낫지 않겠습니까?[57]

황제가 이를 거절하지 못할 것이면 차라리 자결하시라는 뜻이었다. 『대한매일신보』에서는 이를 두고 "난세에 곧은 신하의 간언들이 있어 왔지만, 막중한 군부에게 목숨을 끊어 사직을 위해 죽으라고 간언한 신하는 오직 그 뿐"이라고 평하였다.[58] 5차례 사직상소를 올리면서(11월 18,19,22,24일 및

---

55 林 → 桂 大臣, 「伊藤大使의 韓帝謁見時 日本에의 外交權委任 必要性 陳奏件」, 『駐韓日本公使館記錄』 26, 國史編纂委員會, 1998, 121~122쪽.

56 수옥헌(漱玉軒)은 현재의 정동 중명전(重明殿) 자리이다. 대체로 1905년 이후 1907~1908년을 지나면서 수옥헌의 이름 대신 중명전으로 점차 불렸다.

57 宋相燾, 『騎驢隨筆』, 國史編纂委員會, 1971, 114~120쪽.

58 「讀李參贊疏」, 『大韓每日申報』 光武 9年 11月 24日.

러일전쟁과 일본의 대한제국 외교권 탈취 263

12월 8일), 그는 조야백관과 유생들로 하여금 조약 파기를 위한 연명 상소를 올리도록 하고, 12월 8일 관복을 벗었다. 원임대신 조병세가 가평에서 올라와 상소의 주도 역할을 하였고, 민영환·심상훈 등도 함께 참여하였다.

그러나 사태는 돌이킬 수 없었다. 10년 전 민영환은 모스크바에서 '나라는 이미 다 결딴났다!'고 탄식한 적이 있다. 러시아 측의 지원을 기대할 수 없음을 알고 좌절한 때였다. 청국과 일본은 믿을 수 없고, 영국과 미국은 조선에 관심이 없고, 러시아 역시 믿을 수 없으니 더 이상 살 길이 없다고 보았다. 그후 10년 한국의 국제 환경은 마찬가지였다.

일본이 한국의 외교권을 강탈했다는 소식이 알려지자 전국 사람들이 분노에 휩싸였다. 이토 히로부미를 성토하며 일본을 규탄하는가 하면, 조약에 서명한 대신들을 공박하는 등 일파만파로 확산되었다. 여기에 불을 당긴 것이 장지연의 논설, '시일야방성대곡'(是日也放聲大哭)이다.

> 지난번 이토 후작이 오매 어리석은 우리 인민들이 말하기를 후작은 평소 동양 삼국의 정족하는 안녕을 주선한다고 자처하던 사람이었으니 경향 간에 관민 상하가 환영하여 마지않았다. 천만 뜻밖에도 5조약은 어디에서부터 나왔는가? 이 조약은 비단 우리나라만이 아니라 동양 삼국이 분열하는 조짐을 빚어낼 것인즉 이토의 본뜻이 어디에 있느냐? 아, 원통하고도 분하도다. 우리 2천만 남의 노예가 된 동포여! 살았는가, 죽었는가? 단군, 기자 이래 사천만 국민정신이 하룻밤 사이에 별안간 멸망하고 멈추겠는가? 아, 원통하고 원통하도다. 동포여! 동포여!

신문이 배포되자 장지연은 곧바로 잡혀가고 『황성신문』은 무기정간을 당하였다. 한편 전국의 유생과 전직 관리들도 조약 반대 상소를 올렸다. 통분해 자결한 인사도 줄을 이었다. 시종무관장 민영환은 황제와 국민, 각국공사에게 보내는 3통의 유서를 남긴 뒤 평소 지녔던 칼로 자결하였다. 11월 30일 새벽 6시. 그가 2천만 동포에게 남긴 유서는 작은 명함에 연필로 급히 써 내려 간 짧막한 글이다.

오호라, 나라의 치욕과 백성의 욕됨이 여기에 이르렀으니 우리 백성은 장차 생존경쟁 속에서 모두 망하게 되는구나. 무릇 살려고 하는 자 반드시 죽고, 죽기를 각오하는 자 반드시 산다는 것은 여러분도 익히 아는 바다. 영환은 한 번의 죽음으로 우러러 황은에 보답하고, 2천만 동포께 사죄한다. 영환은 죽었어도 죽은 것이 아니다. 지하에서 여러분을 도울 것이다. 부디 우리 동포형제들이 천만 배 노력을 더하여 자기를 다지고 학문에 힘쓰고 힘을 길러 우리의 자유와 독립을 회복한다면, 나는 마땅히 지하에서 기뻐 웃을 것이다. 슬프다. 그러나 조금도 실망하지 말라.

다음날 전 의정 조병세도 국민과 각국 공사에게 보내는 유서를 남기고 목숨을 끊었다. 그 외에 많은 전·현직 관리나 지사들이 이들의 뒤를 이어 목숨을 끊었다.

한편 조약이 강제되기 1개월 전 헐버트는 미국 대통령 앞으로 보내는 고종의 친서를 휴대하고 워싱턴으로 출발했다. 그가 워싱턴에 도착한 바로 다음날 일본은 한국정부를 위협하여 조약을 강행하였다. 그 직후 고종은 이것이 무효임을 대외에 선언하였다. 고종은 1주일 여 뒤인 11월 24일 미국에 체제중인 황실 고문 헐버트에게 다음과 같이 전언하였다.

짐은 총칼의 위협과 강요 아래 최근 양국 사이에 체결된 이른 바 보호조약이 무효임을 선언한다. 짐은 이에 동의한 적도 없고, 금후에도 결코 하지 않을 것이다. 이 뜻을 미국 정부에 전달하기 바란다.

이 조약이 총칼의 위협 아래 최고주권자인 자신의 동의도 없이 불법적으로 체결된 것임을 세계에 알려달라는 뜻이었다. 이에 부응하여 『런던 타임즈』(London Times: 1906.1.13)에서 강박 하에 체결된 조약의 내용을 상세히 보도하였고, 프랑스 공법학자 프랑시스 레이도 특별기고를 통해 조약의 원인 무효를 주장하였다. 그러나 국제법은 멀고 제국주의는 가까웠다. 당시의 상황 아래서는 소용이 없었지만, 고종은 기회가 있을 때마다 다시 알렸다.

2

대한제국의 국제사회에 대한 호소

민영환·한규설과 이승만: 루스벨트 면담과 지원 요청

| 한성감옥의 사형수 이승만 |

8·15광복을 맞아 그해 연말 귀국한 이승만(1875~1965)은 얼마 후 자신의 반려이자 독립운동기간 중 '최고 후원자'인 프란체스카 여사[59]와 함께 서울에 있는 충정공 민영환 댁을 방문하였다. 당시 민충정공 댁에는 미망인 밀양박씨(1875~1947)가 생존해 있었다.[60] 이승만은 민충정공의 미망인에게 정중하게 인사를 올렸고, 이어 해외에서 귀국한 김구·김규식 등 다른 독립운동가들도 그 댁을 방문하여 충정공의 미망인에게 정중하게 예를 갖추었다.[61]

---

59 프란체스카 여사의 일생에 대해서는 『이승만 대통령의 건강』(프란체스카 도너 리 지음, 이주영 감수, 조혜자 옮김, 도서출판 촛불, 2006)을 참고.

60 미망인 밀양박씨는 충정공의 유품을 보관했던 서재의 마룻바닥을 뚫고 나와 자란 혈죽(血竹. 총독부 관헌이 와서 뽑아 놓은 것)을 수습하여 비단보자기에 은닉해 왔고, 충정공의 유서(명함에 연필로 기록한 것), 관복, 인장 등을 보관해 왔다. 혈죽과 유서 등은 고려대 박물관에 소장되어 있다.(『死而不死 민영환』, 고려대 박물관, 2005)

61 이상은 필자가 2006년 9월 29일 17:00~17:50 사이 민충정공의 손자(민병진 선생)와

이승만, 김구, 김규식 등의 이 같은 행동은 대한제국의 충신이자, 을사늑약 당시 자결순국자인 민영환에 대해 광복 이후 해외에서 귀국한 독립운동가들로서 마땅히 취해야할 의례적 인사이기도 했을 것이다.[62] 그러나 이승만의 경우는 의례적 인사의 정도를 넘어 특별한 이유가 있었다.

청년기의 이승만은 독립협회의 만민공동회에서 활약하였으나 '박영효 반역음모 사건'에 연루된 혐의로 경무청에 피체되어 종신징역을 선고 받았다. 이로 인해 그는 1899년 한성감옥서에 수감되어 1904년 여름까지 근 5년 6개월 동안 수형생활을 하였다.

그렇다면 독립협회의 급진적인 청년운동가였던 '시대의 반역아' 이승만은 어떻게 하여 고종의 특지로 석방되고, 이후 미주의 독립운동가로 발전하여, 대한민국임시정부의 초대 대통령, 대한민국의 초대 대통령으로 발돋움할 수 있었을까.

수감 당시의 이승만에게는 그를 도와 준 여러 인물들이 있었다. 그들이 아니었으면 이승만은 1910년 이전에 저세상 사람이 되었을 것이다. 이 중 익히 알려진 서양인들로는 주한 미국공사 알렌을 비롯하여 아펜젤러·언더우드·에비슨·헐버트·벙커·게일·존스·스크랜턴·질레트·프레스톤·올링거·스트리플링 등 주로 선교사들이다.[63]

실제로 알렌과 아펜젤러 등은 이승만의 수감생활 중 기독교 서적 등 서양의 각종 서적을 차입해 주어 그가 영어는 물론, 서양의 근대지식을 익히고, 기독교로 개종할 바탕을 마련해 주었다. 뿐만 아니라 이들은 직·간접으로 고종에게 진언하여 이승만에 대한 극형을 면하게 해 주었고, 이승만의 가족에게 간접적이나마 생계에 도움을 주었다.

전화인터뷰로 접한 내용이다. 광복 후 신문과 잡지에 실린 이승만의 회고와 일치한다.

62 1945년 12월 23일 순국선열추념대회가 서울운동장에서 열렸고, 이후로도 각종 추념회가 열렸다.(『동아일보』(1948.10.31), 「고 민영환씨 추념회」; 『동아일보』(1948.11.16) 「충정공추도회」(고문 이승만, 이시영, 김구, 김규식. 회장 오세창, 부회장 김창숙 외 10인))

63 유영익, 『젊은 날의 이승만』, 연세대학교 출판부, 2002, 29~57쪽.

아울러 이승만이 수감되었던 한성감옥서 서장 김영선이 이승만을 감싸 준 것은 고종의 후궁인 엄비의 지시를 받은 것이었고, 엄비가 이승만을 도운 것은 신교육과 근대화에 대한 깊은 관심에 더하여 선교사 부인들과의 친분 때문으로도 알려진다. 이렇게 볼 때 이승만은 주한 미국외교관과 서양인 선교사들의 도움으로 사형을 면하고, 영어와 서양의 지식을 습득할 수 있었으며, 기독교에 입교하여 오랜 감옥생활을 신앙으로 이겨냈다고 할 수 있다.

여기서 한 가지 더 생각해 볼 점은 이후 대한제국 정부의 한 켠에서 이승만에게 국가적 중대사안을 맡겨 미국의 지원을 구하려는 시도를 한 점이다. 그렇다면 위의 서양인들 외에 조정 내외에서 이승만을 후원하여 대미 접근을 시도하게 한 인사들은 누구인가.

| 민영환·한규설의 후원과 이승만의 미국대통령 면담 |

1904년 러일전쟁이 일본의 승리로 기울고, 일본의 압제가 강화되자 민영환과 한규설 등은 수년 동안 감옥에 수감되어 있던 이승만을 고종에게 진언하여 석방토록 한 것으로 전한다.[64] 저간의 경위는 1950년 봄 대통령 이승만이 남긴 다음과 같은 회고담에서도 잘 밝히고 있다.

> 감옥에서 7년을 지내니 그 때가 1904년이요, 일로전쟁이 벌어져서 로국이 쫓겨나가고 일민들이 전권을 잡으매 신진파로 지명을 받던 민영환·한규설씨 등이 정부에 들어앉아 나를 먼저 옥중에서 내앉았다. 나와 보니 벌써 일인들이 철망을 벌려 놓아 정권이 날로 그 속에 들어감을 어찌 할 수 없어서 나는 한규설·민영환·김종한 이 분들의 비밀공함을 가지고 비밀리 하와이로 가는 이민 속에 섞여 겨우 일인의 쇠사슬에서 벗어나게 되었던 것이다.[65]

---

64 한규설은 유길준을 보호해 준 인물이기도 하다. 柳永益, 『甲午更張硏究』, 一潮閣, 1990, 100~107쪽; 俞東濬, 『俞吉濬傳』, 一潮閣, 1987, 136~144쪽.
65 「76회 생신에 이승만 대통령 회고담」, 『서울신문』 1950년 3월 28일.

같은 내용은 1949년에 있었던 윤병구 목사의 장례식(1949.6.24) 당시 이승만이 작성한 조사(弔辭)에도 잘 보이고 있다.

1904년에 내가 7년 세월을 옥중에서 지내고 비로소 탕척을 받고 나와 보니 로일전쟁은 아직도 계속되는 중이었다. 시국은 다 글렀고 왜적들이 세력을 잡아서 황제 이하 정부에서는 무슨 말이나 행동을 자유로 할 수 없게 되어 있었다. 이때 왜적은 벌써 나의 뒤를 밟아서 또다시 옥에 들어갈 형편이 발전되고 있었다. 민영환, 한규설 양 씨와 밀약을 맺고 그분들의 밀서를 가지고 미국으로 떠나게 되었다. 이때 이민 배의 상등표로 이민들과 섞여서 전감옥소장 이중진의 아우 이중혁 군을 데리고 하와이에 들어갔다. 하와이 동포들은 벌써 알고 이민국에 주선해서 나를 맞아 큰 환영회를 열고 그날 저녁 대회를 개최하여 늦도록 연설한 후 윤병구 목사 처소에 가서 밤을 지내며 내정하였다. 즉 우리 정부에서는 임금이 자유로 세계에 호소할 수도 없고 전체 관리라고는 벌써 다 왜적의 수중에서 속박을 받고 있으니 해외 한인들끼리 우리 나라를 대표해서 로일평화회의 때에 우리가 참가 호소하여야 되겠다는 약속을 정하였다. 그리하여 이중혁 군의 여비금 중 얼마를 얻어 가지고 이군은 로스엔젤레스에 떨어지고 나는 혼자 워싱턴에 들어가니 그 때는 1904년 12월 31일 밤 9시였다.[66]

그렇다면 민영환과 한규설은 석방된 이승만을 통해 무엇을 하고자 하였나. 루스벨트 미국 대통령에게 한국의 독립유지에 대한 지원을 호소하고자 하였다. 러일전쟁의 결과로 진행되는 강화 조약이 한국의 운명을 좌우하게 될 것이라는 초조함이 이들로 하여금 이승만을 시급히 석방하여 이른바 '특사외교'를 전개하도록 했다고 볼 수 있다. 이승만은 미국에 도착한 후로도 민영환 한규설 등의 이름을 빌려 전 주한미국공사였던 딘스모어 상원의원을 만나고, 그를 통해 존 헤이 국무장관을 만났으며, 결국 루스벨트 대통령을 접촉하게 된다.

하와이에 도착하여 동포들과 협의한 결과 일로평화회의에 우리가 국내에서는 어찌 할 도리가 없으니 해외 한민들이 대표를 내어 참석하기로 되어 내가 워

---

66 위와 같음.

싱턴에 가서 이전 미국공사로 왔던 딘스모어 상원의원을 만나 민영환·한규설씨와 친근히 지낸 터라고 공함을 전하고 그분을 통해서 미국 국무경 존 헤이씨를 만나 한국을 도와 달라고 요청하매 한미조약에 의해서 힘껏 돕겠다는 승낙을 받고 돌아오니 얼마 후에 불행하게도 존 헤이씨가 죽고 친일로 유명하던 루트씨가 후임으로 취임하게 되었다.

그 후로 미국인들이 일본이 전쟁에 성공한 것을 모두 다 칭송하며 일인을 천사처럼 알게 되었다. 그 때에 나는 어린 생각이나마 신문에 글을 써서 일인들이 장차 미국의 후환이 될 터이니 지금 한국을 도와서 일인들의 계획에 빠지지 말아야 된다는 것을 역설하였으나 도리어 비웃고 한인들이 한미 양국간에 이간을 붙여서 어리석은 생각이라고 돌려서 내가 미국에서 할 수 있는 대로 글을 쓰고 말한 것을 유력한 사람들조차 귀 밖으로 들었으므로 드디어 1941년 12월 7일 진주만사건이 일어났으니 이로써 나를 아는 친우들 중에 나를 예언자라고 부른 이들도 있었다.[67]

같은 내용은 『서울신문』에 실린 이승만의 회고담에서도 거듭 확인되고 있다.

민영환씨가 미리 서울에 있는 미국공사를 통해서 비밀편지를 미국에 있는 우리 공사관에 보내어 나와 합의해서 서로 도와 일하라고 하였으므로 그분들이 비로소 알게 되었다.(중략) 전에 우리 나라에 미국공사로 왔던 딘스모어씨가 미국 상원의원으로 있어서 민영환·한규설 양 씨의 편지를 받고 모든 주선으로 나를 소개해서 미국무장관 헤이씨와 반시간 동안 담화를 하게 하였다. 그분을 통해서 민영환씨에게 외교통신비밀서한 중에 편지를 동봉해서 민영환씨에게 알렸다. 그 결과로 신공사는 갈리고 김윤정이 대리공사가 되어 우리의 약속이 다 준비되었다.

미 해군장관 태프트씨가 루즈벨트 대통령의 영양(令孃) 앨리스 루즈벨트와 원동 심방여행으로 올 때 하와이에 머무는 기회를 타서 한인 8,000명 대표가 호항(港)에 모여 공동대회를 열고 결의문을 통과시켰다. 그리하여 러일평화회의에 대표를 보내기로 작정하고 우리 두 사람이 대표로 지정되었던 것이다. 이 대회결과로 해외 한인들이 한미조약에 의지해서 미국대통령이 한국 국권을 보호할 책임이 있다는 요청을 세계에 표시하게 되었다. 하와이 동포들이 재정을 모

---

67 위와 같음.

집해서 윤병구씨가 워싱턴에 와서 우리 둘이 오이스터베이에 갔다. 그곳은 루즈벨트 대통령의 산장이므로 하기 휴가로 대통령이 거기 있을 때였다. (중략) 이튿날 아침 우리 두 사람이 대통령처소에 가서 대기실에서 기다리고 있으니 이 때는 마침 로국대사 일행이 와서 대통령에게 접견을 청할 때인데 루즈벨트 대통령이 그분들을 밖에서 기다리게 하고 먼저 우리에게 와서 담화를 할 적에 우리가 글을 제출하였다. (중략) 해외에서 하와이 동포를 조직해서 의연을 거두어 가지고 이들 활동을 역사적으로 행하게 한 것은 대부분 윤병구 목사의 열렬한 애국성심이었다.[68]

위에 일부 소개되었듯이 이승만은 1904년 11월 4일 서울을 떠나 하와이(1904.11.29), 샌프란시스코를 거쳐 워싱턴(1904.12.31)에 도착, 먼저 국무장관 헤이(1905.2.20)를 만났고, 그해 7월 하와이 교포들의 청원서를 지니고 워싱턴에 도착한 윤병구 목사와 함께 루스벨트 대통령을 만났다(1905.8.4). 이승만과 윤병구는 자신들이 8,000명 하와이 교포들의 대표로서, 1,200만 한국인들의 민의를 대표하여 청원한다고 하면서, 미국이 한국의 독립을 지켜 줄 것을 간절히 요청하였다.[69]

이러한 이승만의 활동을 놓고 이승만과 민영환, 한규설의 관계를 일본 측에서는 어떻게 파악하고 있었을까. 주미일본 임시대리 공사는 이승만·윤병구 등의 한국독립유지운동에 관해 일본의 외무대신에게 이렇게 보고하고 있다.

이승만, 윤병구 양인은 당지를 떠나 뉴욕에 이르러 목하 대통령과 회견할 목적으로 운동 중이며 신문에 따르면 윤병구는 「타프트」육군장관이 하와이에 기항하였을 때 그로부터 대통령 앞으로 소개장을 받았다 한다. (중략) 지금 새삼 지위도 없는 청년의 서생배(書生輩)가 이것 저것 소책(小策)을 농(弄)하려 하나 아무런 효과가 없을 것은 처음부터 명료하다고 생각된다. (중략) 들은 바에

68 『서울신문』 1949년 6월 24, 25일, 「대통령 李承晩의 弔辭」.(이상은 전체가 거의 한 문장으로 길게 이어진 것이지만, 독자의 이해를 돕고자 원문의 뜻을 훼손하지 않는 범위에서 필자가 문장을 끊어 정리하였다)
69 유영익, 『이승만의 삶과 꿈』, 중앙일보사, 1996, 38~45쪽.

의하면 이승만이란 자는 원래 경성발행 제국신문의 기자였고 민영환의 부하(部
下)라 하며 윤병구란 자는 하와이에서 거류 한국민에 대해 기독교의 전도를 업
으로 하고 있는 자로서 누구나 30세 미만의 소년이라 한다. 또 이 기도의 발기
인이 누구냐는 당지에서 탐문한 바에 의하면 안에서는 민영환이 전위(專爲)하
여 획책(劃策)하고 밖에서는 서재필(徐載弼)이 원조하고 있다 한다.[70]

일본 측은 민영환을 한국 내 이승만의 강력한 후원자로, 서재필을 미국
내 이승만의 강력한 후원자로 보고 있었던 것이다. 그러나 이승만의 시도
는 실패로 끝났다. 미국의 비협조와 일본의 공작 등에 의한 것이었다. 이
승만은 이때의 결과를 요약하여 자신의 후원자였던 민영환에게 장문의 서
신(1905년 8월 9일 자)을 보내 자세히 밝혔다.[71]

돌이켜 보면, 한국 근대사에서 정부에서 추진한 외교적 시도는 대부분
결실을 거두지 못하고 실패하였다. 1880년대 박정양의 대미 외교, 1890년
대 민영환의 대러시아 교섭, 1900년대 이승만, 이상설 등의 미국과 헤이그
평화회의를 상대로 한 호소 등이 모두 그랬다. 당시 한국을 지원해 줄 이웃
나라나 동맹국을 구하는 것은 요원했다. 첫째, 한국의 국력과 국제적 위상
이 너무도 취약했고, 둘째, 상대국이 매력을 느낄만한 반대급부가 없었고,
셋째, 국제 사회도 도의와 법이 뒷전인 약육강식의 제국주의 시대였다.

이승만은 자신이 부여받은 임무가 실패로 끝난 경위를 서신에 담아 민
영환에게 보냈다.(1905.8.9) 그리고 그 내용을 받아 본 민영환은 이승만에게
300불의 후원금을 보내고 난 뒤 자결하였다.(1905.11.30)

이렇게 이승만의 최초 대미 접근은 실패로 끝났지만, 국제사회의 취약
점과 냉혹함을 깊이 깨닫게 되었다. 이승만은 이때 갖게 된 미국 및 시어

---

70 『日本外交文書』第38卷 第1冊 468號, 明治 38年 8月 5日 ; 『日韓外交資料集成』 5, 626號,
明治 38年 8月 5日, 517쪽.

71 이승만이 민영환에게 보낸 편지(1234 I St. N. W Washington D. C. Aug, 9th,
1905). 『梨花莊 所藏 雩南李承晚文書-東文篇』 第 十六卷 : 簡札 1, 1998, 연세대학교 현
대한국학연구소, 37~42쪽 ; 유영익, 앞의 『이승만의 삶과 꿈』, 42~45쪽)

도어 루스벨트 대통령에 대한 원망과 그들의 실책에 대한 비판을 프랭클린 루스벨트 대통령에게 쏟아 부으며 한국인과 대한민국임시정부에 대한 지원의 당위성을 미국 측에 강력히 주장하였다.

> 미국은 깡패국가(일본: 필자 주)를 무마하기 위해 한국과 같은 약소국을 팔아넘겼다⋯1882년 체결된 조미조약의 '거중조항'을 믿고 한국은 미국에 우호적 감정을 보이려 최선을 다했다⋯철도, 금광 등 각종 이권을 최초로 미국 회사에 넘겨주었고⋯ 그럼에도 루스벨트는 일본의 한국 외교권 박탈을 용인하면서 1905, 1919, 1921년의 호소에도 불구하고 한국인을 무시하고 차별하였다.⋯시어도르 루스벨트 대통령이 '스스로 도울 수 없는 나라니까 도울 수 없다!'고 한 논리는 넌센스다. 한국인은 고난 속에 기다려 왔다. 미국과 일본이 충돌할 때 미국인은 한국을 도와 약속을 지킬 것으로 믿었다. 기대와 달리 미국은 한인을 일본인처럼 적국인 취급을 하였다. 하와이 본토에서 한인의 자금을 일본인의 그것으로 취급하였다. 한국인이 1919년 이래 일본과 싸워왔는데도 말이다.⋯한국인들이 단결하지 않으면 미국은 임정을 승인할 수 없고, 모든 단체를 똑같이 취급해야한다는 것도 넌센스다. 그것은 임정이 소수의 공산주의자 요구에 굴복하게 하는 것이다. 마치 그리스, 폴란드, 중국처럼. 미국의 '동맹국 무기원조'(Lend Lease Aids, 1941)[72]는 거의 모든 나라에게 자유로 공급하면서 한국인이나 임정에는 단 1$도 준 적이 없다. 폭약 한 덩어리도 준 적이 없다. 미국무부는 임정이 승인받고 원조 받으려면 모든 다른 한인 단체와 연합해야 한다고 주장하지만, 그것은 임정이 아닌 공산주의 선동가를 돕는 격이다.[73]

한마디로 미국은 과거에 한국을 희생하면서까지 깡패국가 일본을 지원하다가 결국 일본으로 인해 제2차 세계대전에까지 이르게 되었으니 그 책임이 크다. 그러므로 일본에 대항하여 투쟁해 온 한국의 광복을 위해 미국은 강력한 지원을 해야 할 의무가 있다는 것이었다. 아울러 그는 미래에 또 다른 화근이 될 공산주의자들에 대한 경고도 잊지 않았다.

---

72 1941년 제정된 동맹국에의 무기대여법(Lend Lease Act).

73 Syngman Rhee → Robert T. Oliver, "Letter", April 4, 1945(『大韓民國史資料集』 28-李承晩關係書翰資料集 1: 1944-1948, 國史編纂委員會, 1996) pp.9~13.(장문의 내용 중에서 필자가 골자를 추렸음)

민영환·한규설은 전통시대 인물이자 대한제국의 충신이고 이승만은 대한제국에 반기를 들었던 사형수이자 '시대의 반역아'였다. 고종, 민영환, 이승만의 관계는 상극과 모순으로 보이지만, 깊이 살펴보면 근현대 한국사의 발전 과정을 보여주는 단면이기도 하다.

이승만은 배재학당에 입학하여 서구의 신학문과 기독교를 수용한 선각적 인물이다. 또한 이승만은 독립협회의 만민공동회에서 '반정부 활동'을 하다가 대한제국 정부에 의해 감옥에 수감된 급진적 청년이자 사회운동가이기도 하다. 그런데 배재학당의 교명과 간판을 하사한 것은 고종이고, 독립신문, 독립문, 독립협회 등장에 전폭적 지원을 한 것은 고종이다.

일제하에 이승만이 미국의 지원으로 한국의 독립을 이루고자 한 것은 미국을 최선의 우호국가로 여겼던 고종의 노선과 비슷했다. 해방 이후로도 이승만은 친미와 반미를 적절히 구사하며 건국에 매진하였다. 말년은 장기 집권으로 실정이 많았으나 국가의 안보와 대외정책만큼은 방향과 노선이 확고하였다. 그 배경에 고종시대 대미외교 실패라는 절실한 경험이 있었고, 그런 실패가 한미상호방위조약(1953.10.1)을 낳게 한 바탕이라고 생각한다.

광무황제의 헤이그특사 파견과 그 논리

러일전쟁 전후 대한제국의 국력은 매우 취약하였다. 거기에 국제정세역시 대한제국에 치명적이었다.

1910년 조선총독부가 조사한 통계에 의하면 한국의 총체적 자산 규모는 일본의 10분의 1, 영국의 50분의 1이었다. 그것은 토지와 인구, 농수산물, 광산물 등을 모두 포함한 수치였다. 이 중 군사력만을 놓고 볼 때 영국·미국·프랑스·독일·러시아·일본 등과 한국의 그것은 '천양지차'였다.

이들 중 가장 후진적이었다고 한 일본만 해도 러일전쟁이 임박할 무렵 육군은 평시 17만, 전시 60만 내외였다. 반면 한국의 군사는 1896~1907년 사이에 꾸준히 7~8천 명 내외에 머물렀고, 전술·전함·무기 등을 고려하면 더 논하기가 어렵다.[74]

한편 세계의 초강대국 영국과 미국은 일본의 한국에 대한 '보호'를 지지하였다. 〈제2차 영일동맹〉, 〈가쓰라–태프트 밀약〉 등이 그것이다. 반면 한국은 국제적으로 고립 무원하였다. 청일전쟁 직후에는 러시아, 프랑스, 독일의 삼국간섭으로 잠시 반사효과를 보았다. 그러나 이때는 3국 모두 일본을 견제하지 못했다. 러일전쟁 직전에 고종은 대한제국의 국외중립을 선언하였지만, 무력을 앞세운 일본에게 아무런 소용이 없었다.

러일전쟁 발발 두 달 뒤 고종은 의문의 대화재로 소실된 경운궁의 한 켠 건물(수옥헌, 현재의 중명전)에 연금되어 일본군의 감시 속에 있었다.[75] 1907년 고종의 헤이그특사 파견은 이 같은 분위기 속에서 추진되었다. 그렇다면 고종이 특사를 파견한 내외의 조건은 무엇이고, 고종의 목표와 부여한 사명은 어디까지인가, 이들의 실제 활동과 이들을 후원한 이들은 누구인가, 그리고 헤이그특사 파견이 남긴 영향과 의미는 무엇인가.

만국평화회의는 러시아황제 니콜라이 2세의 발의로 시작되었다. 제1회 만국평화회의는 1899년, 제2회는 1907년에 모두 네덜란드 헤이그에서 열렸다. 제1차 만국평화회의(The 1st International Peace Conference in The Haigue 1899.5.18~ 1899.7.29)는 26개국 대표들이 헤이그의 여왕궁에 모여 주로 군비축소(Arms Reduction)와 중재(Arbitration)문제를 논의했으며, 중재재판소의

---

74 朝鮮總督府 編, 『日本之朝鮮』, 東京: 有樂社, 1910; 정성길 편·이민원 감수, 『일제가 강점한 조선』, 태평양출판사, 2006.

75 『高宗實錄』 1904년 4월 14일; 『慶運宮重建都監儀軌』 1906년 12월(奎章閣所藏本: (奎) 14329-1-2); Allen to Hay, Seoul, No. 721, April 16, 1904, *Despatches from U. S. Ministers to Korea*; 이민원, 「일본의 대한침략과 대한제국의 경운궁」, 『한국독립운동사연구』 22, 한국독립운동사연구소, 2004.

설립안에 합의를 보았다.

그러나 당시 유럽의 강대국들과 미국은 각기 군비 증강에 열중하며 아시아와 아프리카에서 식민지 쟁탈전을 벌이고 있었다. 이 회의에 대한 각국의 반응은 냉담하였고, 그에 대한 기대 역시 처음부터 회의적일 수밖에 없었다. 한편 제2차 만국평화회의(1907.6.15~ 1907.10.20)는 '46개'국에서 주로 외교관과 군인들이 대표로 참석했다. 회의의 주요 의제는 전쟁법규(Law of War)의 제정이었다.[76]

한국은 1899년 열린 제1차 평화회의에 초청을 받지 못하였다. 이에 고종은 두 번째 열리는 만국평화회의에는 반드시 참가하겠다는 뜻을 외부대신 박제순을 통해 네덜란드 외부대신(만국평화회의 총재)에게 공문을 보내기도 하였다. 즉 만국적십자사 및 만국평화회의에 참회를 희망하니 이를 알선하여 줄 것을 바란다는 것이었다.[77]

마침내 1907년 제 2회 만국평화회의가 예정되면서 고종은 개최지인 헤이그에 한국의 특사를 파견하게 되었다. 고종이 헤이그특사에게 발행한 신임장의 요지는 이러했다.

> 한국의 자주독립은 세계 각국이 인정한 바이다. 한국은 각국과 조약을 체결하였으니 열국 회의에 사절을 파견하는 것이 도리이다. 1905년 11월 18일 일본이 외교대권을 강탈하여 우리와 열국의 우의를 단절시켰다. 일본이 공법과 인도를 어기며 기만하고 능멸한 것이 이루 다 말할 수 없다. 종이품 전의정부 참찬 이상설, 전 평리원 검사 이준, 전 주러시아공사관 참서관 이위종을 화란의 헤이그 만국평화회의에 특사로 파송한다. 우리나라의 제반 고난과 사정을 회의장에서 피력하여 우리의 외교대권을 회복하고 우리와 열국과의 우의를 회복하게 하라.
>
> 대한 광무 11년 4월 20일 한양 경성 경운궁[78]

---

76 이기항 편, 『헤그에서 본 이준열사』, Hague: 사단법인 이준아카데미, 2000, 19~20쪽.

77 『舊韓國外交文書』21(荷案) NO.1, 光武 6年 2月 16日, 外部大臣 朴齊純 → 「화란」外部大臣 萬國平和會議總裁 「毛包乙伯」, 舊韓國外交文書 第21卷 荷案 1號 光武 6年 2月 16.

78 尹炳奭, 『李相卨傳-海牙特使 李相卨의 獨立運動論』, 一潮閣, 1998, 99~100쪽.

이의 골자는 두 가지이다. 첫째, 일본이 한국의 외교대권을 침해하였다. 둘째, 공법을 위배한 일본을 성토하며 한국의 외교대권 회복을 희망한다는 것이다. 요컨대 고종은 '을사보호조약'이 비합법적임을 밝혀 일본의 행위를 성토하고, 한국의 외교대권을 회복하고자 특사를 파견한다는 것을 밝히고 있다.

고종이 이상설 등에게 전한 신임장의 취지는 전년도 6월 헐버트(Homer Bezaleel Hulbert 紇法, 1863~1949)가 서울을 떠날 당시 건넨 신임장에 포괄적으로 포함되어 있다.[79]

이상설 일행의 신임장에는 황제의 어새가 찍혀 있고, 헐버트에게 발행한 위임장에는 누락되어 있는 정도가 소소한 차이이다. 이 경우 고종의 특사는 이상설 일행과 헐버트 등 2팀이 되는 셈이다. 그러나 헐버트는 현장의 이면에서 활동할 것을 조건으로 특사 임무를 수락했다는 기록이 있다. 고종이 양측의 역할에 다소 차이를 둔 것임을 알 수 있다.

이렇게 볼 때 헐버트는 이준이 사명을 부여받고 서울을 떠난 1907년 4월 20일을 기점으로 헤이그특사의 사명은 이상설 등 3인에게 위임된 것으로 볼 수 있다.[80] 헤이그특사의 중심은 이상설 일행이고 헐버트에게는 보조 겸 측면 지원 역할이 부여된 셈이었다.

그런데 특사 일행은 또 하나의 중요한 사명을 부여받고 있었다. 그것은 유럽 각국과 미국 등지의 순방과 한국의 독립지원에 대한 호소, 그리고 영세 중립을 위한 노력이다. 이런 특사의 부가적 사명은 이상설 등이 헤이그에서 임무를 마치고 미국으로 떠나기 직전에 가졌던 기자회견(『大韓每日申報』의 기사)[81] 등에도 잘 나타나 있다.

---

79 Clarence N. Weems 博士 著, 「Homer B. Hulbert 博士傳記草稿' 拔萃 譯本」(尹炳奭, 『李相卨傳—海牙特使 李相卨의 獨立運動論』, 99~100쪽을 참조).

80 尹炳奭, 위의 『李相卨傳—海牙特使 李相卨의 獨立運動論』, 57~63쪽.

81 『大韓每日申報』, 1907년 8월 27일.

특사에게는 헤이그회의 참가 외에 일본의 국권 침해 사실을 밝힘과 동시에 한국은 결코 일본의 보호를 원하지 않는다는 뜻을 각국에 알려 국제적 지원을 구하는 일, 해외 한인의 결집을 독려하여 한국의 주권 수호를 위해 단결을 도모하는 일 등이 부여되었던 셈이다.

헤이그를 떠난 이상설·이위종 등은 영·불·러·미 등 각국을 순방하며 한국의 사정을 호소했다. 그리고 현지 한인 교민의 집회에서 한인의 결속과 실력의 양성, 그리고 단체의 조직을 강조하는 등 장래에 대비한 준비를 촉구하였다. 이렇듯이 헤이그특사 파견의 의미는 헤이그 현지의 활동 외에 각국 순방과 해외 한인의 결집 활동에서도 찾을 수 있다.

고종이 특사에게 이렇게 별도의 사명을 부여했다는 것은 고종 자신도 헤이그 현지에서의 목표가 쉽게 달성될 수 있다고 보지 않았다는 얘기가 된다. 요컨대 목표가 헤이그 평화회의에만 있지 않고, 그 이후에도 두어졌음을 의미하는 것이다. 고종의 그러한 입장과 각오는 헐버트의 다음과 같은 증언에서도 잘 확인된다.

> 역사에 기록될 가장 중요한 일을 증언한다. 광무제는 일본에 항복한 적이 결코 없다. 궁종하여 신성한 국체를 더럽힌 적도 결코 없다. 휜 적은 있으나 끝내 굴복하지 않았다. 생명의 위협을 무릅쓰고, 미국의 협조를 구하였으나 효과가 없었다. 생명의 위협을 무릅쓰고, 만국평화회의에 호소하였으나 성과가 없었다. 생명의 위협을 무릅쓰고, 유럽 열강에 호소하였으나 강제 퇴위 당하여 전달되지 못했다. 그는 고립무원의 군주였다. 한국인 모두에게 고한다. 황제가 보인 불멸의 충의를 영원히 간직하라.[82]

그렇다면, 고종은 무엇을 근거로 특사 파견을 생각했을까.

첫째, 공식 초청장을 특사가 휴대하지는 못했지만, 발의한 측이나 개최

---

82 헐버트, 『한국자유회의』, 1942, 97쪽; 김기석, 「光武帝의 주권수호 외교, 1905-1907: 乙巳勒約 무효 선언을 중심으로」, 『일본의 대한제국 강점-보호조약에서 병합조약까지-』, 까치, 1995, 213쪽.

한 측에서 아무 시사나 사전 통고 없이 행동한 것은 아니었다. 사절을 파견할 나름의 근거는 충분히 있었다.

우선 러시아, 네덜란드 등 관계국은 초청에 관해 대한제국 정부에 언질을 준 바가 있다. '1904년 러시아 외부대신 람스도르프는 상트 페테르부르크 주재 한국공사 이범진에게 장차 한국이 초청될 것이라 언급했다. 그 때 이범진은 한국 황제로부터 다가오는 만국평화회의에 수석 대표로서 임명되었으므로, 그의 신임장은 여전히 유효하다.'고 한 기록이 보인다.[83]

다음으로 1906년 2~4월 사이에 평화회의 주관국 네덜란드는 47개국에 회의를 알리는 초청서를 발송하였는데 거기에 한국이 12번 째(Coree)로 기록되어 있었다.[84] 그 외에도 러시아 측은 대한제국 공사 이범진과 대한제국 황제에게 헤이그 만국평화회에 참가할 것을 거듭 요청한 기록이 등장한다.[85]

이에 대한제국 정부 스스로도 러시아나 네덜란드 측에 만국 평화회의의 참석을 희망한다는 것은 누차 피력한 일이 있다.[86] 고종도 만국평화회의가 열리기를 고대하면서 그 기회에 한국의 입장을 피력하고 열국의 지원을 모색하려 했음을 알 수 있다.

둘째, 1905년에 체결된 을사보호조약이 1904년 러일전쟁 직후에 체결된 한일의정서(1904.2.23)와 크게 모순되고 있었던 점을 고종은 주목하였다. 한일의정서는 인천과 여순에서 일본의 선제공격으로 러일전쟁이 발발 한 지 약 2주 뒤 외부대신 이지용과 주한 일본공사 하야시 곤스케(林權助) 사이

---

83 H.M. Mensonides, "A Korean Drama In The Hague(in 1907)"(A lecture given to The Hague History Society in March 1977).

84 1906년 2월 14일 자와 4월 3일 자 혹은 1906년 3월과 4월에 초청장 발송(이기항 편, 『헤그에서 본 이준열사』, Hague: 사단법인 이준아카데미, 2000, 3·21쪽).

85 朴鍾涍 編譯, 『러시아 國立文書保管所 所藏 韓國 關聯 文書 要約集』(韓國國際交流財團, 2002)에 그에 관한 기록이 두루 발견된다.

86 『舊韓國外交文書』 21(比案), No. 55, 1901.10.30, 方葛 → 朴齊純,, 「海牙平和會議關係 文書의到着豫定通知의件」, 『舊韓國外交文書』 21(荷案), No. 1. 1902.2.16, 朴齊純 → 毛包乙伯, 「赤十字社 및 萬國平和會議參會斡旋依賴의 件」 및 『舊韓國外交文書』 21(荷案), No. 2. 1902.11.1, 趙秉植 → 謨富, 萬國赤十字會·平和會義入參및 派使 등.

에 서울에서 체결되었다.[87]

한일의정서에서 주목할 것은 '동양평화를 위해 일본은 대한제국 황실을 안전 강녕케 하고, 대한제국의 독립과 영토보전을 확실히 보증한다'고 한 제1,2,3조의 내용이다. 물론 이런 목적을 위하여(?) 일본은 군략상 필요한 지점을 수시로 활용할 수 있다는 4조의 단서를 달고 있는 것이 일본의 주목적이기는 하다. 그러나 적어도 황실과 한국의 독립을 위해하지 않는다는 것은 문면 상으로나마 약정한 셈이었다.

이것 역시 한국의 관민 상하를 현혹하고 대외적 표방을 위한 것임을 한국 측이 모르는 바는 아니었지만, 적어도 형식논리상은 그러했다. 일본의 무력에 직접 대응할 상황이 못 되었던 대한제국 측으로서는 군민 상하 중에서 일본의 그러한 약속을 그나마 지켜보겠다는 일말의 기대심리도 없지는 않았을 것이다.[88]

그러나 한일의정서 체결로부터 약 20개월이 지나 1905년 11월에 강요한 을사보호조약은 위의 의정서와는 모순되는 내용이었다. 즉 '한국 황실의 안전 강녕과 대한제국의 독립 및 영토보전을 보증한다'고 한 1년 전의 약속과는 정반대로 대한제국의 외교권을 박탈하는 내용을 주요 골자로 '조약 아닌 조약'을 대한제국 정부를 강박하여 체결한 것이다.

당시 경운궁은 러일전쟁 직후 일본의 행위로 의심되는 대화재로 인해 잿더미가 된 바 있고, 그중 화재를 모면한 곳 일부가 미국공사관 서쪽 측면의 수옥헌 영역이었다. 경운궁은 1~2년 사이에 시급히 복구되었지만, 고종은 여전히 수옥헌에 있었다.[89] 이때 일본군이 경운궁, 그중에서도 수

---

87 日本外務省 編, 『日本外交年表竝主要文書』 1, 東京: 原書房, 1965, 223~224쪽.

88 당시 많은 식자들이 그런 인식을 공유하고 있었다. 헤이그특사의 주장에도 이 논리는 그대로 드러난다.(A Plea for Korea by Ye We Chong, *The Independent, Vol. 63*, No.3064, August 22, 1907)

89 이민원, 「일본의 침략과 대한제국의 경운궁」, 『한국독립운동사연구』 22, 한국독립운동사 연구소, 2004.

옥헌 주변을 삼엄하게 파수하는 가운데, 이토가 앞장서 황제와 대신들을 협박하였다. 결국 대한제국 외부대신 박제순과 일본공사 하야시 곤스께의 이름으로 이른바 을사보호조약(1905.11.17: 일한협약 혹은 제2차 한일협약)이 체결되었다.[90]

그 내용은 한국의 외교권을 일본이 행사한다는 것과 이를 위해 한국에 통감을 둔다는 것이 골자이다. 일본은 불과 1년 전에 스스로 약정한 한일의정서를 부정하고, 그와는 정반대 의미의 조약을 강요한 셈이었다. 그렇다고 한일의정서를 한국이나 일본이 공식적으로 파기한 것도 아니었다. 을사보호조약은 대신들은 물론 군주까지 협박해 가며 추진한 것이고, 고종의 위임이나 승인도 없이 강행한 것이었다. 어떻게 보아도 조약으로 인정되기에는 결격사유가 너무 많았다. 심지어 이름도 붙지 않은 협박문서에 지나지 않는 것이었다.[91]

고종은 바로 이런 모순을 비집고 들어가 일본 스스로가 약조를 어기고 대한제국 정부에 늑약을 강요한 사실을 폭로하고자 한 것이다. 을사보호조약 직후 장지연도 황성신문의 시일야방성대곡이란 사설에서 이 점을 지적하며 일본의 배신행위라고 성토하였다. 이위종도 한국의 호소를 피력할 때 바로 이점을 지적하였다. 고종이 을사보호조약의 불성립을 주장하는 논거로 두 협약의 모순점을 지적한 것은 나름대로 일리가 없지 않았다.

셋째, 고종은 만국평화회의가 표방했던 '평화와 정의', '법과 정의'에 주목하였다. 실제로 그곳에서는 스테드나 스투너 같은 평화주의자들이 만국의 평화를 위해 노력하고 있었고, 참가국들도 세계의 평화를 표방하고 그

---

90 李王職實錄編纂會 編, 「皇帝讓位前後の重要日記」, 韓國學中央研究院 所藏 史部 2-312, 日本外務省 編, 『日本外交年表竝主要文書』 1, 東京: 原書房, 1965, 252~253쪽; 李瑄根, 「韓國史-現代篇」, 震檀學會, 1963, 920~925쪽. 일본외교연표에는 '日漢協約'이라 이름 붙여져 있다. 이에 앞서 10월 27일 일본의 각의에서는 「한국보호권 확립 실행에 관한 각의 결정」이 내려져 천황의 재가를 받았다.

91 김기석, 「광무제의 주권수호 외교, 1905-1907: 을사늑약 무효 선언을 중심으로」, 이태진 편, 『일본의 대한제국 강점—보호조약에서 병합조약까지—』, 까치, 1995.

곳에 참가하고 있었다. 물론 이런 평화회의의 표방이 진실된 것은 아니었다. 그러나 약소국 대한제국과 같은 나라로서는 평화회의에 참가한 세계의 여러 나라에 대해 일본의 침략 행위를 성토하고, 한국의 국권수호 의지를 전하면서 한국에 대한 지원을 호소하는 것이 모순되지 않는다는 판단을 가능케 한 것으로 보인다.

만국평화회의 회의장(Ridderzaal) 앞에서 이위종이 신문기자에게 한 주장에서도 그런 인식을 잘 보여 주고 있다. 즉 '열국은 왜 한국의 대표를 외면하는가? 평화회의란 무엇이고, 정의란 무엇인가, 법의 신, 정의의 신, 그리고 평화의 신을 찾아 우리가 그 제단이 있는 헤이그까지 왔는데, 도대체이 방안에서 세계의 대표들은 무엇을 하고 있는가?'라고 설파한 것이 바로그것이다.[92] 세계 각국이 회집한 장소, 거기서 표방한 평화, 정의, 법의 신등은 희망이 보이지 않던 망국의 군주와 국민에게 최후의 기대를 품게 하고도 남음이 있었다.

이상에서 보듯이 고종은 만국 평화회의에 특사를 파견하는 문제에 관해 나름의 논리와 근거를 가지고 있었던 것이다. 요컨대 ① 러시아, 네덜란드 등 관계국과 평화회의 초청에 관한 언질 및 공문의 교환[93] ② 한일의정서와 을사보호조약의 모순, 즉 일본이 한국과 약정한 한일의정서를 위배한 일, ③ 헤이그의 만국평화회의가 표방했던 정의와 평화, 국제법의 구호등에 고종은 나름으로 논리와 근거를 두고 있었던 것이다.[94]

---

92 이위종의 인터뷰 내용은 '축제 때의 뼈다귀'라는 제목으로 신문에 실렸다. '축제 때의 뼈다귀'란 이집트의 관습으로서 회식을 즐기는 사람들로 하여금 "죽음을 생각하라"는 뜻에서 상에 놓은 뼈다귀이다.(이기항 편, 앞의 『헤-그에서 본 이준 열사』, 26쪽)

93 『舊韓國外交文書』 21(比案), No. 55. 海牙平和會義關係文書의到着豫定通知의件(原1冊)(方葛 Leon Vincart→朴齊純, 1901.10.30); 『舊韓國外交文書』 21(荷案), No. 1. 赤十字社 및 萬國平和會議參會斡旋依賴의 件(朴齊純→毛包乙伯, 1902.2.16); 『舊韓國外交文書』 21(荷案), No. 2. 萬國赤十字會·平和會義入參 및 派使의 件(趙秉植→謨富, 1902.11.1).

94 제1회(1899.5.18~7.29) 만국 평화회의에서는 26개국이 헤이그 여왕궁에 모여 군비축소와 국제 분쟁의 중재(Arbitration) 문제를 논의하였다. 그 결과 중재재판소 설립안에

특사의 파견에 협력한 내외의 인사들

그렇다면, 헤이그특사의 구성과 내외의 후원자는 어떠한 인물들인가. 1907년 6월에 개최되는 제2회 만국평화회의에 고종이 파견한 특사는 정사 이상설, 부사 이준, 그리고 통역 겸 부사인 이위종 등 3인이다. 그리고 이들 외에 고종이 별도로 파견한 외국인 특사로서 미국인 헐버트가 있다. 이들 모두의 대표자는 물론 이상설이다. 그런데 헤이그 현지에서는 이위종을 총 대표이자 한국의 왕자로 보도한 기사가 있다.

1907년 6월 30일, '헷 화더란트'(Het Vaderland)의 조간신문에는 다음과 같은 기사가 올랐다. "몇몇 한국인들이 평화회의 의장 비서를 방문하여 두 가지 항의를 의장에게 제출하고자 하는 바 첫째, 한국이 평화회의에 참석토록 초청받지 못한 이유가 무엇인가, 둘째 일본의 한국 주권 탈취에 대해 항의하려 한다는 얘기가 있다. 한국 측 대표단의 우두머리는 '왕자인 이위종'(원문에는 'Prince Tjying Chi Yi')으로 2명의 한국인 수행인이 있다. 평화회의장은 그들에게 대표단을 받아들일 수 없는 바 그 이유는 네덜란드 정부가 발급한 공식 소개장을 휴대하지 않은 경우 어떤 대표단도 받아들일 수 없다고 하였다."[95]

이 기사 내용에서 1907년 헤이그 현지에서 한국특사의 대표로 인식한 것이 이위종이었고, 그를 왕자라 칭한 것도 흥미를 끈다. 이위종은 전주이씨 광평대군의 후예였다.[96] 미국, 유럽 및 러시아 주재 공사로 부임한 부친 이범진을 따라 7세 때부터 해외에서 성장하면서 그는 영어, 불어, 러시아에 능숙했다. 이위종은 헤이그에서 특사의 임무를 수행하는 과정에서 각국

합의가 있었다. 이를 주장한 평화운동가 스투너(Berta Von Suttner) 여사는 1905년에 이에 대한 공으로 노벨 평화상을 수상하였다.

95 "A Korean Drama in The Hague(in 1907)" by H.M. Mensonides, 1978.

96 廣平大君은 世宗의 5째 왕자로 뒤에 太祖의 강비 소생인 芳蕃에게 양자를 간 인물이다.(全州李氏 廣平大君派宗會 編, 『全州李氏 廣平大君派世譜』 卷6, 大田: 回想社, 1997)

의 사절이나 해외의 언론인을 만나 통역을 담당하면서 인터뷰를 하였다. 이 과정에서 왕실 인물의 후예인 그가 한국의 '왕자'(Prince)로 인식되거나 특사의 수석(정사)으로 인식되기도 하였지만, 현지의 활동 과정에서 효과를 높이기 위해 착안한 것으로 보인다.[97]

정사 이상설은 38세로서 1905년 당시 의정부 참찬으로서 11월 17일에 체결된 '을사보호조약'의 실상을 가장 정확히 목도한 인물이었다. 그는 조약 체결에 반대하면서 '황제가 이를 거부하지 못할 지경이면 자결을 하시라!'는 상소를 올렸다. 그는 참정 한규설, 시종무관장 민영환과 사전에 이에 대한 대응책을 놓고, 조약 체결에 결사적으로 반대할 것이며 여의치 못할 경우에는 현장에서 대신들이 자결하도록 주문하였다고 한다. 조약이 불법강제로 체결된 것임을 대외에 드러나게 하기 위한 것이었다.

그러나 이토에게 강력히 항의하던 한규설은 일본 헌병에게 끌려 나갔고, 민영환은 회의장 입장이 거부되어 모두가 무산되었다. 조약 체결 직후 이상설은 이를 성토하다 혼절하였고, 민영환은 그로부터 얼마 후 황제와 열국공사, 한국민 등에 유서를 남기고 자결하여 국내외의 여론을 격동시켰다. 일부 기록에는 민영환의 자결은 이상설과 사전에 협의한 자결 약속의 이행이었다고도 했다.

이상설은 헤이그의 평화회의가 열리기 1년 전인 1906년 4월 초순 이동녕, 정순만 등과 은밀히 서울을 떠났다. 그는 블라디보스토크를 거쳐 연길의 용정촌에 도착하여 가산을 처분하여 마련한 자금으로 서전서숙을 설립하였다. 이것이 해외에 등장한 한인 최초의 민족 교육기관이다. 그러나 그가 헤이그특사의 사명을 수행하기 위해 현지를 떠난 얼마 후 서전서숙은 문을 닫았다. 이렇게 볼 때 이상설의 사전 망명과 서전서숙 설립은 헤이그특사의 임무 수행을 위한 위장이자, 국권회복을 위한 미래의 교육기반을

---

97 이민원, 「헤이그특사 이위종(李瑋鍾)의 생애」, 『월간 殉國』 197, 대한민국 순국선열유족회, 2007년 6월호.

닦는 일이기도 했다.[98]

　부사 이준은 49세로서 일본에 유학한 바 있고, 한국 최초의 법관양성
소를 졸업한 뒤 최초로 임명된 검사 중 한사람이었다. 그는 국제법에 밝았
고, 전덕기 목사가 담임하던 상동교회를 기반으로 기독교청년회장을 역임
하며 청년회 활동에도 주력한 인물이다. 러일전쟁 당시 일본 측이 황무지
개척권을 요구하자 보안회에서 이를 배척하는 주역을 담당했다. 이후 공진
회, 헌정연구회, 국채보상연합회 등에서 활동했고, YMCA의 명연설가이
기도 했다. 그의 이런 면모와 국제법 지식 등이 고려되어 특사의 일원으로
선발된 것이었다. 국내에서 고종으로부터 특사의 사명을 전해 받고 출발한
것은 3인 중 이준뿐이다. 3인 중 고종을 직접 알현하여 사명을 부여받을
수 있었던 인물은 아무도 없었던 것이다.

　한편, 헐버트는 1906년 6월 특사의 활동 현장의 배후에서 역할을 한
다는 양해 하에 임무를 수락하고, 가족과 함께 스위스로 가서 조만간 있
을 평화회의에 제출할 청원의 기초 작업을 하였다. 그는 이 준비 기간에
1899년 제1차 만국평화회의에서 저명한 기자로서 이름을 날린 영국의 언
론인 스테드(William Thomas Stead)를 만났다. 스테드는 제2차 만국평화회
의에서도 헤이그에서 발간하고 평화회의 문제만 보도하기로 한 일간지
(Courrier de la Conference)의 편집을 담당한 인물이었다. 헐버트는 바로 그 스
테드가 발간하는 잡지에 한국 특사의 임무와 활동에 대해 보도할 수 있도
록 사전에 조처를 해 두었던 것이다.[99]

---

98 대한매일신보(1907년 7월 9일)에 의하면 '李相卨은 출발 전 황제로부터 특사의 印綬를
　받았다.'고 했고, 주요한의 『秋汀 李甲』(民衆書館, 1964), 李相稷의 『韓末雜報』, 姜相遠
　의 『李溥齋先生略史』草案 등에도 모두 그러하다.(尹炳奭, 『增補 李相卨傳─海牙特使 李
　相卨의 獨立運動論』, 一潮閣, 1998, 61쪽)

99 Clarence N. Weems, ed., *Hulbert's History of Korea, Vol. I & II*, Hillary House
　Publishers Ltd., New York, 1962, pp.52~53; 釋尾春芿, 『朝鮮併合史』, 朝鮮及滿洲
　社, 1926, 341~342쪽.(신임장은 이선근 저서, 944~945쪽 사이, 윤 59쪽, 헐버트 한
　국사, pp.52~53)

고종이 이상설 일행과 헐버트에게 각기 사명을 부여한 이유는 분명하지 않다. 대체로 미국인 헐버트가 수행할 수 있는 그만의 장점을 감안하여 조처한 것으로 보인다. 이상설 일행이 헤이그에 도착한 지 3일 뒤인 27일 그들은 일본을 제외한 각국 대표에게 공고사(控告詞), 요컨대 성명서를 배포했는데, 그것은 1년 전 황제가 헐버트에게 내려준 칙서와 대체로 차이가 없었다.

윕스(Clarence N. Weems)는 이에 대해 헐버트는 이상설 일행이 헤이그에 도착하기 전에 이를 영역해 두었고, 불역본은 특사 일행이 헤이그에 도착하기 전에 (이위종이) 번역해 둔 것으로 추측했다. 헐버트의 파견은 이처럼 양측의 활동을 통해 특사의 임무 수행이 효과적이면서 상승효과를 낳게 하기 위한 조처가 아니었나 여겨진다.[100]

이처럼 헐버트는 헤이그에 도착하기 전에 별도의 역할을 수행하였고, 헤이그에서는 측면에서 이상설 일행을 지원하였다.[101] 한편 미국에 거주하던 윤병구·송헌주 등은 이상설의 청으로 헤이그를 방문하여 특사의 임무 수행을 측면에서 지원하였다.[102] 윤병구는 국제기자단 협회에서 한국을 위한 연설도 한 것으로 기록되어 있다.[103] 그 외 미국에서 박용만 등과 한인

100 H.M. Mensonides, A Korean Drama In The Hague(in 1907) (A lecture given to The Hague History Society in March 1977); Clarence N. Weems, ed., *Hulbert's History of Korea, Vol. I & II*, Hillary House Publishers Ltd., New York, 1962, pp.52~53; 尹炳奭, 『增補 李相卨傳-海牙特使 李相卨의 獨立運動論』, 一潮閣, 1998, 61~62쪽.

101 Clarence N. Weems, ed., *Hulbert's History of Korea, Vol. I & II*, Hillary House Publishers Ltd., New York, 1962, pp.52~53; 釋尾春芿, 『朝鮮倂合史』, 朝鮮及滿洲社, 1926, 341~342쪽; 尹炳奭, 위의 『增補 李相卨傳-海牙特使 李相卨의 獨立運動論』, 57~62쪽.

102 金鉉九, 『儉隱(鄭淳萬)遺傳』에는 "영어에 능한 인물을 구할 때 검은(정순만)이 의형제 박용만을 통하여 미국에 알아 본 바 겁 많은(?) 우남(이승만)은 不敢出願하여서 工課의 奔走汨沒한다는 이유로 回避하고 그 대신 윤병구, 송헌주(澔) 양인이 부름을 받아 헤이그에 갔다"고 하였다. 그 외 유럽에 머물던 윤진우·민영돈이 특사의 활동을 도왔다 하나(尹炳奭, 위의 『增補 李相卨傳-海牙特使 李相卨의 獨立運動論』, 60쪽), 이승만의 입장이 무엇인지는 더 분석을 요한다.

103 A Korean Drama in The Hague(in 1907) by H.M. Mensonides, 1978. 다만 거기

교민들이, 러시아에서 이범진, 차 니콜라이(러시아 귀화 한인 2세) 등이, 헤이그 현지에서 영국의 언론인 스테드(William T. Stead), 평화운동가 스투너(Eertha Von Suttner) 여사 등이 이들을 후원하였다.[104]

이상과 함께 특사의 파견과 관련하여 또 하나 주목할 점이 있다. 서울에서 이준이 출발할 때까지 특사의 파견을 은밀히 도운 인물과 집단이 누군가이다. 일반적으로 헤이그특사의 준비는 경운궁의 수옥헌, 즉 현재의 중명전(重明殿)에서 이루어졌다고 전한다. 당시 경운궁은 일본군과 첩자의 감시가 심하였다. 누구도 쉽게 출입할 수 없는 곳이었고, 궁중의 인물 혹은 궁중과 특별한 관계에 있는 인물들 정도가 출입할 수 있었다. 그러므로 고종이 어떻게 특사의 파견 문제를 구상했고, 특사의 선정과 신임장의 전달은 어떻게 진행할 수 있었을까 하는 것도 사실상 많은 궁금증을 자아내는 부분이다.

공식 기록은 빈약하지만, 궁 밖에서는 기독교 측의 상동교회 주변 인물이, 궁내에서는 상궁, 내시 등이 준비와 전달의 역할을 한 것으로 파악된다. 가령 궁 밖에서 상동교회의 전덕기 목사를 비롯하여 이회영·이시영·이동녕 등이 활약했고, 궁중에서는 지밀나인(至密內人) 김상궁(전덕기 목사의 姨姪女) 등이 활약했다고 한 기록 등이 그것이다. 또 다른 기록에는 일본의 감시와 경계가 심한 궁중 안팎의 연락을 위해 이회영이 궁중의 내시 안호형(安鎬瀅)과 연락했고, 헐버트를 통해 신임장이 부사인 이준에게 전달되었다고 하고 있다.[105]

에는 윤병구가 연설한 내용이 자세히 소개되어 있지 않아 아쉽다.

104 尹炳奭, 앞의 『增補 李相卨傳−海牙特使 李相卨의 獨立運動論』, 63~65쪽; 釋尾春仿, 『朝鮮併合史』(朝鮮及滿洲社, 1926, 341쪽)에 의하면 궁 내외에서는 이용태, 심상훈, 김가진이, 외국인으로는 배설과 헐버트, 블라디보스토크, 상해, 러시아, 미국 등 국외에서는 이학균, 이범진, 이용익, 민영철, 현상건, 민영찬, 민철훈 등이 가담했다고 하고 있다.

105 李完熙, 「溥齋李相卨先生傳記抄」(尹炳奭, 앞의 『增補 李相卨傳−海牙特使 李相卨의 獨立運動論』, 63쪽) 및 이재관 등 편, 『상동교회백십일년사』, 기독교 대한감리회 상동교회, 1999, 93~99쪽; 李善俊, 『一醒 李儁 烈士』, 세운출판사, 1973, 370쪽에는 시종 李鐘浩와 朴尙宮을 통해 이준에게 전달되었다고 했다.

헤이그특사 파견에 관한 대강의 지침은 고종이 내렸겠으나, 실제의 구체적인 준비와 각종 연락 등은 이처럼 궁 밖의 상동교회 주변 인물들이나 궁중의 내시, 상궁 등 여러 인물의 은밀한 협조로 궁 안팎에서 이루어졌던 것으로 볼 수 있다. 이렇게 볼 때 상동교회는 사실상 헤이그특사 파견을 위한 비밀 논의와 집회의 중심이었던 궁밖의 장소였다. 이를 추진하는데 관여한 인물도 대부분 상동교회 내외의 인사들이다. 결국 헤이그특사 파견의 궁중의 중심이 수옥헌이라면, 상동교회는 최남선의 표현처럼 궁 밖의 '온상'(溫床)이라 할 수 있다.[106]

이토는 1907년 영국의 세실 경을 만난 자리에서 "일본의 최대의 위험한 존재는 한국의 기독교이다…한국에서 기독교와 일본이 공존할 수 없다. 어느 쪽인가 하나는 사라져야 한다."[107]고 했다. 기독교도 특히 서울의 상동교회 측 인물들의 역할과 무관하지 않았다.

대한제국의 호소에 대한 국제 언론의 반응

이준은 1907년 4월 20일 서울을 출발하였다. 그는 블라디보스토크에 도착하여 이상설과 합류하였다. 이들은 시베리아횡단열차 편을 이용하여 6월 4일 제정러시아 수도 상트 페테르부르크에 도착하였다. 그들은 그곳에서 러시아 주재 공사 이범진과 협의한 뒤 만국평화회의에 제출할 선언서 (즉 控告詞)를 인쇄하였다.

---

106 李丁奎·李觀稙 著, 『友堂 李會榮略傳』, 乙酉文化社, 1985; 李恩淑 著, 이규창·이종찬 편, 『가슴에 품은 듯 하늘에 사무쳐―李恩淑自叙 西間島始終記』, 人物研究所, 1981, 42~46쪽; 김득신 편, 『나라사랑』 97 등을 참고. 상동교회는 스크랜턴 목사(1856~1922)가 세운 상동병원에서 시작하였고, 1904년 10월에는 상동청년학원이 열렸다.(전택부, 『한국기독교청년회운동사』, 정음사, 1977, 244쪽)

107 Peget Wilken, *Missionary Joys in Japan*, London, 1916, p.142; 유동식, 「전덕기의 민중민족 목회사상」, 『나라사랑』 97―전덕기 선생특집호―, 112쪽.

이후 이들이 헤이그에 도착한 것은 6월 25일이다. 그러니까 국내에서 고종의 명을 직접 받아 출발한 이는 이준이었고, 헤이그 현지에서 열국 대표와 언론을 상대로 통역을 하고 연설을 하며 현장의 외교 활동을 펼친 것은 이위종이었으며, 특사일행의 공식 대표는 이상설이었던 것이다.

이준은 황제의 친서와 위임장을 휴대하고 오는 과정에서 중요한 역할을 하였으나, 헤이그에서 7월 14일 갑자기 운명함으로서 이후의 활동은 이상설과 이위종 양인의 역할이 중심이었고, 그중에서도 헤이그 현지에서는 영어, 불러, 로어에 능숙한 이위종이 각국 대표와의 면담 및 기자의 인터뷰, 국제협회의 연설 등에서 큰 활약을 하였다.

첫째, 황제의 친서 전달 및 각국 대표 면담 요청이다. 특사 일행은 6월 25일 헤이그 평화회의 제1분과위원회를 방문하여 고종의 친서를 전달했다. 친서의 골자는 일본이 불법적으로 한국 정부의 기능을 마비시키고 외교적 활동을 막은 불법에 대한 전반 문제가 평화회의에서 의제로 다루어지기를 바란다는 것이었다.

거기에는 1907년 4월 20일 한양의 경운궁에서 고종황제가 친히 서명하고 어보를 찍었다고 되어 있다.[108] 6월 30일에는 평화회의장 넬리도프를 방문하여 대한제국 특사의 참석 문제를 제안했다. 이어 다음날(7.1)에는 네덜란드 외상(Teds van Goudriaan)에게 면담을 요청했으나 외상은 이들의 접견을 거부했다. 이들의 방문에 관해서는 당시 장관(혹은 비서가)이 남긴 메모가 있다. 다시 7월 2일에는 미국대표에 대한 접견을 시도했지만, 역시 거부되었다.

둘째, 공고사의 작성과 전달이다. 6월 27일 특사 일행은 한국의 호소문을 불어로 작성(3인 연명), 평화회의 의장 넬리도프 및 각국의 대표와 기자들에게도 전하기 시작했다. 이 공고사는 불어로 된 원문(1907.6.27)과 부속문

---

108 유자후, 『李儁 先生 傳記』, 360~361쪽; 尹炳奭, 앞의 『增補 李相卨傳—海牙特使 李相卨의 獨立運動論』, 66~67쪽.

서가 네덜란드 국립문서보관소에 소장되어 있는 것으로 확인된다. 공고사의 요지는 이러했다.

> 한국의 독립은 열강에 의해 보장되고 승인되었으나, 일본인들은 대한제국의 권리와 법률을 침해하였다. 일본을 규탄하는 이유는 세 가지이다. ① 일본인들은 황제폐하의 재가없이 한일협상조약(을사오조약)을 체결하였다. ② 일본은 자신의 목적을 달성하기 위하여 대한제국 정부에 무력을 행사하였다. ③ 일본인은 대한제국의 법률이나 전통을 무시하고 행동했다. 대한제국과 우방국과의 외교단절은 대한제국의 뜻이 아니라 일본이 침해한 결과이다. 회의에 참석하여 일본의 음모를 밝혀 국권을 수호할 수 있도록 각국 대표의 호의적 중재를 간청한다.[109]

공고사에는 긴 문장으로 된 부속문서가 첨부되어 있었다.[110] 공고사도 그렇지만, 이 부속문서는 을사보호조약 체결에 관한 '역사적 문서'라 할 수 있다. 공고사와 부속문서는 이상설 등이 '을사5조약' 체결의 경위를 실제로 경험한 실담이다. 현존하는 을사5조약의 관계 문헌 중 가장 정확하고 소상한 기록으로 평가된다. 요컨대 이들 문서는 당시 을사보호조약에 대한 한국의 입장과 요구가 명확하게 표현되어 있는 역사적 외교문서인 것이다.[111]

셋째, 평화회의장 앞에서 연 기자회견이 주목된다. 6월 30일 평화회의보(Courrier de la Conference)에 공고사가 실렸다. 그날 이상설 등은 다시 이를 배포하면서 신문기자와 인터뷰를 하게 된다. 장소는 평화회의 본 회의장(Ridderzaal: 현 국회의사당)의 정문 앞이었다. 일행을 대신하여 직접 인터뷰를 직접 한 것은 이위종이었다. 이들의 기자 회견 내용은 7월 5일 자로 현지 신문에 실리게 된다. 특사 일행의 사진과 함께 1면 톱기사로 보도되었다.

---

109 尹炳奭, 앞의 『增補 李相卨傳－海牙特使 李相卨의 獨立運動論』, 68~69쪽.
110 이 부속문서의 불어(佛語) 원본은 윤병석 교수의 저서(『增補 李相卨傳－海牙特使 李相卨의 獨立運動論』, 一潮閣, 1998)에 전문이 소개되어 있다.
111 尹炳奭, 위의 책, 70~85쪽.

■ NO. 18. ⋊ VENDREDI 5 JUILLET 1907 ■

Courrier de la Conférence

DE LA PAIX

Rédigé par WILLIAM T. STEAD

Prix d'abonnement par semaine:
pour la Hollande fl. o.65
" l'étranger fl. o.75
Prix du numéro:
fl. o.15.

Collaborateurs:
Mme la Baronne BERTHA VON SUTTNER,
M. ALFRED H. FRIED,
M. FRÉD. PASSY,
M. FELIX MOSCHELES.

Publié sous les auspices de la FONDATION POUR L'INTERNATIONALISME à La Haye.

Directeurs-Éditeurs: MAAS & VAN SUCHTELEN

BUREAUX: Princessegracht 6A, La Haye. — Téléphone No. 287. — Adr. Télégr. MAASSUCHTELEN.

AVIS.

Cercle International.

Pour tous les discours, pour les thés et pour les Conférences, les cartes d'introduction permanentes sont valables, pour autant qu'il y aura de la place.

Toutefois on peut retenir des places contre versement de fl. 0,25 par personne et par semaine s'adresser au Bureau, Princessegracht 6a.

Le Vendredi 5 Juillet à 4 heures afternoon-tea. Discours du Dr. D. S. van Emden sur: "Siège et Bombardement." (en allemand).

Le Lundi 8 Juillet à 8 heures du soir Conférence. Discours de S.A.R. le Prince Ti-Yong-Oui-Yi sur: "L'État actuel de la Corée. Menacée et actes commis par les Japonais en Corée".

Le Bureau.

Le squelette de la fête.

Interview du Prince Coréen Yi.

Les Égyptiens avaient coutume de placer un squelette à leur table de festin, pour rappeler aux joyeux convives la vanité des choses mortelles. La Conférence de La Haye, par faveur spéciale des Dieux immortels, a l'avantage de posséder un sien squelette. Aujourd'hui, assis à la porte close du Ritterzaal, se trouve l'équivalent moderne du squelette d'antan, en la personne du Prince Coréen Yi. C'est un prince cultivé, parlant plusieurs langues, un homme énergique, plein d'intense vitalité. Au physique il ne ressemble point à un squelette à tête de mort. Mais jamais spectre hideux de la vieille Memphis ne fut mieux calculé pour jeter la froide terreur dans le cœur des convives. Le Prince Yi est le vivant incarné du Fait Accompli, en présence des illusions généreuses de la foi ardente. Il est le Point d'Interrogation moqueur que le Destin appose aux Traités. Il est surtout l'Esprit de Négation, un Méphistophélès moqueur errant sur le seuil du Parlement de la Paix.

"Que faites-vous ici?" lui demandai-je, "Pourquoi troubler la sérénité de cette assemblée par votre sinistre présence?"

"Je viens," répond-il, "d'un pays lointain, pour voir si par hasard je pourrais trouver ici le Dieu du Droit, de la Justice et de la Paix, dont on dit que l'Autel est à la Haye."

"M. de Martens a trouvé cet autel," lui dis-je, "à la Maison du Bois en 1899."

"1899?" fit le Prince. "Depuis lors le Dieu du Droit est donc devenu un Dieu inconnu. Que font donc ces Délégués dans cette Salle?

"Ils font des Traités pour assurer la Paix et la Justice dans le monde entier."

"Des Traités," répond le Prince avec un rire sarcastique. Que Traité? Je vais vous le dire: je le sais, moi! Pourquoi la Corée envoie-t-elle avec la Conférence? Parce que les Traités ne sont faits que pour être violés!"

"Mais, voyons, par le Traité du 17 Novembre 1905..."

"Dites-moi un peu," interrompit le Prince Yi, "Ces Délégués peuvent-ils faire des Traités?"

"Pas à moins qu'ils n'y aient été autorisés par leurs souverains, qui doivent ensuite ratifier les engagements..."

"Eh bien alors," reprend le Prince, "le soi-disant Traité de 1905 n'en est pas un. Ce n'est pas une convention faite avec le Ministre des Affaires Étrangères de la Corée, qui n'avait pas d'instructions de notre Empereur; et le document signé alors n'a jamais été ratifié. Il est nul et de nul effet. En ce qui est de la Corée, nous le considérons comme non avenu.

Et pourtant c'est par suite de ce document illégal et sans valeur que la Corée est exclue de la Conférence."

"Mais que voulez-vous donc?"

"Présenter notre appel à l'autel du Dieu du Droit et de la Justice, à La Haye; demander si le Traité est validé en Droit International. Où est donc votre Haute Cour d'Arbitrage? Où pouvons-nous faire entendre notre plainte et faire condamner cet outrage?"

"Mais si ce Traité était annulé, quelle différence cela ferait-il? La Corée, même si elle pouvait avoir ses propres représentants diplomatiques à l'étranger, serait toujours entre les mains du Japon?"

"Hélas!" répond le Prince. "Vous ne semblez guère croire à la valeur des Traités, même s'ils sont ratifiés légalement par une puissance aussi forte que le Japon! Ne savez-vous pas que par le Traité de 1904 le Japon a garanti l'indépendance et l'intégrité de notre pays, et que le Japon s'est entrepris de veiller à la sûreté de notre Empereur?"

"Non," continua-t-il avec véhémence, "on garantit la sûreté de la souverain Indépendant en le faisant prisonnier dans sa propre maison. On respecte notre indépendance en nous réduisant à l'esclavage, et l'intégrité de la Corée n'est maintenue que parce que le Japon a absorbé tout le pays d'une bouchée au lieu de le grignoter peu à peu!"

"Oh oui, mais —

"Mais, repend le Prince Yi, "Y a-t-il donc pas de justice au monde," répond le Prince Yi, "pas même à La Haye? Alles-vous nous dire, Coréens, qu'il n'y a pas de réparation pour le plus abominable d'un pays, quoique garantie dans une nation au sujet d'un traité violé et mise de côté avec mépris, que l'indépendance d'un pays, quelque garantie, peut être détruite avec impunité..."

"Vous oubliez que le Japon est en possession du pays, et le Japon est puissant."

"Ayez," dit le Prince, "votre Dieu du Droit est un fantôme sans respect pour la Justice n'est que de l'affèterie, votre Christianisme n'est que de l'hypocrisie. Pourquoi faut-il que la Corée soit sacrifiée? Parce qu'elle est faible. Pourquoi faut-il que le Japon puisse fouler au pied toutes ses obligations et tous ses Traités? Parce qu'il est fort. Alors pourquoi parler de justice et de lois? Pourquoi ne pas avouer franchement et de suite que le canon est votre unique loi et que les forts ne peuvent pas être coupables?"

"Mais, Prince," dis-je en m'excuse. "Ne me parlez pas de Justice. Vous êtes ce que l'on appelle un Pacifiste, n'est-ce pas? Eh bien, voyez-en moi la négation suprême de toute votre foi. La Corée était un pays sans renommée. La Corée n'avait pas d'ambitions agressives. La Corée ne demandait que la permission de vivre en paix et en solitude. Nous pratiquions ce que vous prêchez, vous, Pacifistes. Où en sommes-nous maintenant?

"Non, non, continua-t-il sans remords. Non me parlez pas. La Corée n'est pas un pays difficile à défendre victorieusement contre de puissants voisins. C'est un pays de montagnes, où chaque colline est une forteresse naturelle. Notre nation de vingt millions d'âmes aurait pu contre la Suisse de l'Extrême Orient. Mais nous ne voulions pas la guerre. Nous étions un peuple pacifique. Nous n'avions que 7.000 soldats dans tout le pays. Quel en a été le résultat? Le fait que ou voilà ici, assis à la porte, et le signe du sort qui attend tout pays qui n'entreprise de la Dieu du Droit, de la Justice et de la Paix, au lieu d'avoir confiance en sa propre épée."

"Je laissai le Prince, toujours assis à la porte du Ridderzaal, attendant la Justice; et, en s'éloignant, je crus entendre l'écho du Saga du Roi Olaf:

'Force rules the world still,
Has ruled it, it
Will rule it.
Weakness is weakness;
Force is triumphant.
. . . .
La Force gouverne le monde;
Elle l'a gouverné,
Elle le gouvernera.
Douceur est faiblesse;
C'est la force qui triomphe.'"

Lundi prochain, à 8 heures du soir, à l'occasion d'une réunion au Cercle International, le Prince Ti-Yong-Oui-Yi prononcera un discours, ayant pour sujet les griefs de la Corée. M. William T. Stead présidera et il y aura l'occasion de discuter le discours. Le Prince s'exprimera en français.

En 1899, M. Beernaert a présidé la première Commission, qui a discuté la question des armes de guerre et des armements et non pas la deuxième Commission, qui a rédigé la Convention des Lois et Règlements de la Guerre, celle-ci étant présidée par M. de Martens. Le fait qu'en 1899 on avait choisi deux civils pour les Commissions militaires ainsi que l'espèce du canon est votre unique loi et que frappant que la circonstance que cette fois aussi un officier n'a été désigné comme président d'une des Commissions s'occupant des questions relatives à la guerre maritime ou terrestre.

Tjoune.   Yi-Sang-Sul.   Prince Tjjong-Oui-Yi.

Qu'est-ce que la Contrebande de Guerre?

La Définition de l'Allemagne.

Voici la Proposition de la délégation Allemande, concernant la Contrebande de Guerre en réponse au Questionnaire: (Questions VI, VII).

Art. I. Ne pourront être considérés comme contrebande de guerre que les objets suivants:

a. les armes, y compris les armes de chasse, ainsi que les matériaux qui ne sont susceptibles que d'un usage de guerre, (contrebande absolue.);

b. les autres matériaux et objets pouvant servir à la guerre et destinés à la force armée de l'ennemi (contrebande relative);

s'ils sont pour le chargement d'un bâtiment qui a mis le cap directement sur un port ennemi ou occupé par l'ennemi, ou sur la force armée de l'ennemi et que ces matériaux et objets aient été expressément déclarés contrebande de guerre.

Art. 2. Il y a présomption péremptoire que les matériaux et objets désignés à l'article 1b sont destinés à la force armée de l'ennemi, quand l'envoi en question est adressé aux autorités ou à un fournisseur militaire de la puissance ennemie ou quand il est à destination d'une place fortifiée du pays ennemi ou d'une autre place, servant de point d'appui aux forces de l'adversaire.

Art. 3. La spécification des matériaux et objets à considérer comme contrebande de guerre au sens de l'article 1 devra publiée ou notifiée aux gouvernements neutres ou à leurs agents diplomatiques.

Art. 4. La contrebande de guerre est sujette à confiscation. Il en est de même du bâtiment qui la porte, si le propriétaire ou le capitaine du bâtiment a eu connaissance de la présence de la contrebande à bord et que cette contrebande forme plus de la moitié de la cargaison.

Art. 5. Le bâtiment n'est pas sujet à confiscation, si le capitaine a ignoré que la contrebande ait éclaté et que pour l'ignorance ne puisse lui être imputée. Il y a présomption dans ce sens, si le bâtiment a été rencontré en haute mer dans les huit jours qui suivent l'ouverture des hostilités et s'il est établi qu'à cette date ce navire n'avait pu atteindre un port.

Dans le cas prévu à l'alinéa ci-dessus, la contrebande de guerre qui se trouve sur le bâtiment n'est susceptible de confiscation que contre indemnisation.

Art. 6. Les bâtiments qui ont à bord des formations de troupes sont sujets à confiscation, et le propriétaire ou le capitaine du bâtiment a eu connaissance du caractère militaire des passagers en question et s'il n'y a pas lieu d'exciper des circonstances prévues à l'alinéa 1 de l'article 5. Il en est de même au cas de transport de passagers individuels qui font partie de la force armée de l'adversaire, si le bâtiment a pris la mer en vue de leur transport.

Les militaires qui se trouvent à bord restent prisonniers de guerre, quand même le bâtiment n'est pas sujet à confiscation.

Nous regrettons d'apprendre que le Président de la Conférence M. de Nélidof est légèrement indisposé et obligé de garder le lit.

Lord Weardale, mieux connu sous le nom de l'Hon. Philip Stanhope, est arrivé hier à la Haye. Lord Weardale est le Président de l'Union Interparlementaire.

헤이그 특사의 활동을 보도한 해외 언론 (1907.7.5)

A PLEA FOR KOREA

大韓帝國特派委員前議政府參贊李相卨前平理院事李偽府駐箚公使館參書官李

瑋鍾委任狀

大皇帝勅曰我國之自主獨立乃天下列邦之所共認也朕向與列邦締約修好使至和至几爲列

邦會議理憲員任是在(一九百五年十一月十日日本對我國違行公法指竹非理貫勒之約

懷脅我外久大權斷肥我列邦及誼不審維是日本之欺陵使侮人無乎不至其年庚公使遂侮人

退有不可願忿聯念及此實肩痛恨兹特派従三品前議政府參贊李相卨前平理院事

李偽前駐箚公使館參書官李瑋鍾往荷蘭海开府平和會議傾持本國諸欣告難事惰

[陳十議屏用復我外交大權傾修我列邦友誼朕念此臣等素性忠寔可達是任其幹

幹事通無陳朕惟允武

大韓光武十一年四月二十日於漢陽京城慶運宮親署押鈐寶

[TRANSLATION.]

His Majesty the Emperor of Korea, to whom it may concern;

As the independence of Korea has been known to all the Powers with which she has ever been in friendly relation, we have, for this reason, the right to send delegates to all international conferences which can be convoked for any purpose. But by the terms of the treaty of November 18th, 1905, which was extorted from us by force, the Japanese by menace and by a violation of all international equity deprived us of the right of direct communication with the friendly Powers.

Not recognizing this act on the part of Japanese, we desire hereby to appoint the official of the second rank, Ye Sang Sul, and Ye Choon, ex-Judge of the Supreme Court of Korea, and Prince Ye We Chong, former Secretary of Legation at St. Petersburg, as Delegates Extraordinary and Plenipotentiary to the International Peace Conference at The Hague, for the purpose of making clear to the representatives of the Powers the violation of our rights by the Japanese and the dangers which presently threaten our country; and also to re-establish between my country and the foreign Powers the direct diplomatic relations to which we are entitled by the fact of our independence.

Considering the three gentlemen above named to be men of high ability and of proved fidelity, we appoint them as our full representatives to the conference at The Hague, in the conviction that they will faithfully serve us and the interests of the nation.

Done at the Palace of Kyung-Oun, in Seoul, this 20th day of the fourth month in the eleventh year of Kwang-Mou.

YE HYENG.

해외 언론에 보도된 헤이그특사 신임장과 영문 번역문

제목은 「축제 때의 뼈다귀」였다.[112]

인터뷰에서 "이위종은 왜 대한제국을 제외시키는가? 우리는 평화의 신을 찾아 그 제단이 있다는 헤이그까지 왔노라."고 하였다. 그는 대한제국 특사의 회의 참석을 요청하면서 일본의 폭력적 행위를 요약하여 제시하였다. 아울러 대한제국과 일본의 현안에 대해 평화회의에서의 중재를 요청하였다.

넷째, 각국 신문기자단이 모인 국제협회에서의 연설이 가장 주목되는 부분이었다. 특사들은 또 7월 9일 영국의 저명한 언론인인 스테드(Stead, W. T.)가 주관한 각국 신문기자단의 국제협회에 참석, 발언할 기회를 얻었다. 여기서 이위종은 세계의 언론인들에게 한국의 비참한 실정을 알리고 '한국의 호소'(A Plea for Korea)를 전하였다. 즉 ① 조약 강제의 내막, ② 일본의 악정 비판, ③ 한국민의 각오가 그것이다. 특히 주목된 것은 한국인들의 각오를 언급한 부분이다.

> 일본인들은 평화를 부르고 있으나 기관총 앞에서 사람들이 평화로울 수 있는가. 모든 한국인을 죽이거나 일본인이 한국의 독립과 자유를 자기 손아귀에 넣을 때까지는 극동에 평화가 있을 수 없다. 한국인들은 아직 조직화되지 않았다. 그러나 일본의 무자비하고 비인도적인 침략이 종말을 고할 때까지 대항해야 한다는 마음으로 하나가 되고 있다. 일본인들은 항일정신으로 무장된 이천만 한국민을 모두 학살하는 일이 결코 유쾌하지도 쉽지도 않다는 것을 깨닫게 될 것이다.[113]

이상과 같은 이위종의 절절한 호소는 각국 언론의 동정을 모았다. 즉석에서 한국의 처지를 동정하는 결의안을 만장일치로 의결하기까지 하였다. (The Independent. 8. 20 게재)

---

112 '회식 때는 죽음을 생각하라'는 이집트의 관습에서 차용한 제목이었다.

113 *The Independent*, Vol. 63. No. 3064, August 22, 1907, New York; 尹炳奭, 『增補 李相卨傳－海牙特使 李相卨의 獨立運動論』, 一潮閣, 1998, 90~92쪽; 이기항 편, 「헤-그에서 본 이준열사」, 사단법인 이준 아카데미, 화란, 2000. 8. 10.

다섯째, 헐버트 박사는 이들과 별도로 『뉴욕 헤럴드(New York Herald)』기자와 회견하여 '황제는 조약에 결코 서명하지 않았다'고 밝혔다.(1907년 7월) 헐버트는 '한일조약은 결코 조인된 적이 없다'는 제하에 ① 한국의 일본에 대한 가치, ② 일본의 야만행위, ③ 일본의 한국토지 강탈, ④ 한국의 절망 등 4개항에 걸쳐 소개하고 있다. 이 내용은 '은둔의 왕국 대한제국의 국새는 강탈되었으며, 한국 황제는 결코 조약에 서명한 적이 없다'는 부제가 달려 있으며 공고사와 같은 맥락이지만, ① 일본이 일진회 등을 통해 한국민을 분열시키고 있고, ② 군사적 필요를 가장하여 토지 가격의 8분의 1 가격으로 토지를 점탈했으며, ③ 모르핀과 주사, 아편, 도박 등으로 한국인들을 황폐화시키고 있다는 것 등 공고사에 포함되지 않은 중요한 기록을 별도로 담고 있다.[114]

이상과 같은 이들의 활동은 결국 ① 을사보호조약은 그 자체가 불법이고 성립되지 않은 것이란 점, ② 일본은 한국에서 많은 불법을 저질러 왔고, 한국에 야만적인 행동을 통해 토지 등을 강탈하고 있다는 것, ③ 만국은 일본의 불법을 성토하고 한국의 주권수호를 도와 달라는 것으로 요약된다.

헤이그특사 일행은 각국의 냉담한 반응으로 궁지에 처하였지만, 이같은 공식 입장과 달리 이들을 동정하고 후원한 이들이 있었다. 각국 언론인들이었다. 그중 가장 중요한 역할을 한 이들이 영국의 언론인 스테드와 오스트리아의 스투너 여사 등이다.

스테드 등은 특사에게 열국의 언론인과 고위 인물들이 모인 자리에서 한국의 특사가 연설할 기회를 마련하였다. 1907년 9월 3일 국제협회

---

114 Says the Corean-Japanese Treaty Never was Signed. Homer A. Hulbert Declares Great Seal of "Hermit Kingdom" was Stolen and Emperor Never Affixed Name—Mean to Rule Country. Money Debased, Lands Seized, By Japan: July 22nd, 1907, *New York Herald*(尹炳奭, 앞의 책, 102~105쪽)

(Cercle International: 장소는 Princessgracht 6A)에서였다.[115] 그는 이 연설회의 사회자로서 세계인은 물론, 한국의 특사와 한국민에게 전하는 개회 연설도 하였다.

그의 개회사는 언뜻 한국인들로 하여금 일본에 대항하지 말라는 뜻으로 오해할 수도 있었고, 한국인들은 이제까지 무엇을 했느냐는 힐난으로도 보인다. 즉 '네덜란드는 스페인의 엄청난 힘에 저항하면서 대한제국 보다 어려운 환경에서 투쟁을 지속했다. 한국은 자연요새로 되어 있는 산악국가이지만, 네덜란드는 사방에서 적이 쳐들어오기 쉬운 평지의 나라이다. 한국인들이 옛날의 네덜란드인처럼 하지 못한 것은 오늘의 한국문제를 결정하는 데 참고해야 할 중요한 상황이다…만국평화회의에 참가한 46개국 중 27개국은 외세의 지배에 저항하여 물리치고, 이곳에 오게 되었다. 한국인들이 이 회의에 참석하려면 좀 더 투쟁을 했어야 했을 것'이라 하였다.[116]

전체적인 맥락은 한국이 무작정 피를 흘리기보다는 인내하고 때를 기다려 국권을 회복할 기회를 잡으라는 것이었다. 아울러 그는 세계 각국의 운명이 기복을 거듭한 것을 예로 들었다. 그의 뜻은 '우선 희망을 가지고, 평화주의자가 되고 교육과 조직, 산업성장을 통하여 강국이 될 때까지 당분간은 일본인들과 평화를 도모하라. 그것이 생존의 지혜이다. 일단 게임의 규칙을 따라 힘을 기르고 때를 기다리라.'는 것이었다. 이것은 아이랜드인, 이집트인들 같이 힘없는 민족들이 다 함께 취해야할 태도일 것이라고 강조하였다.

요약하면 교육하고, 조직하고, 산업을 발전시켜 자금을 모아 무기를 손에 쥘 때까지는 참고 인내하되, '언젠가 세계정세가 변할 때, 그때 전쟁을 하면 주위의 도움을 받아 독립을 할 수 있을 것'이라는 시사를 하고 있다.

국제 언론인 협회의 회장으로서 일본과 같은 특정 국가를 표적으로 삼

---

115 한때 노르웨이 대사관으로 사용되었고, 현재는 Princessgracht 7A에 위치해 있다.

116 이기항 편, 『헤그에서 본 이준열사』, Hague: 사단법인 이준아카데미, 2000, 32~34쪽.

아 노골적으로 표현하기는 곤란했을 것이다. 중요한 것은 그가 한국의 특사에게 세계의 언론을 향해 한국의 호소가 이유가 있음을 밝힐 기회를 마련했고, 이를 고무했다는 점에 핵심이 있다.

스테드가 헤이그에서 만국기자단협회의 연설을 통해 특사와 한국인에게 당부한 내용은 이후 이상설이 구상하고 수행한 일과 같은 맥락이었다. 이상설은 후일 연해주를 방문한 이회영에게 '열강의 국제관계 전개 과정에서 우리나라에 유리한 좋은 기회가 있을 것'이라고 말하였다. 그는 '조국 광복 성취를 위한 준비 작업으로 ① 국민교육의 장려 보급으로 국민의 각성을 촉진할 것, ② 널리 뜻 있는 인사들을 연결, 망라하는 비밀 조직을 구성하여 그 조직으로써 광복운동의 중추를 이룰 것, ③ 만주에 광복군 양성을 위한 훈련기지를 세울 것, ④ 운동 추진을 위해 우리 몸의 피와도 같은 자금을 준비할 것 등의 방안을 말하고, 이것들을 실천하며 실력을 기르고 기회를 기다리자.'했다.[117]

이후 이회영 등이 국내로 돌아왔을 때 등장한 비밀조직이 안창호 등에 의한 신민회의 조직과 활동이었다. 그러나 일제의 감시와 검속으로 신민회의 활동의 여의치 않게 되자, 이회영은 건영, 석영, 철영, 시영 등과 협의하여 재산을 처분하고 솔가하여 만주로 이주하였다. 거기서 국권회복을 위한 애국청년들의 양성기관으로 설립한 것이 경학원과 신흥강습소, 즉 신흥무관학교였다.

---

117 李丁奎·李觀植, 『友堂 李會榮略傳』, 을유문화사, 1987, 37~39쪽.

3

일본의 대한제국 병탄과정과 열강

국제관계의 역학과 약소국의 운명

잘 아는 바와 같이 1910년 대한제국은 일본제국에게 국권을 강탈당하였다. 대한제국이 국권을 상실하게 된 1차적 요인은 일본의 무력침략이지만, 일본에 대항할 수 없었던 대한제국의 취약한 국력, 즉 군사력·재정력·외교력도 주요한 한 요인이다.[118] 아울러 일본의 침략과 이를 가능하게 한 국제 환경과 국제적 역학 관계는 이보다도 더 중요한 요소일 것이다. 대체로 강대국은 지역의 세력균형을 중시하지만, 그것이 재조정 될 때 약소국들의 운명은 오락가락 할 수 있다. 근대 한국의 가장 중요한 고비였던 청일전쟁과 러일전쟁, 양차의 전쟁 사이에서 열강의 역학 관계와 한국의 운명과는 어떠한 상관성이 있었는가.

---

118 이헌창, 「국권 상실의 사회경제적 요인」, 『국치 100년, 국권상실의 정치외교사적 재조명』, 한국정치외교사학회·사단법인 아셈연구원 공동 주최(국권피탈 100년 반추 학술세미나, 프레스센터 19층), 2010, 11~37쪽.

러일전쟁은 청일전쟁으로부터 10년 뒤 다시 동아시아에 몰아친 광풍이었다. 전쟁을 일으킨 것은 일본, 일본에게는 근대사의 두 가지 대외정책 목표 중 하나인, 한반도 정복의 제 2단계 관문이었다. 러일전쟁은 유럽의 후진국 러시아와 아시아의 신흥국 일본이 만주와 한반도를 두고 벌인 싸움이었다. 그러나 강대국 집단 내 상대적 약자끼리 벌인 국지전이었으니, 넓게 보면 영·미와 독·불의 이해가 반영된 세계대전의 아시아판이라고도 할 수 있다.[119]

러일전쟁에서 일본이 2년간 지출한 직접군사비는 14억 엔으로 청일전쟁의 전비를 6배나 초과하는 비용이었고, 1903년도 군사비의 10배, 국가예산의 근 5배에 달하는 액수였다. 청일전쟁 이후 매년 40~80%의 군사비를 증대해 온 일본으로서는 전비의 충당이 최대의 관건이었다. 일본은 이들 전비의 40%를 해외에서 차용하였다. 그런데 이 차용금의 대부분은 런던과 뉴욕 금융가의 지원을 받아 가까스로 충당한 것이었다. 이때 활약한 인물이 뉴욕의 큰 손 제이콥 시프. 유대계의 금융가로, 종전 직후 일본 '천황'으로부터 최고 훈장을 받았다.[120] 이 같은 여건이 일본의 대한제국 병탄을 가능하게 한 요소였다.

청일전쟁 직후 조선왕국은 멸망 일보 직전까지 간 상황이었지만 가까스로 회생하였다. 일본의 행동을 견제하여 동북아의 세력균형을 유지하려는 열강의 존재가 있었기 때문이다. 삼국간섭과 고종의 아관파천은 그 결과였고, 이후 러시아와 일본 사이에 체결된 〈웨베르-고무라 각서〉, 〈로바노프-야마가타의정서〉, 〈로젠-니시협정〉도 그의 한 반영이었다. 다시 말해 동학농민군의 초토화와 왕후의 피살, 군주의 외국공사관 피난과 같은

119 이하 이민원, 「일 승리는 미·영의 적극적 지원 덕분」, 『한겨레』, 2004.2.16일 자.

120 러시아의 유태인 탄압과 유태인들이 일본 지원 과정 등은 司馬遼太郎의 소설(『坂の上の雲』)에 영웅적으로 묘사되어 있다.(박재희·추영현·김인영 공역, 『대망(大望): 언덕 위의 구름』 34~36, 동서문화사, 1979 참조)

수난이 있었지만, 러시아·프랑스·독일의 일본에 대한 적극적 견제, 그리고 일본의 요청에 대한 미국, 영국, 이탈리아 등의 외면으로 인해 조선은 식민지화 일보 직전으로부터 위기를 벗어날 수 있었다. 이후 조선 내부에서 자주독립의 염원을 담아 탄생시킨 것이 다름 아닌 대한제국이다.

그러나 10년 뒤 러일전쟁 직후로는 상황이 달랐다. 러일전쟁 발발 직후 일본은 한국 정부를 핍박해 군사 요지를 선점했고(한일의정서, 1904년 2월), 승리가 굳어진 뒤에는 한국 조정에 재정·외교 고문을 배치했으며(제1차 한일협약, 1904년 8월), 전쟁이 종결된 뒤에는 대한제국의 외교권을 탈취해 가고 통감정치를 시행하였다.(제2차 한일협약: 을사늑약, 1905년 11월)

이 과정에서 열강은 삼국간섭 당시와 같이 일본의 행동을 제지하지는 않았다. 오히려 영·미·불·독 등 서울의 외교대표는 서둘러 공사관을 폐쇄하고 한국을 떠남으로서 '침몰하는 배에서 탈출하는 생쥐 떼' 같다는 힐난도 들었다. 열강의 그 같은 조치는 한국의 내정과 외교에 대한 일본의 장래 처리 방향을 행동으로 시사해 준 격이었다.

청일전쟁 발발로 막다른 상황에 이른 조선이 대한제국으로 기사회생한 것은 국제 역학관계가 한반도에 유리하게 작용한 사례였지만, 러일전쟁 이후는 정반대였던 것이다. 이후 1910년 일본이 한국을 병탄하기까지의 과정도 간단하지는 않았으나 이미 1905년에 일본은 한국문제 타결을 위한 청신호를 미국, 영국, 러시아로부터 받아두고 있었다.

일본이 외교권을 장악하여 한국을 국제사회로부터 차단시키고자 먼저 통과한 3차의 관문이 다름 아닌 〈가쓰라―태프트 메모〉, 〈제2차 영일동맹〉, 〈포츠머스 조약〉이다. 이 모두 러일전쟁으로 초래된 상황 변화에 따라 미, 영, 러 등 열강이 일본과 이해 조정을 한 것으로서 일본의 대한제국 강점 과정에 보인 열강의 입장이 잘 농축되어 있다.

일본의 대한제국 강점과정에서 보인 열강의 태도는 협력자 내지는 방조범 격이었다. 대체로 구미 열강의 한국에 대한 인식은 매우 부정적이었고, 일본에 대한 그것은 찬양일색이었다. 청일전쟁과 러일전쟁 승리에 따른 일본의 국제적 입지 격상도 주요인이지만, 피폐한 한국의 국력과 후진적인 산업구조, 전근대적 문화풍토, 그리고 이를 빌미로 언론과 저술 등을 통해 일본이 서구 사회에 조성한 한국의 부정적 이미지도 중요한 원인을 이루었다. 일본이 헤이그특사사건 직후 광무황제를 퇴위시켜 한국 내 저항세력의 구심점을 제거한 것, 곧 이어 군대를 해산시킨 뒤 사법·감옥 사무를 장악한 것, 마침내 1910년 8월 대한제국의 영토와 주권을 탈취할 수 있었던 데에는 그러한 열강의 입장과 타협이 주요한 배경을 이룬다.

가쓰라-태프트 메모와 미국의 필리핀에 대한 이해

포츠머스 강화조약에 체결되지 3개월 전인 1905년 7월, 일본 수상 가쓰라(桂太郞)와 미국 육군장관 태프트(William H. Taft)가 도쿄에서 회동했다. 이들은 대한제국과 필리핀에 대해 일본·미국이 갖는 이해를 놓고 상호 구두로 양해하였다. 이를 두고 오늘날까지 〈태프트–가쓰라 밀약(密約, Secret Agreement; 桂·タフト密約(かつら·たふとみつやく))〉 혹은 〈태프트–가쓰라 각서(覺書)〉, 〈가쓰라–태프트 협정(協定)〉 등으로 다양하게 부른다.

그러나 이것은 엄격히 말하면 '합의된 비망록'(agreed memorandum)에 지나지 않으므로 결코 조약이나 협약, 혹은 밀약이 아니라는 주장도 강력하다. 그렇다면 미국과 일본 사이에 그와 같은 양해가 성립된 과정 및 배경은 어떤 것이며, 그 성격은 어떠한 것인가.

요동반도의 203고지 및 여순항 전투는 대마도 해전 승리를 위한 절대 절명의 승부처였다. 일본은 그 지역의 승리를 기반으로 대마도해전을 용이하게 치렀다. 러시아함대가 궤멸되면서 전쟁은 일본의 승리로 귀착되었다. 이때 영국은 동맹을 갱신하고자 하였고, 미국의 루스벨트 대통령은 러·일의 강화회담을 주선하고자 하였다. 루스벨트는 필리핀의 초대 총독을 역임한 육군장관 태프트가 필리핀을 방문하는 길에 일본을 경유하여 가도록 지시하였다.

1905년 7월 27일 도쿄에 들른 태프트는 가쓰라 타로 일본수상을 예방하였다. 이때 가쓰라는 한반도 문제에 대해 그의 의견을 물었다. 즉 '한국은 러일전쟁의 직접적인 원인이기 때문에 전쟁의 논리적 귀결로서 한반도 문제의 완전한 해결이 필요하다. 만일 전후에도 한국을 그들에게 맡겨 둔다면 이 나라는 전쟁 이전과 마찬가지로 분명 국제적 분규를 거듭 불러일으킬 것이다. 이런 사정으로 미루어 볼 때 일본은 한국이 종전과 같은 상태로 되돌아가 일본이 또 다시 전쟁으로 돌입할 상황에 처할 가능성을 제거하기 위해 확고한 조치를 취해야 한다'고 하였다. 한국에 대한 모종의 조치에 대해 미국이 양해하여 달라는 뜻이었다.

이에 태프트는 자신의 개인적 의견이라면서 '일본의 동의 없이는 어떤 대외조약도 체결하지 말라고 한국에 요구할 정도의 보호를 일본군을 이용하여 확립하는 것이 전쟁의 논리적 귀결이자 동아의 항구적 평화에 기여하는 것'이라고 답했다. 태프트는 가쓰라와의 대화 내용을 신임 국무장관 루트(Elihu Root)에게 7월 29일부로 보고하였고, 휴가 중이던 루스벨트 대통령에게는 7월 31일부로 전달되었다. 루스벨트는 '귀하의 가쓰라와의 회담은 모든 점에서 전적으로 옳다. 나는 그대가 한 모든 말을 확인했다는 것을 가쓰라에게 전해주기 바란다'고 회답하였다. 마닐라에 도착한 태프트는 루스벨트 대통령의 이 같은 승인 사실을 8월 7일부로 일본의 가쓰라 수상에게 전했다. 이것이 이른 바 〈가쓰라-태프트 메모〉의 전모이다.

이 사실은 세상에 거의 알려지지 않다가 약 20년이 지난 1924년 역사학자 타일러 데넷(Tyler Dennett)이 그 메모를 발견하여 논문으로 발표함으로써 미·일 양국의 '외교적 흥정'(quid pro quo)으로 알려져 거의 정설화 되었다.[121] 그러나 1959년 레이먼드 에스더스(Raymond A. Esthus)는 태프트가 외교적 흥정을 위해 일본에 파견된 밀사가 아니었고, 동 메모가 루스벨트 대통령 당시 미국 극동정책의 핵심도 아니었다[122]고 반론을 제기하여 해석상 논란이 제기되어 오고 있다.

즉 〈가쓰라-태프트 메모〉는 〈태프트-가쓰라 각서〉 등으로 불리면서 국가간의 공식적인 '협약'으로 인식되기도 하지만, 결코 조약이나 협약, 협정이 아니며 국제법상 구속력을 가진 것이 아니라는 주장도 강력하다. 즉, 미국과 일본이 상호 통고한 '기록' 내지는 '합의된 비망록(agreed memorandum)을 협정(agreement)으로 오해한 데서, 나아가 일본 언론(『國民』誌)의 과장된 선전 등으로 확대 해석되고 유추된 것'이라는 주장이다. 즉 그해 9월 5일 체결된 포츠머스 강화조약의 결과가 일본의 외교적 실패로 알려지면서 '전쟁에 이기고도 강화조약에서 패했다'는 일본 국내의 비판 여론에 궁지에 몰린 가쓰라 내각이, 태프트-가쓰라 사이의 대화 내용을 커다란 외교적 성공으로 부풀리고 여론을 조작한 결과라는 주장이다.[123]

이상에 대해서는 해링턴, 넬슨, 이여복, 최종석, 최문형, 이우진, 구대열 등 국내외 여러 학자들이 논의를 전개한 바 있다.[124] 이들의 해석에는

---

121 Tyler Dennet, "President Roosevelt's Secret Pact with Japan", *Current History*, *XXI*(October, 1924).

122 Raymond A. Esthus, "the Taft-Katsura Agreement- Reality or Myth?", *Journal of Modern History* 31, march-December 1959; 이우진, 「러일전쟁과 한국문제」, 『한국외교사』 1, 한국정치외교사학회, 1993, 345~349쪽.

123 위와 같음.

124 M. Frederick Nelson, *KOREA and the Old Orders in Eastern Asia*, Louisiana State University Press, Baton Rouge, Louisiana, 1946, pp.257~259; Fred Harvey Harrington, "An American View of Korean-American Relations" and Yur-Bok Lee, "Korean-American Diplomatic Relations, 1882-1905", Edited by Yur-Bok Lee and Wayne Patterson, *One Hundred Years of Korean-American Relations, 1882-1982*, The University of Alabama Press, 1986, p.59; 이우진, 「러일전쟁과 한국문제」, 『한국외교사』 1, 한국정치외교사학회, 1993, 345~349쪽; 具汶列, 「러일전쟁의 경과와 전후처리」, 『한국사 42-대한제국』, 국사편찬위원회, 1999, 209~214쪽; 최문형, 『국제관계로 본 러일전쟁과 일본의 한국병합』, 지식산업사, 2004, 305~313쪽.

다양한 차이가 있지만, 문제의 〈가쓰라-태프트 메모〉는 일본과 미국이 한국과 필리핀이라는 지역을 상호 특수 영역으로 인정하여 장래 가능성을 배제할 수 없는 양국 간 충돌을 예방하면서 각기 타협을 추구한 결과라는 점은 거의가 일치하고 있는 것으로 보인다.

그렇다면 〈가쓰라-태프트 메모〉의 성격을 어떻게 보아야 하는가. 먼저 저간의 과정을 유념할 필요가 있다. 러일전쟁에서 승승장구하던 일본은 강화회담에 앞서 미국과 영국으로부터 한국에 대한 '보호권' 확립에 대해 양해를 구해 두고자 하였다. 이에 일본은 미국과 〈가쓰라-태프트 메모〉를, 영국과 〈제2차 영일동맹〉을 체결하여 소기의 장치를 마련하였다. 이 중 〈가쓰라-태프트 메모〉의 골자는 '필리핀은 미국과 같은 나라가 통치하는 것이 일본에 유리하며 일본은 필리핀에 대해 어떠한 침략의 의도도 갖지 않는다. 미국은 일본이 한국의 보호권을 확립하는 것이 러일전쟁의 논리적 귀결이고, 극동의 평화에 공헌할 것으로 인정한다'는 것이다. 즉 일본은 미국의 필리핀에 대한 통치상의 안전을 보장하고, 미국은 일본에게 한국 보호권 확립을 인정한다는 것이다.

〈가쓰라-태프트 메모〉가 논의된 1905년 7월은 일본이 러일전쟁에서 승리하여 종전이 임박하면서 강화회담이 개최되기 직전의 시점이었다. 일본은 러일전쟁을 치르면서 국력이 피폐하고 자원이 고갈되어 과연 전쟁 종결 이후 한국에 대한 보호권의 확립이 가능할 것인가를 놓고 전전긍긍하는 입장이었다. 때문에 세계의 강대국, 특히 영·미 양국의 지원을 기대하였다. 한편 미국은 러일전쟁 중 일본에 호의적인 입장으로서, 전비 조달을 위한 일본의 공채 모집에 응하기도 했고, 전후에는 일본이 태평양 지역의 미국 영토, 특히 필리핀 군도에 대한 침략의 야심이 있지 않을까 우려하였다.

이런 양국의 입장이 자연스레 접근되어 일본은 한반도에 대해, 미국은 필리핀에 대해, 서로 자국의 이해 확립을 위한 일종의 '구두 양해'를 성립시키기에 이른 것이라고 해석된다.[125] 저명한 한미관계 연구자였던 해링턴은 "1905년 루스벨트 대통령 당시의 〈가쓰라-태프트 메모〉는 미국은 일본의 한국에 대한 통제를 인정하고 일본의 미국의 필리핀섬에 대한 점유를 승인한다는 내용이었던 점에서 열강간에 맺어진 또 하나의 협정이었다."고 주장한다.[126] 이에 대해 재미학자 채종석도 〈가쓰라-태프트 메모〉는 단순한 의견교환 이상의 "양해"에 해당한다고 주장하고 있다.[127]

이상을 놓고 볼 때 조약이라 부르든, 협약 혹은 협정, 메모라고 부르든 가장 중요한 것은 이것이 이후 〈제2차 영일동맹〉(8.12), 〈포츠머스 강화조약〉(9.5)을 거쳐 이른바 〈을사보호조약〉을 통해 일본이 대한제국의 외교권을 탈취해 가던 흐름의 연장선에 위치해 있고, 따라서 바로 그런 성격을 띠고 이루어진 것만은 분명한 사실이란 점이다.[128]

아울러 중요한 것은 미국의 한국과 일본에 대한 기본 인식이다. 당시 미국의 정책결정 과정에서 가장 중요한 인물로 거론되는 이는 대통령 시어도어 루스벨트이다. 그는 국제관계에서 강대국 역할의 중요성을 분명히 인식한 1940년대 이전의 몇몇 안 되는 미국 정치가 중의 한사람이었다. 19세기~20세기 초 러시아의 동아시아 진출에 직면하여 루스벨트는 일본의 역할이 미국에 기여한다고 생각하여 일본의 러일전쟁 승리에 환영하였다. 그는 일본인의 전사적 성격을 선호한다고 했을 만큼 일본에 우호적인 태도를 보였다.[129]

그에게는 일본에 우호적인 두 인물의 영향도 있었다. 즉 조지 케난

---

125 최문형, 『국제관계로 본 러일전쟁과 일본의 한국병합』, 지식산업사, 2004, 305~313쪽.

126 Fred Harvey Harrington, *op. cit.*, pp.54~67.

127 Jongsuk Chay, *Diplomacy of Asymmetry: Korean-American Relation to 1910*, University of Hawaii Press, 1990, pp.143~145.

128 신복룡·이우진 외, 『한국외교사』, 345~349쪽 참조.

129 이하 Jongsuk Chay, *Diplomacy of Asymmetry: Korean-American Relation to 1910*, University of Hawaii Press, 1990, pp.134~145를 참조.

(George Kennan)과 가네코 겐타로(Baron Kaneko Kentaro)이다. 케난은 잘 알려진 친일반러적인 언론인이었고 가네코는 하버드대 법대 출신으로서 루스벨트의 동창생으로서 미·일 두 정부 사이에서 전쟁기간 내내 그리고 강화회의전 시기에 걸쳐 비공식적 위치에 서 있었다. 루스벨트는 가네코 겐타로와 공무를 행하였을 뿐 아니라, 그에게 일본인의 미덕을 더 많이 배웠다.

케난 등의 저술은 그 당시 미국내 주요 인물과 언론처럼 한국을 매우 부정적으로 묘사하고 있었다. 케난은 '자신의 방어를 위해 일격도 못 날리는 한국을 위해 일본에 개입할 수 없다.'(Roosevelt to Hay, January 28, 1905), "평화가 도래한다면 일본이 스스로 유지하기에는 전혀 무력한 한국에 보호령을 두어야 한다."고도 하였다. 전년도에 이미 "왜 한국이 아직도 미국에 공사관을 유지하고 있는지 모르겠다.'고 했고 존 헤이도 같은 말을 했다.

그 외 1904~1905년 루스벨트가 신뢰한 고문역으로 한국에 정통했던 락힐(William W. Rockhill)이 있다. 그는 루스벨트의 오랜 친구이기도 했다. 그러나 그도 한국에는 희망이 전무하다고 보았고, 한국민은 일본의 지배하에 있는 것이 나을 것이라고 하였다. 락힐도 루스벨트, 헤이, 루트처럼 케난의 한국에 대한 저술에 영향을 받았다. 케난은 '국가 운영에 무능한 한국은 진보적인 일본의 지배하에 두는 것이 더 낳을 것'이라는 생각이었다.

한편 1901년 후반 알렌은 전쟁을 예견하고 헤이에게 다음과 같이 썼다. "장래 군사작전이 펼쳐질 전장으로서 한국이 갖는 중요성에 비추어 볼 때 우리 공사관에 무관을 배치하는 것이 좋겠다고 생각한다." 하였다. 1903년 중반 이미 『뉴욕 타임즈』는 다가올 위기에서 주요 이슈는 한국이며 이견을 해소할 길을 찾는 두 강대국이 한국에서 교착상태에 있다고 미국 대중에게 전하였다. 문제의 핵심은 러·일 어느 쪽도 한국과 만주를 상대국의 영향 하에 두는 것을 용납할 수 없는 점이었다. 한국과 만주는 1904년, 1905년의 동아시아 위기에서 가장 중요한 요소였다. 그러나 만

주문제는 한국 문제보다 훨씬 더 중요하였다.[130]

이런 입장 하에 미국은 전쟁 중 엄정 중립을 취하였다. 알렌에게 훈령하여 엄정중립을 지키되 미국인의 이익 보호를 위해 최선을 다하라 하였다. 러일전쟁 2주 전 한국은 중립을 선언하였다. 그러나 워싱턴 당국은 선언서를 인지했다는 답변뿐 다른 언급은 없었다. 전쟁이 발발하면서 일본의 조치에 의해 한국군이 해체되어 3천 명의 반 무장군이 거의 저항도 못하고 일본군의 수송대로 전환되었다. 정치, 교통, 통신, 재정 모든 기능은 일본의 장악하에 있게 되었고, 서울은 일본의 도시로 변하였다. 1904년 봄은 '고요한 아침의 나라'가 '어두운 아침의 나라'로 변해 있었다. 한일의정서가 체결되기 이틀 전 고종은 알렌에게 미국의 지원을 간청하였지만, 알렌은 중립을 지키면서 불개입 정책을 수행하였다. 러일전쟁 직후 경운궁의 대화재 당시 고종의 피난처 제공 요청을 거절한 것도 그런 맥락이었다.[131]

영일동맹과 영국의 인도에 대한 이해

이른바 을사보호조약을 통해 일본이 한국의 외교권을 장악하는 과정에서 통과한 제1의 관문이 〈가쓰라−태프트 메모〉였다면, 제2의 관문은 〈제2차 영일동맹〉, 제3의 관문이 〈포츠머스 조약〉이었다. 이 모두 러일전쟁에서 일본이 승리한 결과 초래된 열강간의 이해 조정이었고, 그 결과 국가의 운명에 가장 큰 타격을 입은 것이 대한제국이었다.

〈가쓰라−태프트 메모〉가 있은 다음달, 영국과 일본은 러시아를 공동의 적으로 〈제2차 영일동맹〉을 맺었다.(1905.8.12) 요지는 영국은 일본이 한국

---

130 Jongsuk Chay, *op. cit.*, pp.139~142.
131 Allen to Hay, January 2, 21, February 21, March 8, 1904, January 19, 1905, *Despatches from U.S. Ministers to Korea*(MF, NA, M134).

에서 가지는 정치상·경제상·군사상의 이익을 보장하며, 일본은 영국의 인도 지배 및 국경지역에서의 이익을 옹호하는 조치를 취할 것 등이었다. 이 같은 〈제2차 영일동맹〉은 1900년 초 의화단의 봉기로 야기된 동북아정세 변화와 그에 따른 〈제1차 영일동맹〉의 연장선에서 이루어진 것이었다. 그러나 내용상 양차의 영일동맹 사이에는 많은 차이가 있었다.[132]

먼저 〈제1차 영일동맹〉 체결과정과 그 요지를 살펴보자. 1900년 6월 의화단(義和團)이 동청철도(東淸鐵道)를 공격하자, 러시아는 18만의 병력을 파견하여 만주의 요지를 점령했다. 1901년 1월 러시아 측은 일본에게 한국의 중립화안을 제의했지만, 일본은 만한교환론을 제기하여 '만주는 러시아에, 한국은 일본에게'라는 식으로 대응했다. 앞서 영국은 독일·일본과 양자강(揚子江) 협정을 체결하여(1900), 청(淸)의 영토보전과 문호개방을 요구했다. 러시아의 남진을 우려한 조치였다. 이때 러시아는 람스도르프─양유(揚儒) 밀약을 통해 만주의 보호령화를 꾀했지만, 영국·일본·미국 등의 항의로 무산되었다.

이 시점에서 영국은 일본과 접속하여 동아시아에서 자국이익을 보호하는 것이 최선이라 판단했다. 당시 일본 내에서는 러시아와 타협하자는 쪽과 영국과 제휴하자는 쪽이 대립하였다. 이토 히로부미 등은 러시아의 만주 점령을 인정하는 대신 일본의 한국 점령을 인정받기 위해 러시아와 제휴하자 했다. 반면 가쓰라 타로 등은 영국과 제휴하자 하였다. 1901년 일본은 러시아의 만주 단독지배를 인정하지 않고, 열강과 협조 하에 한국 지배뿐만 아니라 중국 분할에 참여하자는 쪽으로 방향을 굳혔다. 그 결과 런던에서 주영일본공사(林董)와 영국 외무대신(랜스다운)이 교섭을 진행한 결과 영일동맹이 맺어졌다.(1902년 1월 30일)

---

132 外務省 編, 『日本外交史年表竝主要文書』 下, 東京: 原書房, 1965, 607~608쪽; 성황용, 『근대동양외교사』, 명지사, 1993, 339~340쪽; 최문형, 『국제관계로 본 러일전쟁과 일본의 한국병합』, 지식산업사, 2004, 309~313쪽.

전문에서는 '영·일 양국은 동아에서의 현상유지와 일반적인 평화의 유지를 희망하며 청제국과 대한제국의 독립과 영토보전, 그리고 모든 국가들의 상공업상의 기회균등 유지에 특별히 관심을 갖는다고 규정하고 있고, 6개조의 주요 내용은 ① 영국은 중국에서 일본은 중국에서 보유한 이익과 더불어 한국에서 정치, 무역, 상업상 특수한 이해관계를 보유하며 제3국의 침략행위나 간섭에 대해 필요한 조치를 취할 수 있다. ② 양국 중 한 나라가 제3국과 개전할 때 동맹국은 중립을 지키며 제3국이 적국에 가담하는 것을 저지한다. ③ 제3국이 참전하는 경우 동맹국은 참전하여 공동으로 전쟁을 수행하며 상호 합의하에 강화할 것, ④ 본 협약의 유효기간은 5년 등이었다.

이 내용은 삼국간섭 당시 일본이 굴복한 경험을 염두에 둔 것이었다. 즉 일본이 러시아와 전쟁에 돌입할 경우 영국은 엄정중립을 지키지만, 제3국(요컨대 프랑스나 독일)이 개입할 경우 영국은 일본편에 가담하여 참전한다는 내용이었다. 결국 러시아를 가상적국으로 삼아 체결한 영·일의 동맹조약이었다.

이상의 내용에서 주목할 것은 영국과 일본 각기 청국과 한국에서 특수이익을 보유는 하지만, 적어도 청제국과 대한제국의 독립과 영토보전에 관심을 갖는다는 부분이다. 러시아가 한반도와 만주 양 지역에서 유력한 입지를 확보하고 있을 당시 영국의 대응책이었다.

그러나 러일전쟁의 결과 러·일의 동아에서의 입지가 달라지자 주일영국공사(Claud M MacDonald)와 주한영국공사(John N. Jordan)는 일본이 한국을 보호하는 것은 동아의 평화를 위해 절대 필요하다고 주장하였다. 이 상황에서 일본이 목표로 한 한국의 외교권을 나아가 국권 전체를 장악하기 위해서는 위의 조항들을 먼저 수정할 필요가 있었다.[133] 일본이 〈제2차 영일

---

133 최문형, 『국제관계로 본 러일전쟁과 일본의 한국병합』, 지식산업사, 2004, 309~313쪽.

동맹〉을 필요로 한 한 가지 이유도 바로 그 점에 있었다.

결국 미국에게 한국에 대한 자유행동을 보장받은 일본은 영국에게서도 확실한 보장을 받고자 하였다. 영국 역시 러일전쟁에서 패배한 러시아가 페르시아, 아프칸, 티베트 등 인도북부의 중앙아시아로 진출할 가능성을 우려하였다. 이에 양국 모두 1902년에 체결된 영일동맹의 적용범위를 확대, 이전의 방어동맹을 적극적 공수동맹으로 전환코자 하였다.

결국 1905년 8월 12일 주영일본공사 하야시 다다스(林董)와 영국외무대신 랜스다운 사이에 8개조의 〈제2차 영일동맹〉이 체결되었다. 그 내용에 한국의 운명과 관련하여 몇 가지 주목할 점이 있다.[134]

첫째, 제1차 영일동맹에서 '청제국과 대한제국의 독립과 영토보전이라는 문구를 '청제국의 독립과 영토보전'으로 수정하여 대한제국을 삭제해 버렸다.

둘째, 동맹조약의 범위가 동아시아에서 인도로까지 확대되어, 영국은 인도의 국경 안전에 대하여 특수이익을 갖고 있으며, 이를 보호하기 위하여 필요한 조치를 취할 수 있다고 하였다.

셋째, 제1차 영일동맹에서 일본이 한국에서 정치, 상공업상의 특수권익을 인정한 내용을 일본이 이 특수권익을 옹호, 증진하기 위해 한국에 대한 지도(guiding), 감리(control) 및 보호(protection) 조치를 취할 권리를 인정하였다.

넷째, 제1차 영일동맹에서 동맹국의 원조 의무를 적국이 2개국 이상일 경우로 한정했던 것에서 적국이 1개국일 경우에도 동맹국에 원조의 의무가 발생하며 전쟁의 강화도 쌍방의 합의에 따르도록 하였다. 이전의 방어동맹이 공수동맹으로 전환된 것이었다.

다섯째, 유효기간을 5년에서 10년으로 연장하였다.

---

134 김용구, 『세계외교사』, 서울대학교 출판부, 1994, 341~344쪽.

이상을 통해 볼 때 제1차 영일동맹은 초강대국 영국으로서는 '영예로운 고립'을 버리고 처음으로 동맹국을 찾았다는 의미가 있고, 일본의 경우는 한반도에서 우월한 지위를 영국으로부터 인정받고 영국의 지원을 뒷받침으로 러시아와의 일전을 치를 수 있는 토대를 마련하여 러일전쟁의 길을 열어주었다는 의미가 있었다.

반면 제2차 영일동맹은 일본이 한국에서 정치 및 상공업상의 특수권익을 인정받는 정도의 선을 넘어 한국에 대한 일본의 지도와 감리, 보호의 권리를 영국으로부터 인정받았다는 점에서 대한제국의 운명과 관련하여 가장 중요한 의미를 지닌다. 아울러 영국으로서는 러시아로 하여금 동아시아와 인도에 대한 관심을 접고, 다시 유럽으로 관심을 돌리게 하여 장차 러시아가 영국 및 일본과도 협력하는 길을 열어둔 점, 그 결과 러시아는 과거의 한국에 대한 입장과 달리 러일협약(1907)을 체결함으로써 일본이 대한제국의 보호국을 넘어서서 대한제국을 강점하도록 용인하는 역할로 전락했다는 점에서 또 다른 반전을 보였다.

러·일의 타협과 러시아의 외몽고에 대한 이해

헤이그 특사에 대한 각국의 반응, 특히 미국, 영국, 그리고 러시아의 경우는 어떠했나. 한마디로 이들은 특사의 출현에 냉담했고 이들의 요청과 호소에 지원을 거부하였다. 영·미 측이 한국의 특사에 냉담했던 이유는 일본과의 합의에 의해 이미 한국에 대한 보호의 권한을 일본에 허용하였기 때문이다.[135] 영·미가 일본의 한국에 대한 보호권을 인정한 것은 포츠머스

---

135 제1회 영일동맹에서는 일본이 한국에서 상공업상의 특수 권익을 인정한 것에 지나지 않았지만, 제2회 동맹에서는 일본이 한국에 대한 지도, 감리 및 보호 조치를 취할 수 있는 권리를 인정했다.(Jongsuk Chay, *Diplomacy of Asymmetry*, p.144; 최문형, 『러일전쟁과 일본의 한국병합』, 305~313쪽)

강화회의에서 일본의 입지를 지지해 주는 효과가 있었던 것도 사실이다.

여기서 가장 궁금한 것은 러시아의 태도였다. 러시아 측은 1906년까지도 헤이그 평화회의 참석을 바라는 취지로 대한제국 정부에 연락을 취해 왔었다. 그러나 정작 헤이그에 특사가 도착했을 때 특사의 요청을 거부하고 외면하였다. 그 사이 어떤 이해의 변화가 있었나.

헤이그 평화회의가 진행 중이던 1907년 7월 하순, 러·일 사이에는 별도 협약이 진행 중에 있었다. 즉 제1회 러일협약(Russo-Japanese Agreement: 1907.7.30)이 그것이다. 협약의 양측 대표는 모토노(本野一郎) 주러공사와 이즈볼스키 러시아 외상이다. 이들이 상트 페테르부르크에서 체결한 협약은 조약 2개조, 비밀협약 4개조 및 추가 조약이다.[136]

이 중 공개 조약은 ① 상호 영토보전을 존중하고, 각기 상대국의 청국과의 조약상 권리를 존중하며, 포츠머스 조약 및 러·일 사이의 제 조약상의 권리를 상호 존중하며, ② 청제국의 독립 및 영토보전, 그리고 청국 내 열국의 상공업 기회균등을 승인한다는 것이다.

비밀협약의 요점은 다음의 두 가지로 분석된다. ① 러시아는 일본과 한국 사이의 현행 조약, 협약 관계를 승인하며, 한일 관계의 발전을 방해, 간섭하지 않으며, 일본은 한국 내에서 러시아의 정부, 영사관, 신민, 상업, 공업 및 항해업에 대하여 모든 최혜국대우를 약속한다. ② 일본은 외몽고에서 러시아의 특수 이익을 승인하고 이에 간섭하지 않는다.[137]

이 중 한국과 관련하여 가장 중요했던 것은 비밀협약의 제2항이다. '러시아가 일본과 한국 사이의 현행 조약, 협약 관계를 승인하며, 한일관계의 발전을 방해, 간섭하지 않는다.'고 한 것은 〈을사늑약〉에서 일본이 한국에 대해 강요한 보호권을 승인해준 셈이었다. 즉 〈포츠머스 강화조약〉에서

136　日本外務省 編, 『日本外交史年表竝主要文書』上, 東京: 原書房, 1965, 280~282쪽.

137　추가조약은 비밀협약 제1조의 북만주 및 남만주의 분계선 획정에 관한 것 등이다.(日本外務省 編, 『日本外交史年表竝主要文書』上, 東京: 原書房, 1965, 281~282쪽)

러·일 양국이 애매하게 처리해 계류시킨 한국의 '보호권'에 관한 문제를 이 협약을 통하여 일본에게 마침내 위임한 것이었다.[138]

이처럼 러시아는 '외몽고와 한국의 문제'를 두고 일본과 협상을 마무리하던 상황이었다. 러시아가 한국특사의 요청을 들어주고자 일본과의 협약을 접어둔다는 것은 기대할 수 없는 일이었다. 그러나 특사의 입장에서 볼 때 러시아의 행위는 실로 모순되는 것이었다. 한국 정부가 누차 평화회의 참석에 대한 희망을 피력했을 때 러시아도 이를 권고하거나 초청하겠다는 의사를 누차 표명한 바 있었기 때문이다. 러시아의 '초청 운운'에 많은 기대를 걸었던 한국 측은 실망도 컸다. 아관파천 당시 러시아의 초청으로 파견되었던 민영환 특사가 정작 모스크바에서는 러시아의 소극적 반응으로 좌절한 경험을 재연하는 듯했다.[139]

이상에서 보듯이 러시아는 1905년 말~1906년 초까지만 해도 헤이그 평화회의에 한국 측 사절을 초청하겠다는 뜻을 비쳐 희망을 주었다. 그러나 정작 특사가 헤이그에 도착하였을 때는 그 기대를 저버렸다. 당초 러시아의 목표는 일본을 견제하는 데 있었다. 그런데 1906년 몽고 문제를 두고 일본과 타협을 추구하면서 입장이 서서히 바뀌었고, 1907년 한국의 특사가 서울을 출발할 무렵에는 이전과 정반대로 특사의 임무 수행을 방해하였다. 결국 러시아는 한국 측을 지원하는 듯 행동하다가 정작 중요한 시기에는 한국 측을 실망시켰다.

그 외 영·미·불·독 등 열강도 러·일의 입장을 지지했고, 회의에서 표방한 정의와 평화에 기대를 건 한국의 특사들은 오히려 외면당했다. 이위

---

138 이에 관해서는 최문형, 『국제관계로 본 러일전쟁과 일본의 한국병합』, 지식산업사, 2004, 305~326쪽; 이창훈, 「러일전쟁 후 동북아 신질서의 형성과 한국의 대응 (1905~1910)」, 『한국외교사』 II, 한국정치외교사학회, 1995; 석화정, 「한국 보호를 둘러싼 러·일의 대립—헤그 밀사사건'을 중심으로」, 정성화 외, 『러일전쟁과 동북아의 변화』, 선인, 2005 등을 참조.

139 이민원, 「민영환의 유럽방문과 모스크바 외교—附 국가방략과 千一策」, 『死而不死 민영환』, 고려대 박물관, 2005, 107~121쪽.

종은 현지의 인터뷰에서 '만국평화회의란 무엇인가? 강대국에 유린당하는 약소국 호소를 외면하는 것이 사명인가? 언젠가는 댓가를 치를 것!'이라 하였다.[140] 이렇게 미국·영국·러시아가 각기 필리핀, 인도, 외몽고 등에 대한 이해를 두고 일본과 타협한 결과 일본은 한국의 병탄으로 가는 길목에서 가장 중요한 3개의 관문을 모두 통과한 셈이었다. 이후 일본은 열강과의 소소한 조정을 거쳐[141] 대한제국의 군대·경찰·사법·언론 등을 두루 접수한 뒤 1910년 '합병조약'을 강제했다.[142]

---

140 이후 일본이 고종을 협박하여 양위하게 하고, 한국의 내정을 장악해 간 상황은 李王職
　　實錄編纂會 編, 『皇帝讓位前後重要日記』(藏書閣 所藏 MF 번호: MF20312-001, 1917
　　年 寫)에 일부가 드러난다.

141 1905년의 〈포츠머스 강화조약〉, 〈을사늑약〉에도 불구하고 이후 5년간 더 시간이 지체
　　된 배경에 대해서는 최문형, 『러시아의 남하와 일본의 한국침략』, 지식산업사, 2007,
　　제5장을 참조.

142 이 부분은 M. Frederick Nelson, *KOREA and the Old Orders in Eastern Asia*,
　　Louisiana State University Press, Baton Rouge, Louisiana, 1946, pp.272~287;
　　具汸列, 「러일전쟁의 경과와 전후처리」, 『한국사 42-대한제국』, 국사편찬위원회,
　　1999; 이태진 편저, 『일본의 대한제국 강점』, 까치, 1995, 213~291쪽; 정선길 편, 이
　　민원 감수, 『日本之朝鮮: 일제가 강점한 조선』, 한국영상문화사, 2006, 135~140쪽을
　　참조.

제4장
대한제국의 운명과 부활하는 한국의 혼

1

대한제국의 국권 상실과 끝나지 않은 사명

광무황제의 퇴위와 일본의 국권 탈취

헤이그의 만국평화회의는 제국주의적 세계질서 속에서 강대국 간의 평화유지를 목적으로 개최된 것이었다. 그의 성격상 일본에게 외교권마저 유린당한 한국의 특사 일행이 목적을 달성하기에는 처음부터 어려운 상황이었다. 결과도 당장의 실질적 소득은 거두지 못하였고, 일본은 오히려 이를 빌미로 고종에게 역습을 가하였다.

이미 일본 측은 헤이그특사의 파견 사실을 어느 정도 알고 있었다.[1] 특사의 배후에 한국의 기독교 세력과 미국인 헐버트가 있음을 감지하고 있었다. 도쿄 및 유럽으로부터 온 전보를 종합해 본 통감(統監) 이토는 이 사건을 오히려 좋은 기회로 보았다.

이토의 목표는 일단 고종을 황제자리에서 축출하는 것이었다. 입궐한

---

1 정확한 시점은 모호하나 李王職實錄編纂會 編,「皇帝讓位前後の重要日記」(韓國學中央硏究院 所藏)에 1907년 6월 30일 자, 7월 2일 자 등에도 관련 기록이 보인다.

이토는 특사의 활동에 대한 책임을 추궁하면서 고종에게 "그와 같은 음험한 수단으로 일본의 보호권을 거부하기보다는 차라이 일본에게 선전을 포고하라"고 압박하였다. 이어 일본내각에 고종의 양위와 외상 파견 건을 제의하였다. 이후 그는 고종의 양위를 넘어 강제퇴위를 진행하였고, 내한한 일본 외상 하야시 다다스(林董)는 한국정부와 새 조약을 강행하였다.(7.24)

헤이그 특사 3인에게는 궐석재판을 통해 이상설에게 사형, 이준·이위종에게 종신징역형이 선고되었다.[2] 특사 일행은 자신들에게 임무를 부여한 나라의 군주에 의해 '임무를 수행한 죄로 사형 혹은 종신징역을 선고 받은 희대의 인물'이 된 셈이었다. 이때 일부 대신이 "평리원에서 제기한 법조문에 의하여 처결하되 체포한 다음에 처형하는 것이 어떻겠습니까."라는 소극적 의견을 제시하였다. 통감부의 압력 아래 궁지에 몰린 조정의 대신들이 특사 일행의 암살만은 일단 막아보자는 의도에서 고안한 궁여지책으로 비쳐진다.

이처럼 광무황제 고종이 퇴위한 계기는 헤이그특사사건이었고, 이를 강요한 것은 이토 히로부미였다. 고종의 퇴위 과정은 정당한 절차를 밟은 것은 물론 아니었다. 고종을 이어 황제가 된 순종은 비정상적 절차를 거쳐 즉위한 셈이다. 그렇지만, 대부분 한국인들은 융희황제 순종을 부인하기보다는 동정하는 입장이었다.

〈정미7조약〉을 강행한 이후 통감부는 언론탄압을 위한 「신문지법」, 집회·결사를 금지하는 「보안법」을 연이어 공포케 하였고, 마침내 군대해산령을 내려 한국을 무력화시켰다.[3] 군사·재정·인사·경찰·언론·집회 등 모두 대한제국의 중추를 이루는 것들이었다. 그 사이 일본은 미, 영, 러 등 열강

---

2 『純宗皇帝實錄』1908년 8월 8일.

3 M. Frederic Nelson, *Korea and the Old Orders in East Asia*, Louisiana State University Press, 1946, pp.244~287; 國史編纂委員會, 『韓國獨立運動史』 1, 1965; Mckenzie, F. A. 著, 李光麟 譯, 『韓國의 獨立運動』, 一潮閣, 1969.

과의 타협을 통해 대한제국에 대한 일본의 독점적 지배를 양해 한 뒤 마침내 1910년 8월 29일 대한제국의 국권까지 장악하였다.

일본이 러일전쟁 후 대한제국의 외교권과 재정권을 강탈하고, 군대를 해산한 것은 이미 나라를 멸망시킨 것이나 다름없었다. 남은 것은 대한제국의 주권을 차지하는 형식상의 절차뿐이었으니 반만년 역사 이래 처음으로 겪는 한민족 최대의 수난이었다.

이토가 안중근 의사에게 저격당하여 죽자 일본은 내친김에 한국을 병탄하고자 했다. 1910년 5월 육군대신 데라우치 마사다케(寺內正毅)가 3대 통감으로 임명되자 한국에 부임한 그는 헌병경찰제를 강화하고 일반경찰제 정비를 서둘렀다. 이미 1907년 10월 한국경찰을 일본경찰에 통합시킨 데다 종래의 사법권, 경찰권 외에 일반경찰권까지 확보한 것이다. (1910.6)

이어 데라우치는 이완용을 앞세워 8월 22일 마침내 '일한병합조약'을 강제하였다. 전문 8개조의 제1조에서는 "한국의 황제폐하는 한국 정부에 관한 모든 통치권을 완전하고도 영구히 일본국 황제폐하에게 양여함"이라 하였다. 그러나 발표를 유보하였다. 예상되는 한국민의 반발 때문이었다. 먼저 정치단체의 집회를 모두 금하고, 원로대신들을 연금한 후 순종이 나라를 일본에 이양한다는 조칙을 내리게 하였다. 관보와 신문에 그 소식이 실렸다.

한편 8월 초부터 통감부(10월 1일부터는 총독부)와 일본정부 사이에는 300통에 가까운 비밀전문이 오고 갔다. 국호와 황실의 호칭, 합병협력자의 매수 등에 관한 것이 다수였다. 8월 18일 자로 일본의 가쓰라 총리가 데라우치 통감에게 보낸 전문에 현 황제를 창덕궁 '이왕 전하'로 하고 한국의 국호는 이제부터 '조선'이라 한다고 하고 있다. 대한제국을 조선으로, 고종태황제를 이태왕 전하로, 순종황제를 이왕 전하로 호칭을 조정하였다. 순종이 퇴위당한 직후 창덕궁 선정전에는 일월도(日月圖) 대신 봉황도(鳳凰圖)가 내걸렸다.

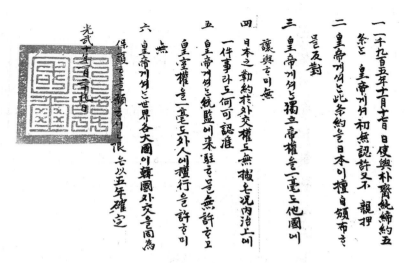

一、千九百五年十一月十七日 日使與朴齊純締約五條と 皇帝끠셔 初無認許又不 親押

二、皇帝끠셔と此條約을日本이擅自頒布함을 反對

三、皇帝끠셔と獨立帝權을一毫도他國에 讓與함이無

四、日本之勒約於外交權도無홈은況內治上에 一件事라도何可認准

五、皇帝끠셔と統監에來駐홈을無許하고 皇室權을一毫도外人에게擅行을許하며 無

六、皇帝끠셔と世界各大國이韓國外交를同爲 保護하기를頌하시고限을以五年確定

光武十年月二十九日

고종이 '을사조약'이 무효임을 밝히고 각국의 보호를 요청한 내용

'을사조약' 등을 강제한 이토와 그 일행

끝나지 않은 사명: 해외의 독립운동 조직과 특사의 운명

1907년 7월 14일 헤이그에서 이준[4]을 공원묘지에 매장한 뒤 이상설 등은 유럽 각국 방문에 나섰다. 고종으로부터 부여받은 임무 수행의 연장으로서 그는 헐버트 박사와 이위종·송헌주·윤병구 등을 대동하고 영·미·불·독·러 등 각국을 직접 순방했다.[5]

빠듯한 일정이었다. 이상설 일행은 7월 19일 헤이그를 출발, 영국을 방문하여 런던에서 3일 머물고, 미국 뉴욕에 도착(8.1), 워싱턴을 방문했고,[6] 다시 9월 초 헤이그로 돌아와 이준의 장례식을 거행하였다. 다시 9월 5일 그곳을 떠나 파리와 베를린을 방문하고, 이탈리아의 로마 등을 거쳐 러시아 수도 상트 페테르부르크로 갔고, 다시 런던으로 갔다.

이들이 각국에서 만난 것은 그 나라의 원수나 정계지도자, 언론인 등이었다. 이들은 일본의 한국에 대한 침략과 을사보호조약의 불법성, 폭력성을 설파하여 한국의 독립수호를 위한 국제 협력을 간절히 호소하였다. 이상설은 한국이 네덜란드·스위스·벨기에와 같은 중립국이 되기를 바란다고도 호소하였다.[7] 이후 지속된 그의 활동을 정리하면 다음과 같다.

① 먼저 미국에서 개최된 애국동지대표자회의 참석이다. 이상설, 이위종은 1908년 2월 영국을 떠나 미국으로 갔다. 이듬해 4월까지 머물려 미국 조야에 한국의 독립 지원에 관한 호소를 계속하면서 각지의 한국 교포를 결속시키고 조국독립 운동의 기초를 닦고자 하였다. 이상설은 그해 8월 11~15일 사이 콜로라도주 덴버시에서 열린 애국동지대표회의 막후 역할을 한 것으로 잘 알려진다. 이때 그는 이승만과 함께 연해주의 한인대표로

---

4 東洋學研究所 編, 『張志淵全書』 10, 檀國大出版部, 1989, 677~682쪽.
5 尹炳奭, 『增補 李相卨傳』, 일조각, 1998, 302쪽.
6 루스벨트 대통령을 만나고자 했으나 면회를 거절한 것으로 보인다.(尹炳奭, 위의 『增補 李相卨傳』, 100쪽; 김원용, 『재미한인 50년사』, 313쪽)
7 『대한매일신보』, 1907년 7월 27일, 1907년 8월 3일, 1907년 12월 11일.

참석하였다.

② 다음으로 미국에서의 국민회 조직과 연해주에서의 한흥동 건설이다. 1909년 2월 1일 미국에서는 국민회가 조직되었다. 미국 본토의 공립협회와 하와이의 합성협회가 합쳐진 것이다. 총회장은 정재관이었다. 4월에 이상설은 정재관, 최정익, 송종호 등과 연해주로 출발하였다. 블라디보스토크에 도착한 그는 이승희, 김학만, 정순만 등의 동지를 규합하여 러시아령 국경지방 흥개호 남쪽 북만주 밀산부에 한흥동을 건설하기 시작했다.

그는 1906년 용정에 서전서숙(瑞甸書塾)을 세웠던 경험에 기초하여 한민학교를 세우고 민족교육을 실시하였다. 이를 위해 이상설은 한흥동과 블라디보스토크를 왕래하며 자금을 모았다. 이 시기에 이상설을 만나게 된 안중근은 그를 가장 존경하는 인물로 여겼다. 일본 측 자료에는 안중근이 이토오를 총살하도록 지령한 것이 이상설이라는 기록도 엿보인다.

③ 그 다음으로 간도와 연해주에서의 13도의군 편성과 성명회 선언이다. 1910년 6월 21일 이상설은 유인석, 이범윤, 이남기 등과 함께 국내외 의병을 통합하여 13도의군을 편성하고 도총재에 유인석을 추대하였다. 이어 고종에게 13도의군 편성의 사실을 상주하고, 군자금 하사와 고종 황제의 러시아 파천을 권하는 상소문을 올렸다. 현실 여건상 가능성은 희박했지만, 13도의군 측에서는 고종 중심의 망명정부도 구상한 것으로 보인다.

1910년 8월 일본이 대한제국을 병탄하자 이들은 연해주 간도 지역의 한인을 규합하여 성명회를 조직하고, 일제의 한국침략을 성토하고 한민족의 독립 결의를 밝히는 선언서를 세계 각국에 보냈다. 거기에는 유인석·이상설 등 한인 8,643명의 서명이 있었다.

그러나 그로부터 얼마 안 되어 이상설 일행은 니콜스크에서 추방되고 말았다. 일본의 공작으로 이상설을 비롯하여 이범윤, 김좌두, 이규풍 등이 러시아 관헌에게 체포되었다. 러시아의 목적은 성명회와 13도의군의 간부 체포를 통한 단체의 해산이었다. 과거의 적국이었던 일본의 요구에 응하여 러시아 측은 오히려 항일운동을 하던 이상설 등을 추방한 것이다. 러시아의 지원을 기대하였던 이상설 등에게는 날벼락 같은 사건이었다.

④ 한편 이상설은 블라디보스토크에서 권업회를 조직하고 권업신문 발간에 주역을 담당하였다. 니콜스크에서 추방된 이상설은 블라디보스토크로 돌아왔다. 바로 그해 연말 조직된 것이 권업회(勸業會)였고, 권업회에서 발간한 것이 권업신문(勸業新聞)이다. 한인 교포의 경제 향상과 항일독립운동을 위한 것이었다. 이상설은 권업회의 회장 혹은 권업신문의 주필을 맡기도 하였다. 이상설은 성명회와 13도의군의 해체과정을 돌이켜 보면서 러시아 측의 협조가 필요함을 느끼고, 이후 러시아총독과 친교를 도모하고자 하였다.[8]

⑤ 이상설의 일생에서 가장 중요한 업적 하나는 대한광복군정부의 수립이다. 그는 1914년 국망 후 처음으로 일종의 망명정부 형태를 띤 대한광복군 정부를 세워 정도령(正都領)에 선임되었다. 이동녕, 이동휘, 정재관 등이 함께 참여하였다. 이상설은 러일전쟁이 재발할 가능성이 있다고 보고, 시베리아의 한국교포 이주 개척 50주년을 기념하면서 군자금을 모으고 광복군에 의한 조국 독립전쟁을 기도한 것으로 볼 수 있다.

그러나 예상과 달리 제1차 세계대전은 그해 8월 유럽 쪽에서 발발하였다. 일본과 전쟁을 할 것으로 기대했던 러시아는 오히려 일본과 연합국의 일원이 되어, 연해주 한인의 정치·사회·군사 활동을 엄금하였다. 결국 대한광복군 정부는 활동을 지속하지 못하고 해체되었고, 권업회마저 러시아 관헌에 의해 해체되었다. 20세기 초반에 최초로 등장했던 한국인의 '망명정부'도 역사의 뒤안길로 사라지고 말았다.

⑥ 이상설이 최후로 활동한 것은 중국에서의 '신한혁명당'(新韓革命黨) 조직이다. 1915년 3월경 중국 상해의 영국조계에서는 망명중인 박은식, 신

---

8 러시아극동총독 콘지다스지는 이상설을 예우하여 매월 1백 원씩의 생활비를 제공했다고 한다.(윤병석, 앞의 『增補 李相卨傳』, 157쪽)

규식과 청도에서 간 조성환, 시베리아에서 간 유동열, 국내에서 간 유흥렬, 간도에서 간 이춘일 등 민족운동자들이 '신한혁명당'을 조직하였다. 이들은 북경에 본부를 두고 이상설을 본부장에 선임하였다. 일본 측 기록에는 이때 이상설이 상해와 북경 등에 직접 방문한 것으로 되어 있다. 이무렵 신한청년당의 외교부장 성낙형이 국내에 들어와 비밀리에 고종을 알현하였다. 성낙형은 고종에게 해외에서 이상설 등이 국권회복을 위해 헌신하고, 신한혁명당을 조직하여 고종을 당수로 추대하려 한다고 상주하였으나 일본군경에게 발각되어 체포되고 말았다.

이상에서 보듯이 이상설은 쉴 틈 없이 독립운동단체 조직을 지속하였다. 대부분 일본과 러시아 당국의 압제로 단기간 존속하고 말았지만, 해외 한인의 결속과 항일독립운동을 위한 구심체로서 거듭 단체를 조직하고 이끌어가고자 한 것은 고종이 위임한 사명의 연장이었다. 그러다가 과로가 겹쳤고 거듭된 실패로 좌절도 컸다. 결국 중병으로 쓰러진 그는 니콜스크에서 이동녕, 조완구, 백순, 이민복 등이 지켜보는 가운데 1917년 3월 2일 운명하였다.[9] 마지막 유언으로 그는 "나라를 잃은 사람에게 무슨 무덤이 필요한가. 유해를 화장하여 강에 뿌리고, 나의 유품은 불태워 달라"고 하였다.

한편 이위종은 이상설과 헤어진 후 러시아로 돌아가 활동하였다. 1911년 그의 부친 이범진은 나라의 멸망에 분노하여 자결하면서 거액을 독립운동 자금으로 넘겨주었고, 자신의 장례비로 일부만 남겼다. 이후 이위종은 가정적으로 많은 곤란을 겪었으며, 후일 러시아의 사관학교에 입학하여 군사 교육을 받은 후 러시아의 내전에 참여하였다고 전한다.

그러나 이후의 행적에 대해서는 일부 그로 추정되는 인물이 모스크바에

---

9 이상설의 생애는 윤병석 편, 『보재 이상설 선생(1870–1917)』, 사단법인 보재 이상설 선생 기념사업회, 2001; 이민원, 『이상설–신학문과 독립운동의 선구자』, 역사공간, 2017 을 참조.

서 한국의 독립을 위해 연설하였다는 기록 정도가 보이나 자세하지 않다.[10] 그의 부친은 상트 페테르부르크의 교외에 묻혔고, 그 후 근 90년이 지난 2002년 그의 묘역에서 한국에서 방문한 수백 명의 사람들이 지켜보는 가운데 조촐한 추모의식과 함께 아담한 묘비가 제막되었다. 그러나 이위종은 언제 어디서 어떻게 사망했는지 아직까지 자세히 밝혀져 있지 않다.

이상에서 보듯이 헤이그특사 3인 중 이준은 헤이그 현지에서 순국했고, 이상설은 연해주에서 순국하여 그의 유해는 수분하 강에 뿌려졌다. 그리고 이위종은 최후가 미궁인 채 현재에 이른다. 특사 중 유해나마 국내에 안치된 것은 헤이그에서 순국한 이준뿐이다.

헤이그특사 임무 수행의 종결점은 언제일까. 고종이 파견한 헤이그특사 3인의 임무 수행은 이들의 순국으로 종결되었다고 볼 수 있다. 그러나 특사의 또 다른 한 사람인 헐버트가 있다. 헐버트는 일제하에 미국에서 저술과 강연 활동을 하며 기회 있을 때 마다 한국의 사정을 미국에 소개하였다. 이 역시 고종으로부터 위임받은 사명의 연장이라고 할 수 있다.

1945년 일본이 항복하고, 1948년 대한민국 정부가 수립되자 그는 이승만 정부의 초청을 받아 꿈에도 그리던 한국을 방문하게 되었다. 그러나 노령에 오랜 항해로 쌓인 여독이 겹쳐 그는 한국에 도착하자마자 곧바로 청량리 병원으로 직행하게 된다. 그는 대한제국 정부와 광무황제에 관한 많은 비밀을 한국 정부에 알려 주고자 하였으나 끝내 광무황제와 헤이그밀사에 관한 많은 비밀을 풀어놓지 못한 채 눈을 감았다.[11]

---

10 삐스꿀로바, 「붉은 군대의 사령관, 왕자 이위종」, 『이범진의 생애와 항일독립운동』, 외교통상부, 2003; 이민원, 「헤이그특사 이위종(李瑋鍾)의 생애」, 『월간 殉國』197, 대한민국 순국선열유족회, 2007년 6월호; 반병률, 「이위종과 항일혁명운동─러시아에서의 활동을 중심으로」, 『이준열사와 제2차 만국평화회의─이준열사 순국100주년 기념학술대회 논문집』, 이준열사순국백주년기념사업추진위원회, 2007.

11 H. B. Hulbert 著, 申福龍 譯註, 『大韓帝國史 序說』, 探求堂, 1979의 역자 서문을 참조.

한국혼의 부활과 민족주의역사학의 대두

20세기 초 한국의 역사학자들에게 공통적인 것은 단군에 대한 관심이다. 그렇게 된 계기는 대한제국 정부의 체제정비와 문물정비 사업, 단군을 국조이자 신앙의 대상으로 삼은 대종교의 등장, 단군을 구심점으로 전개한 항일독립운동으로 요약된다. 특히 중화체제 탈피를 선언한 대한제국 정부의 황제체제에 입각한 각종 전적의 편찬사업이 새로이 주목된다.

대한제국 선포 자체는 자국 역사와 민족에 대한 자주독립의 의식을 환기하는 중요한 촉매제였다. 거기에다 황제제체의 문물정비 일환으로 조정 내외의 학자적 관료들이 국가기관 소장의 전적을 공동으로 열람, 조사하게 된 것은 자국의 역사와 자민족의 기원, 나아가 민족의 정체성 모색에 깊은 관심을 기울이는 중요한 계기였다.

이들 사업은 영·정조 당시의 문물정비를 계승한 위에 대한제국 선포에 담긴 자주성을 새로이 추가한 것이기도 하였다. 그 결과 국가의 위기가 고조되는 가운데, 민족의 시조 단군 중심의 민족의식의 보급과 확산에 중요한 바탕이 된 것으로 해석된다. 그것은 『증보문헌비고』 편찬에 참여한 인사들의 언론, 저술, 강연, 단체 등 각종 활동에 잘 드러나 보인다.

이 중 주목되는 인물이 대종교 인사 김교헌이다. 김교헌은 『단조사고(檀祖事攷)』, 『신단실기(神檀實記)』 등의 저술을 통해 단군의 역사를 정리하면서 대종교의 교리를 체계화 하고 독립운동을 이끌어간 주요 인물이다. 그는 종래의 중화사상을 불식하고 민족주의 사관을 정립하여 대종교 교리와 종사에 기여하였다. 그의 학문은 후에 박은식과 신채호의 역사학에 영향을 미쳤으며 최남선도 그에게 배웠다. 그들은 단군을 중심으로 민족의 부활을 꾀하고자 하였고, 그것이 대종교 활동과 함께 단군에 관한 재인식과 각종 고대사에 대한 관심과 저술을 낳게 한 동기였다. 이렇게 후일 한국의 역사학에 중요한 영향을 미친 인물들이 앞에 언급한 김교헌, 신채호, 박은식,

신규식, 정인보, 최남선, 장도빈 등이다.

한편 일본의 식민사학자들은 단군 신화는 조작되었다는 입장이었다. 식민사학자들이 단군의 실재를 부인하고자 한 것은 단군의 존재가 한민족의 정체성을 고양시키고, 항일민족주의 경향을 지닌다고 보았기 때문이다. 이런 주장은 한민족의 사대주의성과 정체성·타율성·당파성을 강조한 식민사학의 맥락에서 진행되었다. 이런 현상이 오히려 한국의 역사가들로 하여금 항일독립운동의 일환으로서 나아가 식민사학에 대한 대응논리로서 학문내적 순수 민족주의사학은 물론, 학문외적 측면에서 국수주의라고도 지칭되는 학풍을 촉발한 원인도 되었다.

다른 한편 실증사학자들의 입장은 단군의 존재나 단군민족주의에 대해 소극적 입장이었다. 그것은 넓게 보아 일제하 제도권에서의 제약된 연구 분위기와 일정한 관계가 있다고 볼 수 있다. 아울러 사회경제사학, 요컨대 유물론에 입각한 역사해석 분야에서도 그 점은 마찬가지였다. 기본적으로 종교와 신앙을 인정하지 않는 유물론의 입장, 그리고 각국의 전통과 민족주의를 인정할 수 없는 기본 전략과 무관하지 않다.

최근 북한은 종래의 입장을 전환하여 단군에 대한 관심을 환기하고 있다. 취약한 정권의 정통성 확보 의도와도 무관하지 않을 것으로 보인다. 그러나 그런 점과는 별도로 단군의 역사성은 다가올 남북한 통합의 주요한 장치로서 작용할 가능성을 배제할 수 없다. 대한제국기 문물정비와 '단군의 부활'에 대한 의미를 살펴보는 이유도 바로 이점에 있다.

대한제국 당시와 그 후 한국의 역사학자들은 대부분 한국 역사의 시원으로서 단군의 모습을 재발굴하고 한민족사적 의미를 밝히는데 중요한 목표를 두었다. 이러한 흐름을 앞서 개척해간 이가 백암 박은식과 단재(丹齋) 신채호(申采浩)이다. 신채호는『증보문헌비고』편찬에 참여했던 김교헌 등 정부 관료 출신 학자의 영향을 많이 받은 인물이었다.

신채호의 사학은 민족사의 뿌리인 상고사에 집중되었고, 상고사연구는 단군의 역사와 그 위대성을 부각시키는데 깊은 관심을 두었다. 신채호는 국사(國史)를 '민족의 소장성세를 기록한 것'으로,[12] 나아가 '아'와 '비아'의 투쟁의 기록이라 하고, 조선사는 조선민족이 그리 되어온 상태를 기록한 것이라 규정하였다.[13] 그가 역사 서술에서 무엇보다 중시하는 것은 주인되는 종족을 분명히 드러내어 놓는 문제였다. 그는 민족이 분명히 부각되지 않은 역사는 '정신없는(無精神) 역사'가 될 것이며, '정신없는 역사'는 읽는 이를 '정신없는 민족'으로 만들고, 결과적으로 '정신없는 국가'를 산출해낼 것이라 했다.[14]

이런 입장에서 그는 전래의 역사서를 신랄히 비판하였다. 고대의 역사서는 민족의 흥망성쇠를 담은 역사가 아니라 '일개 성(姓)의 족보(傳家譜)'이거나 '한편의 재이기(災異記)'에 불과했다는 것이다.[15] 그가 지향하는 역사는 왕가 중심, 혹은 가문 중심의 역사가 아니라 민족 구성원 전체의 역사였다. 그에 의하면 근대에 와서 발간된 국사교과서들도 역사주체로의 민족을 분명히 드러내주지 못한 것은 마찬가지였다. 그는 당시의 국사교과서들이 조선 민족을 다른 민족과 구분하여 분명히 드러내지 못하였다고 비판했다.[16]

그의 연구는 한민족의 정체성을 밝히는 데 중요한 비중을 두었다. 민족적 자아를 분명히 정립해야만 '애국심'의 대상과 목적이 분명해진다는 주장이었다. 그렇다면 우리민족의 정체성은 무엇인가. 그는 우리 민족은 '동국(東國) 주족(主族) 단군후예', 또는 '신성종족 단군자손'[17]이라고 주장한다. 그에게 단군은 신화적 인물이 아니라 역사 속에 실재한 존재였다. 그의 이런

---

12 申采浩, 「讀史新論」, 『(改訂版) 丹齋申采浩全集』 上, 丹齋申采浩先生 紀念事業會, 1977, 471쪽. 이하 『改全集』으로 약칭.

13 申采浩, 「朝鮮上古史」, 『改全集』 上, 31쪽.

14 申采浩, 「讀史新論」, 『(改訂版) 丹齋申采浩全集』 上, 471~472쪽.

15 申采浩, 「讀史新論」, 『(改訂版) 丹齋申采浩全集』 上, 471쪽.

16 위의 책, 471~472쪽.

17 위의 책, 474쪽.

입장은 『독사신론(讀史新論)』에 잘 드러난다.

단재는 단군시대가 신화시대가 아니라 역사 속에 실재한 시대라고 강조했다. 단재의 인식은 이후 다소 변화를 보이고 있지만[18] 단군을 민족 역사의 출발로 보고, 민족의 고유성, 독자성, 우수성이 발현되었다고 보는 기조는 유지되었다. 그는 단군시대를 민족의 고유문화가 형성된 시기로 보면서,[19] 단군 이후 1천여 년 동안 조선은 고대에서도 가장 우수했고, 단군시대의 상고문화는 중국에 영향을 주었다고 강조했다.[20] 그는 고유문화가 계승·확장되었다면 조선은 동양문명사의 우위를 점하고 세계를 독점할 수 있었을 것이라고 했다.[21]

신채호가 체계화한 한민족 고유의 사상은 낭가사상이다. 낭가사상은 단군조선의 수두제전(檀君祭)에서 유래하여 고구려의 선배제도와 연맹왕국시대의 영고, 동맹, 무천, 소도로 변천해 왔다고 분석했다. 그러나 묘청의 난을 계기로 고려 때 소멸하여 한국의 진취적 사상이 쇠퇴하고, 이후 사대적 유가사상이 지배하게 되면서 나라가 쇠퇴하게 되었다고 보았다. 그에게 역사는 애국심 고취를 위한 최고의 수단이었고,[22] 단군은 민족의 정체성 확립, 민족의 해방과 광복의 희망을 고취하는 존재였다.

한편, 육당(六堂) 최남선 역시 김교헌으로부터 많은 영향을 받은 인물이다. 그는 대한제국기에 문필 활동을 시작하여 일제 하에 단군에 관해 가장 풍부한 업적을 남긴 인물이다.[23] 일제하라는 시대 상황에서 그의 사학은 문

---

18 단재의 檀君觀과 그 認識의 변화과정에 대해서는 (1) 李萬烈, 『丹齋申采浩의 歷史學 硏究』, 문학과 지성사, 1990, 245~271쪽, (2) 李乙浩, 「丹齋史學에 있어서의 檀君의 問題」, 『丹齋 申采浩先生 誕辰100周年 紀念論集』, 39~54쪽 참조.

19 『朝鮮上古文化史』(改全集) 上, 372~382쪽.

20 위의 『朝鮮上古文化史』(改全集), 396~397쪽.

21 위의 『朝鮮上古文化史』(改全集), 399쪽.

22 「歷史와 愛國心과의 關係」, 『改全集』 上, 72쪽.

23 이만열, 『한국근대역사학의 이해』, 문학과 지성사, 1981, 166쪽. 홍이섭은 일제말기의 굴곡과 의식의 변화를 들어 제외시키나, 이기백은 민족주의사학자로 분류한다.(최홍규, 『신채호의 역사학과 민족운동』, 일지사, 2005, 28~29쪽)

명진보론 → 민족자각론 → 문화우위론으로 무게 중심이 옮겨 갔다는 평을 받기도 한다. 그런 논란에도 불구하고 그가 단군론에 대해 이룬 성과는 현재까지 실제적인 영향을 미치고 있고, 그의 단군론 형성에는 대종교의 단군신앙, 신채호의 단군론, 일본학자들의 단군부정론에 크게 자극된 것으로 볼 수 있다.[24]

1920년대에 그에 의해 집필된 여러 저작들은 '조선정신'을 발굴하여 민족의식을 북돋우자는데 목적이 있었다.[25] 그의 「삼국유사해제」(1927)는 「불함문화론」(1925), 「단군론」(1926) 등을 통한 고대사 연구와 함께 일본 국학자들의 단군신화 부정론에 대항하여 한국의 문화적 위상을 높이는 동시에 단군신화가 조작될 수 없음을 주장하였다. 그는 단군에 관한 기록을 담고 있는 『삼국유사』가 후대에 날조, 가필되었다는 일본학자들의 주장을 논박하면서 『삼국유사』가 원시신앙과 사상을 원형 그대로 보여주는 사서이며, 단군기사가 인용된 『위서(魏書)』와 『고기(古記)』가 실재했던 사서임을 논증하고자 하였다.[26]

최남선은 단군을 '조선 및 조선심(朝鮮心)의 구극적 표지'라고 하고 있다. 최남선은 단군이 조선인에게 요청되는 이유를 다음과 같이 말한다.

---

24 이영화, 『최남선의 역사학』, 경인문화사, 2003, 223~242쪽.

25 주요 저작으로 『朝鮮歷史通俗講話』(1922), 『不咸文化論』(1925), 『檀君論』(1926), 『兒時朝鮮』(1926) 등 고대사 연구, 『尋春巡禮』(1926), 『白頭山謹參記』(1927), 『金剛禮讚』(1927) 등 국토예찬 기행문집, 그 외 단군 관련 저술로 「檀君否認의 妄」(1926), 「不咸文化論」(1927), 「檀君神話의 古意」(1928), 「檀君神典에 들어 있는 歷史素」(1928), 「檀君及其研究」(1928), 「檀君과 三皇五帝」(1928), 「民俗上으로 보는 檀君王檢」(1928), 「檀君小考」(1930), 「檀君古記箋釋」(1954) 등이 있다.

26 "壇君은 朝鮮 및 朝鮮心의 究極的 標識이다. 歷史의 위에서는 그가 朝鮮 國土의 開拓者요, 朝鮮文化의 創造者요 朝鮮生活의 建設者며, 血緣上으로는 그가 朝鮮民族의 都祖上이오, 朝鮮 眷屬의 大宗祖요 朝鮮 門戶의 主棟梁이며, 信仰上으로는 그가 朝鮮精神의 人格化요 朝鮮理想의 總攬點이시니, 朝鮮의 一切를 收約하면 壇君의 密로 退藏하고, 壇君의 密을 開敷하면 朝鮮의 一切를 顯現함과 같이 얼른 말하면 壇君 즉 朝鮮이시다."(崔南善, 「檀君께의 表誠－朝鮮心을 具現하라」, 『六堂崔南善全集』 9, 高麗大學校 亞細亞問題研究所, 玄岩社, 1973, 192쪽; 이영화, 『최남선의 역사학』, 경인문화사, 2003, 117~150쪽.

조선인은 입을 열면 민족애를 말하며 방토애를 말한다. 그 부활을 믿으며 그 중신(重新)을 힘쓴다. (중략) 그러나 무엇으로 그리한다는 것을 살필 때에 답답하고, 어디 선조(先兆)가 나타났나 하여 둘러볼 때에 참 기막힌다. 자기에 대한 자각이 있는가. 자기의식의 출발점·집주점(集注點)·의지점(依支點)에 대하여 얼만한 반성과 각성이 있는가. 남을 움직일 내 발밑을 정했는가 아니 했는가. (중략) 단군을 생각하며 단군으로 돌아와야 하며 단군에서 출발해야 되며 단군 위에 건설해야 할 것이다. 조선의 부활원리와 조선인의 생활윤리는 오직 단군에 있을 뿐이다.[27]

그는 해외에서 활동하는 독립운동가들, 그리고 신채호, 박은식 등 사가들과 마찬가지로 단군을 조선족 모두의 통합 원리이자, 정신적 지주로 생각하여, 단군에 대한 조선인의 인식을 높이고자 연구에 매진했다. 바로 그의 이런 생각은 1919년 3·1운동 당시 독립선언서를 작성하면서 말미에 단군기원(檀紀 四千三百二十二年 三月 一日)을 기입한 데서도 잘 드러난다.

육당 최남선의 일생 연구는 "국조단군의 학리적 부활과 그를 중핵으로 한 국민정신의 천명"에 있었으며, "국조신앙을 우리의 정신적 지주로 확립시키는 데" 목적이 있었다는 평가가 있다. 그의 주장은 단군의 존재를 배제하려는 식민사관의 대응논리로 평가된다.

백암(白巖) 박은식(朴殷植, 1859~1925)은 신규식(申圭植)·이동녕(李東寧) 등과 상해지역에서 대종교 활동을 지도하였다. 다른 한편 그는 이승만을 이어 대한민국임시정부의 대통령으로 추대되기도 하였다. 그러나 박은식이 후대에 길이 남긴 더 큰 업적은 역사저술이다. 그는 신채호와 함께 근대 민족주의사학을 창시한 대표적 인물이다. 그는 고대사에 치중한 신채호와 달리 당대사에 더 관심을 기울였지만, 국혼(國魂)과 국사(國史)에 관한 논의는 단군으로부터 시작하였다.

원래 박은식은 전통시대의 유학자로 출발하였으나, 1898년 독립협회

---

27 「檀君께의 表誠」(하), 『東亞日報』, 1926.12.12.

에 가입하여 활동하면서 개화사상과 운동에 깊은 관심을 갖게 되었다. 이후 그는 장지연, 양기탁, 배설 등과 함께 황성신문과 대한매일신보의 주필로서 활동하였고, 1906년 대한자강회가 창립되자 이에 가입하여 적극 활동하면서 대한자강회월보에 애국계몽 논설을 발표하기도 하였다. 그는 20세기 초 애국계몽운동을 펼친 한국의 대표적 언론인이기도 했다.

젊은 시절에 유학을 깊이 수련한 그는 애국계몽운동 이후 장지연, 이범규, 원영희, 조완구 등과 양명학과 대동사상에 입각하여 유림계를 혁신, 애국계몽과 국권수호 운동에 참여하도록 하고자 대동교(大同教)를 창립하기도 하였다. 그러나 일본 측에서 한국의 각종 신문과 잡지를 폐간시키고, 역사, 전기, 지리 계통의 서적 30여 종 수십만 권을 압수 소각하자, 1911년 만주로 망명하여 윤세복(대종교의 3세 도사교)을 만나 함께 1년을 지내면서『동명성왕실기(東明聖王實記)』,『대동고대사론(大東古代史論)』등을 저술하였다.[28] 이 시기 그의 저술은 대종교의 영향과 단군에 대한 의식이 강렬하게 엿보인다. 그는 대종교에 관계하면서 단군의 신교(神教, 大倧教)를 국교로 간주하게 되어, 1915년 망명지 상해에서 발간한 대표작인『한국통사(韓國痛史)』에서 그는 우리 역사상 최초의 종교가 신교이며, 신교를 계승한 대종교가 우리의 국교라는 것을 설명하였다.[29]

그 역시 단군을 개국시조로 보았으며, 1900년대 초 유교구신(儒教求新)과 대동교(大同教) 창건운동을 하던 때에도 단군기원(檀君紀元)을 사용하였다.[30] 그는 우리 민족이 반드시 광복하는 날이 있을 것을 확신하면서, 그 근거로 우리겨레가 단군의 신성한 후예로 4,300년 이어온 국성(國性)과 국혼을 갖고 있기 때문에 타국에 쉽게 동화될 수 없다 하였다.[31]

---

28 박은식,『한국통사』,『백암박은식전집』1, 동방미디어, 2002, 397~398쪽; 정욱재,「檀祖事攷' 저술에 관한 검토」,『韓國史學史學報』12, 2005, 117~118쪽.

29 『韓國痛史』제60장「日人束縛各教會」,『朴殷植全書』上, 359쪽.

30 愼鏞廈,『朴殷植의 社會思想研究』, 서울대학교출판부, 1982, 230쪽.

31 朴殷植,『韓國獨立運動之血史』緒言,『朴殷植全書』상권, 449쪽.

이처럼 그가 발견한 중심 개념은 국혼(國魂)이었다. 그가 『한국통사』의 머리말에 언급한 '국가멸 사불가멸'(國可滅, 史不可滅)은 그 자신뿐 아니라 민족주의사학자, 그리고 독립운동가 모두의 생각을 한마디로 담고 있다. 즉, "나라는 형체요, 역사는 정신이니, 정신이 살아 소멸하지 않으면, 외형은 언젠가는 부활할 수 있을 것이다. 이것이 내가 통사를 저술하는 이유"라고 갈파하였다. 그에게 역사는 민족의 정신이었고, 그 정신의 출발은 단군으로부터 이어지는 나라의 혼이었다. 따라서 국혼이 살아 있으면 언젠가는 나라를 되찾을 수 있고, 국혼을 잃으면 망한다는 것이 그의 논리였다. 이런 입장에서 그는 신규식, 이동녕 등과 상해에서 역사저술을 하고, 단군을 받들어 대종교 활동을 지도하였다.[32]

예관(睨觀) 신규식은 대한제국기의 군인 출신이자, 대종교의 중요 인사이다. 박은식과 마찬가지로 상해에서 독립운동을 하면서 한국의 혼을 강조한 대표적 인물이다. 신규식은 1912년 상해에서 동제사(同濟社)를 조직, 독립운동가들의 구심점 역할을 하였다. 그는 임시정부의 법무총장과 외무총장 등 요직을 역임하면서, '국조단군'을 중심으로 민족의 결속작업을 상해에서 주도하였다. 그의 저서 『한국혼(韓國魂)』(1914)은 망국의 원인을 다음의 몇 가지로 들고 있다. 즉 선조의 교화와 그 종법을 잊어버리고, 선민(先民)의 공렬(功烈)과 그 이기(利器)를 잊어버렸으며, 국사(國史)를 잊고, 국치(國恥)를 잊는 등 한국인의 병폐는 '건망증'에 있다고 주장한다.

'하늘을 본받아 도를 닦고 나라를 세우며, 홍몽을 개벽하여 자손들에게 전한 것은 오천년 전 동방 태백산에 신으로 강림한 우리의 시조 단군이다. 인간을 교화하여 신도(神道)의 교(敎)를 베풀고 하늘에 제사지내 보본(報本)의 예를 세웠으며, 벌레와 짐승을 몰아내고, 산천을 평정하며, 구족(九族)을 열복시키고 만

---

32 金俊燁 編, 『石麟 閔弼鎬 傳』, 나남출판, 1995. 그 외 周時經도 단군을 강조했다. 周時經은 민족의 세 요소를 '域', '種', '言'으로 보고, 이들은 단군시대에 갖춘 것으로 보았다. 그는 단군을 '檀聖'이라 부른다. 그리고 우리의 국어는 단군건국 이래 '神聖한 政敎'와 함께 사천년을 이어왔다고도 하였다.(『周時經全集』上, 255쪽)

방을 화목케 하며, 의식과 정교를 고루게 한 것은 모두 우리 선조로부터 주어진 것이다. 그리하여 성철(聖哲)은 대를 이어 일어나고, 토지는 날로 개척되며, 문화는 융창하고 무치(武治)는 강성하였다. 그러나 세상은 변하고 분란이 일어나…스스로를 천하게 생각하여 모든 종법을 쓸모없는 것으로 여기는 버릇이 몇 백년간 길러져, 마침내 만악(萬惡)의 결과를 맺게 하여 종묘와 사직은 없어지고 신령에게 제사지내지 않아 그 옛날 백성들이 우러러 빛나던 삼신사(三神祠) 숭의전(崇靈殿)은 모두 황폐하여 무성한 잡초속에 묻혀버리고 말았다…근본이 틀어지면 지엽도 그에 따르는 것이니 어찌 슬픈 일이 아니겠는가.'[33](필자가 일부 축약함)

신규식이 우리 민족이 잊었다 한 선조의 교화, 종법, 역사는 단군을 기점으로 한 역사였다. 단군의 잊혀진 유산이 재 각성되어야 민족이 부활할 수 있다는 주장이다.[34] 그의 이 같은 입장은 나철과 김교헌을 비롯한 대종교 중심 독립운동가 모두의 입장이었다.[35] '단군민족주의'의 대표적 유형인 대종교 등의 인식을 살펴볼 수 있는 주요한 일면이다.

한편, 일제하에 주로 국내에서 활동한 위당(爲堂) 정인보는 중국에서 활동한 신채호·박은식 등과 마찬가지로 정신사관을 취하면서 상고사에 관심을 기울였다. 『동아일보』에 연재한 「오천년간 조선의 얼」에서 조선역사 연구의 근본을 '단군조 이래 오천년 맥맥히 흘러온 얼'에서 찾고, 조선역사는 한민족의 '얼의 역사'임을 강조했다. '국학'(國學)이라는 말도 처음 사용하였다. 그는 단군신화의 역사성을 부정하는 일본학자들에 대항하여 단군설화에는 신화의 부분도 있지만, 역사적 사실을 전하는 부분도 있다고 주장했다.[36]

그는 광개토대왕릉비에 대한 한국인 최초의 글을 저술하는 등 고대사에 대한 업적도 뚜렷하지만, 또 하나 중요한 기여는 단군에게서 홍익인간

33 申圭植 저, 閔丙河 역, 『韓國魂』, 박영사, 1975, 13~15쪽.
34 김동환, 「일제하 항일운동 배경으로서의 단군의 위상」, 『선도문화』 10권, 국제뇌교육종합대학원출판부, 2011.02, 131~191쪽.
35 실제로 申圭植은 1910년 대종교에 입교하였고, 상해에 망명해서는 朴殷植, 李東寧과 함께 대종교의 西道本司 활동을 주도하였다.
36 鄭寅普, 『朝鮮史研究』 上, 『薝園鄭寅普全集』 3, 연세대학교 출판부, 1983, 33쪽.

(弘益人間)의 건국이념을 발굴한 점이다. 단군신화에 표현된 홍익인간은 조선 초 이후 상당기간 잊혀져 왔고, 근대의 사학자들도 미처 주목하지 못하였다. 홍익인간이 본격적으로 주목되게 된 것은 민족이 지향해야 할 이념을 유구한 역사에서 찾으려한 노력의 결과였다.

그는 '홍익인간의 대도'(大道)는 단군의 고조선 개건(開建)의 최고정신이며, 개국과 함께 전민족 공통의 정신적 지표가 되었다고 주장한다.[37] 그가 주목한 '홍익인간'은 해방 이후 조소앙·안재홍 등의 민주·평등·복지·평화와 같은 현대적 이념을 함축하는 고유 이상으로 해석되었다. '홍익인간'은 대한민국의 교육이념으로서 미래 국가건설의 이념과 방향을 제시하고 있고, 단군 국조관은 그가 작사한 〈개천절 노래〉에 잘 담겨 있다.[38] 〈개천절 노래〉는 본래 대종교에서 경축식전에서 부르던 노래였으나, 해방 이후 국경일로 제정하면서 지금과 같이 바뀌었다.

한편 일제하에 단군의 실재를 밝히고자 노력한 학자로 산운(汕耘) 장도빈(張道斌)이 있다. 장도빈은 『조선역사요령(朝鮮歷史要領)』(1914) 및 『국사』(1916), 『조선역사대전(朝鮮歷史大全)』(1928)으로부터 『국사개론』(1959)에 이르기까지 10여 권의 통사를 남겼고, 『동아일보』, 『조선일보』, 『조선지광(朝鮮之光)』(1922), 『학생계(學生界)』(1920)와 같은 신문과 잡지에 국사관련 논설을 발표하였다.[39] 그는 우리 민족이 대륙을 무대로 활동하던 상고사에 대해 관심을 집중하였다. 그의 국사연구에서 가장 큰 비중을 차지하고 있는 것이 단군이었다.[40]

그는 단군이 존재하지 않았다고 하는 일본인들의 주장은 '정치상 감정으로 출래(出來)한 조사(造辭)'라 말하고, 한국인 중에도 단군을 '단군'(壇君)이

---

37 鄭寅普, 『朝鮮史研究』 下, 『薝園鄭寅普全集』 4, 182~183쪽.
38 김정신, 「개천절」, 『한국민족문화대백과사전』 1, 한국정신문화연구원, 1994.
39 이상에 대해서는 『汕耘張道斌全集』, 汕耘學術文化財團, 1981을 참조.
40 張道斌, 「檀君에 對한 一辨」, 『조선일보』, 1926.6.20.

라 적는 이도 있지만, '단군'은 조선조를 통하여 확정한 칭호인 만큼 그렇게 표기해야 한다고 말한다.[41]

그 외 이들과 같은 인식을 지니고 활동한 국학자들이 있고, 거기에 새로운 인식을 가미하여 활동한 사학자들이 있다. 주시경을 필두로 이극로, 김두봉, 최현배 등이 전자이며, 안재홍 등이 후자이다. 최현배 등은 우리말의 보급과 이를 통한 민족의식의 고취에 많은 노력을 기울이는 동시에 국조 단군 인식의 환기에 많은 기여를 하였다. 안재홍 등은 일제하에는 물론 해방 이후 두각을 보이기도 하였다. 그 외 수많은 이들이 단군을 구심점으로 한 역사인식을 보였다. 이렇듯 단군은 일제하에 한국의 혼을 살아있게 한 중요한 원동력이었다.

---

41 金重熙편, 『汕耘 張道斌』, 산운학술문화재단, 1985, 212쪽. 참고로 『三國遺事』에는 단(壇)으로 『帝王韻紀』에는 단(檀)으로 다르게 기록되어 있다.

2

황제의 운명: 3·1운동과 대한민국임시정부

덕수궁: 황제의 궁(경운궁)에서 태황제의 궁으로

현재 서울에는 5대 궁궐이 남아 있다. 그중 대한제국의 황궁으로 기능한 것이 경운궁, 즉 오늘날의 덕수궁이다. 덕수궁에 대해서는 '1907년 헤이그특사사건으로 통감 이토가 광무황제를 강제로 퇴위시킨 후 경운궁의 이름을 덕수궁으로 고친 것이니, 일제의 잔재이다. 따라서 덕수궁의 이름을 경운궁으로 되돌려야 한다.'는 주장이 제기된 바 있다.[42]

그러나 일본 측이 광무황제를 강제로 퇴위시킨 것은 사실이지만, 태황제 고종의 궁호를 덕수(德壽)로 정한 것은 일본 측이 아닌 순종과 대신들이

---

[42] 경운궁으로 이름을 환원해야 한다는 발제를 한 것은 홍순민(명지대) 교수이고, 이를 지지하는 주장을 한 연구자는 이태진(전 서울대, 당시 국사편찬위원회 위원장), 김인걸(서울대), 서영희(서울산업대) 교수 등이다. 이에 비해 덕수궁 유지의 당위성에 대해 발제한 것은 필자이고, 이를 지지하는 주장을 한 것은 김정동(목원대 건축학과), 김도형(연세대 사학과) 교수와 김태식(연합뉴스) 기자 등이다.(「덕수궁 지정명칭 검토 공청회」, 『연합뉴스』, 2011.12.02, 15:16 및 「"덕수궁이냐 경운궁이냐" 공청회 열려」, 『MBN 뉴스』, 2011-12-02 23:14, 갈태웅 / tukal@mk.co.kr 등을 참조)

다. 순종 즉위년(1907) 8월 6일 자의 실록 기사에 장례원경 신기선의 상소가 다음과 같은 내용으로 실려 있다.

> 삼가 바라건대 이제부터 종묘의 축문에도 옛 규례를 준행하여 '신' 자를 쓰고 폐하께서도 또한 태황제 앞에서 반드시 '신'이라고 일컬을 것이며, 이번 덕수궁(德壽宮)에 공손히 올리는 책문(冊文) 가운데서도 전례대로 '신' 자를 쓰소서.

아울러 순종 즉위년 11월 14일 자의 실록 기사에는 이렇게 기록되어 있다.

> 조령(詔令)을 내리기를, '태황제(太皇帝)의 하교(下敎)를 받들어 덕수궁(德壽宮)을 안국동(安國洞)에 영건(營建)하라' 하였다.

위의 두 기록을 통해 보면 순종과 신하들은 고종에게 덕수의 궁호를 올렸고, 순종은 태황제 고종의 뜻을 받들어 덕수궁을 안국동에 영건하라 한 것으로 해석된다. 다시 말해 덕수의 궁호를 결정한 것은 순종과 신하들이며, 덕수궁을 안국동에 영건하여 그곳으로 이어하려 한 것은 태황제 고종이다. 그 과정에서 전례에 밝은 신하들의 의견도 수렴하고, 역대 고사도 충실히 살펴보았을 것이다.

그러나 광무황제의 지시에도 불구하고 덕수궁이 안국동에 영건되지는 않았다. 자세한 내막은 알 수 없으나, 1904년 경운궁 대화재 사건 당시의 사례에서 보듯이 통감부 측의 모종 의도에 의해 여러 제약이 있지 않았을까 추정된다. 적어도 황제가 태황제의 하교를 받들어 지시한 일이 실현되지 않았다는 것은 국외적인 이유 외에는 별달리 설명되기 어렵기 때문이다.

그 결과 태황제 고종은 새로 영건되었어야 할 '덕수궁'으로 이어하지 못하고, 황제 재위 당시 국정 사무를 보았던 경운궁에 계속 머물게 되었다. 이후 경운궁은 태황제의 궁호인 덕수궁으로 불려지게 되었다. 이 모든 과정은 광무황제 고종과 융희황제 순종, 그리고 대한제국 운명의 모든 변천 과정을 생생하게 보여주는 장면들이다.

덕수궁이 담고 있는 뜻은 무엇인가. 궁호 덕수는 『중용(中庸)』에서 유래한다. 『중용』에서는 '덕수'(德壽)를 '대덕필수'(大德必壽, 큰 덕을 지닌 인물은 반드시 장수한다)의 뜻으로 풀이했다. 즉 "공자가 말하기를 '순은 큰 효자이고, 덕은 성인이다. 그래서 천자의 존호를 얻을 수 있었다. 그는 사해(四海) 내의 부(富)를 가지고 있으며(중략) 그래서 덕이 큰 사람은 반드시 그 자리를 얻을 수 있고, 반드시 그 녹봉을 얻을 수 있고, 그 명예를 얻을 수 있고, 장수를 누릴 수 있다.'고 했다."[43]

여기서 덕은 임금의 덕, 즉 대덕(大德)의 의미이다. 순종과 신하들은 태황제 고종을 잘 받들어 모시었다. 순종실록의 여러 기록에 태황제에 대한 순종의 지극한 효성과 함께 순종 자신이 직접 덕수궁을 알현하여 태황제의 문후를 여쭙거나 자신의 신하들을 수시로 덕수궁에 보내어 태황제의 문후를 살피는 모습이 보인다. 위당(爲堂) 정인보(鄭寅普)도 「유릉지문(裕陵誌文)」에서 순종의 그 같은 효심을 누누이 언급한 바 있다.[44]

이런 모습은 중국이나 조선에서 태황제(혹은 태상왕)에게 황제(혹은 국왕)가 실천한 효의 사례와 상통한다. 조선의 태조(이성계)와 남송의 고종에게서 그 같은 사례를 엿볼 수 있다. 모두 퇴위 후 다음의 왕(정종, 태종)과 황제(남송의 효종)가 덕수의 궁호를 올렸으며, 조선의 상왕이 된 태조와 남송의 태황제가 된 고종이 머문 궁은 덕수궁으로 불렸다.

1907년 광무황제가 퇴위한 뒤 덕수궁에 머물자 궁내부에서 승녕부(承寧府)를 설치하였다. 이때의 승녕부 역시 조선 초기 왕의 자리에서 물러난 태

---

43 "子曰舜其大孝也與, 德爲聖人, 尊爲天子, 富有四海之內, 宗廟饗之, 子孫保之. 故大德必得其位, 必得其祿, 必得其名, 必得其壽. 故天之生物, 必因其材而篤焉. 故栽者培之, 傾者覆之. 詩曰 嘉樂君子, 憲憲(顯顯)令德, 宜民宜人, 受祿于天, 保佑命之, 自天申之, 故大德者, 必受命. 受命者는 受天命爲天子也"(『中庸』第十七章)

44 鄭良婉, 「爲堂 鄭寅普 裕陵(純宗)誌文 解題(『爭點 한국근현대사』 創刊號, 1992), 225~244쪽.

조의 예를 따라 설치한 것이다. 승녕부는 태황제의 음식과 의복, 일용품, 거마(車馬) 등의 관리, 회계 등을 담당한 기구이다.

고종은 통감부와 총독부의 존재만을 제외해 놓고 보면 순종과 신하들로부터 꾸준히 예우를 받았다. 그것은 '앞으로는 500년 전래하고 뒤로는 만세에 불변할 전제정치'의 이념을 구현하고자 한 유교국가 대한제국의 종통(宗統)과 덕치(德治)를 소망하는 상징적 표현이기도 했다. 말하자면 대한제국의 '원시조'(原始祖)인 태조가 상왕으로 물러나 머물던 궁(德壽)의 이름을 계승하여 선조의 위업이 이어지기를 바라는 뜻에서 출발한 것이었다.

이처럼 광무황제 퇴위 전후의 정황이나 역대의 사례를 검토해 볼 때, 덕수궁이란 궁호, 그리고 승녕부란 관부 등은 중국과 조선의 전례를 참고하여, 순종과 신하들이 일정한 논의를 거친 뒤 태황제에게 올리고 설치한 것이었다. 이처럼 '덕수'(德壽)의 궁호는 조선 초기는 물론 남송대의 기록에서 그 전례를 분명히 찾을 수 있다.

요약하면 덕수궁이란 이름을 사용한 두 경우 모두 제위를 물려 준 전임 군주가 머무는 궁호였다. 후임 군주와 신하들이 받들어 모시는 의미에서 올린 것임을 알 수 있다. 대한제국의 광무황제도 비록 강제로 퇴위는 했지만, 궁호 자체만큼은 순종과 신하들이 만수무강과 국태민안을 비는 뜻에서 선택한 이름이다. 이를 좀 더 부연하면 다음과 같다.

먼저, 송대의 사례이다. 남송(南宋)의 황제 고종(趙構)은 아들 효종(孝宗)에게 황제의 물려준 뒤 덕수궁(德壽宮)에서 노후를 보내었다. 효종은 고종에 대한 효경(孝敬)을 표하기 위해 덕수궁을 넓혔는데, 당시 사람들은 이를 북궁(北宮) 혹은 북내(北內)라고 하였다. 덕수궁은 황성과 가까이 위치하였고, 궁중에는 덕수전(德壽殿), 후전(后殿) 등 10여 개의 전각을 세웠다.

원래 덕수궁 자리는 진회(秦檜)의 저택이었다. 풍수가가 그곳은 왕기가 있는 명당이라 하였다. 이에 진회가 죽은 후 관에서 수용하여 새로 궁을 지었다가 고종이 그곳으로 이거(移居)하여 덕수궁이라 개칭하였던 것이다.

서호(西湖)를 좋아했던 남송의 고종은 작은 서호를 만들어 25년을 복록을 누리고 살다가 타계하였다.

다음, 조선 태조의 사례이다. 1400년(정종 2) 태조가 정종에게 왕위를 물려주고 태상왕(太上王)으로 있을 때, 정종과 신하들은 태상왕의 거처를 마련코자 상왕궁을 짓고 궁호를 덕수(德壽), 부호(府號)를 승녕(承寧)이라 했다. 승녕부는 태조에 대한 공봉(供奉), 즉 일상을 받들어 모시는 일 외에 옥책(玉冊)·금보(金寶)에 관한 일을 맡아보았다.

후일 영조는 재위 43년 되는 해에 덕수궁에 깊은 관심을 보였다. 영조는 덕수궁의 옛터를 알고자 옛날의 사저(私邸)에서 밤을 새우기까지 하였는데, 덕수궁은 필시 창덕궁과 창경궁의 사이에 있었다는 것, 그리고 그 터는 시민당(時敏堂) 자리라 하였다.[45]

영조는 왜 옛 덕수궁에 대해 깊은 관심을 보였을까. 선대왕들에 대한 추모와 고단한 정사를 회상해 보려는 심정에서였을까, 왕위를 물려주고 은퇴할 경우 자신이 머물 곳을 염두에 두고 그러한 관심을 보였을까, 아무도 알 수 없다. 분명한 것은 영조가 덕수궁에 깊은 관심을 보였고, 그 이름을 소중히 여겼다는 사실이다.

왕의 자리에서 물러난 조선의 태조는 태상왕으로서 정종은 물론, 그 뒤를 이은 태종 모두에게 극진한 예우를 받았다. 정종의 신하도 태종의 신하도 수시로 태조를 알현하였고, 조선을 방문한 명나라나 여진의 사절까지도 덕수궁에 머무는 태조를 내방하여 예의를 갖추었다.[46] 조선 초기에 태상왕과 덕수궁의 권위는 존귀하고도 높았다. 이렇듯이 덕수는 넓고 높은 의미를 담고 있다. 덕(德)은 유교 국가의 군주에게 요구되는 가장 권위 있는 덕

---

45 『영조실록』 109권, 영조 43년 12월 13일; 『영조실록』 110권, 영조 44년 5월 22일.
46 『정종실록』 5권, 정종 2년 8월 21일; 『태종실록』 11권, 태종 6년 1월 9일 등의 기사를 참조.

목이며, 수(壽)는 효를 최고의 윤리덕목으로 여기는 동방 군주와 백성 모두의 이상이었다.

고종은 이렇게 해서 퇴위한 황제의 궁, 즉 덕수궁에 머물며 1910년 일제에게 국권이 상실되는 것을 지켜본 뒤, 1919년 1월 많은 의문을 남기며 덕수궁의 함녕전에서 운명하였다.

고종의 운명: 3·1운동과 대한민국임시정부

| 태황제의 죽음과 독살설 |

1907년 황제 자리에서 물러난 고종은 이후 덕수궁에서 고독하게 지내고 있었다. 그러나 이면으로는 해외 망명 인사들이나 국내 항일운동 세력과 은밀히 접촉하고 있었다. 독립운동가 이회영의 관련 기록 등(『우당 이회영 실기』)에도 그런 단서가 보인다. 즉 고종을 중국으로 망명시켜 독립운동의 구심으로 삼고자 하였으나 이 움직임이 총독부에 포착되었고, 일본 측은 궁중의 내시 등을 사주하여 고종을 독살시켰다는 것이다. 앞서 의친왕 이강이 압록강을 건너 망명을 기도하다 의주에서 일본 당국에 체포된 일도 그런 연상을 하기에 충분하다.

당시까지 고종은 건강했고, 며칠 전까지도 아무 이상 증상이 없었다고 주장된다. 그런데 창덕궁에 있던 이왕, 즉 아들 순종조차도 임종을 못 지켜볼 정도로 갑자스런 운명을 하였다. 게다가 고종의 염습에 참여했던 민영휘 등 황제의 측근 인물 중에는 고종의 유해에 이상 반응이 나타났다고 전했다. 피부가 푸른빛을 띠었고, 칠규(七竅)로 피를 흘린 모습이었으며, 유해가 초에 절인 것처럼 물렁물렁했다고 했다. 독살의 경우에 나타나는 신체의 증상이라고 주장된다. 이런 의문을 주장하는 이들은 여러 계층의 저명인사들이었다.

역사학자이자 대한민국 임시정부 대통령이었던 박은식, 3·1운동 당시 33인 민족대표의 한 사람이자 대한제국기의 주요 언론인으로서 제국신문의 주필이었던 옥파 이종일, 독립협회 회장을 지냈으며, 학부협판, 외부협판 등을 지내고 YMCA의 회장을 지낸 윤치호 등의 일기와 증언 등이 그것이다. 그 외 야사에서는 고종이 독살된 과정까지 묘사하고 있다. 이완용이 한상학이란 인물을 사주하여 식혜에 독을 넣었고, 이를 마신 고종은 즉사하였으며, 이에 놀라 식혜를 마셔본 궁녀들도 현장에서 즉사하였다는 것이다. 최근에는 고종의 외동딸 덕혜옹주가 어렸을 때 '고종이 독살 당했다'는 이야기를 들었다는 기록도 등장했다.

어디까지가 진실인지 정확히 단정할 수는 없으나, 여러모로 의문이 가는 것은 사실이다. 총독부 측이 고종의 붕어 사실을 하루 늦게 알린 것도 의아하고, 고종의 임종을 지켜 본 혈육이 하나도 없을 만큼 갑작스러운 죽음을 맞은 것도 그러하다. 독립선언문을 인쇄하여 배포하는 일을 담당한 인사였던 보성사의 사장 이종일은 일기에 다음과 같이 기록하고 있다.

> 어제 고종이 일본에 의해 독살 당했다. 이것은 무엇보다 대한인의 울분을 터뜨리게 하는 일대 요건이 아닐 수 없다.…왜냐하면 그동안 몇몇 국민을 만나니 전부 고종황제의 독살건으로 격분, 절치부심하고 있기 때문이다.(1919.1.22)…3·1독립만세운동은 이태왕의 독살사건이 더 큰 자극제가 된 것이다.…헌병경찰 통치의 만능주의가 전체 대한인의 적개심을 불러일으키는 데 큰 동기가 된 것이다.(1919.3.2)…황제의 국장일, 조용히 명복을 빌었다. 심문도 이날은 없었다. 파란만장한 그 분의 70평생이었다. 12세에 등극한 이후 우리나라 근대사의 변천과 함께 산 증인이 되었는데, 그 최후가 이렇게 비통할 수가 있는가. 민후께서 일본인 낭인배에게 참혹하게 죽임을 당하셨는데, 이제 황제께서도 역시 일본인의 하수인에게 독살당하시다니 이게 무슨 운명의 장난인가.(1919.3.3)

위에 언급한 독살설의 진위가 어떠하든 고종도 명성황후도 일제의 침략에 희생된 것으로 당시의 한인들 모두에게 인식된 것은 마찬가지였다. 그들은 조선의 왕과 왕비였고, 대한제국의 황제, 추존된 황후였으니 그들의

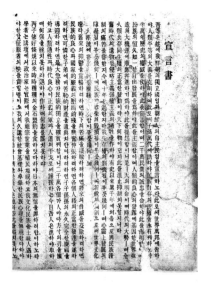

3·1운동 당시의 〈선언서〉 내용(부분)과 공약

The Proclamation of Korean Independence.

"We herewith proclaim the independence of Korea and the liberty of the Korean people. We tell it to the world in witness of the equality of all nations and we pass it on to our posterity as their inherent right.

"We make this proclamation, having back of us 5,000 years of history, and 20,000,000 of a united loyal people. We take this step to insure to our children for all time to come, personal liberty in accord with the awakening consciousness of this new era. This is the clear leading of God, the moving principle of the present age, the whole human race's just claim. It is something that cannot be stamped out, or stifled, or gagged, or suppressed by any means.

"Victims of an older age, when brute force and the spirit of plunder ruled, we have come after these long thousands of years to experience the agony of ten years of foreign oppression, with every loss to the right to live, every restriction of the freedom of thought, every damage done to the dignity of life, every opportunity lost for a share in the intelligent advance of the age in which we live.

"Assuredly, if the defects of the past are to be rectified, if the agony of the present is to be unloosed, if the future oppression is to be avoided, if thought is to be set free, if right of action is to be given a place, if we are to attain to any way of progress, if we are to deliver our children from the painful, shameful heritage, if we are to leave blessing and happiness intact for those who succeed us, the first of all necessary things is the clear-cut independence of our people. What cannot our twenty millions do, every man with sword in heart, in this day when human nature and conscience are making a stand for truth and right? What barrier can we not break, what purpose can we not accomplish?

"We have no desire to accuse Japan of breaking many solemn treaties since 1876, nor to single out specially the teachers in the schools or government officials who treat the heritage of our ancestors as a colony of their own, and our people and their civilization as a nation of savages, finding delight only in beating us down and bringing us under their heel.

"We have no wish to find special fault with Japan's lack of fairness or her contempt of our civilization and the principles on which her state rests; we, who have greater cause to reprimand ourselves, need not spend precious time in finding fault with others; neither need we, who require so urgently to build for the future, spend useless hours over what is past and gone. Our urgent need today is the setting up of this house of ours and not a discussion of who has broken it down, or what has caused its ruin. Our work is to clear the future of defects in accord with the earnest dictates of conscience. Let us not be filled with bitterness or resentment over past agonies or past occasions for anger.

"Our part is to influence the Japanese government, dominated as it is by the old idea of brute force which thinks to run counter to reason and universal law, so that it will change, act honestly and in accord with the principles of right and truth.

"The result of annexation, brought about without any conference with the Korean people, is that the Japanese, indifferent to us, use every kind of partiality for their own, and by a false set of figures show a profit and loss account between us two peoples most unfair, digging a trench of everlasting resentment deeper and deeper the further they go.

"Ought not the way of enlightened courage to be to correct the evils of the past by ways that are sincere, and by true sympathy and friendly feeling make a new world in which the two peoples will be equally blessed?

"To bind by force twenty millions of resentful Koreans will mean not only loss of peace forever for this part of the Far East, but also will increase the ever-growing suspicion of four hundred millions of Chinese—upon whom depends the danger or safety of the Far East—besides strengthening the hatred of Japan. From this all the rest of the East will suffer. Today Korean independence will mean not only life and happiness for us, but also it would mean Japan's departure from an evil way and exaltation to the place of true protector of the East, so that China, too, even in her dreams, would put all fear of Japan aside. This thought comes from no minor resentment, but from a large hope for the future welfare and blessing of mankind.

"A new era wakes before our eyes, the old world of force is gone, and the new world of righteousness and truth is here. Out of the experience and travail of the old world arises this light on life's affairs. The insects stifled by the foe and snow of winter awake at this same time with the breezes of spring and the soft light of the sun upon them.

"It is the day of the restoration of all things on the full tide of which we set forth, without delay or fear. We desire a full measure of satisfaction in the way of liberty and the pursuit of happiness, and an opportunity to develop what is in us for the glory of our people.

"We awake now from the old world with its darkened conditions in full determination and one heart and one mind, with right on our side, along with the forces of nature, to a new life. May all the ancestors to the thousands and ten thousand generations of us lend us their spiritual strength within and without, and let the day we tell our tales hold be the day of our attainment. In this hope we go forward.

THREE ITEMS OF AGREEMENT

"1. This work of ours is in behalf of truth, religion and life, undertaken at the request of our people, in order to make known their desire for liberty. Let no violence be done to anyone.
"2. Let those who follow us, every man, all the time, every hour, show forth with gladness this same mind.
"3. Let all things be done decently and in order, so that our behaviour to the very end may be honorable and upright."

The 4252nd year of the Kingdom of Korea 3d Month.

Representatives of the people

The signatures attached to the document are:
Son Byung Hi, Kil Sun Chu, Yi Pil Chu, Paik Long Sung, Kim Won Kyu, Kim Pyung Cho, Kim Chang Choon, Kwon Dong Chin, Kwon Byung Duk, Na Long Whan, Na In Hup, Yang Chun Paik, Yang Han Mook, Lew Yer Dai, Yi Kop Sung, Yi Myung Yong, Yi Seung Hoon, Yi Chong Hoon, Yi Chong Il, Lim Yei Whan, Pak Choon Seung, Pak Hi Do, Pak Tong Wan, Sin Hong Sik, Sin Suk Ku, Oh Sei Chang, Oh Wha Young, Chung Choon Su, Choi Sung Mo, Choi In, Han Yong Woon, Hong Byung Ki, Hong Ki Cho.

영문 독립 선언서

비극은 개인의 그것이 아니라 나라와 민족의 그것으로 인식되었고, 나라 잃은 전국인들의 분노와 울분을 자아내기에 충분했다. 결국 근 10년간 조선총독부에 대해 누적된 울분이 3·1운동으로 번져가는 데는 광무 황제의 죽음과 독살설이 중요한 뇌관으로 작용하게 되었던 것이다.

3·1운동은 국제사회에 일제에 의한 식민통치의 참상을 널리 알리게 했고, 한민족의 존재를 세계에 널리 확인시키는 계기였다.

3·1운동 당시 종로의 기념비전에 모인 시위 군중

3·1운동은 일제의 식민통치를 부정하고, 한민족의 절대독립을 요구한 민족운동이다.

독립선언서의 공약 3장에는 '최후의 일인까지 최후의 일각까지 민족의 정당한 의사를 쾌히 발표하라.'하였다. 그래서 당초 비폭력 평화적 시위운동으로 시작되었지만, 탄압이 강경해지고 폭압적으로 되어가면서 무력 충돌도 있었다. 널리 알려진 사건으로 수원의 '제암리사건' 등이 있다. 캐나다의 스코필드 박사 등 서울에 있던 영국, 미국의 선교사들이 이 사건의 현장을 직접 방문하여 조사하고, 3·1운동의 진상을 해외에 널리 알렸다.

| 대한민국 임시정부의 탄생 |

3·1운동은 한국 역사상 최대·최고의 외민족에 대한 비폭력 저항 운동이었다. 19세기 말 이래 동학운동, 의병운동, 근대화 혹은 애국계몽운동 등으로 각기 진행되어 오던 한인들의 에너지가 3·1운동을 계기로 자주와 독립을 향한 하나의 방향과 목표로 결집되었기 때문이다. 그 결과 이에 자극받은 국내외 한인들의 집단에 의해 러시아(노령정부), 중국(상해임시정부), 국내(한성정부) 등지에 임시정부가 탄생하였다.

이들 임시정부는 이후 1945년까지 지속된 국내외 한인들의 독립운동에 주요 구심점이 되었다. 3·1운동은 한국 역사상 최초의 민주공화제 정부를 망명정부의 형태로나마 국외에서 탄생하게 한 원동력이었다.

오늘날 대한민국 헌법에서는 '유구한 역사와 전통을 자랑하는 우리 대한민국은 3·1운동으로 건립된 대한민국임시정부의 법통'을 강조하는 배경을 이룬다. 요컨대 대한제국, 대한민국임시정부, 대한민국으로 이어지는 근현대 한민족 역사의 연속성 속에서 가장 중요한 거족적 운동이 3·1운동인 셈이다.

이 사건이 세계에 미친 영향도 적지 않다. 저간의 연구에 의하면 가까이는 중국의 5·4운동에 영향을 끼쳤고, 인도에서는 마하트마 간디가 '사티

임시정부 인사들 사진

야그라하'(Satyagraha, 진리수호)를 외치며 비폭력 비협조운동을 펼치는데 영향을 준 것으로 주장된다. 나아가 1919년 베트남의 독립운동, 이집트 카이로 대학생들의 독립운동, 필리핀의 독립운동 등에도 영향을 끼쳤다는 연구까지 등장한다. 그래서 타고르는 한국을 '동방의 등불'이라고 표현하기도 하였다.

대한제국이 멸망할 때 루스벨트 미국 대통령은 한인들이 침략하는 일본에 대해 주먹 한방 날리지 못했다고 하였다. 강대국의 조건을 갖춘 나라의 입장에서 할 수 있는 주장이겠으나, 적에게 주먹 한방 날릴 여력도 없이 일본의 압도적 물리력과 이를 묵과한 열강의 담합으로 속수무책인 채 당할 수밖에 없던 한국의 입장에서는 억울하기도 하고 원망스럽기도 한 언설이었다. 어느 나라나 영고성쇠가 있고, 자긍심과 혼이 있기 마련이다. '5천년 역사'를 꾸려왔다고 자부하는 한인들의 자존심으로서는 더욱 그랬을 것이다.

한편 3·1독립만세운동 전후로 국내와 상해·만주·일본·블라디보스토크 등지에서 활동하던 한인들이 이전과 다른 움직임을 보였다.

1919년 2월 여운형이 상해로부터 블라디보스토크를 방문했다. 장차 세우게 될 독립운동의 중앙기관을 어디에 둘 것인가 의견이 분분했다. 이동녕, 조완구 등은 '중앙기관은 국제도시인 상해에 두어야 한다'고 주장하였다. 얼마 후 이동녕, 조완구, 조성환, 김동삼, 조소앙 등 여러 인사들은 만주로부터 상해로 활동무대를 옮겼다. 거기에는 1910년대 초부터 망명해 와 자리를 잡은 주요 인사들이 중국인들과 유대 관계를 다져오고 있었다.

당시 상해에는 국내외 각지에서 모여든 근 1천여 명의 인사들이 집결하게 되었다. 그곳에는 1912년부터 신규식·박은식 등이 주축이 되어 동제사가 활동하고 있었고, 그의 후원하에 1918년 여운형·서병호·장덕수 등 소장세력을 중심으로 신한청년당이 결성되어 있었다. 1918년 제1차 세계대전이 종결되자 국제질서 재편기회를 이용하여 외교로서 독립 달성을 추구하고자 한 것이었다. 신한청년당은 김규식의 파리강화회의 파견 등을 추진하는 한편 국내와 해외 각지에 연락을 취하였다.[47]

3·1운동 이후 상해에는 국내로부터 홍진·손정도·신익희·현순 등이, 일본으로부터 이광수·최근우 등이, 미국으로부터 여운홍 등이 모여 들고 있었다.

이들 모두는 한민족의 대표기구를 설립하기 위한 준비를 진행했고, 임시의정원을 구성하여 1919년 4월 10일부터 11일 오전까지 역사적인 제1회 대한민국 임시의정원 회의가 열렸다. 이때 주요 인사들로 구성된 29인 대표가 선임되었다. 이들이 처음 구성한 기구의 명칭이 다름 아닌 임시의정원이다. 의장에 이동녕, 부의장에 손정도, 서기에 이광수와 백남칠이 무기명 투표로 선출되었다.

19세기 말 독립협회 활동 당시 서울의 신지식인들과 도시민들에 의해

---

47 그 사이 박찬익이 국내로 들어와 안재홍·박영효 등을 만났고, 정두화·윤영소 등을 만나 도움을 청하였으나 박영효로부터는 냉담한 반응이었고, 정두화 그리고 윤치소(윤보선의 부친)의 도움을 받게 되었다.

만민공동회운동이 진행되면서, 일반 회원들에 의한 중추원 의관의 선출로 의회 설치운동을 진행하였던 사실에 비추어 볼 때 참으로 감회가 새로운 일이었다. 그때는 내외의 공작에 의해 중추원 설치운동이 좌절되었지만, 나라를 잃고 망명한 상태에서나마 한국인에 의한 국회가 상해에 등장하게 된 것이다.

이들 중에는 대한제국 당시 독립협회 운동에 참여한 인사들이 적지 않았다. 이제 곧 탄생할 한인의 임시정부가 그들에 의해 움직여져 나갈 상황이 되었던 것이다. 4월 11일 상해의 프랑스 조계 내에서 대한민국임시정부의 수립을 결정하고 13일에 공포하였다. 임시의정원의 의장 이동녕의 주재로 주요 안건을 논의한 결과 국호가 대한민국, 연호가 대한민국 원년으로 의결되었다. 대한이란 국호는 신석우가 제창하였다. 여운형은 대한이란 망한 나라이니 조선으로 일어서자 하였고, 신석우는 대한으로 망하였으니 대한으로 부흥하자고 하였다.

그 결과 중론에 의해 대한이 결정되었고, 임시정부 각료도 선출되었다. 국무총리에 이승만, 내무총장 안창호, 외무총장 김규식, 법무총장 이시영, 군무총장 이동휘 등이 결정되었다.[48] 그러나 당시 국내외에 몇 개의 다른 임시정부가 등장하고 있었다. 정부 형태의 윤곽을 구비한 것은 노령의 국민의회(대통령 손병희, 부통령 박영효, 국무총리 이승만), 국내의 한성정부(집정관 총재 이승만, 국무총리 이동휘), 그리고 상해의 임정 등 3곳이다.

이에 임시정부의 통합을 위한 노력이 기울여졌고, 1919년 9월 상해에 통합된 대한민국 임시정부가 탄생하였다. 정부는 상해에 두되, 국내의 한성정부를 계승한다는 것, 상해 임정 수립 이후 시행한 행정은 유효하다는

---

48 그러나 이 과정에서 신채호가 격렬히 이견을 제기하였다. '이승만은 미국에 한국의 위임통치를 청원한 반역자이니 국무총리가 되어서는 안 된다'는 것이었다. 그러나 무기명 단기식 투표 결과 이승만이 국무총리로 선출되었다. 이런 신채호의 불만은 후일 안창호에 의해 창조론과 개조론 논쟁이 대두하였을 때 재연되었다.(趙圭恩, 『孤獨한 勝利』, 한민출판사, 1993, 39~41쪽)

것, 현재의 각료는 사퇴하고 한성정부가 선임한 각료들이 정부를 인수한다는 원칙을 수립하였다. 이렇게 명실상부한 조건을 구비한 뒤 대한민국 임시정부의 초대 대통령에 이승만, 국무총리에 이동휘가 선임되었다.

임시정부의 통합이 이루어지면서 대한민국임시헌법이 공포되었다. 대한민국 임시정부는 민주공화제 정부로 수립되었다. 헌법은 대통령제를 택하였고, 정부 운영은 대통령중심제와 의원내각제를 절충한 형태였다. 인민의 의무와 권리를 규정하였으며, 대한민국의 입법권은 의정원, 행정권은 국무원, 사법권은 법원이 행사하도록 삼권분립이 이루어졌다.

대한민국 임시정부는 이후 국제정세의 변동에 따라 항주·진강·장사·광주·유주·기강·중경 등 중국 내륙의 여러 지역을 이동하였다. 이시영, 조완구 등 대한제국기에 관료를 지낸 이들이 임시정부의 내정을 꾸준히 이끌어 갔다. 이들은 1945년 일본의 패망으로 해방을 맞아 귀국할 때까지 근 27년간 대한민국임시정부와 운명을 함께 하였다.

| 임시정부의 황실에 대한 입장 |

대한민국 임시정부의 헌장 제 8조에는 '대한민국은 황실을 우대한다'는 조항이 있다. 이것은 조완구가 강력히 주장하여 삽입된 조항이다. 그는 젊은 인사들로부터 구시대적 인물이라는 격렬한 지탄을 받기도 하였으나, 입장은 확고했다.

그는 "이 왕가는 5백년 동안이나 조선을 통치해왔기 때문에 뿌리가 깊을 뿐더러 나라를 팔아먹은 것은 이완용 등 5적과 7적의 소행이다. 고종은 헤이그에 밀사를 파견하는 등 그가 할 수 있는 데까지는 한국독립을 위하여 노력하였다. 더구나 고종이 서거했을 때 헤아릴 수 없는 많은 백성들이 덕수궁 앞에 주저앉아 밤낮없이 통곡했던 일로 미루어 다수 국민이 이왕가에 대한 충성심과 추모 정신을 알 수 있다. 따라서 민심을 수습하기 위해서도 황실을 우대할 필요가 있다."[49]고 하였다.

조완구는 조선조 명문가의 후예이자 대한제국의 관료 출신이지만, 전통 학문의 바탕 위에 서양의 법학 등 신학문을 접해 온 그가 이 무렵까지 왕조시대의 가치관에 젖어 있었다고 보기는 어렵다. 입헌군주제와 민주공화제의 장단점을 충분히 인지한 상태에서 한민족의 장래를 고려한 주장이었다고 생각된다. 즉 앞 시대를 혁명적으로 단절시키고 부정하기보다는 체제와 제도의 변화는 수용하되, 앞 시대와의 맥은 끊지 말자는 뜻으로 해석된다.

현재의 시점에서 보면, 영국과 일본이 황(왕)실의 존재를 인정하며, 근대 이후로도 황실 전통의 맥과 권위를 이어가도록 한데 비해, 소련과 중공이 근대의 변화기를 맞아 혁명적으로 황실의 맥을 단절시켜 붕괴시킨 뒤, 뒤늦게 다시 복구하려는 것과 많은 비교가 된다.

그의 이런 사상은 우당 이회영 등이 광무황제 고종의 망명을 기도하여 해외 독립운동의 구심점으로 고려했던 사실과 연결된다. 광무황제 자신도 '을사보호조약'의 불법성을 알리고자 헤이그특사를 파견하여 국제사회에 알리는 등 할 수 있는 데까지 진력한 바다. 더구나 1919년 광무황제의 갑작스런 죽음에 처하여 수많은 전국의 백성들이 서울의 덕수궁 대한문 앞에 몰려와 밤낮으로 통곡한 사실, 독살설에 자극 받은 한인들이 3·1독립만세운동을 펼친 사실 등은 시대는 바뀌었지만 황제의 존재감이 지니는 무게를 실감하게 했다.[50]

---

49 趙圭恩, 앞의 『孤獨한 勝利』, 41~42쪽.
50 그런 구상은 해방 이후 남북 관계의 조정과 좌우연합의 통일된 국가 건설을 지향하던 모습에서도 잘 드러난다. 한 뿌리에서 나온 한 민족의 역사를 강조하면서 고종이 단군을 강조했던 사실과도 무관하지 않다.

순종시대의 황궁: 창덕궁

| 대한제국의 2대 황제 순종과 그의 운명 |

융희황제 순종 (1874~1926; 재위 1907~1910)

순종은 대한제국의 두 번째 황제이자 마지막 황제였다. 일제하에 광무황제 고종은 이태왕으로 순종은 이왕으로 격하되어 고종은 덕수궁에서, 순종은 창덕궁에서 여생을 마쳤다. 순종이 대한제국의 2대 황제가 된 것은 고종이 헤이그특사 사건을 계기로 강제로 퇴위당한 것이 주요 계기였다.

그러나 정작 순종의 즉위식에는 고종도 순종도 참석하지 않았으니 주인 없는 황제즉위식이었다. 이렇게 등장한 대한제국의 제2대 황제가 순종이다. 이후 순종은 흔히 아는 바와 같이 실권이 없는 형식상의 황제였다. 순종은 정상적인 절차를 밟아 황제에 즉위한 것이 아니고, 일제의 강요에 의해 고종이 강제로 퇴위하였고, 순종도 원치 않는 자리를 이어 받았다. 그래서 순종은 황제도 아니라는 주장이 등장하기도 한다.

그런 주장에 일리가 없지는 않지만, 그렇다고 황제가 아니라고 하는 것도 무리이다. 대한제국의 체제가 정상적으로 유지되고, 고종이 황제의 자리를 적당한 시기에 물려주었다면, 후계자는 당연히 황태자인 순종이었을 것이다. 비록 정통성에 흠이 있고, 전근대 의식의 반영이기도 하겠으나 당대인들은 순종을 황제로 불렀고 그의 존재를 인정하였다.

1926년 4월 25일 순종은 창덕궁 대조전에서 운명하였다. 평소 시력과 건강이 불안정 했던 순종은 연초 이래 건강이 악화되어 치료 중이었다. 장례일 당시 서울에서는 학생들에 의해 만세운동이 펼쳐졌다.(6.10만세운동) 비록 일제에 의해 허수아비처럼 등장한 황제였던 것은 분명하나, 당시 일부 언론 외에는 대체로 불쌍한 어른, 비운의 황제 등으로 묘사했다.

순종의 장례일로부터 한 달이 지난 7월 8일 미국에서 발행되던 『신한민보』[51]에는 다음과 같은 기사가 등장하였다. 순종의 유조(遺詔), 즉 순종이 생전에 국내외 동포에게 전하는 말이었다.

> 지난날의 병합 인준은 일본이 제멋대로 만들어 선포한 것이다. 구차하게 살며 죽지않은 지가 지금에 17년이다. 나는 종사(宗社)의 죄인이 되고 이천만 생민(生民)의 죄인이 되었으니 한 목숨이 꺼지지 않는 한 잠시도 이를 잊을 수 없다. 노력하여 광복하라.

순종에 대해서는 그의 생애를 매도 혹은 비하하는 이들은 많으나 그의 학문이나 지식, 인간적 내면에 대해 자세히 밝힌 이는 드물다. 그가 남긴 글씨 중 명성황후 생가에 위치한 '명성황후탄강비'와 '장충단비'가 잘 알려져 있고, 효심이 깊었다는 정도가 정인보(鄭寅普)가 작성한 유릉지문(裕陵誌文)에 일부 나타나 있다.[52]

흔히 순종을 조선의 마지막 국왕으로 지칭하여 왔지만, 조선의 마지막 국왕은 순종이 아닌 고종이다. 한국의 역사부도나 역사교과서에서 순종을

---

51 『신한민보』는 미국에 거주하는 한인들의 대표적 단체였던 대한인국민회의 기관지였다. 1909년 한인합성협회(하와이 소재)와 공립협회(샌프란시스코 소재)가 통합하여 국민회가 되었고, 거기에 대동보국회(샌프란시스코 소재)가 합하여 1910년 대한인국민회가 탄생하였다.

52 鄭良婉,「裕陵誌文」,『쟁점 한국근현대사』, 한국 근대사연구소, 1992, 225~244쪽.

조선의 27대 마지막 국왕으로 표기해 온 것은 착오이다. 엄격히 말하면 조선은 26대 국왕 고종이 마지막 국왕이며, 고종은 대한제국의 초대 황제이기도 하다. 순종은 대한제국의 2대이자 마지막 황제로 즉위한 것이다. 일제하에 순종을 이왕이라 칭한 것은 일본의 천황가에 편입된 여러 왕가 중의 한 사람이라는 뜻이지 조선왕국의 임금이란 뜻이 아니었다.

| 창덕궁의 유래 |

창덕궁은 서울에 현존하는 5대 궁궐 중 조선조 역대 임금이 가장 오래 집무했던 정사의 중심 공간이다. 경복궁의 주요 건물들은 대체로 좌우대칭의 일직선상에 놓여있지만, 창덕궁은 지형에 따라 자연스럽게 건물을 배치하여 비정형적 조형미를 보여주고 있다. 특히 후원(비원, 금원)에는 정자, 연못, 괴석이 자연의 지형 및 수목과 잘 어우러져 궁궐 조경의 아름다움을 잘 보여준다.

북악산 왼쪽의 응봉 자락에 자리 잡고 있는 창덕궁은 자연과의 조화로운 배치로 한국의 정서를 잘 담고 있고, 조선의 궁궐 중 원형을 가장 잘 보존하고 있다. 창덕궁은 순종 재위 당시인 1907~1910년 사이 대한제국의 황궁이기도 했다. 이곳 낙선재는 일제하와 현대에 이르기까지 굴곡진 한국사의 명암을 지켜보며 황실의 주요 인사들이 생의 마지막을 장식한 곳이기도 하다. 이런 연유로 창덕궁은 1997년 유네스코 세계유산으로 등록된 바 있다.[53]

창덕궁의 유래는 조선의 태종 당시로 거슬러 올라간다. 태종은 1404년(태종 4) 개경에서 다시 한양 천도를 결정하여 이듬해 창덕궁을 완공하였다.

---

53 동궐도는 창덕궁과 창경궁을 그린 동궐도는 순조대의 작품으로 입체감을 잘 드러낸 궁궐 건축 그림이다.(비단 바탕의 채색, 가로 576cm, 세로 273cm) 16폭의 비단에 먹과 채색 물감으로 궁내의 누정, 다리, 담장, 연못, 괴석 등과 궁궐 외곽의 경관까지 세밀하게 그렸다. 창덕궁 궁문은 돈화문敦化門(남서), 금호문金虎門(서), 단봉문丹鳳門(동남), 요금문曜金門(서북), 건무문建武門(북) 등으로 구성되어 있다.

당시 규모는 외전 74칸, 내전 118칸이었다고 전한다. 처음에는 조선의 법궁(法宮)인 경복궁의 이궁(離宮)으로 창건했다. 그러나 역대 국왕은 창덕궁을 선호하였다. 임진왜란 당시 경복궁이 불타버린 이후 고종 재위 당시 중건될 때까지는 명실상부하게 창덕궁이 조선의 법궁 기능을 대신하였다.

대부분의 궁이 그렇듯이 창덕궁도 수차례 소실과 복구가 있었다. 임진왜란 당시 소실되었다가, 선조 말~광해군 초에 복구되었다. 이후 1623년 인조반정 때 대부분의 전각이 소실되어 1647년에 복구되었다. 효종, 현종, 숙종, 정조 등을 거치면서 규장각, 애련정, 서향각 등이 건축되고 후원이 조성되었다. 세자를 위한 공간으로는 중희당과 수강재가 대표적이다.

1803년(순조 3)의 대화재는 선정전 행각에서 시작하여 인정전 등 내전의 상당 부분을 불태웠고, 일제하인 1917년 대조전 서쪽 행각에서 시작된 화재로 내전 대부분을 태웠다. 이후 복구 과정에 경복궁의 강녕전과 교태전을 허물어 대조전과 희정전 복원에 사용하였다. 20세기 초에 창덕궁 내에 자동차 차고가 들어서고 전등, 탁자, 의자, 커튼 등 서양식의 근대 설비와 가구가 도입되어 건축 내외부의 모습이 크게 변화하였다.

| 인정문 앞에서 행한 고종의 즉위식 |

창덕궁의 인정문은 조선의 역대 왕이 옥새를 받고 즉위한 곳이기도 하였다. 효종, 현종, 숙종, 영조 등 조선의 여러 임금이 이곳에서 즉위식을 거행하고 왕위에 올랐을 뿐만 아니라, 헌종, 철종, 고종도 이곳에서 즉위식을 행하였다.

동치(同治) 2년(1863) 12월 8일, 14년 재위를 끝으로 철종이 창덕궁 대조전(大造殿)에서 승하하였다. 33세의 나이였다.

바로 그날 조대비는 창덕궁 중희당(重熙堂)[54]에 정원용 등 시원임 대신을

---

54 왕세자가 머무는 정당(正堂)이었으나 현재는 남아있지 않다. 위치는 성정각의 동쪽, 현재의 창덕궁 후원으로 입장하는 곳과 창경궁으로 가는 함양문 앞의 넓은 길이다. 현판은

소집하였다. 그 자리에서 조대비는 원상(院相)에 정원용을 임명함과 동시에 "흥선군의 적자(嫡子) 중에서 둘째 아들 이명복(李命福)으로 익종대왕(翼宗大王)의 대통(大統)을 잇기로 작정하였다."고 선언하였다.[55] 그 직후 창덕궁 인정문 앞에서 고종의 국왕 즉위식이 행하여졌다.

조대비는 고종의 모후(母后)가 되었고, 효명세자 익종은 고종의 부왕(父王)으로, 순조는 조부, 정조는 증조부, 영조는 고조부 항렬의 선왕이 되었다.

수렴청정을 시작한 조대비는 먼저 경복궁을 중건하고, 안동김씨 인물을 포함, 다양한 인사로 조정을 구성하고 관제를 고쳐 종친에게도 직임을 주도록 하였다.[56] 왕실의 방계 혈족 출신으로서 정통성에 취약점이 있던 고종의 권위를 보완해 주는 조치이기도 하였다.[57] 고종이 국왕으로 즉위하자 다음날 흥선군과 그의 부인 여흥민씨에게는 흥선대원군, 여흥부대부인의 작위가 주어졌다.[58] 이후 조대비는 자신의 '양아들'이자 국왕인 고종이 역사의 격랑 속에 파란을 겪는 모습을 두루 지켜보게 된다. 조성하, 조영하 등 그녀의 친정 조카들도 임오군란, 갑신정변 등을 거치며 목숨을 잃었다. 한편 조대비는 갑신정변 당시 며느리(명성황후)와 함께 경우궁 → 계동궁 → 창덕궁(관물헌) → 양주(현재의 서울시 노원구 월계동 각심재)까지 피난하였다가 환궁하였고, 고종은 경우궁 → 계동궁 → 창덕궁(관물헌, 연경당) → 북관묘 → 청군 병영 등을 거쳐 환궁하는 파란을 겪기도 하였다.

한편 고종과 왕비는 굴곡이 많은 모후의 일생을 누구보다 잘 이해했다.

국립고궁박물관에서 보관 중, 정조의 글씨이다.

55 『高宗實錄』1863년 12월 8일조. 익종(翼宗)은 헌종 즉위 직후 효명세자에게 올린 묘호(廟號)이다.(『헌종실록』1834년 11월 19일)

56 조대비의 수렴청정에 대해서는 임혜련, 「19세기 신정왕후 조씨의 생애와 수렴청정」, 『한국인물사연구』10, 한국인물사연구소, 2008 등을 참조.

57 장영숙, 『고종의 정치사상과 정치개혁론』, 선인, 2010, 33~36쪽.

58 대원군은 왕실의 방계에서 국왕이 옹립될 경우 친부에게 주어지는 작호이다. 조선조에는 4명의 대원군, 즉 선조의 부친(덕흥대원군), 인조의 부친(정원대원군, 원종으로 추존), 철종의 부친(전계대원군), 고종의 부친(흥선대원군)이 있다. 이 중 생전에 대원군이 된 경우는 흥선대원군이 유일했다.

이들은 조대비를 공경하고 깍듯이 받들었으며 왕비는 궁중 대소사를 모후 조대비에게 크게 의지하였다. 이들의 조대비에 대한 예우는 궁중 법도에 따른 것이기도 하지만, 그 이상의 돈독한 모습으로도 비쳐진다. 조대비도 고종과 왕비를 넉넉히 품어 안았다.[59]

순조의 며느리, 효명세자 익종의 아내, 헌종의 어머니, 고종의 모후 등 몰락해 가는 조선 왕실의 말기에 궁중의 최고 어른이었던 그녀는 창덕궁과 경복궁을 오가며 예우를 받았고, 1890년(고종 27년) 4월 83세의 나이로 경복궁 흥복전(興福殿)에서 승하하였다.[60]

| 인정전(仁政殿)의 봉황 조각 |

인정전은 창덕궁에서 왕궁의 위엄과 권위를 잘 드러낸 중심 공간이다. 창덕궁의 정전(正殿)으로 임금의 즉위식 등 국가의 공식 의례에 사용되던 곳으로서 경복궁의 근정전, 덕수궁의 중화전과 같은 기능을 하였다. 2단으로 조성된 월대 위에 세운 웅장한 이층의 전각이 돋보인다.

인정전의 내부는 경복궁의 근정전과 마찬가지로 통층 건물이다. 안은 화려하고 천장은 높다. 전각 내외부의 기둥은 소나무이다. 인정전 안의 정면에 임금님의 용상이 있고 그 뒤에는 나무로 만든 곡병(曲屏), 즉 목제 병풍이 있고, 뒤에 일월오악도(日月五岳圖)가 있다.

일월오악도에는 음양을 뜻하는 해와 달이 있다. 각기 붉은 색과 흰색으로 표현되어 있다. 해는 왕과 달은 왕비를 상징한다. 그 아래 다섯 개의 산 봉우리는 우리나라의 동, 서, 남, 북, 중앙의 다섯 산을 가리키며 이는 나라의 전 국토를 상징한다. 이것은 임금이 중앙에서 사방을 다스리고, 음양의 이치에 따라 정치를 펼친다는 뜻을 담고 있기도 하다. 왕이 다스리는 나라 조선의 천하관을 일월오악도 병풍에 담아 표현한 것이다.

---

59 이에 대해서는 『珠淵集』에 실린 신정왕후와 명성황후의 행록 등이 많은 참고가 된다.

60 이민원, 『고종 평전』, 선인, 2021, 24~28쪽.

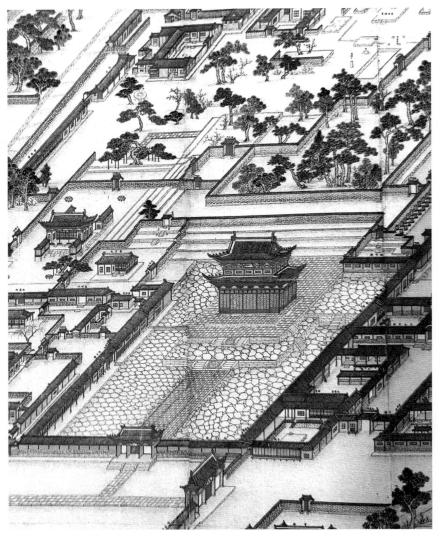

창덕궁 인정전 (동궐도 부분)

인정전의 천장 한가운데는 봉황을 조각하여 이곳이 임금의 공간임을
나타내고 있다. 반면, 경복궁과 덕수궁의 중심 전각 천장에는 각기 칠조룡
과 오조룡이 조각되어 있어 궁의 격조와 의미를 달리하려고 한 점에 특색

이 있다. 그러나 창덕궁 선원전, 환구단의 황궁우 등의 용조각과 비교하여 아직 덜 풀린 수수께끼가 남아 있다.

바닥에는 전돌이 깔려 있었으나 현재는 마루로 되어 있다. 전각의 주위에 유리창을 비롯하여 전등이나 커튼 등 서양 장신구가 설치되어 있다. 1907년 순종이 덕수궁에서 창덕궁으로 이어한 후 나타난 부분적 변화이다. 1887년 건청궁에 전등이 설치된 지 20년 뒤이다.

인정전과 인정문 사이의 박석이 깔린 뜰은 신하들의 조하와 외국사신의 맞이 등 공식 행사에 사용되던 곳이다. 인정문은 앞면 3칸, 옆면 2칸 규모로서 여덟 팔(八)자 모양을 한 팔작지붕이다.

| 대조전과 흥복헌 |

대조전은 창덕궁의 내전 중 으뜸가는 침전(寢殿)으로 왕비, 황후의 생활공간이다. 대조전 주변은 수많은 부속건물들이 에워싸고 있었다. 이곳에서 성종·인조·효종 등 역대 여러 국왕이 승하하였고, 익종 등이 태어났다. 창덕궁의 역사와 함께 운명을 함께 하며 임진왜란, 인조반정 당시 등 수차례 화재로 소실되었다가 다시 지어지기를 거듭하였다. 일제하인 1917년에 소실되어 1919년 다시 지어졌는데, 이때 경복궁에 있던 교태전(交泰殿)의 건물을 옮겨 지어 오늘에 이르고 있다. 내부는 서양식으로 개조하였으며, 왕(황)실 생활의 마지막 모습이 비교적 잘 보존되어 있다.

흥복헌은 1910년 8월 22일 일본 군인들이 총칼을 들고 지키고 서있는 가운데 마지막 어전회의가 열려 경술국치가 진행되었던 비극의 역사 현장이다.

| 성정각 |

성정각은 세자가 공부하던 공간으로 '성정'이라는 이름은 『대학』의 '성의'(誠意), '정심'(正心)에서 앞 글자를 따서 붙였다. 왕세자가 하루에 3번 조

강(朝講), 주강(晝講), 석강(夕講) 등 서연(書筵, 胄筵)을 행한 곳이다.

1782년(정조 6)에 동궁전인 중희당(重熙堂)이 건립되면서, 이 건물은 초계문신의 시험을 치르거나 대신을 만나는 곳으로 활용되어 희정당(熙政堂)과 함께 편전으로 이용되었다. 1895년(고종 32)에 내의원을 전의사(典醫司)로 개편한 뒤, 내의원에 있던 현판, 의약 도구 등을 옮겨와 내의원 물품 창고로 사용되기도 하였다.

성정각 권역에는 영현문(迎賢門), 보춘정(報春亭), 희우루(喜雨樓), 집희(緝熙), 조화어약(調和御藥), 보호성궁(保護聖躬), 자시문(資始門), 망춘문(望春門), 동인문(同仁門) 등의 글씨가 걸려 있는 건물들이 자리하고 있다.

이 중 영현문(迎賢門)은 성정각의 남문으로 어진 이를 맞이한다는 뜻을 지니고 있고, 보춘정(報春亭)은 봄이 옴을 알린다는 의미를 담고 있는 정자로 왕세자가 공부하던 곳이다. 희우루(喜雨樓)는 정조 1년 매우 가물었는데 이 누각을 중건하기 시작하자 마침 비가 내렸고 이 누각이 완성되어 임금이 행차하자 가뭄 끝에 비가 와서 붙인 이름이라고 전한다. '조화어약(調和御藥) 보호성궁(保護聖躬)'은 임금의 약을 제조하여 임금의 몸을 보호한다는 뜻을 담고 있다.

성정각 권역에서 가장 주목해볼 대상은 관물헌이다. 집희(緝熙)라는 편액이 걸린 그 건물이다. 동궐도에는 '유여청헌'(有餘淸軒)으로 표기된 것으로 전한다. 집희(緝熙)란 시경(詩經) 대아(大雅)의 문왕(文王)편에 등장하는 구절에서 유래한 것이다. 경희궁에 있는 집희당(緝熙堂)을 두고 집희당시(緝熙堂詩)를 쓴 영조는 집희를 '계속광명'(繼續光明)의 뜻으로 풀이했다. 즉 '계속하여 밝게 빛나다'라는 뜻이다.

이 글씨의 주인공에 대해서는 영조, 순조, 고종, 순종 등 여러 설이 있다. 글씨의 완성도가 아직 약해 보이고, 편액에 갑자(甲子), 어필(御筆)이라 한 것으로 보아 주인공을 고종으로 추정한다면, 고종이 즉위한 다음해인 갑자년(1864), 아직 글씨가 덜 여물었을 13세 때의 작품으로 볼 수 있다.

성정각은 효명세자(孝明世子, 1809~1830)가 세자로 책봉된 다음 이곳에서 서연(書筵)을 통해 공부를 하였고, 1874년 이곳 관물헌에서 순종이 태어났으며, 1884년 갑신정변 당시 관물헌이 주요 무대 중 한 장소였다.

| 관물헌과 연경당 |

순종이 태어난 지 불과 10년 뒤인 1884년 박규수는 이미 세상을 떠난 뒤였고, 홍순목은 아들 홍영식이 연루된 갑신정변의 여파로 일가족과 함께 운명하였으며, 세자인 순종은 대비, 모후와 함께 관물헌, 연경당 등을 오가며 피바람이 부는 정변의 파란을 경험해야 했다.[61]

이처럼 창덕궁은 우정국과 함께 갑신정변 당시 역사의 주요 현장이었다. 정변 당시 서구 각국 공사와 총영사의 움직임과 정변 사태에 대한 정밀한 분석 등은 미국공사 푸트와 미국공사관부 무관 포크의 보고에 잘 드러나고 있고, 각국 외교관과 그 가족들이 집결하여 피난한 곳은 정동의 미국공사관이었다.

갑신정변의 여파로 미국은 이후 조선에 대한 관심을 달리하였고, 한동안 공사를 공석으로 두고 포크가 공사를 대리하기도 하였다. 푸트 공사의 부인은 정변 당시 미국공사관에 몰려든 서양인들의 보호에 헌신적으로 노력하였고, 이때의 충격과 과로로 미국으로 돌아간지 6개월 만에 세상을 떠났다. 푸트공사 부부는 고종 내외와는 물론 갑신정변 주역들과도 친분이 가까웠다.[62] 위의 장소 중 연경당(演慶堂)은 고종과 명성황후가 연회를 자주 열던 곳이고, 각국 공사 부부도 그곳에서 고종과 명성황후를 알현하곤 하였다.

---

61 "북묘에 거처를 옮겼다가 청나라 오조유의 영방으로 옮기다."(『高宗實錄』 1884년 10월 19일)

62 Mary V. Tingley Lawrence, A Diplomat's Helpmate−How Rose F, Foote, *Wife of the First U. S. Minister and Envoy Extraordinary to Korea, Served Her Country in the Far East*, San Francisco: H.S. Croker Company Publishers; 메리 V. 팅글리 로렌스· 제임스 앨런 지음, 손나경·김대륜 옮김, 『미 외교관 부인이 만난 명성황후· 영국 선원 앨런의 청일전쟁 비망록』, 살림, 2011.

| 낙선재 |

낙선재는 조선후기 창덕궁과 창경궁 경계에 위치한 궁궐건물이다. 황실의 후손들이 마지막까지 머물렀던 곳이다. 1847년(헌종 13)에 중건된 궁궐 내부의 사대부 주택형식의 건축물이다. 원래 창경궁에 속해있던 건물이었지만 지금은 창덕궁에서 관리하고 있다. 후궁 경빈 김씨를 위해 세워진 건물로 흔히 이야기 되고 있다.

고종대에 들어와서 중희당과 가까운 낙선재를 종종 편전으로 이용하기도 하였다. 특히 1884년(고종 21) 갑신정변 이후 고종은 낙선재를 집무실로 정하고 대신들과 외국 공사들을 접견하였다.

순정효황후 윤씨 (1894~1966)
(순종의 계후로 낙선재에서 불교에 귀의, 운명하셨다.)

낙선재는 순정효황후 윤비가 만년을 보낸 곳이며, 1963년부터 1970년까지 일본에서 귀국한 영친왕 이은이 살았고, 1966년부터 1989년 사이에는 덕혜옹주와 이방자 여사가 타계할 때까지 기거하였다. 황실 후손이 궁에 거주한 것은 이것이 마지막이었다.

한편 2005년에는 황손 이구가 일본에 머물다 타계하자 그의 빈소로 쓰이기도 하였다. 이구는 미국의 MIT에서 건축학을 공부하고 서양여성과 결혼하였으나 황실의 반대로 이혼을 했다. 장례식 당시 그 여성은 낙선재 빈소 방문이 차단되어 종로 거리의 먼발치에서 운구 행렬을 지켜보았다고 전한다.

낙선재에는 석복헌, 수강재 등이 부속되어 있는데, 석복헌은 본래는 세자궁이었지만 1848년 경빈 김씨의 처소로 쓰였고, 수강재는 순원왕후의 거처였고, 후일 덕혜옹주의 거처로 쓰이기도 하였다. 참고로 낙선재의 글씨는 청나라의 명필인 섭지선(葉志詵, 1779~1863)의 글씨이고, 낙선재로 들어가는 입구의 장낙문(長樂門)의 글씨는 흥선대원군의 작품이다.

이상에서 보듯이 낙선재는 헌종과 후궁인 경빈 김씨로부터 고종과 영친왕, 순정효황후, 덕혜옹주, 이방자 여사, 이구 등과 두루 관련이 있는 조선 말기의 왕실과 대한제국기 및 일제하 황실 후손들의 마지막 모습을 담고 있는 공간이라고 할 수 있다.

맺음말

고종의 황제즉위와 국호 '대한'의 선포로 등장한 대한제국은 어디까지나 유교국가였고 전제군주국가였다. 그에 따라 황제체제에 따르는 각종 의례 양식과 행사는 번다하면서도 낙후함을 면치 못한 것도 부인하기 어렵다. 게다가 고종 스스로 후원했던 독립협회와 독립신문의 근대화운동과 의회설치운동 등을 좌절시켜 정책적으로는 시대역행적인 모습을 보인 것도 부인할 수 없다. 그 시대 각종 산업화정책과 신문물 도입도 당장에 빛을 볼 수 없었던 것이 사실이다. 그래서 고종의 대해서는 열강의 각축 속에 운명이 '백척간두'에 처해있던 대한제국을 지키지 못한 '망국의 군주' 심지어는 '매국노 고종'이라는 비판내지는 매도도 등장하고 있다.

이 모두 이해되는 측면이 있으나 그것만으로 고종이나 대한제국 모두를 설명하기에는 너무도 단면적이고 편협해 보인다. 인류사의 보편적 발전과정을 생각해볼 때 고종과 대한제국에 대해서는 새로이 음미해 볼 부분도 적지 않다. 더욱이 그것이 오늘날의 대한민국에 연관되고 있는 점을 감안하면 그렇게 일방적으로 매도할 대상이 아니다. 왜 그런가. 일례로 조선시대 오백년 역사를 현재의 가치 기준으로만 볼 경우 어느 왕 어느 정책인들 온전한 평가를 기대할 수 있겠는가. 이런 생각이 필자가 대한제국을 앞시대 조선왕국과 현재의 대한민국 사이에 두고 관찰하게 된 이유이다.

인류사회의 발전 과정에서 가장 중요한 두 가지 조건은 국가와 개인의 주권 확립이다. 전자는 나라의 자주독립, 후자는 자유와 평등을 기초로 한 민주주의로 대변된다. 세계의 모든 왕조국가들은 나라의 독립을 위해 노력해 왔고, 제2차 세계대전 이후로는 주로 인권의 평등과 민주제도의 확립을 위해 노력해 왔다. 여전히 정치와 종교의 불안정으로 고통을 받는 나라와 국민들이 세계 도처에 있지만, 현대 국가의 기본 조건은 이런 틀을 크게 벗어나지 않는다. 심지어 인권을 유린하는 나라도 이제는 민주주의를 표방하지 않을 수 없는 시대이다.

그렇다면 한국사에서는 언제부터 국가와 개인의 주권이 확립되었을까. 조선 왕국은 19세기까지도 국가 사이에 불평등이 존재하는 중국 중심의 사대교린체제 속에 있었다. 즉 중국에 사대와 조공을 하고, 중국 황제의 책봉을 받는 제후(왕)의 나라였다. 이런 틀을 벗어나 자주독립 국가로 발돋움하려면 두 가지 조건이 성숙해야 했다. 의식상으로는 조선이나 청국이나 대등하다는 국가 평등 의식, 현실적으로는 조선과 청국이 대등해지거나 청국이 내정간섭을 할 수 없을 정도의 국제 환경 등이 갖추어져야 했다.

바로 이런 조건이 성숙된 것은 19세기 후반이었다. 청일전쟁에서 청국이 패배한 것은 조선이 자주독립할 중요한 국제 환경이 조성된 것이었고, 조선 후기 이래 싹터 온 화이관의 극복과 자국의 역사에 대한 주체적 인식, 거기에 고종으로부터 조정 관료에 이르기까지 청국으로부터 자주독립을 이루고자 하는 의식의 성장은 내적 조건의 성숙이었다.

1897년의 대한제국 선포는 국가주권의 확립이라는 점에서 매우 중요한 의미를 갖는다. 우선, 한국이 전근대 중국 중심의 책봉체제, 즉 사대교린체제로부터 탈피했음을 공식적으로 확인하고 실현시킨 점에 중요한 의미가 있다. 다음으로 여전히 소중화 관념에 젖어 있던 국내의 유생들과 다수의 일반에게는 황제즉위와 제국 선포 자체가 국가주권 의식을 환기하고자 한 획기적 조치이기도 했다. 그 다음으로 청일전쟁 이래 러시아, 일본 등 외세에 의해 잠식되어 가는 절망적 상황에서 안으로는 군주를 중심으로 결집하고, 밖으로는 세계 모든 나라와 대등한 자주독립국임을 선언한 점에서 현실적 의미가 있다.

고종의 황제즉위와 대한제국 선포에 대해 일, 미, 영, 독, 러, 불, 이 등 세계 각국은 이를 직·간접으로 승인했다. 그때까지 상국으로 군림했던 청국도 1899년 한청통상조약, 요컨대 '대한국·대청국통상조약'을 맺으면서 처음으로 한국을 대등한 존재로 보았고, 한국 역시 청국을 그렇게 보게 되었다. 이 조약은 누천년의 한중 관계에서 양국이 서로를 대등한 객체로 인정한 획기적 전환점이었다. 멀리는 중국도 조선도 하나의 나라라고 했던 실학자의 국가 평등 의식, 가까이는 고종과 개화파, 독립협회원과 도시민 등이 소망했던 청국으로부터의 완전한 자주독립의 실천이었다. 이처럼 대한제국 선포는 500년 조선 역사에서 처음으로 완전한 주권국으로 발돋움한 순간이었다. 서울의 환구단과 독립문은 이의 상징물이다.

다음으로 대한제국의 존재는 한국사상에서 어떠한 의미를 갖는가. 중국 중심 책봉체제 속의 조선왕국에서 유엔체제하의 대한민국에 이르기까지 한국은 두 단계 중요한 과정을 거쳤다. 하나는 대한제국, 다른 하나는 3·1운동과 대한민국임시정부이다. 대한제국은 '국가주권'을, 3·1운동과 대한민국임시정부는 '국민주권'을 선언하고 확립한 셈이다. 전자는 국력은 취약했지만, 국제사회에 공인된 국가였다는 의미가 있다. 후자는 국민, 영토, 주권 등 국가 구성 요소가 완전히 구비되지 못한 점은 있지만, 한국사상 처음으로 민주공화제 정부를 택했다는 의미가 있다. 이 점에서 대한제국은 국가와 개인 모두 불평등한 중화질서 속의 조선왕국과 국가와 개인 모두 평등한 유엔체제하의 대한민국 사이에 위치한 나라였다.

끝으로 대한제국 당시 황제가 추구한 정책과 그 유산은 어떠한 의미를 갖는가. 오늘날 대한민국 각 분야 문물의 원류를 소급해 보면 주로 대한제국 당시에 싹이 뿌려졌음을 알 수 있다. 당시 한국은 군주에서 일반에 이르기까지 외세의 침략에 의해 국가가 격변을 겪는 혼란 속에 부국자강을 위해 노심초사하던 시기였다. 그런 가운데서도 신교육과 기독교를 포함한 각종 서양 문물의 수용과 그에 대한 거부가 맞물리는 가운데 근대화를 적극 추진해 가던 때이다. 그 결과 대한제국은 5천년 한국의 문물이 서양의 신문물과 조우하면서 새로운 제도와 문명을 단기에 '압축경험'하며 미래의 한국에 이어주는 전달자 역할을 하였다.

특히 정부의 문물정비 사업을 통한 단군의 재발견과 한국혼의 부활, 하와이이민으로 상징되는 개방적 해외이민사업, 장충단으로 상징되는 근대적 국가보훈의 가치, 환구단과 독립문으로 대변되는 국가주권 의식의 환기, 정부와 독립신문, 독립협회가 협력하며 추구한 서구 문명의 확산과 그에 부수한 자유 평등의 가치 등은 오늘의 한국에 이르는 근대 문명과 국가 발전의 '온상'(溫床)이기도 했다.

이 시기에 국정을 이끌었던 광무황제 고종은 정동의 경운궁(현재의 덕수궁)을 무대로 10년간 정사를 폈다. 경운궁은 대한제국의 황제 고종의 정무공간이자 생활공간이었다. 나아가 종묘와 환구단과 함께 대한제국의 신성공간이었다. 황궁이 위치한 정동에는 1880년대 이래 각국 공·영사관이 위치해 있었고, 열국외교관들은 경운궁을 오가며 외교업무를 수행하였다. 아울러 신식 학교와 교회, 신문사, 호텔 등도 이곳에 위치하였다. 그래서 경운궁과 그 주변은 서구문물이 먼저 도입되어, 전국으로 확산되던 한국 근대 문화의 출발점이자 원점이었다.

이상에서 보듯이 대한제국기는 한국 역사상 처음으로 근대화, 서구화, 산업화, 기독교화가 본격적으로 가동된 시기로 볼 수 있다. 당시 수용한 서구의 문명은 일제하의 시련과 해방 정국의 혼란을 거쳐 오늘의 한국 사회에 성공적으로 연착륙하였다. 비록 대한제국은 일본제국의 침략과 국제 환경의 불리로 나라는 멸망하였지만, 전통문화에 서구의 근대문명을 개방적으로 접목시켜 싹을 뿌려놓은 상태였다. 그동안 대한제국은 황제체제의 전제군주국가이자 일제의 침략에 속수무책으로 멸망했다는 이유로 평가절하 되어 왔지만, 헤이그특사의 끝나지 않은 사명의 수행과 해외의 독립운동, 3·1운동 등 20세기에 펼쳐진 한국인들의 꾸준한 애국헌신은 높이 평가하고도 남을 것이다.

결론적으로 대한제국기에는 개인의 주권확립까지 이루지는 못했지만, 고종과 관료들의 국가주권 확립과 서구 문명 도입을 위한 노력은 일방적 비판과 매도 보다는 오히려 높이 평가할 만하다. 대한제국기에 도입한 각 분야의 신문명은 유가 이념의 농업국가의 능력으로 단기간에 소화하여 꽃 피우기에는 너무도 벅찬 과잉 수용이었다. 그럼에도 불구하고 그 문명은 일제하의 식민통치와 6·25전쟁의 비극을 딛고 오늘의 한국에서 새싹을 틔웠다. 그 바탕에 대한제국기와 일제하의 시련 속에서도 '한국혼'을 되새기며 실력을 쌓아온 근현대의 주요 리더와 전국민의 피와 땀이 깊이 배어 있었다. 21세기 벽두에는 월드컵의 열기 속에 대한문 앞의 광장에서 '대한민국'의 구호가 전 세계로 울려 퍼졌다. 조선 → 대한제국 → 대한민국으로 이어진 한 세기동안 수난의 상징처럼 비쳤던 '대한'이란 국호와 태극기, 애국가가 한국인의 성공신화와 긍지로 반전되는 순간이었다.

연표 ─────────────────────────────

연표 (1896년 1월 1일 이후는 양력)

1852	고종 출생(7.25/음)
1860	북경조약(영청, 불청, 로청). 러시아 블라디보스토크항 신설
1863.12.13	철종 승하. 고종 즉위(1864.1.21/양) 조대비 수렴청정 시작. 김문근 사망
1865.04	경복궁 중건 착공(4.13), 흥선대원군 국태공 명명(5.9.)
1866	프랑스 선교사(베르누, 다블뤼 등)와 천주교도(남종삼 등) 처형(1.21~2.25)
	박규수 평안도관찰사 임명(2.5). 대왕대비 수렴청정 거둠(2.13)
	제너럴 셔먼호사건(7.22). 병인양요(9~10월) 오페르트 도굴사건(9월)
1868	메이지 유신. 오페르트도굴사건(4.18)
1871.03.20	서원 철폐령(47개 서원만 남김)
1871.04	신미양요(4.5~4.24). 전국에 척화비 건립 지시(4.25)
1875.08.21	운요호사건(양 9.20)
1876.02.02	조일수호조규 체결
1876.04.04	1차 수신사(김기수) 일본 파견/무위소, 신식무기 제조(8월)
1879.07.13	원산 개항 예약의정 조인(1880.3.23. 통상 개시)
	일본, 류큐왕국 병탄(오키나와현으로 편입)
1880.05.28	2차 수신사(김홍집) 일본 파견(7.5)
1881.04.10	조사시찰단 일본 파견. 교련병대(별기군) 창설, 일본인 교관 초빙(4.22)

1881.08.07	3차 수신사(조병호) 일본 파견(9.29). 영선사 청에 파견(9.26)
1882	조미수호조약(4.6/5.22). 조영수호조약(4.21). 조독수호조약(5.15)
1882.06.05	임오군란(훈련도감 군인 반란)
1882.07.13	청 흥선대원군 납치, 보정부에 유폐(1885.08.27 송환). 제물포 조약(7.17)
1882.08.23	조청상민수륙무역장정 체결(양 10.4)
1882.11.17	통리아문(내아문)과 통리내무아문 설치(12.26)
1882.12.28	양반의 상업 활동, 상민의 학교 입학 허용(1883.2.5)
1883.01.27	태극기를 국기로 제정, 반포. 당오전 통용 허가(5.4)
1883.06.23	미국 방문 사절단(민영익 일행) 파견(양 7.26)
1883.10.01	최초의 근대 신문(한성순보) 창간
1884	조이수호조약(5.4 비준 1886.6.23). 조로수호조약(윤5.15 비준 1885.9.7)
1884.10.17	갑신정변
1884.11.24	한성조약 체결(1885.1.9)
1885.01.17	광혜원 설치(2.29~3.12 제중원 개칭)
1885.03.01	영국함대, 거문도 점거(4.15 거문도사건, 1885~1887)
1885.04.18	천진조약(4.18). 아펜젤러 배재학당 설립(8.3 1887년 교명 하사)
1885.10.11	원세개, 주차조선총리교섭통상사의로 부임
1886.04.28	이화학당 설립(5.31) 및 교명하사(10.22)
1886.05.03	조불수호통상조약 체결(비준, 1887.5.31)
1886.06.17	관립외국어학교 육영공원 설립(양 7.18). 8월 26일 개원.
1887.06.29	박정양 초대주미공사 임명(양 8.18)
1887.12.25	연무공원 창설(최초의 근대 사관학교)(양 1888.2.6)

1888.01	야마가타 아리토모 대정부의견서 제출(1890.3 군비의견서 제출)
1889	방곡령사건
1890.04.17	신정왕후(대왕대비 조씨) 승하
1892.05.25	조오수호통상조약(6.23)(비준 1893.8.26)
1893.02	시카고 박람회 참가(2월). 해군사관학교 설치령(2.5)
1894.01.10	전봉준 등 조병갑의 탐학에 봉기, 고부관아 점령(양 2.15)(전주점령. 음 4.27/양 5.31)
1894.06.01	일본군 파병 결정. 일본군 1개 여단 인천상륙(양 6.16) 미국, 영국, 프랑스, 러시아 고종의 청으로 청일 동시 철병 촉구(양 6·25)
1894.06.21	일본군 2개 대대, 경복궁 침략(양 7.23)
1894.06.23	청일전쟁(일본군, 아산만 청군 기습) 발발. 전쟁 선포는 7.1/8.1
1894.06.25	군국기무처 갑오개혁 착수(양 7.27). 관보에 국한문 혼용(12월)
1895.04.17	시모노세키 조약(이토히로부미-이홍장)
1895.04.23	삼국간섭(러, 프, 독 3국 대표 도쿄 외무성에 각서 제출)
1895.05.10	외국어학교 관제 공포(양 6.2)
1895.06.28	궁내부, 의정부 이하 8개 아문 설치. 소학교령(7.19/양 9.7)
1895.08.20	을미사변(일본군 경복궁 습격 왕후 살해)(양 10.8)
1895.10.12	춘생문사건(양 10.28). 단발령 공포(11.15/12.30)
1896.01.01	건양 연호 사용. 태양력 사용(음 1895.11.17.)(*이하 양력 표기임)
1896.02.11	고종의 러시아공사관 피난(아관파천)
1896.04.01	민영환 특사 모스크바로 출발(모스크바 니콜라이 2세 대관식 참석. 5.26)

1896.04.07	독립신문 창간(폐간 1899.12.4). 독립협회 창립(7.2)
1896.05.14	웨베르-고무라각서. 러청비밀협정(이홍장-로바노프)(6.3)
1896.06.09	로바노프-야마가타의정서
1896.08.04	전국 23부를 한성부만 제외 모두 13도 7부 1목 331군으로 편제
1896.11.21	독립협회 영은문 터에 독립문 정초식 거행
1897.02.20	고종, 경운궁으로 환어
1897.10.12	고종 황제즉위식. 국호 대한(大韓)을 공표(10.13. 국호 결정은 10.11)
1897.11.14	독일 교주만 점령. 러시아 여순 대련 점령(12.16)
1897.11.21	명성황후 국장. 독립문 준공
1897.12.02	10월 12일을 계천기원절로 정함
1898.02.22	흥선대원군 사망
1898.04.25	로젠-니시협정(도쿄의정서)
1898.09.05	황성신문 창간(대한황성신문을 인수하여 개명)
1898.09.12	김홍륙 '고종독살기도'
1898.10.29	독립협회 만민공동회 종로에서 개최, 헌의6개조 상주
1898.10.30	헌의6개조 윤허. 중추원장정제정. 언론 및 상공업 진흥 위한 5개조 조칙 추가 반포
1898.11.04	독립협회 해산
1899.03.28	관립의학교 설립(수업연한 3년, 교장 지석영. 1902.1.18. 부속병원 설치)
1899.04	미국인 세브란스, 남대문 밖에 종합병원 설립
1899.05.17	청량리(홍릉)-서대문 구간 전차 개통
1899.06	원수부 설치, 상공학교 관제 마련, 의학교 규칙 공포

1899.07.04	표훈원 신설(총재, 부총재, 의정관을 둠)
1899.08.17	법규교정소에서 9개조의 대한국국제 의정 반포
1899.09.11	대한국대청국통상조약(비준 12.14)
1899.12.21	종로-남대문-용산 구간 전차 개통
1900	파리 만국박람회. 석조전 착공(J.D.하딩, 로벨)
1900.01.01	만국우편연합(UPU) 가입. 통신원(3.23-1906.7.27). 마산포조차 비밀협정(3.30)
1900.03.23	통신원 신설
1900.04.06	궁내부에 철도원 신설. 최초의 민간 점등(종로 가로등)(4.10)
1900.04.14	사립학교규칙 공포. 남대문-서대문 전차 개통(7.3)
1900.07.05	한강철교 준공, 경인철도 완전 개통. 서북철도국 설치(9.3)
1900.09.04	광무학교관제 반포, 육군학교관제(22조) 공포, 육군법률(317조) 공포 시행
1900.11.12	경인선 개통(서울-인천)
1901.10.16	혜민원 설립(10.20, 지계아문 설치)
1902.01.30	제1차 영일동맹(영국, 한국에서 일본의 특수 이해 인정)
1902.03.14	서북철도국, 마포-개성 구간 기공식
1902.03.17	양지아문 지계아문 통합. 한성-인천 간 전화개통(3.20)
1902.05.08	경의 철도(서울-개성) 부설 착공. 한성-개성 간 전화 설치(5.29)
1902.07.15	한국덴마크수호통상조약(비준, 1903.6.22.). 대한제국 국가(國歌) 제정(8.15)
1902.11.16	궁내부 수민원 설치(외국 여행 사무 개시)
1902.12	공업전습소 설립(1916.4. 경성공업전문학교)
1903.3.24	중앙은행 조례 제정

1903.04	러시아 용암포 점령. 군함 양무호 인천 입항(4.15)
1903.11.20	돈화문 밖에 전보지사, 전화지소 설치
1904.01.22	고종, 국외중립을 각국에 타전
1904.02.08	러일전쟁 발발, 일본군 서울에 진입
1904.02.23	한일의정서(2.23). 일본한국주차군사령부 설치(4.3). 경운궁 화재(4.14)
1904.08.22	1차 한일협약 체결(외국인용빙협정, 한일협정서)
1904.07.18	대한매일신보와 영문판 Korea Daily News 창간
1904.10.14	일본인 메가다 다네타로를 탁지부 재정고문으로 초빙
1904.11.10	경부철도 완공. 전환국 폐지(11.28)
1904.12.27	미국인 스티븐스를 외교고문에 임명
1905.01.10	경부선(서대문-초량) 개통. 일본, 독도에 관한 시마네현 고시(2.22)
1905.04.01	일본군 통신권 탈취. 한일통신기관협정서 체결
1905.07.08	대한국적십자병원 설치(7.8). 윤병구, 이승만 루스벨트에게 한국독립청원서 전달(7.6)
1905	가쓰라 -태프트 밀약(7.29). 제2차 영일동맹(8.12). 포츠머스강화조약(9.5)
1905.11.17	을사보호조약. 황성신문 「시일야방성대곡」 게재(11.20)
1906.01.17	외부 폐지, 의정부에 외사국(外事局) 설치
1906.04.03	경의선 개통. 보성학교(4.3), 진명여학교(4.21), 명신여학교(5.22) 설립
1906.04.20	치도국 설치. 수도국 설치(4.25)
1906.06.04	최익현, 임병찬 전북 태인에서 의병(8.18 2인 모두 대마도에 유배)
1906.08.07	만국적십자조약 가입. 농림학교 신설, 소학교 보통학

교로 개칭(8.27)

1907.04.01	국채보상연합회의소 조직
1907.04.20	이준 헤이그만국평화회의 참석차 출국(6.29 넬리도프, 이상설특사 참가 신청 거절)
1907.07.10	헐버트 헤이그에서 합류, 을사조약은 황제의 뜻이 아님을 역설
1907.07.20	광무황제 양위식(중화전) 불참. 한일신협약(정미7조약/7.24), 제1차 러일협약(7.30)
1907.07.31	군대해산 조칙. 군대해산식(훈련원, 8.1), 전국의 해산군인과 의병의 항일전
1907.08.02	연호를 융희(隆熙)로 변경
1907.08.27	순종 즉위식(8.27) 박영효 제주도 유배(9.3) 영친왕, 강제 일본 유학(12.5)
1907.07.06	일본 한국병합 결정(7.6) 기유각서(7.12). 대한적십자사 합병(7.23)
1909.10.26	안중근, 하얼빈에서 이토 히로부미 저격 사살
1910.06.24	일본, 대한제국 경찰권 박탈
1910.08.22	한국합방조약 체결(공포 8.29)
1910.09.30	토지조사사업 시작(9.30) 덕수궁 석조전 완공(12.1)
1918.01.08	윌슨의 14개조 강령 선포(민족자결주의 포함)
1919.01.21	고종, 덕수궁 함녕전에서 붕어. 인산일(3.3)
1919.03.01	3·1운동 발발. 유관순 피체(4.1). 재미교포 한인자유대회(4.14)
1919.03.03	고종의 장례식(홍릉)
1919	상해임시정부(4.13) 수립, 한성임시정부(4.23) 수립
1919. 9	통합 대한민국임시정부(한성정부를 정통으로 위치는 상해에 둠) 수립

1945. 8. 15	해방(일본의 연합군에 대한 항복)
1948. 8. 15	대한민국 정부 수립
1948. 9. 9	조선민주주의인민공화국 정부 수립
1948. 12. 12	유엔, 대한민국 정부를 한반도 내 유일한 합법정부로 승인

참고문헌 ——————————————

『高宗實錄』,『承政院日記』,『修信使日記』,『독립신문』,『皇城新聞』,『增補文獻備考』,『珠淵集』,『瓛齋集』,『勉菴集』,『張志淵全書』,『韓末近代法令資料集』,『西遊見聞』,『梅泉野錄』,『尹致昊日記』,『大韓季年史』,『閔忠正公遺稿』,『海天秋帆』

國史編纂委員會 編譯,『駐韓日本公使館記錄』1-13, 1987~1995.

菊池謙讓,『近代朝鮮史』上·下, 京城: 鷄鳴社, 1937.

菊池謙讓,『大院君傳附王妃の一生』, 日韓書房, 1910.

陸奥宗光,『蹇蹇錄』, 東京: 岩波書店, 1967.

外務省 編,『日本外交文書』28-29, 東京: 日本國際連合協會, 1936.

尹致昊 著, 國史編纂委員會 編,『尹致昊日記』4, 探求堂, 1973.

井上侯傳記編纂會 編,『世外井上公傳』4, 東京: 原書房復刻版, 1968.

朝鮮總督府 編,『日本之朝鮮』, 東京: 有樂社, 1910.

中山泰昌 編,『明治編年史』1-10, 東京: 財政經濟學會, 1936.

The Korean Repository

Korea Review

F.O. 405-68~73, Part V~X (1895-1898), Further Correspondence Relating to Corea, and China, and Japan, Printed for the use of Foreign Office, Her Majesty's Government. (본문에서 F.O. 시리즈로 약칭)

Despatches from U.S. Ministers to Korea 1883-1905, National Archives M.F. Record Group No.134. (본문에서 DUSMK로 약칭)

Diplomatic Instructions from the Department of State to U.S. Ministers to Korea, 1883-1905, National Archives M. F. Record Group No.77.

The North China Herald and Supreme Court & Consular Gazette, Shanghai, (1895-1898년도 분)

(*이하 원전 자료 생략)

〈국문저서〉

강만길 외,『한국사 11 -근대 민족의 형성』, 한길사, 1976.

강상규,『조선정치사의 발견 -조선의 정치지형과 문명전환의 위기』, 창비, 2013.

강창석,『조선통감부연구』II, 국학자료원, 2004.

고영자,『청일전쟁과 대한제국 -대한제국의 몰락을 주도한 일본의 교란책』, 탱자출판사, 2006.

구대열 외,『한국사 42 -대한제국』, 국사편찬위원회, 1999.

구대열,『한국국제관계사연구 1: 일제시기 한반도의 국제관계』, 역사비평사, 1995.

구선희,『한국근대 대청정책사 연구』, 혜안, 1999.

국립고궁박물관 편,『대한제국-잊혀진 100년 전의 제국』, 민속원, 2011.

국립전주박물관,『대한제국기 고문서』, 국립전주박물관, 2003.

국제역사학회의 한국위원회 편,『한미수교100년사』, 정화인쇄문화사, 1982.

권태억 외,『한국사 44-갑오개혁 이후의 사회경제적 변동』, 국사편찬위원회, 2000.

권혁수,『근대 한중관계사의 재조명』, 혜안, 2007.

김기혁 외,『한국사 37-서세동점과 문호개방』, 국사편찬위원회, 2000.

김기혁·유영익·박영재 외,『청일전쟁의 재조명』, 한림대학 아세아문제연구소, 1996.

김도형,『대한제국기의 정치사상연구』, 지식산업사, 1994.

김명기,『국제법원론』(상), 박영사, 1996.

김문자 저, 김흥수 역,『러일전쟁과 대한제국 -러일 개전의 정설을 뒤엎다』, 그물, 2022.

金祥起,『韓末義兵研究』, 一潮閣, 1997.

김순일,『덕수궁』, 대원사, 1991.

김영수,『명성황후 최후의 날』, 말글빛냄, 2014.

김영작,『한말 내셔널리즘 연구: 사상과 현실』, 청계연구소, 1989.

김용구,『세계관 충돌과 한말 외교사 (1866~1882)』, 문학과지성사, 2001.

김용구,『세계외교사』, 서울대학교출판문화원, 2006.

金容九·河英善,『한국 외교사 연구』, 나남, 1996.

金雲泰,『朝鮮王朝政治·行政史-近代篇』, 博英社, 2002.

金源模,『近代韓國外交史年表』, 檀大出版部, 1984.

김원수,『헤이그 만국평화회의 특사외교와 국제관계』, 독립기념관, 2016.

김태웅,『대한제국과 3·1운동 - 주권국가건설운동을 중심으로』, 휴머니스트, 2022.

김형목,『대한제국기 야학운동』, 경인문화사, 2005.

김효전,『법관양성소와 근대 한국』, 소명출판, 2014.

김희곤,『대한민국임시정부 연구』, 지식산업사, 2004.

羅愛子,『韓國近代海運業史研究』, 國學資料院, 1998.

나카츠카 아키라 지음, 박맹수 옮김,『1894년, 경복궁을 점령하라』, 푸른역사, 2002.

로버트 올리버 저, 황정일 역, 『이승만 – 신화에 가린 인물(Syngman Rhee: The Man Behind the Mith)』, 건국대학교출판부, 2002.

모리야마 시게노리 저, 김세민 역, 『근대일한관계사연구』, 현음사, 1994.

문일평, 『한미오십년사』, 탐구당, 2016.

박민영, 『大韓帝國期 義兵研究』, 한울, 1998.

박은숙, 『갑신정변 연구』, 역사비평사, 2005.

朴殷植, 『韓國痛史』, 上海, 1915.

박일근, 『미국의 개국정책과 한미외교관계』, 一潮閣, 1981.

朴宗根 著, 朴英宰 譯, 『淸日戰爭과 朝鮮』, 一潮閣, 1989.

朴鍾涍 편역, 『러시아 國立文書保管所 所藏 韓國關聯文書要約集』, 한국국제교류재단, 2002.

반병률, 『여명기 민족운동의 순교자들』, 신서원, 2013.

서영희, 『대한제국 정치사 연구』, 서울대학교출판부, 2003.

서영희, 『일제 침략과 대한제국의 종말-러일전쟁에서 한일병합까지』, 역사비평사, 2012.

서인한, 『대한제국의 군사제도』, 혜안, 2000.

宋炳基, 『近代韓中關係史研究』, 단국대출판부, 1985.

송병기, 『개방과 예속』, 단국대학교출판부, 2000.

신명호, 『조선의 왕』, 가람기획, 1998.

申福龍·羅洪柱 譯註, 『林董(하야시 다다스)秘密回顧錄: The Secret Memoirs of Count Tadasu Hayashi』, 건국대학교출판부, 1989.

愼鏞廈, 『獨立協會研究』, 一潮閣, 1993.

신용하 외, 『한국사 41-열강의 이권 침탈과 독립협회』, 국사편찬위원회, 1999.

歷史學會 편, 『露日戰爭前後 日本의 韓國侵略』, 一潮閣, 1986.

연갑수, 『大院君 執權期 富國强兵策研究』, 서울대학교출판부, 2000.

오영섭, 『고종황제와 한말의병』, 선인, 2007.

오영섭, 『한국 근현대사를 수놓은 인물들』, 경인문화사, 2007.

오인환, 『구한말 한인 하와이 이민』, 인하대학교출판부, 2004.

오인환, 『위기관리의 관점에서 본 고종시대의 리더쉽』, 열린책들, 2008.

외교통상부 편, 『이범진의 생애와 항일독립운동』, 외교통상부 러시아·CIS과, 2003.

원유한, 『한국화폐사: 고대부터 대한제국시대까지』, 한국은행발권국, 2006.

유동준, 『유길준전』, 一潮閣, 1987.

柳永烈, 『開化期의 尹致昊 研究』, 한길사, 1985.

유영렬 외, 『한국사 43-국권회복운동』, 국사편찬위원회, 1999.

柳永益, 『甲午更張硏究』, 一潮閣, 1990.

유영익, 『동학농민봉기와 갑오경장』, 一潮閣, 1998.

유영익, 『젊은 날의 이승만』, 연세대학교 출판부, 2002.

유영익 외, 『한국사 40-청일전쟁과 갑오개혁』, 국사편찬위원회, 2000.

尹炳奭, 『國外韓人社會와 民族運動』, 一潮閣, 1990.

尹炳奭, 『增補 李相卨傳』, 一潮閣, 1998.

윤병석, 『대한과 조선의 위상』, 선인, 2011.

윤병석 외, 『헤이그특사와 한국독립운동』, 독립기념관 한국독립운동사연구소, 2007.

윤치호 저, 송병기 역, 『국역 윤치호일기 1』, 연세대학교 출판부, 2001.

李光麟·愼鏞廈, 『史料로 본 韓國文化史-近代篇』, 一志社, 1984.

이기동, 『비극의 군인들 - 근대한일관계사의 비록』, 一潮閣, 2020.

이동언, 『내가 몰랐던 독립운동가 12인』, 도서출판선인, 2013.

李萬烈, 『韓國近代 歷史學의 理解』, 文學과 知性社, 1981.

이만열 외, 『한국사 51-민족문화의 수호와 발전』, 국사편찬위원회, 2001.

이민수 역, 민홍기 편, 『민충정공 유고』, 一潮閣, 2000.

이민원, 『한국의 황제』, 대원사, 2001.

이민원, 『명성황후시해와 아관파천-한국을 둘러싼 러·일 갈등』, 국학자료원, 2002.

이민원, 『조완구-대종교와 대한민국임시정부』, 역사공간, 2012.

이민원, 『대한민국의 태동』, 대한민국역사박물관, 2014.

이민원, 『이상설-신학문과 독립운동의 선구자』, 역사공간, 2017.

이민원, 『고종 평전』, 도서출판 선인, 2021.

이민원·김종헌·신명호·이영화·서동일 외, 『德壽宮』, 한국문화재보호재단·중앙문화재
　　　보호재단, 2003.

이민원·이강근·신명호·이영화 외, 『덕수궁-복원정비 기본계획』, 문화재청, 2005.

이민원·이휘주·김종학·정윤재·성주현, 『고종시대 정치리더십 연구』, 한국학중앙연구
　　　원, 2017.

이방원, 『한말 정치변동과 중추원』, 혜안, 2010.

李培鎔, 『舊韓末 鑛山利權과 列强』, 韓國研究院, 1984.

李瑄根, 『韓國史-現代篇』, 震檀學會, 1963.

이승만 저, 최병진 역, 『일본, 그 가면의 실체 Japan Inside Out』, 정미디어, 2007.

이승만, 『Japan Inside Out: 일본 그 가면의 실체』, 대한언론인회, 2007.

이영호, 『동학과 농민전쟁』, 혜안, 2004.

이왕무,『조선 후기 국왕의 능행 연구』, 민속원, 2016.

이재석 외,『한국정치외교사총서 4 - 국치 100년 국권 상실의 정치외교사적 재조명』, 선인, 2012.

이정식,『구한말의 개혁·독립투사 서재필』, 서울대출판부, 2003.

이태진,『일본의 대한제국 강점 -보호조약에서 병합조약까지』, 까치, 1995.

이태진,『고종시대의 재조명』, 태학사, 2000.

이태진 편저,『한국 병합, 성립하지 않았다』, 태학사, 2001.

이태진·윤대원·은정태·임소연,『100년 전의 기억 대한제국』, 국립고궁박물관, 2010.

이택휘·김운태·신복룡 외,『서재필』, 民音社, 1993.

이화여자대학교 한국문화연구원,『대한제국 연구』 1~5, 백산자료원, 1983~1986.

장영숙,『고종의 정치사상과 정치개혁론』, 선인, 2010.

全海宗 외,『中國의 天下思想』, 民音社, 1988.

정성길 편, 이민원 감수,『일제가 강점한 조선』, 태평양출판사, 2006.

정윤재,『정치 리더십과 한국민주주의』, 나남출판, 2003.

정창렬 외,『한국사 37-서세동점과 문호개방』, 국사편찬위원회, 2000.

조재곤,『한국 근대사회와 보부상』, 혜안, 2001.

조재곤,『고종과 대한제국 -황제 중심의 근대 국가체제 형성』, 역사공간, 2020.

崔起榮,『大韓帝國時期 新聞硏究』, 一潮閣, 1991.

崔起榮,『韓國近代啓蒙運動硏究』, 一潮閣, 1997.

최기영,『한국 근대문화와 민족운동』, 경인문화사, 2021.

최덕규,『제정러시아의 한반도정책, 1891~1907』, 경인문화사, 2008.

최덕규,『근대 한국과 동아시아 변경 연구』, 경인문화사, 2016.

최덕수,『대한제국과 국제환경: 상호인식의 충돌과 접합』, 선인, 2005.

崔文衡,『列强의 東아시아政策』, 一潮閣, 1979.

崔文衡,『제국주의 시대의 列强과 韓國』, 民音社, 1990.

최문형,『러시아의 남하와 일본의 한국 침략』, 지식산업사, 2007.

崔文衡 외,『明成皇后 弑害事件』, 민음사, 1992.

崔鍾庫,『韓獨交涉史』, 弘盛社, 1983.

하지연,『기쿠치 겐조, 한국사를 유린하다』, 서해문집, 2015.

한국독립운동사연구소,『헤이그 한국특사 100주년 기념 국제학술심포지움: 만국평화회의와 한국특사 100주년의 역사적 의의』, 프레스센터 국제회의실, 2007.

韓國史硏究協議會 編,『韓露關係100年史』, 1984.

韓國精神文化硏究院 편,『한·미수교 1세기의 회고와 전망』, 韓國精神文化硏究院, 1983.

韓國精神文化研究院 편, 『淸日戰爭을 前後한 韓國과 列强』, 韓國精神文化研究院, 1984.

韓國政治外交史學會 편, 『甲申政變研究』, 평민사, 1985.

韓㳓, 『東學亂起因에 관한 研究』, 서울大學校出版部, 1971.

한림대학교 아시아문화연구소 편, 『淸日戰爭의 再照明』, 한림대 출판부, 1996.

한상일, 『이토 히로부미와 대한제국』, 까치, 2015.

韓詩俊, 『韓國光復軍研究』, 一潮閣, 1993.

한영우, 『명성황후와 대한제국』, 효형출판사, 2001.

한영우·이윤상·전봉희 외, 『대한제국은 근대국가인가』, 푸른역사, 2006.

한일문화교류기금, 동북아역사재단 편, 『한국과 일본의 서양문명 수용』, 경인문화사, 2011.

韓哲昊, 『親美開化派研究』, 國學資料院, 1998.

한철호, 『한국근대 주일한국공사의 파견과 활동』, 푸른역사, 2010.

한형주 외, 『조선의 국가 제사』, 한국학중앙연구원, 2009.

許東賢, 『近代韓日關係史研究 -朝士視察團의 日本觀과 國家構想』, 國學資料院, 2000.

허동현, 『역사관과 역사학자』, 북코리아, 2022.

현광호, 『대한제국의 대외정책』, 신서원, 2002.

홍순권, 『한말 호남지역 의병운동사 연구』, 서울대학교 출판부, 1994.

홍영기, 『대한제국기 호남의병 연구』, 一潮閣, 2004.

侯宜杰 지음, 장지용 옮김, 『원세개』, 지호, 2003.

F.A, 맥켄지 저, 이광린 역, 『한국의 독립운동』, 一潮閣, 1982.

F.A, 매켄지 지음, 신복룡 옮김, 『대한제국의 비극』, 집문당, 1999.

F.H, 해링튼 저, 이광린 역, 『개화기의 한미관계』, 一潮閣, 1982.

H.B, 헐버트 지음, 신복룡 옮김, 『Hulbert 大韓帝國史 序說』, 探求堂, 1979.

H.N, 알렌 지음, 신복룡 옮김, 『조선견문기』, 探求堂, 1979.

〈국문논문〉

강만길, 「대한제국의 성격」, 『창작과 비평』, 1978.

姜相圭, 「高宗의 對外認識과 外交政策」, 『韓國史 市民講座』 19, 1996.

강상규, 「특집: 19세기 동아시아의 정치와 근대 개혁사상-고종의 대내외 정세인식과 대한제국 외교의 배경」, 『동양정치사상사』 4-2, 2005.

강상규, 「19세기 동아시아의 패러다임 변환과 한반도 – 예의와 '부강'의 상극적 긴장」,

『사회와 역사』71, 한국사회사학회, 2006.

高柄翊, 「露皇戴冠式에의 使行과 韓露交涉」, 『歷史學報』28, 1965.

고병익, 「19세기 후반의 동아시아 정세」, 『한미수교100년사』, 국제역사학회의 한국위원회, 1982.

權錫奉, 「淸日戰爭 以後의 韓淸關係硏究 1894-1898」, 『淸日戰爭을 前後한 韓國과 列强』, 韓國精神文化硏究院, 1984.

具汏列, 「大韓帝國時代의 國際關係」, 『大韓帝國硏究』3, 梨花女子大學校 韓國文化硏究院, 1985.

구희진, 「대한제국 전반기 "국민의기(國民義氣)"의 고취와 국민교육」, 『한국사연구』134, 2006.

김기석, 「광무제의 주권수호외교, 1905-1907: 을사늑약 무효선언을 중심으로」, 『일본의 대한제국 강점』, 까치, 1995.

김도형, 「대한제국기 계몽주의계열 지식층의 삼국제휴론 -인종적 제휴론를 중심으로」, 『한국근현대사연구』13, 2000.

김도형, 「대한제국 초기 문명개화론의 발전」, 『한국사연구』121, 2003.

김동노, 「대한제국기 황성신문에 나타난 근대적 개혁관」, 『사회와 역사』69, 2006.

김동환, 「弘巖 羅喆의 思想과 獨立運動方略」, 『한국독립운동사연구』19, 한국독립운동사연구소, 2002.

김동환, 「白巖 朴殷植과 大倧敎」, 『白巖學報』1, 백암학회, 2006.

김명섭, 「대한제국의 역사적 종점에 관한 재고찰」, 『한국정치외교사논총』32-2, 2011.

김소영, 「용암포사건에 대한 대한제국의 위기의식과 대응」, 『한국근현대사연구』31, 2004.

김숙자, 「대한제국기 민권의식의 변화과정」, 『한국민족운동사연구』20, 1998.

김신재, 「독립협회의 대외인식과 자주국권론」, 『경주사학』17, 1998.

김연지, 「완충체계 이론으로 본 청일·러일전쟁과 조선의 비극」, 『평화연구』22(1), 2014.

김연희, 「대한제국기의 전기 사업 -1897~1905년을 중심으로-」, 『한국사회과학회지』19-2, 1997.

김영수, 「대한제국을 바라보는 러시아 학계의 시각」, 『역사와 현실』63, 2007.

김영희, 「대한제국 시기의 개신유학자들의 언론사상과 양계초」, 『한국언론학보』43~44, 1999.

金容燮, 「愼鏞廈 著, 『獨立協會硏究』書評」, 『韓國史硏究』13, 1976.

김용직, 「개화기 한국의 근대적 공론장과 공론형성 연구: 독립협회와 「독립신문」을 중심으로」, 『한국동북아논총』 38, 2006.

金元洙, 「淸日戰爭 및 三國干涉과 러시아의 對韓政策」, 『韓露關係 100年史』, 한국사연구협의회, 1984.

김원수, 「한반도 전쟁과 대한제국의 헤이그 특사파견 – 세계사적 접근」, 『역사교육연구』 21, 2015.

金允嬉, 「대한제국기 서울지역 금융시장의 변동과 상업발전」, 고려대 박사학위논문, 2002.

김윤희, 「淸·日商의 눈에 비친 서울의 경제상황과 거래관행」, 『鄕土서울』 68, 2006.

김재승, 「대한제국 농상공부 통신국 관선과 연구 – 관선과의 설치와 선세규칙을 중심으로」, 『해운물류연구』 38, 2003.

金鍾圓, 「朝中商民水陸貿易章程에 對하여」, 『歷史學報』 32, 1966.

김종헌, 「대한제국의 등대 건축에 관한 연구」, 『대한건축학회 논문집』 21, 2000.

김태웅, 「개항 전후~대한제국기의 지방재정개혁 연구」, 서울대 대학원 박사학위논문, 1997.

김태웅, 「대한제국의 역사적 위치」, 『대한제국기 고문서』, 국립전주박물관, 2003.

김항구, 「대한제국기 자강론의 형성과 전개」, 『문화사학』 11·12·13, 1999.

金賢淑, 「韓末 顧問官 J. McLeavy Brown에 대한 硏究」, 『한국사연구』 66, 1989.

김현숙, 「한국 근대 서양인 顧問官 연구」, 梨花女子大學校 博士學位論文, 1999.

김현숙, 「대한제국기 미국인 고문관 문서 해제」, 『한국근현대사연구』 31, 2004.

나애자, 「대한제국의 권력구조와 광무개혁」, 『한국사』 7, 한길사, 1994.

대한건축역사학회, 「2003년 4월 월례회 – 대한제국기의 도시와 건축」, 『건축사연구』 34, 2003.

도면회, 「정치사적 측면에서 본 대한제국의 역사적 성격」, 『역사와 현실』 19, 1996.

도면회, 「황제권 주임의 국민국가체제의 수립과 좌절」, 『역사와 현실』 50, 2003.

박민영, 「柳麟錫의 국외 항일투쟁 路程(1896~1915) –러시아 연해주를 중심으로」, 『한국근현대사연구』 19, 2001.

박성진, 「대한제국기-1930년대 과학담론의 형성 및 전개과정」, 『경기사론』 2, 1998.

박윤재, 「특집: 한국 근대의학의 탄생과 국가 ; 대한제국과 통감부의 의학체계 구상과 전개」, 『동방학지』 139, 2007.

박성준, 「논단: 대한제국기 해세(海稅) 관할권을 둘러싼 갈등과 내장원의 해세 관할권 장악」, 『한국사학보』 26, 2007.

박애경, 조해숙, 「기획논문: 고전문학과 공간적 상상력 ; 대한제국기 가사에 나타난 이국 형상의 의미 –서양 체험가사를 중심으로」, 『고전문학연구』 31, 2007.

박은숙, 「대한제국기 燔磁會社의 설립과 운영-1897~1899년 社員 공동운영체제를 중심으로-」, 『韓國史研究』, 149, 2010.

박현모, 「왕조에서 제국으로의 전환: 경국대전체제의 해체와 대한제국 출범의 정치사적 의미 연구」, 『한국정치연구』 18-2, 2009.

方善柱, 「徐光範과 李範晋」, 『崔永禧先生 華甲紀念 韓國史學論叢』, 탐구당, 1987.

방용식, 정원영, 「유길준의 '군민공치' 사상과 '문명한국'」, 『한국동양정치사상사연구』 17-1, 2018.

방용식, 「조선의 '중화문명국' 인식과 정치적 의미 고찰」, 『문명연지』 20-1, 2019.

백동현, 「대한제국기 신구학론쟁의 전개와 그 의의」, 『한국사상사학』 19, 2002.

서영희, 「특집:대한제국의 역사적 성격 – 광무정권의 형성과 개혁정책 추진」, 『역사와 현실』 26, 1997.

서영희, 「러일전쟁기 대한제국 집권세력의 시국대응」, 『역사와 현실』 25, 1997.

서영희, 「대한제국의 보호국화와 일제 통감부」, 『역사와 비평』 52, 2000.

서진교, 「대한제국기 상무사의 조직과 활동」, 『한국민족운동사연구』 21, 1999.

서진교, 「대한제국기 고종의 황실追崇사업과 황제권의 강화의 사상적 기초」, 『한국근현대사연구』 19, 2001.

서태원, 「대한제국기 원주진위대 연구」, 『호서사학』 37, 2004.

석화정, 「청일전쟁 전황과 조선의 독립문제에 대한 열강의 정책」, 『군사』 102, 2017.

송방송, 「대한제국 시절 군악대의 공연양상」, 『한국음악사학보』 35, 2005.

宋炳基, 「소위 三端에 대하여-근대 韓淸關係史의 한 연구」, 『史學志』 6, 1972.

宋炳基, 「光武改革研究-그 性格을 中心으로」, 『史學志』 10, 1976.

신계우, 「대한제국(大韓帝國), 민국(民國), 인국(人國)」, 『조선왕조실록』 25호, 2000.

신명호, 「대한제국기의 어진(御眞) 제작」, 『조선시대학보』 33, 2005.

愼鏞廈, 「大韓帝國과 獨立協會」, 『韓國史研究入門』, 지식산업사, 1987.

신용하, 「독립협회와 개화운동」, 세종대왕기념사업회, 2000.

양상현, 「대한제국기 내장원의 광산 관리와 광산 경영」, 『역사와 현실』 27, 1998.

양상현, 「동도서기론과 광무개혁의 성격」, 『동양학』 28, 1998.

양상현, 「대한제국의 군제 개편과 군사 예산 운영」, 『역사와 경계』 61, 2006.

양정현, 「대한제국기 '전'류 역사서와 그 역사관」, 『역사교육』 72, 1999.

오연숙, 「공동연구: 대한제국기 권력기구의 성격과 운영 대한제국기 의정부의 운영과 위상」, 『역사와 현실』 19, 1996.

오연숙, 「대한제국기 궁내부특진관의 운용」, 『사학지』 31, 1998.

오영섭, 「갑오경장~독립협회기 면암 최익현의 상소운동」, 『한국민족운동사연구』 18, 1998.

오진석, 「광무개혁기 근대산업육성정책의 내용과 성격」, 『역사학보』 193, 2007.

왕현종, 「甲午改革期 官制改革과 官僚制度의 變化」, 『國史館論叢』 69, 1996.

왕현종, 「대한제국기 한성부의 토지·가옥조사와 외국인 토지침탈 대책」, 『서울학연구』 10, 1998.

왕현종, 「대한제국기 입헌논의와 근대국가론」, 『한국문화』 29, 2002.

柳永烈, 「獨立協會의 性格」, 『韓國史研究』 73, 1991.

陸奧宗光 저, 金泰昱 편역, 『蹇蹇錄』, 명륜당, 1988.

윤대성, 「대한제국의 광무양안에 의한 근대적 소유권의 확립」, 『법사학연구』 24, 2001.

尹致昊, 「獨立協會의 始終」, 『新民』 14, 1926.

은정태, 「1899년 한,청통상조약 체결과 대한제국」, 『역사학보』 186, 2005.

은정태, 「대한제국기 "간도문제"의 추이와 "식민화"」, 『역사문제연구』 17, 2007.

李光麟, 「舊韓末의 官立外國語學校」, 『韓國開化史研究』, 韓國研究院, 1973.

李求鎔, 「大韓帝國의 成立과 列強의 反應」, 『江原史學』 1, 1985.

이동언, 「露領地域 初期 韓人社會에 관한 研究」, 『한국독립운동사연구』 5, 1991.

李玟源, 「獨立協會에 대한 列國公使의 干涉」, 『清溪史學』 2, 1985.

李玟源, 「稱帝論議의 展開와 大韓帝國의 成立」, 『清溪史學』 5, 1988.

이민원, 「大韓帝國의 成立過程과 列強과의 關係」, 『韓國史研究』 64, 1989.

이민원, 「대한제국의 성립, 광무개혁, 독립협회에 대한 연구성과와 과제」, 『한국사론』 25, 국사편찬위원회, 1995.

李玟源, 「露·日의 對立과 高宗의 俄館播遷」, 『韓國政治外交史論叢』 14, 1996.

李玟源, 「조선말의 단발령과 일본의 대한정략」, 『朝鮮時代의 社會와 思想』, 朝鮮社會研究會, 1998.

이민원, 「대한제국의 역사적 위치-선포와 존재의 의미를 중심으로-」, 『충북사학』 11·12, 2000.

이민원, 「대한제국의 역사적 성격」, 『동양학』 29, 2000.

이민원, 「독립협회·독립신문의 민족주의적 성격」, 『한국민족운동사연구』, 나남출판, 2003.

이민원, 「일본의 침략과 대한제국의 경운궁」, 『한국독립운동사연구』 22, 2004.

이민원, 「민영환의 유럽 방문과 모스크바 외교-附 국가방략과 〈千一策〉」, 『死而不死 민영환』, 고려대 박물관, 2005.

이민원, 「이승만의 주권수호운동과 민영환·한규설」, 『공공정책연구』 23-1, 한국공공정책학회, 2007.

이민원, 「대한제국기 안성군수 윤영렬의 토포 활동 연구」, 『군사』 82, 국방부 군사편찬

연구소, 2012.

이민원, 「대한제국의 장충사업과 그 이념」, 『동북아 문화연구』 33, 2012.

이민원, 「대한제국과 대한민국의 관계」, 『현대사광장』 2, 대한민국역사박물관, 2013.

이민원, 「19세기 말의 한러관계와 〈俄國輿地圖〉」, 『장서각』 29, 한국학중앙연구원, 2013.

이민원, 「러일전쟁과 대마도-황궁의 대화재와 대한해협해전의 성격을 중심으로」, 『동북아 문화연구』 34, 2013.

이민원, 「근대 학설사 속의 단군민족주의」, 『韓國思想과 文化』 72, 2014.

이민원, 「예관 신규식의 독립운동과 단군 인식」, 『湖西文化』 5, 유원대학교 호서문화연구소, 2017.

이민원, 「대한제국의 탄생 과정과 위암 장지연-칭제건원 논쟁을 중심으로」, 『문명연지』 20-1, 2019.

이민원·강규형, 「대한민국 건국의 연속성과 독자성」, 『정신문화연구』 142, 2016.

李培鎔, 「開化期 明成皇后 閔妃의 政治的 役割」, 『國史館論叢』 66, 1985.

이상찬, 「대한제국기 보부상의 정치적 진출배경」, 『한국문화』 23, 1999.

이삼성, 「제국 개념과 19세기 근대 일본」, 『국제정치논총』 제51집 1호, 2011.

이상배, 「고종의 장충단 설립과 역사적 의미」, 『도시역사문화』 4, 서울역사박물관, 2006.

이상찬, 「대한제국시기 보부상의 정치적 진출 배경」, 『한국문화』 제23집, 1999.

이성환, 「러일전쟁과 대한제국의 중립화 정책에 대한 비판적 검토」, 『국제정치연구』 8, 2005.

이승렬, 「광무정권의 화폐·금융정책과 대한천일은행의 영업 (The Monetary and Financial Policy of Kwangmu Begime and the Business of the Daehan Cheonil Bank)」, 『한국사연구』 123, 2003.

이양자, 국사편찬위원회 편, 「청의 간섭」, 『한국사39』, 국사편찬위원회, 1999.

이영옥, 「사학부: 청조와 조선(대한제국)의 외교관계, 1895~1910」, 『중국학보』 50, 2004.

이영학, 「특집:대한제국의 역사적 성격-대한제국기 황제주도의 재정운영」, 『역사와 현실』 26, 1997.

이영호, 「동아시아 국제질서의 변동과 대한제국 평가논쟁」, 『역사학회』 191, 2006.

이왕무, 「신궁건축지(神宮建築誌)」, 『藏書閣所藏王室圖書解題』, 한국학중앙연구원, 2008.

李旺茂, 「대한제국 황실의 분해와 王公族의 탄생」, 『韓國史學報』 64, 2016.

이욱, 「근대 국가의 모색과 국가의례의 변화 -1894~1908년 국가 제사의 변화를 중심 으로-」, 『정신문화연구』 95, 2004.

이윤상, 「대한제국기 황제 주도의 재정운영」, 『역사와 현실』 26, 1997.

이윤상, 「대한제국기 국가와 국왕의 위상제고사업」, 『진단학보』 95, 2003.

이윤상, 「대한제국의 생존전략과 "을사조약"」, 『역사학보』 188, 2005.

이윤상 외, 「광무개혁 연구의 현황과 과제」, 『역사와 현실』 8, 1992.

이정희, 「대한제국기 고종황제의 행차와 악대」, 『韓國音樂史學報』 53, 2014.

李昌訓, 「20世紀 初 프랑스의 對韓政策」, 『韓佛外交史 1886~1986』, 1987.

李昌訓, 「청일전쟁 후 한국문제를 둘러싼 국제관계(1895~1898)」, 『韓國政治外交史論 叢』 9, 1993.

이태진, 「서양 근대 정치제도 수용의 역사적 성찰 -개항에서 광무개혁까지」, 『진단학 보』 84, 1997.

이태진, 「대한제국의 황제정과 「민국」 정치이념 -국기의 제작·보급을 중심으로-」, 『한 국문화』 22, 1999.

이태진·구대열·김도형·주진오, 「대한제국 100주년 좌담-고종과 대한제국을 둘러싼 최근 논쟁」, 『역사비평』, 역사문제연구소, 1997.

李澤徽, 「政治體系의 構造的 性格의 變動-1860-1945年間의 政治體系의 上位構造에 관련된 理念的 定向을 中心으로」, 『한국정치학회보』 10, 1976.

李澤徽, 「1890년대의 사상사적 흐름 - 근대 한국민족주의의 내재적 갈등」, 『韓國政治 外交史論叢』 12, 1995.

李憲昶, 「甲午·乙未改革期의 産業政策」, 『韓國史研究』 90, 韓國史研究會, 1995.

이헌창, 「1910년 조선 植民地化의 내적 원인」, 『朝鮮時代史學報』 55, 2010.

任桂淳, 「韓·露密約과 淸의 對應」, 『淸日戰爭을 前後한 韓國과 列强』, 韓國精神文化研 究院, 1984.

임민혁, 「高·純宗의 號稱에 관한 異論과 왕권의 정통성 -廟號·尊號·諡號를 중심으 로」, 『史學研究』 78, 2005.

임선화, 「선교사의 독립협회와 대한제국 인식 -언더우드와 아펜젤러를 중심으로」, 『전 남사학』 14, 2000.

전동현, 「대한제국시기 중국 양계초를 통한 근대적 민권개념의 수용 -한국언론의 "신 민"과 "애국" 이해」, 『중국근현대사연구』 21, 2004.

전우용, 「한말·일제초 서울의 都市行商(1897~1919)」, 『서울학연구』 29, 2007.

전정해, 「大韓帝國의 산업화 시책 연구 -프랑스 차관 도입과 관련하여」, 건국대 박사학 위논문, 2003.

정근식, 「한국의 근대적 시간 체제의 형성과 일상생활의 변화 I −대한제국기를 중심으로」, 『사회와 역사』 58, 2000.

정민재, 「근대 의학 수용에 대한 자주적 노력 − 개항에서 대한제국시기까지 −」, 『한성사학』 제21호, 2006.

정숭교, 「대한제국기 지방학교의 설립주최와 재정」, 『한국문화』 22, 1998.

정영훈, 「한국사 속에서의 '檀君民族主義'와 그 정치적 성격」, 『한국정치학회보』 28−2, 1995.

정영훈, 「홍익인간 이념의 유래와 현대적 의의」, 『정신문화연구』 74, 1999.

정욱재, 「檀祖事攷 저술에 관한 검토」, 『韓國史學史學報』 12, 2005.

정연태, 「대한제국 후기 계몽운동계열의 토지수호운동과 농업진흥론」, 『한국민족운동사연구』, 1997.

조영환·김순일, 「대한제국 건축교육기관의 성립과정에 관한 연구」, 『대한건축학회 학술발표대회 논문집 −계획계』 18−2, 1998.

조재곤, 「大韓帝國期 洪鍾宇의 近代化 改革論」, 『擇窩許善道선생정년기념 한국사학논총』, 一潮閣, 1992.

조재곤, 「대한제국 말기(1904 ∼1910) 보부상 단체의 동향」, 『북악사론』 5, 1998.

조재곤, 「대한제국의 식산흥업정책과 상공업기구」, 『한국학논총』 34, 2010.

주진오, 「대한제국과 독립협회」, 한국역사연구회, 『한국사연구입문』 ③ 근대·현대편, 1996.

차선혜, 「공동연구; 대한제국기 권력기구의 성격과 운영 대한제국기 경찰제도의 변화와 성격」, 『역사와 현실』 제19권, 1996.

최기영, 「光武新聞紙法에 관한 硏究」, 『歷史學報』 92, 역사학회, 1981.

최기영, 「한말 법관양성소의 운영과 교육」, 『한국근현대사연구』 16, 2001.

최덕규, 「러시아의 동아시아정책과 고종(高宗)의 연해주 망명정부 구상(1909−1910)」, 『서양사학연구』 25, 2011.

최덕규, 「러시아 해군상 쉐스타코프와 거문도 사건(1885−1887)」, 『서양사학연구』 37, 2015.

최몽룡, 「북한의 단군릉 발굴과 그 문제점」, 『단군−그 이해와 자료』, 서울대출판부, 1994.

최윤오, 「대한제국기 광무양안의 토지소유 구조와 농민층의 동향」, 『역사교육』 86, 2003.

최윤오, 「대한제국기 광무양안의 토지소유와 농업경영에 관한 연구−충북진천군양안 전체분석을 중심으로」, 『역사와 현실』 58, 2005.

최형익, 「한국에서 근대 민주주의의 기원 −구한말『독립신문』, 독립협회, 만민공동회 활동−」, 『정신문화연구』 96, 2004.

하유식, 「대한제국기 이승만의 정치사상과 대외인식」, 『지역과 역사』 6, 2000.

하지연, 「다보하시 기요시(田保橋 潔)의 『근대일선관계의 연구』와 한국근대사 인식」, 『숭실사학』 31, 2013.

한국역사연구회, 「특집: 대한제국의 역사적 성격」, 『역사와 현실』 26, 1997.

한상일, 「동학과 일본 우익: 天佑俠과의 제휴에 관한 고찰」, 『갑오동학농민혁명의 쟁점』, 집문당, 1994.

한승훈, 「을사늑약을 전후한 영국의 대한정책」, 『韓國史學報』 30, 2008.

한영우, 「을미지변, 대한제국 성립과 '명성황후 국장도감의'」, 『한국학보』 100, 2000.

한영우, 「대한제국 성립과정과 대례의궤」, 『한국사론』 45, 2001.

한철호, 「대한제국 초기(1897~1898) 친미 개화파의 정치활동과 의회개설운동」, 『한국근현대사회연구』 창간호, 1998.

한철호, 「대한제국 초기 한성부 도시개조사업과 그 의의 –'친미' 개화파의 치도사업을 중심으로」, 『향토서울』 59, 1999.

허동현, 「통감부시기(1906~1910)를 어떻게 볼 것인가?」, 『한국독립운동사연구』 27, 2006.

허동현, 「개화기 윤치호의 해외체험과 문화수용」, 『한국문화연구』 11, 2006.

허동현, 「서평: 대한제국을 어떻게 보아야 하나」, 『한국사연구』 139, 2007.

현광호, 「대한제국기(1897~1904) 망명자 문제의 정치외교적 성격」, 『사학연구』 58·59, 1999.

홍원표, 「독립협회의 국가건설사상: 서재필과 윤치호」, 『국제정치논총』 제43권 4호, 2003.

홍종진, 「社稷祭의 變遷에 대한 研究: 樂·歌·舞를 中心으로」, 성균관대학교 동양철학과 박사학위논문, 2011.

홍준화, 「대한제국기 차관교섭 실패의 원인분석 – 한미차관교섭을 중심으로」, 『한국사학보』 13, 2002.

〈동양논저〉

■ 저서

姜在彦,「獨立新聞·獨立協會·萬民共同會」,『近代朝鮮の變革思想』, 東京: 日本評論社,
    1973.

藤村道生,『日淸戰爭-東アジア近代史の轉換點』, 東京: 岩波書店, 1973.

木下隆男,『評傳 尹致昊-親日キリスト者」による朝鮮近代60年の日記』, 東京: 明石書
    店, 2017.

朴宗根,『日淸戰爭と朝鮮』, 東京: 靑木書店, 1982.

山辺健太郎,『日韓倂合小史』, 岩波書店, 1966.

森山茂德,『近代日韓關係史硏究-朝鮮植民地化と國際關係』, 東京大學出版會, 1987.

林明德,『袁世凱與朝鮮』, 臺北: 中央硏究院 近代史硏究所, 1970.

中塚明,『近代日本と朝鮮』(第3版), 三省堂, 1994.

張存武,「十九世紀末韓國雙重外交體制的建立」,『第一回韓國學國際學術會議論文集』, 仁
    荷大學校 韓國學硏究所, 1987.

片野次雄,『李朝滅亡』, 東京: 新潮社, 1994.

黃支連,『天朝禮治體系硏究』上·中·下, 北京: 中國人民出版社, 1992, 1994, 1995.

■ 논문

姜昌一,「天佑俠と朝鮮問題-‘朝鮮浪人’の東學農民戰爭への對應と關聯して」,『史學雜
    誌』97-98, 1988.

朴宗根,「閔妃弑害事件の處理策をめぐる諸問題」,『東근アジア近代史の硏究』, 東京: お
    茶の水書房, 1967.

奧村周司,「李朝高宗の皇帝卽位について-その卽位儀禮と世界觀」,『朝鮮史硏究會論文
    集』33, 1995.

月脚達彦,「大韓帝國 成立前後の對外的態度」,『東洋文化硏究』1, 學習院大學 東洋文化
    硏究所, 1999.

月脚達彦,「獨立協會の國民·創出運動」,『朝鮮學報』172, 日本, 1999.

張啓雄,「中華世界帝國與秩琉球王國的地位-中西國際秩序原理的衝突」,『第三屆中琉歷
    史關係國際學術會議論文集』, 台北:中琉文化經濟協會, 1991.

張存武,「中國與明淸時代的韓琉關係」,『第2屆國際漢學會議 論文集1』, 1989.

中塚明,「日淸戰爭から消えた朝鮮王宮占領事件」,『みすず』36:3(通卷399), 1994.6.

〈영문논저〉

Abraham Yarmolinsky, *The Memoirs of COUNT WITTE*, Garden City, N, Y., and Toronto: Doubleday, Page & Company, 1921.

Bishop, Isabella Bird, *Korea and Her Neighbors*, Shanghai: Kelly and Walsh Ltd, 1897.

Massie, Robert K, *Nicholas and Alexandra*, New York: Atheneum, 1967.

Chandra Vipan, *Imperialism, Resistance, and Reform in late Nineteenth Century Korea: Enlightenment and the Independence Club*, Berkerley: Institute of East Asian Studies, University of California, Berkeley, 1988.

Chai, Jongsuk, *Diplomacy of Asymmetry—Korean American Relations to 1910*, Honolulu: University of Hawaii, 1990.

Fairbank, John King ed., *The Chinese World Order—Traditional China's Foreign Relations*, Cambridge Massachusetts: Harvard University Press, 1968.

Homer B, Hulbert, *The Passing of Korea*, Reprinred by Yonsei University Press, Seoul, Korea, 1969.

Ian Nish, *The Origin of The Russo—Japanese War*, Longman: London and New York, 1985.

James Allen, *Under the Dragon Flag: My Experiences in the Chino—Japanese War*, London: William Heinemann, 1898.

Jongsuk Chay, *Diplomacy of Asymmetry: Korean—American Relation to 1910*, University of Hawaii Press, 1990.

Lee, Yur—bok, *Diplomatic Relations between the United States and Korea 1886—1887*, New York, 1970,

Lensen, George Alexander, *Balance of Intrigue: International Rivalry in Korea and Manchuria 1884—1899*, 2 vols, Tallahassee: Florida State University Presses, 1982.

Michael Finch, *Min Yong—hwan: A Political Biography*, University of Hawaii Press, Honolulu and Senter for Korean Studies, University of Hawaii, 2002.

Nelson M, Frederick, *Korea and the Old Orders in Eastern Asia*, Lousiana State University Press, 1946.

Henderson, Gregory, *Korea: The Politics of the Vortex*, Cambridge, Mass: Harvard University Press, 1968.

Kim, C. I. Eugine and Kim Han-kyo, *Korea and the Politics of Imperialism 1876-1910*, Berkeley and Los Angeles: University of California Press, 1968.

Park IL Keun, *ANGLO-AMERICAN DIPLOMATIC MATERIALS RELATING TO KOREA* 근대한국계 영미외교자료집(1866~1886), SHINMUNDANG COMPANY, Seoul, Korea, 1982.

Chandra Vipan, "Sentiment and Ideology in the Nationalism of the Independence Club(1896-1898)", *Korean Studies*, Vol.10,1986.

H.M. Mensonides, "A Korean Drama In The Hague(in 1907)" (A lecture given to The Hague History Society in March 1977).

Oka Yoshitake, "Ito Hirobumi: Father of the Constitution, 1841-1909" in Five Political Leaders of Modern Japan, University of Tokyo Press, 1979.

찾아보기 ————————————————

ㅊ

ㅋ

ㅌ

ㅍ

저자소개

이민원(李玟源)

한국학중앙연구원 한국학대학원의 역사학과에서 석사와 박사 학위를 취득하였다. 충북대, 청주대, 교원대, 단국대, 경희대 등에서 한국사, 한국근현대사, 근대동양외교사 등을 강의하였으며 국사편찬위원회 사료연구위원, 한국보훈교육연구원 연구부장, 원광대 초빙교수, 국제한국사학회 회장 등을 지냈다.

저서로는 『한국의 황제』(2001), 『명성황후시해와 아관파천』(2002), 『Q&A한국사5: 근현대』(2008), 『조완구-대종교와 대한민국임시정부』(2012), 『대한민국의 태동』(2015), 『이상설-신학문과 독립운동의 선구자』(2017), 『고종평전』(2021) 등이 있다.

공저로는 『명성황후시해사건』(1992), 『조선 후기 외교의 주인공들』(2008), 『전란기의 대마도』(2013), 『고종시대의 정치리더십연구』(2017), 『조선의 청백리』(2021), 『여섯 가지 주제로 만나는 정동』(2022) 등이 있다.

번역서로 『국역 윤치호영문일기』 2, 3(2015, 2016), 『나의 친구 윤봉길』(원저: 金光, 『尹奉吉傳』, 上海: 法租界 韓光社, 1933)(2017) 등이 있다.

현재 동아역사연구소 소장으로서 한국의 근현대사와 인물 연구를 지속하고 있다.